Sprache und mathematische Textaufgaben

Empirische Erziehungswissenschaft

herausgegeben von

Rolf Becker, Sigrid Blömeke, Wilfried Bos,
Hartmut Ditton, Cornelia Gräsel, Eckhard Klieme,
Thomas Rauschenbach, Hans-Günther Roßbach,
Knut Schwippert, Ludwig Stecher, Christian Tarnai,
Rudolf Tippelt, Rainer Watermann, Horst Weishaupt

Band 67

Sabine Stephany

Sprache und mathematische Textaufgaben

Eine empirische Untersuchung zu leser-
und textseitigen sprachlichen Einflussfaktoren
auf den Lösungsprozess

Waxmann 2018
Münster • New York

Diese Arbeit wurde 2016 von der Philosophischen Fakultät
der Universität zu Köln als Dissertation angenommen.

Bibliografische Informationen der Deutschen Nationalbibliothek
Die Deutsche Nationalbibliothek verzeichnet diese Publikation in
der Deutschen Nationalbibliografie; detaillierte bibliografische
Daten sind im Internet über http://dnb.dnb.de abrufbar.

Empirische Erziehungswissenschaft, Band 67

ISSN 1862-2127
Print-ISBN 978-3-8309-3762-3
E-Book-ISBN 978-8309-8762-8

© Waxmann Verlag GmbH, 2018
Steinfurter Straße 555, 48159 Münster

www.waxmann.com
info@waxmann.com

Umschlaggestaltung: Pleßmann Design, Ascheberg

Gedruckt auf alterungsbeständigem Papier,
säurefrei gemäß ISO 9706

Printed in Germany

Für meine Eltern

Danksagung

Diese Arbeit wäre nicht entstanden ohne die Unterstützung der folgenden Personen, denen ich an dieser Stelle ganz herzlich danken möchte.

Mein besonderer Dank gilt meinem Doktorvater Prof. Dr. Michael Becker-Mrotzek, der diese Dissertation mit viel Geduld begleitet hat und mir für die inhaltliche Ausrichtung dieser Arbeit die notwendigen Freiheiten gelassen hat. Er hat mich während der ganzen Zeit immer mit Rat und Tat unterstützt. Seine Hinweise haben immer wieder geholfen, das Thema dieser Arbeit zu schärfen.

Ebenso danke ich Prof. Dr. Jörg Jost für die Übernahme der Zweitbetreuung. Seine Anregungen hatten einen erheblichen Anteil an der inhaltlichen Ausrichtung dieser Arbeit.

Herzlich danke ich Prof.'in Dr. Gabriele Kniffka, die mich zuerst für das Thema Sprache im Fach begeistert hat. Sie war immer wieder eine große Hilfe bei allen linguistischen Fragen.

Danken möchte ich auch meinen Kolleginnen und Kollegen am Mercator-Institut für Sprachförderung und Deutsch als Zweitsprache und am Institut für Deutsche Sprache und Literatur II der Universität zu Köln, insbesondere Lale Altinay, Dr. Necle Bulut, Dr. Silvia Dahmen, Dr. Kathrin Hippmann, Dr. Simone Jambor-Fahlen, Dr. Marion Krause-Wolters, Valerie Lemke, Michaela Mörs, Vertr.-Prof.'in PD Dr. Kirsten Schindler, Dr. Sabine Zepnik und Isabell Zieger für Unterstützung, inhaltlichen Austausch, Ratings und Korrekturen.

Jun.-Prof. Dr. Markus Linnemann danke ich für statistische und methodische Beratungen, Diskussionen über kognitive Psychologie und seine InDesign-Expertise. Außerdem danke ich Prof.'in Dr. Kerstin Tiedemann für ihre Expertise hinsichtlich mathematischer Textaufgaben.

Bedanken möchte ich mich auch bei allen Mitgliedern des Forschungskolloquiums am Institut für Deutsche Sprache und Literatur II der Universität zu Köln für hilfreiche Rückmeldungen und Diskussionen. Mein Dank gilt außerdem der Kölner Graduiertenschule Fachdidaktik für die wissenschaftliche Begleitung während meiner Promotionszeit. Meinen Mitdoktorandinnen und -doktoranden danke ich für anregende Diskussionen und eine schöne gemeinsame Zeit.

Die Datenerhebung für diese Arbeit hätte ohne die gezeichneten Tiere nicht stattfinden können, daher gilt mein herzlicher Dank Kim Müller-Florath für die Erstellung der Zeichnungen zu den Textaufgaben und Victor Brizuela für den ‚Löwen Leo'. Ganz herzlich bedanken möchte ich mich außerdem bei allen Lehrerinnen und Lehrern, die mir bereitwillig ihre Unterrichtszeit zur Verfügung gestellt haben und bei allen Kindern, die an den Untersuchungen teilgenommen haben.

Schließlich bedanke ich mich von ganzem Herzen bei Markus, bei meiner Familie und bei meinen Freunden, insbesondere bei meinem Bruder Thomas und bei Vanessa, bei Angela, Kerstin, Sonja, Nora und Jan. Danke für eure Unterstützung, eure Ermutigung und euer Verständnis. Mein größter Dank gilt meinen Eltern Antonie und Bernhard Stephany; euch ist diese Arbeit gewidmet.

Language and Mathematical Word Problems – Determinants of Difficulty in Solving Mathematical Word Problems from a Text Linguistic and Psychological Perspective

Summary

Research shows that there is a great difference between student's ability to solve numerical tasks and tasks in written form in math classes. Although it is widely accepted that language plays an important part in solving word problems, it is still unclear which linguistic aspects affect this process. Previous research mainly concentrated on isolated lexical and syntactical features on the surface of written tasks. The present study takes a different perspective and takes into account the fact that word problems are, at best, coherent texts whose understanding requires the construction of a mental representation, a situation model, by the reader. It is therefore assumed that language related difficulties while solving word problems are mainly caused by local and global inferences necessary to construct a coherent situation model.

The aim of the study at hand is to clarify whether the construction of a situation model while reading a word problem can be supported by making the text more coherent, so that there are fewer inferences to draw. This should facilitate the solving of word problems. In order to address this issue an experimental design was carried out with 352 students aged between 8 and 11 all speaking German as first or second language. A test consisting of four specifically designed word problems was created, each in a high and a low coherent version. The construction of a situation model was measured by evaluating pictures and sentences matching the word problem. Main findings showed that high-coherent word problems led to the construction of a more adequate situation model and to a higher frequency of correct solutions. The analysis was further differentiated for different groups of participants and linked to working memory, reading competence and reading monitoring. The overall results of this study indicate that low text coherence seems to be a crucial linguistic factor creating difficulties while solving mathematical word problems.

The results provide valuable indications for the formulation of comprehensible tasks and for helping students to understand word problems.

Inhaltsverzeichnis

1 Einleitung

Das Sachrechnen gehört zu den Kernbereichen des Mathematikunterrichts in der Grundschule. Zwar findet sich in den Bildungsstandards für die Grundschule das Sachrechnen nicht mehr als eigener Inhaltsbereich (vgl. Sekretariat der ständigen Konferenz der Kultusminister der Länder in der Bundesrepublik Deutschland, 2004), allerdings

> *wird der Grundgedanke des Sachrechnens – die Modellierung einer Sachsituation mittels eines mathematischen Modells sowie die Interpretation der mathematischen Ergebnisse in der jeweiligen Sachsituation – zu einem eigenen allgemeinen, prozessbezogenen Kompetenzbereich erklärt und erhält damit ein besonderes Gewicht. (Franke & Ruwisch, 2010, S. 1)*

Das Sachrechnen ist aber auch einer der schwierigsten Teilbereiche des Mathematikunterrichts. So zeigten Untersuchungen, dass Textaufgaben als Gegenstand des Sachrechnens im Vergleich zu Aufgaben in nummerischer Form um bis zu 30% schlechter gelöst werden (vgl. Duarte, Gogolin & Kaiser, 2011; Schneeberger, 2009). Diese Diskrepanz in der Performanz zwischen textuell vermittelten und nummerischen Aufgabenformaten führte in der kognitionspsychologischen Forschung bereits Mitte der 80er-Jahre des letzten Jahrhunderts zu der Feststellung, dass auch nichtmathematische Faktoren am Lösungsprozess beteiligt sein müssen: „This discrepancy strongly suggests that factors other than mathematical skill contribute to problem solving success" (Cummins, Kintsch, Reusser & Weimer, 1988, S. 406). Cummins, Kintsch, Reusser und Weimer (1988) nahmen bereits damals an, dass Prozesse des Textverstehens einer der stärksten Einflussfaktoren auf das Lösen von Textaufgaben sind.

Dass sprachliche Kompetenzen an Bearbeitungsprozessen mathematischer Textaufgaben maßgeblich beteiligt sind, ist mittlerweile weitgehend unstrittig (vgl. Duarte, Gogolin & Kaiser, 2011; Gürsoy, 2015; Heinze, Herwartz-Emden, Braun & Reiss, 2011; Prediger, Wilhelm, Büchter, Gürsoy & Benholz, 2015): „Besides this purely mathematical knowledge, successful performance on word problems obviously requires linguistic knowledge" (Verschaffel, Greer & de Corte, 2000, S. XIV). Trotzdem standen sprachliche Faktoren als Erklärungsansatz für die großen Schwierigkeiten von Schülerinnen und Schülern[1] beim Lösen von Textaufgaben

---

1 In dieser Arbeit wird für Konstrukte und Kategorien das generische Maskulinum verwendet. Gemeint ist dann sowohl die männliche als auch die weib-

lange nicht im Fokus der Forschung und der Schulpraxis. Erst seit Large-Scale-Studien wie TIMSS oder auch die Vergleichsarbeiten VERA-3 eine deutliche Leistungsdifferenz zwischen Zweitsprachlernenden und Muttersprachlern auch in der mathematischen Kompetenz feststellten (vgl. z.B. Bos, Wendt, Köller & Selter, 2011), geriet die Sprache sowohl der Aufgabentexte als auch der Schülerinnen und Schüler als Erklärungsansatz zunehmend ins Blickfeld der Bildungsforschung. Studien zu Zusammenhängen zwischen sprachlichen Faktoren und dem Lösen mathematischer Textaufgaben haben sich seither vor allem auf Zweitsprachlernende konzentriert und dabei im Wesentlichen bildungssprachliche Merkmale der Textaufgabenoberfläche als schwierigkeitsgenerierend in den Blick genommen. Die Ergebnisse dieser Untersuchungen sind bislang wenig ergiebig. Es bleibt nach wie vor ein Desiderat, welche sprachlichen Faktoren in welcher Form an Lösungsprozessen beteiligt sind und potenziell Schwierigkeiten auslösen können.

Praktisch relevant werden grundlegende Kenntnisse über schwierigkeitsbestimmende Faktoren beim Lösen von Textaufgaben in zweifacher Hinsicht: einerseits bei der Konstruktion von fairen Testaufgaben, andererseits aus didaktischen Gründen. Denn Textaufgaben als eine Form von Lernaufgaben sollten kein sprachlich bedingtes Lernhindernis darstellen. Das Wissen über schwierigkeitsgenerierende Faktoren dient somit als Grundlage für die Erstellung von Tests und für didaktische Entscheidungs- und Planungsprozesse, gerade auch im Hinblick auf einen sprachliche Faktoren berücksichtigenden Mathematikunterricht.

Vor dem Hintergrund dieser doppelten Relevanz verortet sich die vorliegende Arbeit: Ihr vorrangiges Ziel ist es, zur Aufklärung der Frage beizutragen, *welche sprachlichen Prozesse und Faktoren ursächlich für Schwierigkeiten beim Lösen mathematischer Textaufgaben sind.* Dabei werden lerner-, insbesondere aber auch textseitige Faktoren in den Blick genommen. Die Herangehensweise dieser Arbeit ist dabei neu, denn bislang wurde als lernerseitiger Faktor nahezu ausschließlich die Zweitsprache in den Fokus genommen. Die sprachlichen Prozesse beim Bearbeiten von Textaufgaben müssen m.E. jedoch differenzierter betrachtet werden und können daher nicht an einer einzelnen Gruppe festgemacht

---

liche Form. Dies ist nicht wertend gemeint, sondern geschieht ausschließlich zur besseren Lesbarkeit. Geht es in der Arbeit um konkrete Personen (z.B. Probandinnen und Probanden), wird die männliche und weibliche Form verwendet.

werden. Denn die generell bei allen Schülerinnen und Schülern unabhängig von ihrer Erstsprache zu beobachtenden Probleme beim Lösen von Textaufgaben im Gegensatz zum Lösen nummerischer Aufgaben erfordern eine umfassende Erforschung sprachlicher Komponenten. Neben dieser Verengung bisheriger Forschungsbemühungen auf eine einzelne Schülergruppe wurden auch textseitige Faktoren bisher auf lexikalische und syntaktische Einheiten reduziert, ohne dabei den Text als Ganzes in den Blick zu nehmen.

Gemäß ihrem Ziel, den Einfluss sprachlicher Prozesse beim Lösen von Textaufgaben zu untersuchen, präzisiert die vorliegende Arbeit in ihrem Verlauf ihre Fragestellung sukzessive auf der Basis der einschlägigen Forschungsliteratur und über drei eigene Studien hinweg. Die erste Studie zeigt in Ergänzung zu anderen Studien anhand von mathematischen Testaufgaben der Grundschule die Relevanz der Sprache in mathematischen Aufgaben. Eine zweite, größer angelegte (Vor-) Studie zeigt als Ergebnis im Wesentlichen den Einfluss von Kohärenzbildungsprozessen auf das Textverständnis und Bearbeiten von Textaufgaben. Diese Erkenntnisse fließen in die Entwicklung präziserer Fragestellungen, die wiederum in einer dritten, experimentellen Studie überprüft werden.

Die vorliegende Arbeit gliedert sich in zwei Teile: (I) einen ersten vorwiegend theoretischen Teil und (II) einen empirischen Teil, der die experimentelle Studie umfasst. Der theoretische Teil untergliedert sich wiederum in vier Kapitel: In Kapitel 2 werden Textaufgaben als sprachlich vermittelte didaktische Textsorte zunächst im Kontext der aktuellen Diskussion um Bildungs- und Schulsprache verortet. An dieser Stelle wird bereits angedeutet, dass eine Analyse lexikalischer und (morpho-)syntaktischer Oberflächenmerkmale für die Beantwortung der Fragestellung dieser Arbeit nicht zielführend ist. In Kapitel 3 werden zuerst ,mathematische Textaufgaben' als Forschungsgegenstand dieser Arbeit genauer beschrieben und eine Begriffsbestimmung für die vorliegende Arbeit vorgenommen: Textaufgaben werden hier als Texte im linguistischen Sinne aufgefasst. Sie sind demnach eine Folge kohärenter Zeichen mit kommunikativer Funktion, deren charakteristisches Merkmal die Darstellung einer konkreten Problemsituation ist, die mit mathematischen Mitteln zu beantworten ist. Um eine Verortung sprachlicher Einflussfaktoren innerhalb des mathematischen Modellierens vornehmen zu können, werden Modelle zu Bearbeitungsprozessen von Textaufgaben erläutert. Nach Darstellung dieser für alle weiteren Überlegungen grundlegenden Aspekte, wird ein Überblick über Forschungsergebnisse zum Zusammenhang von sprachlichen Merkmalen und mathematischen Lösungsprozessen gegeben. Die vorliegenden Forschungsarbeiten fokussierten im Wesentlichen auf bildungssprachliche Oberflächenmerkmale der Lexik und Syntax. Da die vorliegende Arbeit Verstehensprozesse auf der Textebene in den Blick nimmt, wird Kapitel 3 mit der Darstellung einer eigenen qualitativen Vorstudie abgeschlossen. Diese Studie erweitert den Blick auf sprachliche Faktoren beim Bearbeiten mathematischer Textaufgaben über Oberflächenmerkmale der Wort- und Satzebene hinaus auf hierarchiehöhere Prozesse des Textverständnisses und analysiert dialogische Schülerbearbeitungen mathematischer Textaufgaben vor diesem Hintergrund hinsichtlich schwierigkeitsgenerierender Merkmale. Die Ergebnisse dieser Studie liefern erste Hinweise darauf, dass Kohärenzbildungsprozesse und vorhandenes oder fehlendes Weltwissen eine große Rolle beim Verstehen mathematischer Textaufgaben spielen. In Kapitel 4 wird diese Erkenntnis aufgegriffen und es werden weitere theoretische Grundlagen hinsichtlich textseitiger und lernerseitiger Kohärenz für eine quantitative Studie erarbeitet. Dabei wird in diesem Kapitel eine andere Perspektive eingenommen und Prozesse des Textverständnisses unabhängig von mathematischen Prozessen erläutert. Den Abschluss des Theorieteils bildet Kapitel 5. In diesem Kapitel werden die dargestellten Erkenntnisse zu Lösungsprozessen und Schwierigkeiten beim Bearbeiten mathematischer Textaufgaben mit Erkenntnissen zur Kohärenz aus textlinguistischer Sicht und zur Verarbeitung textuellen Inputs aus kognitionspsychologischer Perspektive zusammengeführt und darauf basierend Fragestellungen für eine quantitative Studie entwickelt. Diese Studie geht der Frage nach, inwiefern auch bei Textaufgaben sowohl hierarchiehöhere Merkmale der Lesekompetenz als auch textseitige Merkmale der Textkohärenz einen Einfluss auf den Lösungsprozess mathematischer Textaufgaben haben.

Den zweiten Teil der vorliegenden Arbeit bildet die experimentelle Studie (Kapitel 6–10), die in ihrer Struktur in Kapitel 7 dargelegt wird. Daran anschließend wird detailliert auf die Vorerprobung des neu entwickelten und des bereits bestehenden Materials eingegangen (Kapitel 8), bevor die Stichprobe, das endgültige Material sowie die Durchführung der Hauptuntersuchung erläutert werden (Kapitel 9). Ein weiteres Kapitel präsentiert die Ergebnisse der experimentellen Studie (Kapitel 10), die dann abschließend in Kapitel 11 diskutiert werden.

I. Theoretischer Teil

2 Mathematische Textaufgaben im Kontext von Bildungs- und Schulsprache

Im Kontext der aktuellen Diskussion um Zusammenhänge zwischen fachlichem und sprachlichem Lernen hat sich in den letzten Jahren in der deutschsprachigen Debatte der Begriff der Bildungssprache als zentral etabliert. Mit dem Konstrukt Bildungssprache als eigenem Register, das sich von der Alltagssprache unterscheidet, wird im schulischen Kontext versucht, Bildungsbenachteiligungen und Lernrückstände von Schülerinnen und Schülern, insbesondere von Zweitsprachlernenden, durch sprachliche Merkmale des Unterrichtsgegenstandes zu erklären. Bislang gibt es jedoch keine einheitliche Definition oder Konzeption des Begriffs (für einen Überblick siehe Feilke, 2012; Gogolin & Lange, 2010; Kniffka & Roelcke, 2016; Morek & Heller, 2012; Uesseler, Runge & Redder, 2013). I.d.R. wird Bildungssprache der konzeptionellen Schriftlichkeit zugeordnet, wie sie von Koch & Oesterreicher (1985) konzipiert wurde. Ein konzeptionell-schriftlicher Sprachgebrauch ist als „Sprache der Distanz" (ebd., S. 21), in Abgrenzung zur konzeptionellen Mündlichkeit als „Sprache der Nähe" (ebd., S. 21), gekennzeichnet durch Dekontextualisierung, eine höhere Anzahl an Informationsdichte und Verweisstrukturen, elaboriertere Register sowie eine differenziertere, merkmalsreiche Lexik (vgl. Kniffka & Roelcke, 2016). Die Diskussion um Bildungssprache in der Schule hat sich lange vorwiegend mit ihren sprachlichen Oberflächenphänomenen beschäftigt, „als seien diese Merkmale losgelöst von ihren Gegenständen, Sachverhalten und kommunikativen Funktionen zu betrachten" (Linnemann, Stephany & Kniffka, 2017). Bildungssprache wurde dabei im Wesentlichen auf ihre lexikalischen bzw. morpho-syntaktischen Merkmale reduziert (vgl. Kniffka & Roelcke, 2016). Eine solche Reduktion auf die sprachliche Form ohne Betrachtung ihrer Funktion hatte zur Folge, dass der Begriff der Bildungssprache vor allem eine „deskriptive Qualität [erhielt], während seine Erklärungsqualität noch nicht übergreifend bestimmt ist" (Uesseler, Runge & Redder, 2013). Feilke (2012) geht in seiner Modellierung über ein deskriptives Beschreiben von Oberflächenmerkmalen hinaus und definiert Bildungssprache als ein Register, das den Gebrauch bestimmter Sprachhandlungen einschließt, aus denen sich sprachliche Oberflächenmerkmale funktional ergeben.

Was unter dem Stichwort ‚Bildungssprache' in den Blick genommen wird, das sind die besonderen sprachlichen Formate und Prozeduren einer auf Texthandlungen wie Beschreiben, Vergleichen, Erklären, Analysieren, Erörtern etc. bezogenen Sprachkompetenz, wie man sie im schulischen und akademischen Bereich findet. (ebd., S. 5)

In seiner Modellierung unterscheidet Feilke (2012) zwischen Bildungssprache und Schulsprache im engeren Sinne. Schulsprache als Sprache des Lehrens umfasst demnach, im Unterschied zur Bildungssprache als Sprache des Lernens, „für den Unterricht zu didaktischen Zwecken gemachte Sprach- und Sprachgebrauchsformen, aber auch Spracherwartungen" (ebd., S. 5). Dazu gehören auch fachspezifische Gattungen, deren einziger Zweck didaktischer Natur ist und die i.d.R. außerhalb der Schule nicht existieren.

Diese Unterteilung ist für eine Einordnung mathematischer Textaufgaben als dem Untersuchungsgegenstand dieser Arbeit wichtig. Mathematische Textaufgaben sind demnach als genuin didaktische Textsorte – niemand löst Textaufgaben im realen Leben außerhalb des Klassenraums – Teil der Schulsprache. Ihnen sind bestimmte Sprachgebrauchsnormen inhärent, die ausschließlich didaktisch motiviert sind und sehr eigenen Regeln folgen: Textaufgaben verbinden mathematische und semantisch-inhaltliche Aspekte. Betrachtet man mathematische Schulbücher, so wird deutlich, dass der inhaltliche Kontext der Aufgaben häufig nicht bedeutsam ist, d.h. die vermittelte semantisch-inhaltliche Information selbst hat, anders als in anderen schulischen Lehrtexten, keine informierende Funktion (Frau Müller geht einkaufen. Sie kauft ...), ihre wichtigste Funktion liegt im Anwenden von Rechenfertigkeiten. Trotzdem müssen genau diese Inhalte rezipiert und verstanden werden, um die Aufgabe zu lösen. Sie müssen aber nur für die Dauer des Bearbeitungsprozesses im Gedächtnis gespeichert werden. Damit nehmen Textaufgaben eine besondere Rolle im Bereich der schulischen Texte ein.

Textaufgaben bestehen, gemäß ihrer Zielsetzung der Umwelterschließung mit mathematischen Mitteln und aufgrund der vielfältigen Inhaltsbereiche des Sachrechnens, aus unterschiedlichsten Textmustern. Sie können daher sowohl narrative als auch explikative Textmuster umfassen. Entsprechend vielfältig sind ihre sprachlichen Merkmale. So finden sich in Textaufgaben der Grundschule beispielsweise narrative Muster mit fiktiven Handlungen und fiktiven Figuren, die aber im generischen Präsens verfasst sind (Frau Müller kauft drei Packungen Nudeln zu je 1,20€ ...). Das generische Präsens leistet hier eine Verallgemeinerung und signalisiert, dass es sich weder um einen konkreten realen noch einen fiktiven

Aktanten handelt. Ein weiteres Merkmal ist eine sprachlich realisierte Unter- oder Überbestimmtheit im Sinne eines Zuviel oder Zuwenig an Information, die dazu dient, Denkprozesse auszulösen.

Solche Sprachnormen in Textaufgaben ausführlich zu analysieren, ist nicht Teil dieser Arbeit. Wichtig ist an dieser Stelle, dass es sich bei Textaufgaben um Sprachnormen zur Unterstützung des Lernprozesses handelt und damit im Sinne Feilkes (2015) um „transitorische Normen" (S. 128). Diese transitorischen Sprachnormen sind somit nicht das Ziel von Lernprozessen, sondern sie sind Mittel, um zu lernen.

In Textaufgaben werden somit zwei der wesentlichen Funktionen von Bildungs- bzw. Schulsprache vereint: eine kommunikative Funktion als Medium des Lernens und eine kognitiv-epistemische Funktion als Werkzeug des Denkens (vgl. Morek & Heller, 2012; Vollmer & Thürmann, 2013). In diesem Sinne hat Sprache in Textaufgaben vor allem immer auch eine epistemische Funktion. Eine verkürzte Sichtweise auf sprachliche Oberflächenmerkmale negiert diese komplexen Wechselwirkungen zwischen sprachlichen Mitteln und kognitiven Prozessen.

Festhalten lässt sich somit, dass eine linguistische Analyse sprachlicher Oberflächenmerkmale von Textaufgaben zu kurz greift, um sich der Fragestellung dieser Arbeit nach den Zusammenhängen von Sprache und Textaufgaben zu nähern. Die in Textaufgaben zentrale sprachlich vermittelte epistemische Funktion würde somit nicht erfasst. In seiner Konsequenz bedeutet dies auch, dass Schwierigkeiten beim Verstehen mathematischer Textaufgaben nicht allein einer fehlenden Kenntnis lexikalischer oder morpho-syntaktischer Strukturen zuzuschreiben sind. „Denn die Verwendung typischer bildungssprachlicher Mittel trägt nur wenig zur Erklärung der Verstehensprobleme bei; diese scheinen anderer Natur zu sein" (Becker-Mrotzek, 2014, S. 72). In diesem Sinne wird in dieser Arbeit eine breitere Perspektive eingenommen, um sich der Frage nach sprachlichen Einflussfaktoren auf das Verstehen und Lösen mathematischer Textaufgaben zu nähern. Berücksichtigt wird dabei vor allem die Interdependenz zwischen sprachlichen Strukturen einerseits und kognitiven Prozessen andererseits.

3 Zusammenhänge zwischen Sprache und Textaufgaben

In diesem Kapitel wird zunächst der Untersuchungsgegenstand dieser Arbeit ‚mathematische Textaufgaben' näher betrachtet. Dabei wird auf kognitive Bearbeitungsprozesse beim Lösen von Textaufgaben und potenzielle Probleme im Rahmen dieser Prozesse eingegangen. In einem weiteren Schritt wird dann der Fokus auf den Einfluss sprachlicher Faktoren auf den Bearbeitungsprozess von Textaufgaben gerichtet. Dabei werden vor allem potenzielle sprachliche Hürden, die einem erfolgreichen Bearbeiten im Weg stehen, in den Blick genommen. Eine eigene Vorstudie zu ebendiesen Hürden schließt das Kapitel ab.

3.1 Mathematische Textaufgaben

Bei mathematischen Textaufgaben handelt es sich um eine didaktische Textsorte, deren vornehmliches Kennzeichen die Einbettung mathematischer Sachverhalte in eine sprachliche Darstellung ist (vgl. Duarte, Gogolin & Kaiser, 2011). Der Kontext der Aufgaben ist dabei vielfältig und reicht von Ausschnitten aus der Erfahrungswelt der Kinder (direkter Alltagsbezug) über Sachinformationen (indirekter Alltagsbezug), durch die auch das Sachwissen erweitert wird, bis hin zu Fantasiewelten (fiktive Situationen) (vgl. Franke & Ruwisch, 2010). Textaufgaben sind Kern des Sachrechnens, das im Wesentlichen drei Ziele verfolgt: das Anwenden von Mathematik, das Auf- und Ausbauen der Problemlösefähigkeit und die Umwelterschließung mit mathematischen Mitteln (vgl. Franke & Ruwisch, 2010). Das Sachrechnen soll somit dazu beitragen, „Kenntnisse zur Bewältigung von konkreten, lebensnahen Anforderungssituationen zu vermitteln" (Stern, 1998, S. 84).

3.1.1 Begriffsbestimmung

Traditionell werden im Sachrechnen verschiedene Aufgabentypen unterschieden. Die Begrifflichkeiten, aber auch die Zuordnungen zu einzelnen Typen sind jedoch keinesfalls eindeutig. Stern (1998) greift beispielsweise einen Vorschlag von Radatz (1983) auf und unterscheidet zwischen *Textaufgaben* und *Sachaufgaben*. Während in Textaufgaben Sachinhalte willkürlich gewählt und häufig verkürzt dargestellt werden, mit dem Ziel, mathematische Konzepte und Operationen am Beispiel einer oftmals nicht realistischen Situation zu veranschaulichen, beziehen sich Sachaufgaben auf „real existierende Anforderungssituationen" (Stern, 1998, S. 85), die mit Hilfe mathematischen Wissens bewältigt werden müssen. Diese Abgrenzung findet sich grundlegend auch bei Schipper (2009), wird von ihm aber weiter ausdifferenziert. So können nach Schipper (2009) vier Typen von Aufgaben unterschieden werden: Bei den sogenannten *einge-kleideten Aufgaben* handelt es sich um „in Worte gefasste Rechenaufga-ben" (S. 242) ohne Sachbezug (z.B. Multipliziere die Summe aus 243 und 635 mit 10.), deren Ziel das Anwenden und Üben von Rechenverfahren und das Einüben mathematischer Fachbegriffe ist. *Textaufgaben* sind „in Textform dargestellte Aufgaben" (ebd., S. 242), die zwar einen Sachbezug haben, „bei denen die Sache [jedoch] weitgehend bedeutungslos und aus-tauschbar ist" (ebd., S. 242). Es geht hier lediglich darum, mit den im Text gegebenen Zahlen und Informationen eine mathematische Gleichung auf-zustellen. Textaufgaben enthalten i.d.R. passende Zahlen und sind meist eindeutig lösbar. Dagegen steht bei *Sachaufgaben* die Sache selbst im Vor-dergrund, die Mathematik ist Mittel zum Zweck. Sie liefert Hilfsmittel zur Bearbeitung und Erschließung der Sachsituation. Im Vordergrund steht die „Anwendung mathematischen Wissens in realistischen Sachsituatio-nen" (ebd., S. 242). Als vierten Aufgabentyp nennt Schipper *Sachprobleme und Sachprojekte*. Dabei handelt es sich um komplexe, realitätsnahe Prob-lemstellungen (eine Klassenfahrt soll geplant werden o.ä.), die auf unter-schiedlichen Wegen bearbeitet werden können und damit zu verschiede-nen Lösungen führen können.

Die Problematik einer solchen Einteilung zeigt sich schon bei Schip-per (2009) selbst, denn die im modernen Sachrechnen häufig eingesetzten Fermi-Aufgaben können von ihm ebenso wenig wie Denk- und Knobel-aufgaben einem der genannten vier Aufgabentypen zugeordnet werden: So sind z.B. Denkaufgaben nach Schipper (ebd.) zwar von der Aufga-benpräsentation her eingekleidete Aufgaben, stellen dabei aber deutlich höhere Anforderungen an die Modellierungskompetenz der Schülerinnen und Schüler und könnten somit nicht unter diesem Typ gruppiert wer-den. Auch wenn die Bezeichnungen der Aufgabentypen vielfach gleich sind, werden häufig andere Kriterien für die Zuordnung angelegt. Franke (2003) subsummiert beispielsweise eben diese Denk- und Knobelaufga-ben unter der Kategorie *eingekleidete Aufgaben,* da der Sachtext bei die-sem Aufgabenformat nicht relevant und austauschbar ist. Ebenfalls die-sem Typ zugeordnet werden hier, anders als bei Schipper (2009), Aufga-ben, die aus einem beliebig austauschbaren Sachtext mit bereits an der Formulierung erkennbarem Rechenweg bestehen. Hingegen fallen unter die Kategorie *Textaufgaben* auch Aufgaben wie das oben prototypisch für eingekleidete Aufgaben genannte Beispiel einer „verbalisierten Zahlen-aufgabe" (Franke, 2003, S. 33) ohne jeglichen Sachkontext, von Franke (ebd.) auch *innermathematische Textaufgabe* genannt. An dieser Stelle zeigen sich deutlich die Schwierigkeiten einer Typisierung von Aufgaben im Bereich des Sachrechnens. Anhand anderer Aufgabenformate, wie den sogenannten Kapitänsaufgaben, deren Fragestellung aus den in der Aufgabe gegebenen Daten nicht sinnvoll beantwortet werden kann (vgl. Franke & Ruwisch, 2010), lässt sich ebenfalls die Problematik einer strikten Kategorisierung verdeutlichen. Denn solche Aufgaben lassen sich nur schwer einem der genannten Aufgabentypen unterordnen. Der Sachkontext mag zwar durchaus realistisch sein, trotzdem geht es per definitionem gerade nicht um das Erweitern der Sachkenntnis mit Hilfe der Mathematik oder das Üben von Rechenfertigkeiten.

Ein in der heutigen Sachrechendidaktik häufig benutzter Begriff ist der der *Modellierungsaufgaben*. In Anlehnung an den in den Bildungsstandards geforderten Kompetenzbereich des Modellierens werden mit diesem Begriff Aufgaben bezeichnet, die einen direkten Realitätsbezug haben und sich durch eine hohe Authentizität auszeichnen. Die Bezeichnung Modellierungsaufgabe „legt den Fokus auf den *Prozess* des Lösens von Problemen aus der Realität" (Greefrath, Kaiser, Blum & Borromeo Ferri, 2013, S. 11) und betont damit stärker den Modellierungsaspekt der Mathematik. Ziel ist auch hier die Erschließung der Umwelt mit mathematischen Mitteln.

Bei aller Unbestimmtheit der Zuordnung zu den genannten Kategorien lässt sich jedoch festhalten, dass Aufgabenformate, die im weitesten Sinne der hier beschriebenen Kategorie Textaufgaben zuzuordnen sind, eher einen deduktiv-vermittelnden Charakter haben, während umwelterschließende Sach- oder Modellierungsaufgaben vielmehr einen induktiv-entdeckenden Hintergrund aufweisen (vgl. Schneeberger, 2009).

3.1.2 Der Textaufgabenbegriff in dieser Arbeit

Die beschriebene Heterogenität in der Bezeichnung von Textaufgaben ist für die Definition des Untersuchungsgegenstandes dieser Arbeit nicht zielführend, da diese Typisierung im Wesentlichen didaktisch motiviert ist. Für die Beantwortung der Fragestellung dieser Arbeit ist es nicht von Relevanz, ob in mathematischen Aufgaben eher die Sache oder die Mathematik im Vordergrund steht. Aus analytischen Gründen wird somit keine Unterscheidung zwischen den beschriebenen Aufgabentypen vorgenommen.

Untersuchungsgegenstand dieser Arbeit sind (1) Texte, die (2) eine konkrete Problemsituation beschreiben, die Fragen aufwirft und mit mathematischen Mitteln zu beantworten ist (vgl. Franke & Ruwisch, 2010; Verschaffel, Greer & de Corte, 2000). Wenn im Folgenden von ‚Textaufgaben' gesprochen wird, sind somit alle Aufgaben gemeint, die im genannten Sinne mathematisch und im linguistischen Sinne ein Text sind[2]. Dabei wird hier von einem funktionalen Textbegriff ausgegangen, nach dem Texte als eine zusammenhängende (kohärente) Folge sprachlicher Zeichen mit kommunikativer Funktion verstanden werden (vgl. Averintseva-Klisch, 2013; Brinker, 2010). Textaufgaben sind in ebendiesem Sinne Texte: Sie bestehen aus zusammenhängenden Zeichen bzw. aus zusammenhängenden Sätzen und haben zudem eine kommunikative Funktion. Ihr illokutionärer Zweck besteht in der Direktive „Bearbeite und löse!" und in der Repräsentative „Teile mit!", d.h. im Mitteilen von z.B. Rechenwegen und Lösungen. Textaufgaben haben somit im Wesentlichen Aufforderungscharakter. Damit wird ihre kommunikative Funktion nicht durch den propositionalen Gehalt selbst ausgelöst, sondern wird durch den didaktischen Kontext bestimmt (vgl. Kapitel 2).

Texte können zwar prinzipiell medial mündlich und schriftlich sein, hier sind jedoch nur medial schriftliche Texte gemeint, da mathematische Textaufgaben in der überwiegenden Mehrheit aller Fälle schriftlich vorliegen. Geschriebene Texte zeichnen sich dadurch aus, dass sie als über Raum und Zeit hinweg zerdehnte sprachliche Handlungen (vgl. Ehlich, 1984) alle Informationen beinhalten, die nötig sind, damit sie außerhalb ihres Entstehungskontexts zu verstehen sind, d.h. „der Text muss den Rahmen für sein Verständnis mitliefern" (Becker-Mrotzek, 2014, S. 73). Der Autor muss somit die von ihm zu vermittelnde Information so anlegen, dass der Leser intendierte Bezüge im Text und zur Welt herstellen kann. Schriftliche Texte sind daher „expliziter, ausführlicher und sprachlich elaborierter als mündliche Diskurse" (ebd., 2014, S. 73). Dies betrifft sprachliche Realisierungen auf lexikalisch-semantischer, syntaktischer aber vor allem auch auf textuell-pragmatischer Ebene (vgl. Koch & Oesterreicher, 1994). Textaufgaben zeichnen sich dementsprechend durch Merkmale konzeptioneller Schriftlichkeit aus (vgl. Koch & Oesterreicher, 1985).

---

2   Diese Definition umfasst somit im Wesentlichen alle zuvor genannten Aufgabentypen. Ausdrücklich nicht sind damit aber innermathematische Aufgaben gemeint, die zwar z.T. in Textform vorliegen, aber keinen Bezug zur realen außermathematischen Welt haben.

3.1.3 Modelle zum Lösen von Textaufgaben

Das Lösen von Textaufgaben wird aus mathematikdidaktischer Sicht als mathematisches Modellieren bezeichnet. Dabei wird auf Basis einer konkreten realitätsbezogenen Situation ein mathematisches Modell konstruiert, das innermathematisch bearbeitet wird und dessen Lösung mit dem Ausgangsproblem abgeglichen werden muss (vgl. z.B. Greefrath, Kaiser, Blum & Borromeo Ferri, 2013; Franke & Ruwisch, 2010; Verschaffel, Greer & de Corte, 2000). Dieser Modellierungsprozess ist komplex und beinhaltet mehrere Phasen, die als zyklischer Ablauf dargestellt werden (vgl. z.B. Blum & Leiss, 2005; Verschaffel, Greer & de Corte, 2000). In der Literatur lassen sich verschiedene Darstellungen von Modellierungskreisläufen finden, die jeweils verschiedene Teilprozesse des Modellierens akzentuieren und unterschiedlich detailliert ausführen (vgl. Greefrath, Kaiser, Blum & Borromeo Ferri, 2013). Allen gemeinsam ist die Unterteilung in eine Prozessebene der realen Welt (Sachebene) und eine Ebene der Mathematik, die während des Modellierungsprozesses miteinander in Beziehung gesetzt werden. Verschiedenartig werden vor allem die Teilprozesse des sogenannten Mathematisierens bis zur Erstellung eines mathematischen Modells beschrieben: In einigen Modellen wird von der realen Situation oder Problemstellung in einem direkten Schritt zum mathematischen Modell übergegangen, in anderen, die auch als „didaktischer Modellierungskreislauf" (Greefrath, Kaiser, Blum & Borromeo Ferri, 2013, S. 17) bezeichnet werden, wird mit der Erstellung eines Realmodells ein Zwischenschritt zwischen realer Problemstellung und mathematischem Modell einbezogen (vgl. z.B. Blum, 1985). Mittlerweile gibt es vielfache Belege dafür, dass die Annahme einer direkten ‚Übersetzung' linguistischer Oberflächenstrukturen in ein mathematisches Modell nicht haltbar ist (vgl. z.B. Schneeberger, 2009). Empirisch konnte gezeigt werden, dass vielmehr eine mentale Repräsentation der realitätsbezogenen Ausgangssituation in Form eines Situationsmodells (im Sinne von Johnson-Laird, 1983; van Dijk & Kintsch, 1983; Kintsch, 1998) gebildet werden muss, auf dessen Basis ein mathematisches Modell konstruiert wird (vgl. Hegarty, Mayer & Monk, 1995; Kintsch, 1998; Reusser, 1989; Thevenot, 2010; Thevenot, Devidal, Barrouillet & Fayol, 2007).

Im Folgenden wird der Modellierungskreislauf von Blum und Leiss (2005) dargestellt (Abbildung 1), da dieser für die Zwecke dieser Arbeit am besten geeignet ist, denn Blum und Leiss (2005) beziehen die Konstruktion eines solchen Situationsmodells in den Bearbeitungsprozess mathematischer

Textaufgaben ein. Dieser Modellierungskreislauf wurde basierend auf theoretischen und empirischen Erkenntnissen zu Lösungsprozessen von Schülerinnen und Schülern bei der Bearbeitung von Modellierungsaufgaben entwickelt (vgl. Schukajlow-Wajsjuinski, 2010). Einbezogen wurden dabei Erkenntnisse aus der kognitionspsychologischen Forschung zum Textverständnis und zum Lösen von Textaufgaben. Die dargestellten kognitiven Prozesse sind eine idealtypische Darstellung, reale Prozesse laufen nicht so linear ab (vgl. Borromeo Ferri, Leiss & Blum, 2006; Leiss, Schukajlow, Blum, Messner & Pekrun, 2010), sondern sind durch Rückkopplungen und Schleifen gekennzeichnet (vgl. Schneeberger, 2009).

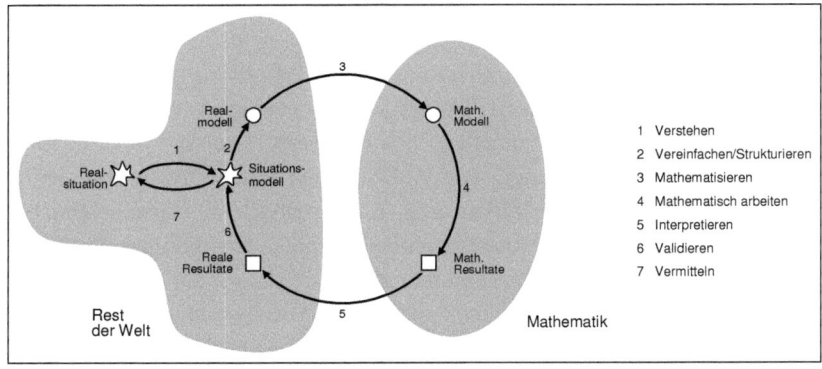

Abbildung 1:   Mathematischer Modellierungskreislauf (Blum & Leiss, 2005)

Zu Beginn des Bearbeitungsprozesses einer Textaufgabe steht das Lesen und (1) Verstehen des Aufgabentextes. Während des Leseprozesses wird im Idealfall unter Einbezug des Vorwissens ein Situationsmodell, d.h. eine mentale Repräsentation der im Text beschriebenen Realsituation generiert (ausführlich zur Konstruktion von Situationsmodellen siehe Kapitel 4.2). Je nach Komplexität der Textaufgabe muss in einem weiteren Schritt durch Reduktionsprozesse des (2) Vereinfachens und Strukturierens ein Realmodell gebildet werden, das nur noch die für das Bearbeiten der Aufgabe wesentlichen Merkmale enthält und somit ein „auf den Kern des Problems reduziertes mentales Modell des Problemlösers über die Struktur der Sachaufgabe an der Schnittstelle zwischen der Welt der Sachen und der Welt der Mathematik [ist]" (Schipper, 2009, S. 240). Durch Abstraktionsprozesse des (3) Mathematisierens wird basierend auf dem Realmodell ein mathematisches Modell konstruiert, das Relationen zwischen relevanten Elementen enthält und unter Einbezug bekannter mathematischer Grundvorstellungen entsteht. Dieser Prozess ist nicht als Eins-zu-eins-Übersetzung zwischen Realmodell und mathematischem Modell zu verstehen, sondern ein konstruktiver Akt, der u.a. von Zielsetzungen und mathematischem Wissen der Problemlösenden abhängig ist (vgl. Franke & Ruwisch, 2010; Schneeberger, 2009). Schließlich wird durch (4) mathematisches Arbeiten, d.h. das Ausführen „von Operationen verschiedener Komplexität und Anzahl" (Schukajlow-Wasjutinski, 2010, S. 80) das mathematische Resultat berechnet, hinsichtlich der Realität (5) interpretiert und im Hinblick auf das zuvor konstruierte Situationsmodell (6) validiert (vgl. Blum & Leiss, 2005; Leiss, Schukajlow, Blum, Messner & Pekrun, 2010). Der Modellierungszirkel endet mit der (7) Darlegung und Erklärung des Lösungswegs. Während des gesamten Modellierungsprozesses wirken metakognitive Strategien, die die Prozesse auf Plausibilität prüfen und so gegebenenfalls dazu führen, dass der Modellierungskreislauf oder einzelne Teilprozesse neu gestartet werden.

Wie bereits angemerkt, handelt es sich bei diesem Kreislauf um eine idealisierte Darstellung. Abhängig von Aufgabentext und individuellen schülerseitigen Merkmalen wie Zielsetzung, mathematischem Wissen, Sprach- und Lesekompetenz und metakognitiven Fähigkeiten können Bearbeitungsprozesse gänzlich anders verlaufen. Denn das Lösen von Textaufgaben erfolgt wie gezeigt „nicht ‚top-down' durch den Abruf eines fertig verfügbaren Lösungsverfahrens" (Schneeberger, 2009, S. 88), sondern ist ein ebenso bottom-up verlaufender konstruktiver Problemlöseprozess. Im Idealfall sollten aber alle Teilprozesse vorkommen.

Schwierigkeiten können bei allen Teilprozessen auftreten. Insbesondere die Konstruktionen eines Situationsmodells und eines Realmodells stellen eine große potenzielle Hürde für Lernerinnen und Lerner dar (vgl. z.B. Greefrath, Kaiser, Blum & Borromeo Ferri, 2013; Hegarty, Mayer & Monk, 1995; Verschaffel, Greer & de Corte, 2000). Oft werden daher Ersatzstrategien angewandt. Eine häufig angewandte Strategie ist dabei die Orientierung an Zahlen und vermeintlichen ‚Schlüsselwörtern' wie ‚mehr' oder ‚weniger', die direkt in eine scheinbar zum Schlüsselwort passende mathematische Operation übersetzt werden, während gleichzeitig der Kontext ignoriert wird (vgl. Greefrath, Kaiser, Blum & Borromeo Ferri, 2013; Verschaffel, Greer & de Corte, 2000). Als Folge werden einzelne Teilprozesse wie der Aufbau eines Situationsmodells übersprungen. Hegarty, Mayer und Monk (1995) sprechen daher von einer „direct translation strategy" (S. 18) im Unterschied zur „problem model strategy" (S. 18). Erstere ist höchstens bei wenig komplexen, konsistenten Aufgaben, in denen beispielsweise ‚mehr' tatsächlich mit der Operation des Addierens überein-stimmt, zielführend. In komplexen Aufgaben oder in Aufgaben mit impli-zit zu erschließenden Informationen sowie in inkonsistenten Aufgaben wie der folgenden „*Maria hat 4 Murmeln. Sie hat 3 Murmeln weniger als Hans. Wie viele Murmeln hat Hans?*" (Stern, 1992, S. 11) führt diese ‚direct trans-lation strategy' unweigerlich zu fehlerhaften Lösungen. Abbildung 2 zeigt solch einen oberflächlichen Verarbeitungskreislauf, in dem Verstehens- und Modellbildungsprozesse ebenso wie Interpretations- und Validierungspro-zesse ausgelassen werden (Verschaffel, Greer & de Corte, 2000, S. 13).

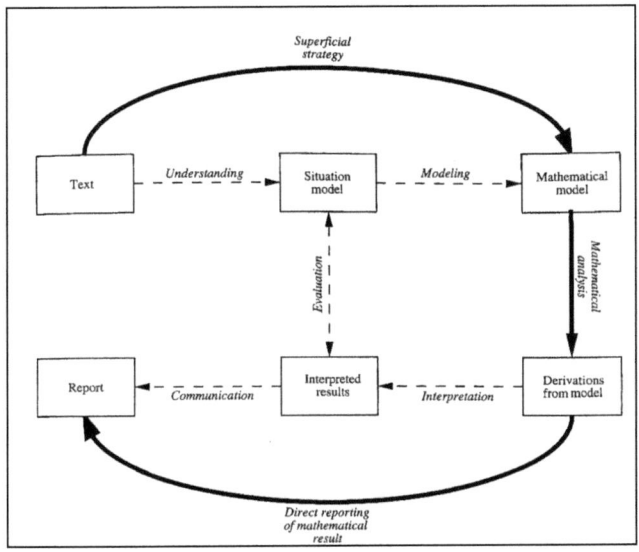

Abbildung 2: Oberflächliche Bearbeitung einer Textaufgabe (Verschaffel, Greer & de Corte, 2000, S. 13)

Ursachen für Probleme beim Lösen von Textaufgaben sind vielfältig. Sie können in individuellen Fähigkeiten und subjektiven Theorien der Ler-nerinnen und Lerner, in unterrichtlichen Faktoren oder auch in der Auf-gabe selbst begründet liegen (vgl. Verschaffel, Greer, de Corte, 2000; für einen umfassenden Forschungsüberblick siehe Daroczy, Wolska, Meurers & Nuerk, 2015). Dabei spielen nicht nur mathematische Faktoren eine Rolle. Diese Arbeit geht der Frage nach, wie Textaufgaben sprachlich verarbeitet werden und welche Probleme dabei auftreten können. Der oben gezeigte Modellierungskreislauf macht deutlich, dass sprachliche

Aspekte im Wesentlichen an einem der Teilprozesse, nämlich dem Aufbau des Situationsmodells, beteiligt sind. Zur Beantwortung der Fragestellung dieser Arbeit liegt es somit nahe, im Folgenden vor allem den Zusammenhang von sprachlichen Faktoren und der Konstruktion eines Situationsmodells in den Blick zu nehmen. Andere schwierigkeitsgenerierende Faktoren werden deshalb nur dann betrachtet, wenn sie in direktem Zusammenhang mit sprachlichen Faktoren stehen.

3.2 Sprache als Einflussfaktor auf das Bearbeiten von Textaufgaben

Im Folgenden wird zunächst in einer ersten Annäherung betrachtet, welche Rolle Sprache beim Bearbeiten von Textaufgaben generell einnimmt, bevor dann auf Forschungen eingegangen wird, die sich detaillierter mit möglichen Einflussfaktoren beschäftigt haben. Abschließend wird eine eigene Vorstudie dargestellt, die zum Ziel hat, mögliche Einflussfaktoren weiter zu präzisieren.

3.2.1 Sprachliche Einflussfaktoren – eine erste Annäherung

Aus heutiger Sicht scheint es selbstverständlich, dass im Bearbeitungsprozess von mathematischen Aufgaben, die in Textform vorliegen, sprachlich basierte Verstehensprozesse eine Rolle spielen. Somit liegt die Vermutung nahe, dass auch Schwierigkeiten im Bearbeitungsprozess durch sprachliche Faktoren erklärt werden können. Obwohl sich die mathematikdidaktische Forschung seit mehreren Jahrzehnten mit dem Lösen von Textaufgaben beschäftigt, wurde dieser Aspekt trotzdem lange Zeit weitgehend ignoriert. Untersuchungen aus dem Bereich der kognitiven Psychologie konnten hingegen bereits in den 80er- und 90er-Jahren des letzten Jahrhunderts zeigen, dass sprachliche Faktoren einen entscheidenden Einfluss auf das erfolgreiche Lösen von Textaufgaben haben. So konnte beispielsweise in ‚Rewording'-Experimenten nachgewiesen werden, dass eine sprachliche Umformulierung von einfachen, nicht komplexen Textaufgaben zu einer deutlich höheren Lösungshäufigkeit führte (vgl. z.B. Hudson, 1983; Cummins, 1991). Beispielsweise stieg die Lösungshäufigkeit bei Erstklässlerinnen und Erstklässlern nach der in Abbildung 3 gezeigten Umformulierung der Originalaufgabe von 30% auf 85% an.

> (A) There are 5 marbles. Two of them belong to Mary. How many belong to John?
>
> (B) There are 5 marbles. Two of them belong to Mary. *The rest belong to John.* How many belong to John?

Abbildung 3:   Original (A) und umformulierte Textaufgabe (B) aus einem Experiment von Cummins (1991, S. 279) (Umformulierung kursiv v. Verf.)

Schwierigkeiten beim Lösen wurden dementsprechend als Schwierigkeiten im sprachlich basierten Situationsverstehen gedeutet. Cummins, Kintsch, Reusser und Weimer (1988) sprechen entsprechend von einer „linguistic development view" (S. 407) im Unterschied zu einer ‚logico-mathematical view' (vgl. z.B. Riley & Greeno, 1988), die Probleme beim Lösen von Textaufgaben überwiegend in einer noch nicht abgeschlossenen Entwicklung mathematischer Wissensstrukturen verortet. Die ‚Rewording'-Studien sind nicht linguistisch motiviert, ihr Ziel lag eher im Erkenntnisgewinn über Problemlöseprozesse. Umformulierungen wurden daher nicht sprachsystematisch vorgenommen.

Seit einigen Jahren richtet die Forschung den Blick verstärkt auf die Rolle der Sprache als möglicherweise erklärenden Faktor für mathematische Schwierigkeiten. Insbesondere die wiederholt in Large-Scale Studien nachgewiesenen Leistungsdifferenzen zwischen Schülerinnen und Schülern mit Deutsch als Muttersprache und Deutsch als Zweitsprache führten zu einer Neuorientierung hin zu sprachlichen Einflussfaktoren auf Lösungsprozesse bei Zweitsprachlernenden. So konnte beispielsweise die über die gesamte Grundschulzeit angelegte Längsschnittstudie „Sozialisation und Akkulturation in Erfahrungsräumen von Kindern mit Migrationshintergrund (SOKKE)" (Heinze, Herwartz-Emden, Braun & Reiss, 2011) zeigen, dass Kinder mit Migrationshintergrund insgesamt ein geringeres Leistungsniveau in mathematischen Tests erreichten als Kinder ohne Migrationshintergrund. Diese Differenzen traten aber zum einen nicht bei nummerisch dargestellte Aufgaben auf und zum anderen verschwand dieser Unterschied bei statistischer Kontrolle der Sprachkompetenz, d.h. wenn angenommen wurde, dass alle Kinder über die gleiche Sprachkompetenz verfügen. Die Autorinnen und Autoren folgerten daraus, „dass die Fähigkeiten in der Unterrichtssprache die zentralen Bedingungen auch für das schulische Lernen in Mathematik sind" (ebd., 2011, S. 26).

Auch Gürsoy (2015) zeigte in einer Untersuchung mit 698 Schülerinnen und Schülern der 10. Klasse, dass die Sprachkompetenz die

Mathematikleistung beeinflusst. So hatte die über einen C-Test gemessene Sprachkompetenz der Lernenden den stärksten Erklärwert aller erhobenen sozialen und sprachlichen Variablen für die Leistung in Textaufgaben der Zentralen Prüfungen der Klasse 10. Der Einfluss der Sprachkompetenz war dabei höher als z.B. der Zeitpunkt des Deutscherwerbs oder der Migrationshintergrund.

Anhand einer eigenen Sekundäranalyse der Berliner Ergebnisse der Vergleichsarbeiten VERA-3 aus dem Schuljahr 2009/2010 (Kuhl, Harych & Vogt, o.J.) wurde zum einen untersucht, inwiefern die Höhe der sprachlichen Komplexität die geringere Lösungshäufigkeit in mathematischen Textaufgaben gegenüber nummerischen Aufgaben erklärt. Zum anderen wurde analysiert, inwiefern Unterschiede in der Lösungshäufigkeit zwischen Kindern deutscher Herkunftssprache und Kindern nichtdeutscher Herkunftssprache in der sprachlichen Komplexität der Aufgaben begründet liegen. Dazu wurden alle 55 mathematischen Testaufgaben aus VERA-3 von sieben Expertinnen und Experten (Sprachdidaktikerinnen und -didaktiker sowie Deutschlehrerinnen und -lehrer) hinsichtlich ihrer sprachlichen Komplexität in eine Reihenfolge gebracht. Die mathematische Schwierigkeit wurde dabei nicht einbezogen. Die Interraterübereinstimmung lag bei ICC=.79 und war damit ausreichend hoch, um einen Mittelwert aller Rater zu bilden. Folglich wurde aus allen 55 Testaufgaben eine Rangfolge nach sprachlicher Komplexität gebildet. Für alle weiteren Berechnungen wurden die Ergebnisse der Vergleichsarbeiten VERA-3 aus Berlin herangezogen (vgl. ebd.). Um herauszufinden, ob die erstellte Rangfolge mit der Schwierigkeit der Aufgaben (Lösungshäufigkeit) einhergeht, wurden diese beiden Werte korreliert. Die Korrelation von $r=-.39$ ($p<.01$) zeigte, dass als sprachlich komplexer eingeschätzte Aufgaben für alle Schülerinnen und Schüler tendenziell schwieriger zu lösen waren. Zusätzlich wurde untersucht, ob die Rangfolge der sprachlichen Komplexität mit der Differenz in der Lösungshäufigkeit zwischen Kindern nichtdeutscher Herkunftssprache und Kindern mit deutscher Muttersprache zusammenhängt. Die Korrelation von $r=.53$ ($p<.001$) zeigt, dass der Unterschied in der Lösungshäufigkeit zwischen beiden Schülergruppen umso größer ist, je sprachlich komplexer die Aufgabe eingeschätzt wurde. Auch diese Studie zeigte somit, dass sprachliche Faktoren einen Einfluss auf das Verstehen und Lösen von Textaufgaben haben, und zwar bei allen Kindern, auch wenn der schwierigkeitsgenerierende Einfluss sprachlicher Komplexität bei Kindern nichtdeutscher Herkunftssprache in dieser Studie noch größer ist.

Dass sprachliche Faktoren eine wichtige Rolle beim Lösen von Aufgaben spielen und somit Schwierigkeiten beim Bearbeiten von Textaufgaben auch auf sprachliche Faktoren beim Situationsverstehen zurückzuführen sind, ist mittlerweile weitgehend unumstritten. Die genannten Studien machen aber noch keine Aussagen darüber, welche Merkmale es genau sind, die zu Hürden im Bearbeitungsprozess werden können. Im Folgenden wird daher der Forschungsstand hinsichtlich konkreter sprachlicher Einflussfaktoren zusammengefasst.

3.2.2 Detaillierte Betrachtung sprachlicher Einflussfaktoren

In den folgenden Kapiteln werden konkrete sprachliche Einflussfaktoren auf Bearbeitungsprozesse von Textaufgaben in den Blick genommen. Dabei wird zunächst der Forschungsstand berichtet, bevor dann in einer eigenen Vorstudie eine erweiterte Perspektive eingenommen wird.

3.2.2.1 Forschungsüberblick

Forschungen zu sprachlichen Ursachen für Probleme beim Bearbeitungsprozess mathematischer Textaufgaben befassen sich vornehmlich mit potenziellen Hürden für Zweitsprachlernende. Die vorliegenden Studien lassen sich dabei in drei Kategorien einteilen: (1) korrelative Studien zum Einfluss sprachlicher Merkmale auf die Aufgabenfairness in mathematischen Tests, (2) qualitative Analysen von Aufgabenbearbeitungen sowie (3) experimentelle Untersuchungen zu Effekten sprachlicher Vereinfachung. Häufig wurden diese Studien an Textaufgaben aus mathematischen Schulleistungstests durchgeführt.

Im Folgenden werden Ergebnisse einiger einschlägiger Studien dargestellt. In allen Untersuchungen wurde angenommen, dass sprachliche Merkmale des Aufgabentextes Einfluss auf das Lösungsverhalten der Schülerinnen und Schüler haben. Zwei Faktoren wurden dabei im Wesentlichen als schwierigkeitsgenerierend angesehen: lexikalische Komplexität und syntaktische Komplexität.

Haag, Heppt, Stanat, Kuhl und Pant (2013) untersuchten in einer kor-relativen Studie anhand der Mathematikaufgaben aus den Vergleichsar-beiten VERA-3 von 2010, inwiefern eine generelle bildungssprachliche Komplexität bzw. einzelne, als bildungssprachlich deklarierte Faktoren ursächlich für eine geringere Testfairness bei einzelnen Aufgaben zwi-schen Kindern deutscher und nichtdeutscher Muttersprache sind. Alle Mathematikaufgaben aus VERA-3 wurden dafür mit einem Kodier-schema, das auf einem für das Englische entwickelten Ratingverfah-ren zur ‚Academic Language' basierte, hinsichtlich bildungssprachlicher Komplexität eingeschätzt. Analysiert wurde dabei neben (1) beschrei-benden Faktoren wie Anzahl der Wörter und Satzlänge (2) auf lexika-lischer Ebene das Vorkommen von allgemeinem bildungssprachlichem Wortschatz und mathematikspezifischem Fachwortschatz sowie (3) auf syntaktischer Ebene das Auftreten von Passivkonstruktionen, Präposi-tionalphrasen, Nominalphrasen, Partizipialkonstruktionen und Konnek-toren. Partizipialkonstruktionen, Passivkonstruktionen und Konnekto-ren konnten in den analysierten Aufgaben nicht nachgewiesen werden. Es zeigte sich, dass der mathematikspezifische Fachwortschatz kei-nen unterscheidenden Einfluss auf die beiden Gruppen hatte, er stellte somit keine größere Schwierigkeit für Kinder mit nichtdeutscher Her-kunftssprache dar als für Kinder mit Deutsch als Muttersprache. Die Autorinnen und Autoren vermuten, dass dies an der meist systemati-schen Einführung im Unterricht liegt. Ein geringer ursächlicher Ein-fluss konnte zusammengenommen für den allgemeinen bildungssprach-lichen Wortschatz, die Anzahl der Nominalphrasen und die Anzahl der Präpositionalphrasen nachgewiesen werden. Betrachtete man den Einfluss aller Faktoren jeweils einzeln, erwies sich nur die Anzahl der Nominalphrasen als statistisch signifikant. Wenn sich somit Schülerin-nen und Schüler deutscher und nichtdeutscher Muttersprache bei sta-tistisch gleicher mathematischer Kompetenz in ihrer Lösungshäufigkeit unterscheiden, kann dies zu einem geringen Teil an den hier genann-ten sprachlichen Merkmalen des Aufgabentextes liegen. Einschrän-kend anzumerken ist allerdings, dass bei den hier untersuchten Testauf-gaben aus den Vergleichsarbeiten VERA-3 lediglich ein sehr geringer, nicht signifikanter Leistungsnachteil für Schülerinnen und Schüler mit nichtdeutscher Herkunftssprache festgestellt werden konnte (vgl. Haag, Heppt, Stanat, Kuhl & Pant, 2013). In dieser Studie wurde somit der ursächliche Einfluss sprachlicher Merkmale auf einen Leistungsnachteil in Testaufgaben gemessen, der de facto kaum vorhanden war. Aus den Ergebnissen lässt sich nicht schließen, ob die hier als unterschiedsgenerierend bestimmten sprachlichen Faktoren ‚allgemeiner bildungssprachlicher Wortschatz‘ sowie ‚Anzahl der Nominal- und Präpositionalphrasen‘ generelle Hürden beim Lösen mathematischer Textaufgaben darstellen.

In einer Studie von Wolf und Leon (2009) wurden ebenfalls bildungssprachliche Faktoren als mögliche Ursache für unfaire Testaufgaben einer US-amerikanischen Large-Scale-Erhebung analysiert. Hierzu untersuchten die Autoren 542 Aufgaben aus mathematischen und naturwissenschaftlichen Tests, die sie entsprechend der Lösungshäufigkeit in leichte und schwierige Aufgaben unterteilten. Als Kodierschema fungierte wie schon in der zuvor genannten Studie das Ratingverfahren zur ‚Academic Language‘. In die Analyse einbezogen wurden somit die gleichen lexikalischen und syntaktischen Strukturen, wie in der zuvor genannten Studie, zusätzlich wurden Kohäsionsmittel analysiert. Alle sprachlichen Faktoren wurden zunächst einzeln betrachtet. Für die einfachen Aufgaben zeigte sich ein geringer signifikanter Einfluss auf die Testfairness sowohl für die Anzahl allgemeiner bildungssprachlicher Begriffe als auch, im Unterschied zur Untersuchung von Haag, Heppt, Stanat, Kuhl und Pant (2013), für die Anzahl der Fachwörter. Für die schwierigen Aufgaben erwiesen sich der Umfang des Fachwortschatzes und der Kohäsionsmittel sowie die Anzahl der Sätze in geringem Maß als schwierigkeitsgenerierend. Für komplexe syntaktische Strukturen zeigte sich bei keiner Aufgabe ein Effekt. Die Analysen wurden nicht getrennt für mathematische und naturwissenschaftliche Aufgaben durchgeführt. Wurden alle bildungssprachlichen Faktoren zusammengefasst, zeigte sich für Aufgaben mit der höchsten sprachlichen Komplexität die geringste Fairness.

Auch Martiniello (2008) untersuchte in einer qualitativen Studie für das Englische, ob sprachliche Komplexität eine Ursache für eine geringere Fairness mancher mathematischer Testaufgaben ist. Als schwierigkeitsgenerierend wurden auch hier lexikalische und syntaktische Komplexität angenommen. Aus einem Schulleistungstest für 4. Klassen wurden 6 von 39 Textaufgaben ausgewählt, bei denen statistisch gezeigt werden konnte, dass bei gleicher mathematischer Kompetenz Schülerinnen und Schüler mit Englisch als Zweitsprache gegenüber monolingual-englischsprachigen Schülerinnen und Schülern benachteiligt sind. Auch hier muss wieder angemerkt werden, dass diese Benachteiligung mehrheitlich gering war und nur bei zwei Aufgaben relevant (vgl. Martiniello, 2008). Die Aufgaben wurden hinsichtlich lexikalischer und syntaktischer Komplexität analysiert, die Analysekriterien deckten sich dabei im Wesentlichen mit den bei Haag, Heppt, Stanat, Kuhl und Pant (2013) genannten. Ergänzend wurden ‚Lautes-Denken-Protokolle' während des Lesens der Aufgaben von 24 Viertklässlerinnen und Viertklässlern mit Spanisch als Erstsprache aufgezeichnet, um abzugleichen, ob die als komplex identifizierten sprachlichen Merkmale zu Verstehensschwierigkeiten führen. Die Aufgaben wurden dabei nicht rechnerisch bearbeitet. Martiniello (2008) kommt zu dem Schluss, dass die in der linguistischen Analyse benannten komplexen Elemente zu Schwierigkeiten beim Verstehen der Aufgabentexte führen. Im Wesentlichen sind das niedrigfrequente und mehrdeutige Wörter sowie komplexe Satzstrukturen mit z.B. eingebetteten Relativsätzen und langen Nominal- und Präpositionalphrasen. Da in dieser Studie nur sechs ausgewählte Aufgaben betrachtet wurden, lässt sich nicht sagen, ob ähnliche Verstehensschwierigkeiten möglicherweise auch bei anderen, nicht als unfair deklarierten Aufgaben auftreten würden. Zudem wurden nicht die Leseprozesse von monolingual-englischen Kindern analysiert, insofern bleibt unklar, ob die genannten Hürden ausschließlich mit der Zweitsprachlichkeit zusammenhängen und somit nur für mehrsprachige Kinder ein Problem darstellen.

Prediger, Wilhelm, Büchter, Gürsoy und Benholz (2015) untersuchten sieben als schwierig eingestufte Mathematikaufgaben aus den zentralen Prüfungen für die 10. Klasse in Nordrhein-Westfalen hinsichtlich möglicher Ursachen für Lösungsschwierigkeiten bei durch einen C-Test als sprachlich schwach definierten Lernenden. Dazu wurden 195 Aufgabenbearbeitungen analysiert und hinsichtlich auftretender Hürden kodiert, außerdem wurden 47 Bearbeitungsprozesse videografiert und ebenfalls systematisch bezüglich auftretender Probleme analysiert. Die Autorinnen und Autoren konnten so drei Arten von Hürden für sprachlich schwache Lernende rekonstruieren: (1) „Lesehürden in der Texterschließung" (ebd., S. 100) insbesondere durch Präpositionen und komplexe Satzstrukturen, (2) „prozessuale Hürden bei kognitiv anspruchsvolleren Prozessen" (ebd., S. 100), wie z.B. dem Bilden eines Situationsmodells und (3) „konzeptuelle Hürden" (ebd., S. 100) im Verständnis der zu erschließenden mathematischen Konzepte. Als zentral erwiesen sich dabei die prozessualen und konzeptuellen Hürden, Lesehürden waren weniger relevant. Die Autorinnen und Autoren trennten hier zwischen Texterschließung und dem „kognitiv anspruchsvolleren" (ebd., S. 100) Aufbau eines Situationsmodells.

Kaiser und Schwarz (2009, zitiert nach Duarte, Gogolin & Kaiser, 2011) analysierten in einer qualitativen Untersuchung Sprachproben von Bearbeitungen einer Textaufgabe von 20 Siebtklässlerinnen und Siebtklässlern mit Russisch als Erstsprache. Die ausgewählte Textaufgabe wies zahlreiche bildungssprachliche Charakteristika auf. Durchgängig zeigte sich, dass das Aufgabenverständnis über Nomen entwickelt wurde und dabei Funktionswörter vernachlässigt wurden. Insbesondere wurde auch von den Lernenden in dieser Studie „die Bedeutung von Präpositionen für eine zielführende Lösung nicht in ihrer Tragweite erkannt" (Duarte, Gogolin & Kaiser, 2011, S. 48). Die Autorinnen folgern, dass das Nichtberücksichtigen der Präpositionen zu einem nicht-zielführenden Realmodell führt, dem die „entscheidenden mathematischen Bedeutungskomponenten der Aufgabe fehlen" (ebd., 2011, S. 48). Zudem waren zentrale Begriffe, insbesondere Komposita, unbekannt. Die über alle korrelativen und qualitativen Studien hinweg häufige Nennung von Präpositionen als potenzieller oder realer Hürde ist wenig überraschend, da Präpositionen aufgrund der relationalen Struktur mathematischer Textaufgaben eine hohe Relevanz besitzen, denn sie stellen logische Beziehungen zwischen mathematischen Sachverhalten her (ebd., 2011). So konnte Gürsoy in einem Vergleich von Aufgabentexten der Fächer Mathematik und Deutsch eine Dominanz von Präpositionen in mathematischen Textaufgaben feststellen (vgl. Gürsoy, 2015).

Die bisher beschriebenen korrelativen Studien konnten nur sehr geringe Effekte für potenziell schwierigkeitsgenerierende sprachliche Faktoren auf lexikalischer und syntaktischer Ebene nachweisen. Da der in diesen Studien zugrundegelegte Leistungsnachteil im Sinne der Testfairness für Schülerinnen und Schüler mit nichtdeutscher Herkunftssprache zumeist äußerst gering war, waren andere Ergebnisse allerdings auch nicht unbedingt zu erwarten. Verallgemeinernde Aussagen hinsichtlich potenzieller sprachlicher Hürden lassen sich demnach auf Grundlage dieser Untersuchungen kaum gewinnen. Die genannten qualitativen Studien deuten dagegen einen negativen Einfluss bestimmter syntaktischer und lexikalischer Faktoren auf das erfolgreiche Bearbeiten von Textaufgaben an. Inwiefern diese Faktoren tatsächlich generell ursächlich für Lösungsschwierigkeiten sind, müssen experimentelle Untersuchungen zeigen.

In verschiedenen experimentellen Studien wurde daher untersucht, inwiefern das sprachliche Vereinfachen von Aufgabentexten zu einer höheren Lösungshäufigkeit führt. Für das Deutsche liegen dabei allerdings kaum einschlägige Untersuchungen vor. Der Fokus liegt in allen Studien auf lexikalischen und syntaktischen Merkmalen der Textoberfläche. So untersuchten Haag, Heppt, Roppelt und Stanat (2015) inwiefern eine Verringerung bildungssprachlicher Anforderungen in ausgewählten Textaufgaben des IQB-Ländervergleichs Primarstufe aus dem Jahr 2011 zu Verringerung des Leistungsunterschieds zwischen Kindern mit Deutsch als Familiensprache und Kindern mit nichtdeutscher Familiensprache führt. Analysiert wurde eine Stichprobe mit 17738 Viertklässlerinnen und Viertklässlern, 17% sprachen zu Hause eine andere Sprache als Deutsch. Von 23 Aufgaben, die durch linguistische Analysen als sprachlich am anspruchsvollsten deklariert wurden, wurde eine vereinfachte Version erstellt, die sich mathematisch nicht von der Originalversion unterschied, und gemeinsam mit der Originalversion eingesetzt wurde. Vereinfachungen wurden auf lexikalischer und syntaktischer Ebene vorgenommen, dabei wurde sich am bereits genannten Ratinginstrument zur ‚Academic Language' aus dem Englischen orientiert: Wörter mit drei oder mehr Silben, Komposita und allgemeine bildungssprachliche Begriffe wurden durch kürzere und bekanntere Wörter ersetzt, die Satzlänge wurde durch die Vermeidung von subordinierenden Nebensätzen und Infinitivkonstruktionen verringert, Nominalphrasen wurden gekürzt sowie Passivkonstruktionen entfernt. Die Auswertung zeigte keinen Effekt der Aufgabenvereinfachung auf die Testleistung der Schülerinnen und Schüler, weder für Kinder mit deutscher noch mit nichtdeutscher Familiensprache. Wurde die Lesekompetenz einbezogen, zeigte sich ein minimaler, praktisch nicht relevanter Effekt für Kinder mit nichtdeutscher Familiensprache, die über eine mittlere Lesekompetenz verfügten. Eine Vereinfachung der Aufgaben war somit für keine Schülergruppe förderlich, sie schadete aber auch keiner Gruppe. Zu vergleichbaren Ergebnissen kommen Abedi und Lord (2001) in einer Studie mit 1174 Schülerinnen und Schülern der 8. Klasse. In zehn Aufgaben aus einem landesweiten Mathematiktest wurden basierend auf Expertenurteilen potenziell schwierige Elemente auf lexikalischer und syntaktischer Ebene identifiziert und modifiziert, die Modifikationen waren im wesentlichen vergleichbar zu denen in der vorherigen Studie. Originalaufgaben und vereinfachte Aufgaben wurden gemeinsam eingesetzt. Es zeigte sich zwar ein Effekt durch die Modifikation der Aufgaben auf die

Lösungshäufigkeit bei allen Schülerinnen und Schülern, dieser Effekt war jedoch minimal (d=0.06) und damit praktisch nicht relevant. Auch in dieser Untersuchung ließ sich kein Unterschied zwischen Schülerinnen und Schülern mit Englisch als Erst- bzw. Zweitsprache hinsichtlich des Einflusses der Aufgabenvereinfachung feststellen.

Die Ergebnisse der hier beispielhaft genannten Studien stimmen im Wesentlichen mit Metastudien zum Thema überein, die ebenfalls zeigten, dass das Vereinfachen lexikalischer und syntaktischer Strukturen tendenziell keine oder nur sehr geringe Effekte für Zweitsprachlernende hat. So konnten Kieffer, Rivera und Francis (2012) anhand von elf mehrheitlich experimentellen Studien mit 24 Einzelanalysen zu Mathematik-, Naturwissenschafts- und Geschichtsaufgaben nur eine geringe durchschnittliche Effektstärke von d=0.14 für sprachliche Vereinfachungen nachweisen. Die höchste Effektstärke lag dabei bei d=0.19. Unklar bleibt, welche Effekte sich ausschließlich für Mathematikaufgaben nachweisen ließen. In einer weiteren Metastudie von Li und Suen (2012) über 19 Studien mit 85 Einzelanalysen zeigten sich keine signifikanten Effekte.

Es lässt sich somit festhalten, dass experimentelle Studien, die mathematische Aufgabentexte hinsichtlich lexikalischer und syntaktischer Merkmale veränderten, keinen oder nur einen äußerst geringen Einfluss auf den Lösungserfolg nachweisen konnten. Insbesondere konnten die erwarteten Vorteile für Zweitsprachlernende nicht gezeigt werden.

3.2.2.2 Zusammenfassung und Desiderata

Forschungen zu sprachlichen Anforderungen in Textaufgaben befassen sich vornehmlich mit potentiellen Hürden für Zweitsprachlernende. Als schwierigkeitsgenerierend werden dabei lexikalische und syntaktische Komplexität angenommen. Ergebnisse aus experimentellen und nicht-experimentellen Studien zeichnen in Bezug auf diese Annahme jedoch ein uneinheitliches Bild: Experimentelle Untersuchungen konnten keine oder höchstens geringe, praktisch nicht relevante Effekte durch das Vereinfachen von als bildungssprachlich definierten, komplexen Merkmalen auf lexikalischer und syntaktischer Ebene in Aufgabentexten nachweisen (vgl. Abedi & Lord, 2001; Haag, Heppt, Roppelt & Stanat, 2015; Kieffer, Rivera & Francis, 2012; Li & Suen, 2012).

In nicht-experimentellen Untersuchungen ergab sich ein differenzierteres Bild: Korrelative Analysen zeigten je nach Studie entweder sehr geringe oder gar keine Effekte für als schwierig angenommene komplexe Strukturen auf Wort- und Satzebene für Zweitsprachlernende (vgl. Haag, Heppt, Stanat, Kuhl & Pant, 2013; Wolf & Leon, 2009). Qualitative Studien zu Aufgabenbearbeitungen konnten hingegen ebendiese komplexen Strukturen als Hürden für Zweitsprachlernende identifizieren (vgl. Duarte, Gogolin & Kaiser, 2011; Martiniello, 2008; Prediger, Wilhelm, Büchter, Gürsoy & Benholz, 2015).

Der dargestellte Forschungsüberblick deutet darauf hin, dass als schwierig angenommene lexikalische und syntaktische Merkmale, wie ein niedrigfrequenter Wortschatz, komplexe Satzstrukturen und Präpositionalphrasen, für bestimmte Schülerinnen und Schüler Hürden im Bearbeitungsprozess darstellen können. So lässt sich aufgrund von Erkenntnissen aus der Zweitspracherwerbsforschung davon ausgehen, dass bestimmte komplexe Strukturen vor allem für Lernende mit geringerer Sprachkompetenz eine Rolle spielen, die diese Strukturen noch nicht erworben haben (vgl. Kniffka & Siebert-Ott, 2012). Flächendeckend lassen sich gleichwohl keine überzeugenden empirischen Belege dafür finden, dass ein Entfernen oder strukturelles Vereinfachen isolierter lexikalischer und syntaktischer Elemente in Textaufgaben förderlich für den Lösungsprozess von Zweitsprachlernenden oder sogar von allen Schülerinnen und Schülern ist.

Da somit weiterhin unklar bleibt, welche sprachlichen Faktoren den Bearbeitungsprozess von Textaufgaben beeinflussen, stellt sich die Frage, warum die beschriebenen lexikalischen und syntaktischen Änderungen nicht zielführend waren. Ein möglicher Grund könnte m.E. darin liegen, dass in fast allen genannten Studien lexikalische und syntaktische Faktoren nur isoliert und augenscheinlich nicht vor dem Hintergrund des mathematischen Modellierungskreislaufs betrachtet wurden, der die notwendige Konstruktion einer mentalen Repräsentation der Ausgangssituation annimmt. Eine isolierte Betrachtung negiert die Tatsache, dass es sich bei Textaufgaben, wie in Kapitel 3.1.2 definiert, nicht um unverbunden nebeneinanderstehende Wörter und Sätze, sondern um eine zusammenhängende (kohärente) sowie funktionale Einheit, d.h. einen Text, handelt. Der Aufbau einer mentalen Repräsentation der Ausgangssituation, d.h. die Konstruktion eines Situationsmodells, kann nur dann gelingen, wenn auch Bezüge zwischen einzelnen Sätzen sowie zwischen mathematischen Sachverhalten im Text hergestellt werden. Das isolierte Vereinfachen auf Wort- und Satzebene ohne Einbezug der Textebene garantiert somit nicht ohne Weiteres den Aufbau einer zusammenhängenden mentalen Repräsentation und damit das Verstehen des Textes. Die Relevanz des satzübergreifenden Herstellens von Bezügen für das Lösen von Textaufgaben wird durch Studien bestätigt, die zeigen, dass der Aufbau eines Situationsmodells während der

Bearbeitung einer Textaufgabe signifikant mit der Kompetenz, Texte zu verstehen, und der Fähigkeit, sprachlich vermittelte mathematische Relationen herzustellen, zusammenhängt (vgl. Leiss, Schukajlow, Blum, Messner & Pekrun, 2010; L.S. Fuchs, D. Fuchs, Compton, Hamlett & Wang, 2015).

Bisher findet kaum Forschung statt, die sich nicht nur auf Wort- und Satzebene, sondern auch auf Textebene systematisch mit dem Zusammenhang von sprachlichen Faktoren und dem Aufbau eines Situationsmodells während des Bearbeitens einer mathematischen Textaufgabe beschäftigt. Im Folgenden wird daher vor dem Hintergrund, dass Aufgabenverstehen immer auch Textverstehen ist, in einer ersten Annäherung im Rahmen einer explorativ-qualitativen Studie untersucht, welche sprachlichen Faktoren den Aufbau eines Situationsmodells beeinflussen. Über die bisherigen Studien hinausgehend, wird hierbei der Blick auch auf hierarchiehöhere Prozesse des Textverständnisses gerichtet. Dabei werden nicht nur Bearbeitungsprozesse von Zweitsprachlernenden, sondern von allen Schülerinnen und Schülern betrachtet, um ein umfassenderes Bild sprachlicher Prozesse bei der Aufgabenbearbeitung zu erhalten.

3.2.3 Vorstudie zu sprachlichen Einflussfaktoren auf den Aufbau eines Situationsmodells beim Bearbeiten mathematischer Textaufgaben

Das Ziel dieser Vorstudie war es, Hinweise auf sprachliche Faktoren, die den Aufbau eines Situationsmodells während des Bearbeitens von Textaufgaben beeinflussen können, zu erhalten. Dabei wurden vor dem Hintergrund einer erweiterten Perspektive auf Prozesse des Textverständnisses Schülerbearbeitungen von mathematischen Textaufgaben analysiert.

3.2.3.1 Design, Methode und Material

Zur Bearbeitung des Themas wurde ein induktives Vorgehen gewählt. Dazu wurden neun Mathematikaufgaben (Anhang C) aus den Vergleichsarbeiten VERA-3 (Institut für Qualitätsentwicklung im Bildungswesen, 2010) eingesetzt, die in der in Kapitel 3.2.1 beschriebenen eigenen Untersuchung als am sprachlich komplexesten eingeschätzt wurden, und die gleichzeitig eine große Differenz in der Lösungshäufigkeit zwischen Kindern mit Deutsch als Muttersprache und Kindern mit nichtdeutscher

Herkunftssprache aufwiesen. So bot sich die Chance, ein möglichst differenziertes Bild hinsichtlich sprachlicher Einflussfaktoren auf den Aufbau eines Situationsmodells zu erhalten. Von den Aufgaben gehörten sechs zum Themenbereich Daten, Häufigkeit und Wahrscheinlichkeit und drei zum Bereich Zahlen und Operationen. Um Einblicke in die Bearbeitungsprozesse zu erhalten, wurden die Textaufgaben jeweils von zwei Probandinnen bzw. Probanden gemeinsam gelöst. Von den Dialogen wurden zur späteren Auswertung Audioaufnahmen aufgezeichnet. Die Auswertung erfolgte über ein mehrschrittiges Verfahren (Abbildung 4). In einem ersten Schritt wurde analysiert, ob Schwierigkeiten beim Bearbeiten der Aufgabe auftraten. War dies der Fall, wurde die Art der Schwierigkeit näher bestimmt. Differenziert wurde zwischen sprachlich und mathematisch bedingten Schwierigkeiten, sowie Problemen, die keiner dieser beiden Kategorien eindeutig zuzuordnen waren. In Abgrenzung zu sprachlichen Problemen wurden Schwierigkeiten als mathematisch bedingt eingestuft, wenn sie den Prozess des Mathematisierens und das Berechnen der Lösung betrafen (siehe Modellierungskreislauf in Kapitel 3.1.3). Sprachlich bedingte Schwierigkeiten wurden weiter unterteilt in explizit verbalisierte und implizit in den Schüleräußerungen angezeigte Schwierigkeiten.

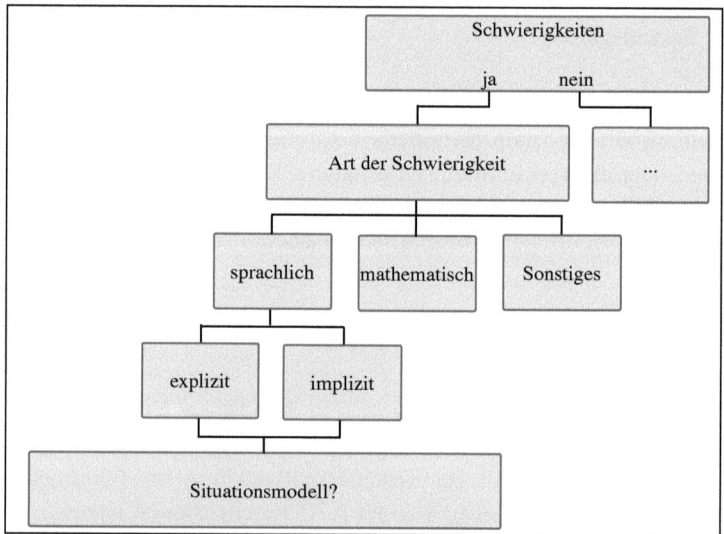

Abbildung 4: Entscheidungsbaum zur Bestimmung von Schwierigkeiten beim Aufbau eines Situationsmodells während der Bearbeitung mathematischer Textaufgaben

Auf Basis einer Synopse des Audiomaterials wurden in einem nächsten Schritt die auf diese Art bestimmten, noch unspezifischen sprachlichen Schwierigkeiten im Rahmen einer qualitativen Analyse genauer betrachtet und präzisiert, um die sprachlichen Faktoren zu extrahieren, die den Aufbau eines angemessenen Situationsmodells verhindern. Hierzu wurde ein iteratives Vorgehen gewählt, d.h. Ergebnisse einer ersten Analyse wurden Ausgangspunkt weiterer Analyseschritte. Das Verfahren begann mit der Kategorisierung möglicher Einflussfaktoren bei den Aufgaben mit sprachlich bedingten Schwierigkeiten, die explizit genannt wurden. Die so entwickelten Kategorien wurden in einem zweiten Schritt auf die Aufgaben mit impliziten sprachlichen Schwierigkeiten angewandt. Aufgaben, die durch den zweiten Schritt noch nicht kategorisiert werden konnten, wurden weiter analysiert und neue Kategorien gebildet. Diese neuen Kategorien wurden wiederum auf die bereits klassifizierten Aufgaben angewandt, deren Zuordnung so ergänzt oder revidiert werden konnte.

3.2.3.2 Stichprobe und Durchführung

An der Untersuchung nahmen 74 Kinder der 3. und 4. Klasse aus drei Grundschulen mit Deutsch als Muttersprache und mit Deutsch als Zweitsprache teil. Alle Kinder bearbeiteten in Partnerarbeit jeweils drei der neun VERA-3-Aufgaben, sodass insgesamt 111 Aufgabenbearbeitungen aus 37 dialogischen Bearbeitungsgesprächen vorlagen. Aufgabe der Kinder war es, (1) die Aufgaben zu bearbeiten und dabei ihren Bearbeitungsprozess dialogisch zu verbalisieren und (2) nach der Bearbeitung der Aufgabe den Inhalt des Aufgabentextes bei verdecktem Text wiederzugeben. (3) Abschließend wurden retrospektive Fragen zu konkreten Ausschnitten des Bearbeitungsprozesses gestellt.

3.2.3.3 Ergebnisse

Zur Überprüfung der Validität des eingesetzten Verfahrens wurde die Differenz in der Lösungshäufigkeit zwischen Kindern mit Deutsch als Erst- bzw. Zweitsprache bei den neun ausgewählten VERA-3-Aufgaben korreliert mit dem Prozentsatz der Paare, bei denen bei der Bearbeitung der jeweiligen Aufgabe entweder explizite und implizite sprachliche oder mathematisch bedingte Schwierigkeiten festgestellt wurden. Tabelle 1 zeigt die Korrelationen.

Tabelle 1: Korrelationen zwischen Schwierigkeiten beim Lösen von Textaufgaben und Differenzen in der Lösungshäufigkeit

	explizite sprachliche Schwierigkeiten	implizite sprachliche Schwierigkeiten	explizite und implizite sprachliche Schwierigkeiten	mathematische Schwierigkeiten
Differenz der Lösungshäufigkeit	.45	.59	.74	.-59

Es zeigte sich ein mittlerer bzw. hoher Zusammenhang zwischen der Differenz in der Lösungshäufigkeit und dem Auftreten sprachlich bedingter Schwierigkeiten. Das bedeutet, dass Aufgaben, bei denen Kinder nichtdeutscher Herkunftssprache schlechter abschneiden als Kinder mit Deutsch als Muttersprache, gleichzeitig die Aufgaben sind, bei denen in dieser Untersuchung im Wesentlichen sprachliche bedingte Bearbeitungsschwierigkeiten auftraten. Diejenigen Aufgaben, bei denen in dieser Analyse hauptsächlich mathematisch bedingte Schwierigkeiten zu beobachten waren, entsprachen den Aufgaben, bei denen sich in den VERA-3-Ergebnissen (vgl. Kuhl, Harych & Vogt, o.J.) ein geringerer Unterschied zwischen Kindern mit deutscher und nichtdeutscher Herkunftssprache zeigte. Diese Ergebnisse sprechen für die Validität der Analyse.

Im Folgenden werden die Ergebnisse der Analysen berichtet. Von 111 Aufgabenbearbeitungen traten bei 74 Schwierigkeiten auf. Davon konnten 58 als sprachlich bedingt kategorisiert werden (11 explizit, 50 implizit). Dies bedeutet jedoch nicht, dass innerhalb dieser Kategorie nicht auch mathematisch bedingte Schwierigkeiten auftraten. Die 58 Schülerbearbeitungen wurden in einem induktiv-qualitativen Vorgehen genauer analysiert. Nachfolgend werden die Ergebnisse dieser qualitativen Analyse hinsichtlich sprachlicher Faktoren, die den Aufbau eines angemessenen Situationsmodells verhindern, dargestellt. Tabelle 2 gibt einen Überblick über die durch die Materialanalyse gewonnenen Kategorien schwierigkeitsgenerierender Faktoren.

Im Folgenden werden diese Kategorien näher beschrieben und durch Ankerbeispiele illustriert (Aufgaben siehe Anhang C).

Die Kategorie (1) *Herstellen von Bezügen* umfasst Schwierigkeiten beim Herstellen von Zusammenhängen innerhalb des Textes (Kohärenzherstellung, ausführlich siehe Kapitel 4), hierzu gehört auch das

Aufeinanderbeziehen mathematischer Sachverhalte. Beispielsweise kamen viele Kinder, die in der Aufgabe ‚Geburtstage' im Satz „Im selben Monat wie Susi haben drei weitere Kinder Geburtstag" den Bezug zwischen „drei weitere Kinder" und „Susi" nicht herstellen konnten, zu dem Schluss, dass es in der Aufgabe um drei Kinder geht, die Geburtstag haben. In der Aufgabe ‚Zoo' stellten manche Kinder in der Aussage „Am Montag waren es halb so viele Besucher wie am Samstag", die durch den Quantor „halb so viele" bestimmte Relation zwischen der Besucheranzahl am Montag und am Samstag nicht her. In der Aufgabe ‚Auswechselspieler' wurde z.B. der Bezug von Auswechselspieler und 34 Schülern innerhalb einer impliziten Referenzdomäne oft nicht hergestellt.

Tabelle 2: Kategorien schwierigkeitsgenerierender Faktoren für den Aufbau eines Situationsmodells beim Bearbeiten mathematischer Textaufgaben

Kategorie	Häufigkeit
(1) Herstellen von Bezügen	16
(2) detailgenaues Lesen	15
(3) Weltwissen	8
(4) Wortschatz	7
(5) syntaktische Strukturen	4
(6) metakognitive Strategien	5
(7) Pragmatik	6
(8) Lesen von nichtkontinuierlichen Texten	4
(9) umfassendes Textverstehen	6

Anmerkung: Mehrfachcodierungen waren möglich. Die Häufigkeit gibt die Anzahl der Aufgabenbearbeitungen an, bei denen Schwierigkeiten innerhalb der betreffenden Kategorie auftraten.

In die Kategorie (2) *Detailgenaues Lesen* fallen z.B. das Überlesen von relevanten Wörtern und das Nichtberücksichtigen einzelner Wörter beim weiteren Bearbeiten der Aufgabe. Insbesondere wurde in der Aufgabe ‚Zahlenrätsel' das die gesuchte Zahl näher definierende „ungerade" häufig überlesen und nicht beachtet.

(3) *Weltwissensbasierte Schwierigkeiten* traten zum einen durch fehlendes Weltwissen auf. So führte fehlendes Wissen darüber, dass Sportmannschaften die gleiche Anzahl von aktiven Spielern umfassen, bei der Bearbeitung der Aufgabe ‚Auswechselspieler' zu der folgenden Aussage „*Man*

weiß ja nicht, ob das jetzt nur in einer Gruppe 8 sind, oder in zwei oder drei Gruppen" [US_016, 7:10-7:16]. *„Es kann ja auch sein, dass eine Mannschaft ähm in der einen Gruppe 8 haben und bei den anderen zwei Gruppen nur 7 haben"* [US_016, 8:57-9:05]. Zum anderen kann durch Weltwissen eine Situation zu elaboriert und somit für die Aufgabenbearbeitung nicht adäquat interpretiert werden. So führte bei der Aufgabe ‚Radtour' das Aktivieren eines weltwissensbasierten Schemas zum üblichen Ablauf von Fahrradtouren bei einigen Kindern dazu, dass die in der Aufgabe nicht beschriebene Rückfahrt in die Überlegungen einbezogen wurde und so Irritationen auslöste: *„An dem 4. Tag müssen sie ja wieder zurück nach Hause ... hä?"* [US_010, 4:10-4:19]. Ähnliche Irritationen traten bei der Aufgabe ‚Gummibärchentüte' auf. Hier sorgte die weltwissensbasierte Annahme, dass neben gelben und roten Gummibärchen noch weitere Farben in der Tüte sein müssten, für Verwirrung. Die Interpretation der Aufgabe ‚Bankproblem' vor dem Hintergrund des subjektiven Weltwissens *„Mädchen und Mädchen sitzen ja fast immer zusammen, weil die sind ja Freunde, die mögen ja Jungs nicht, meistens"* [GBS_000, 9:11-9:18] führte zum Ankreuzen der zwar falschen aber vor dem Hintergrund dieses Wissens ‚richtigen' Aussage „Es ist sicher, dass Bert und Carla nicht nebeneinandersitzen".

Die Kategorie (4) *Wortschatz* umfasst zum einen Schwierigkeiten aufgrund des mathematischen Fachwortschatzes und der damit verbundenen mathematischen Konzepte und Grundvorstellungen und zum anderen alle unbekannten, nichtmathematischen Wörter. So bereitete vereinzelt das Fachwort „teilbar" in der Aufgabe ‚Zahlenrätsel' Probleme. In der Aufgabe ‚Auswechselspieler' war einigen Kindern der für die Aufgabe zentrale Begriff „Auswechselspieler" unbekannt und wurde auch nicht durch den Aufgabenkontext erschlossen.

(5) *Syntaktisch basierte Schwierigkeiten,* die auch die Morphosyntax einschließen, ließen sich im Wesentlichen an einer Formulierung der Aufgabe ‚Bankproblem' festmachen: „Welche der folgenden Aussagen stimmt?" wurde als plurale Verwendung fehlgedeutet und folglich mehrere Antwortmöglichkeiten angekreuzt.

In die Kategorie (6) *Metakognitive Strategien* fallen alle Schwierigkeiten, die durch ein geringes mentales Überwachen des Bearbeitungsprozesses ausgelöst werden. Beispielsweise wurden manchmal Teile der Aufgabe, insbesondere Textteile unter Diagrammen oder Landkarten, zunächst nicht gelesen. Im Falle der Aufgabe ‚Zoo' führte dies zu einer für die Aufgabenbearbeitung unzureichenden Interpretation des Diagramms: *„Am Montag waren null"* [NRS_013a, 7:00-7:04]. Diese Kategorie überschneidet sich in

Teilen mit der Kategorie ‚*Detailgenaues Lesen*‘, denn das Überlesen relevanter Informationen führt entweder dazu, dass Widersprüche nicht bemerkt werden, oder dass auf Konflikte, wie z.B. bei Nichtbeachtung des oben genannten Wortes „ungerade" in der Aufgabe ‚Zahlenrätsel‘ („*72 oder 63?*"), nicht mit einer angemessenen Strategie reagiert wird.

Unter der Kategorie (7) *Pragmatik* werden schülerseitige Schlussfolgerungen subsumiert, die nicht vom Autor der Textaufgabe beabsichtigt sind und aufgrund von Missverständnissen basierend auf den Grice'schen Konversationsmaximen (vgl. Grice, 1975/1996) auftreten. So wurde die skalare Implikatur „drei weitere Kinder" in der Aufgabe ‚Geburtstage‘ teilweise nicht als ‚genau drei weitere Kinder‘, sondern als ‚mehr Kinder‘ interpretiert und verhinderte so das Ablesen des erforderlichen Wertes im Diagramm. In der Aufgabe ‚Bankproblem‘ wurde in einigen Fällen die im Satz „Anna, Bert und Carla sitzen auf einer Bank" genannte Reihenfolge als gegeben verstanden: „*Das ist ja bestimmt die Reihenfolge, wie die nebeneinandersitzen, oder?*" [GBS_008, 7:52–7:55]. „*Aber man sagt ja nicht von der Mitte nach da, nach da und man sagt ja auch nicht rückwärts, deswegen ist das richtig. Weil ich sag doch immer, wenn wir jetzt zum Beispiel nebeneinander sitzen, dann tut man genauso wie man liest, es tuen A. und J. nebeneinander sitzen. ... Ist doch meistens so, oder?*" [GBS_008, 8:25–8:46]. Der Autor der Aufgabe weicht hier vom ‚Default-Fall‘, also vom Standardfall ab, markiert dies aber nicht, denn er geht offenbar davon aus, dass der Aufgabenkontext ‚Wahrscheinlichkeiten‘ den richtigen Schluss ‚die Reihenfolge ist unbekannt‘ zulässt. Vor dem Hintergrund dieses Missverständnisses deuten die Kinder die Aussagen und kommen zu dem zwar konsistenten, aber falschen Ergebnis „Es ist unmöglich, dass Anna und Carla nebeneinander sitzen".

Schwierigkeiten beim (8) *Lesen von nichtkontinuierlichen Texten* treten beim Lesen und Verstehen von Diagrammen, Landkarten und Tabellen sowie beim Herstellen von Bezügen zwischen kontinuierlichen und nichtkontinuierlichen Texten auf. Beispielsweise konnten Informationen aus Diagrammen nicht abgelesen werden.

Die Kategorie (9) *Umfassendes Textverstehen* beinhaltet Aufgabenbearbeitungen, bei denen so vielfältige Schwierigkeiten auftraten, dass sie nicht im Einzelnen zu klassifizieren waren. In jedem Fall blieben Text und Aufgabenstellung für die Kinder unklar.

5% der Aufgaben konnten nicht klassifiziert werden, weil die Ursache der Schwierigkeiten nicht eindeutig zu bestimmen war. Insgesamt betrachtet bedingen sich die genannten Schwierigkeiten teilweise gegenseitig und sind damit nicht immer trennscharf. Es treten oft mehrere Faktoren innerhalb eines Bearbeitungsprozesses auf.

Festhalten lässt sich, dass die erweiterte Perspektive der hier durchgeführten Analyse die Vielschichtigkeit der beteiligten sprachlichen Faktoren, die die Konstruktion eines Situationsmodells beeinflussen, aufzeigt. Das Spektrum der Faktoren reicht weit über syntaktisch und lexikalisch bedingte Schwierigkeiten hinaus. Die Ergebnisse dieser Untersuchung werden im Zusammenhang mit den zuvor genannten Studien im Folgenden diskutiert.

3.2.4 Fazit zum Forschungsstand

Das erfolgreiche Bearbeiten mathematischer Textaufgaben erfordert den Aufbau eines sprachbasierten Situationsmodells als mentaler Repräsentation der Ausgangssituation. An der Konstruktion dieses Situationsmodells sind sprachliche Prozesse beteiligt. In diesem Kapitel wurde daher ein Überblick über die Forschungslage hinsichtlich sprachlicher Einflussfaktoren auf das Bearbeiten von Textaufgaben gegeben.

Es wurde gezeigt, dass die bisherige nationale und internationale Forschung dieses Thema im Wesentlichen im Hinblick auf potenzielle Hürden für Zweitsprachlernende untersucht. Dabei wurden lexikalische und syntaktische Merkmale der Textoberfläche als schwierigkeitsgenerierend angenommen. Die bisherigen Ergebnisse konnten jedoch nicht zufriedenstellend klären, welche sprachlichen Prozesse und Faktoren den Aufbau eines Situationsmodells beeinflussen. Die diesen Studien oftmals zugrundeliegende enge Perspektive auf sprachliche Prozesse beim Bearbeiten von Aufgaben, d.h. die Reduktion auf Lexik und Syntax, sollte daher m.E. erweitert werden auf das Verstehen von Textaufgaben als Verstehen von Texten (vgl. Kintsch, 1998; Reusser, 1989). Dass diese Perspektive erfolgsversprechend sein kann, zeigen erste Studien, die einen Zusammenhang zwischen der Kompetenz Texte zu verstehen und dem Aufbau eines Situationsmodells beim Bearbeiten von Textaufgaben nachweisen konnten (vgl. Leiss, Schukajlow, Blum, Messner & Pekrun, 2010; Reusser, 1989). Auch diese Studien machen gleichwohl keine Aussage darüber, welche sprachlichen Faktoren an diesen Prozessen maßgeblich beteiligt sind.

Die im vorherigen Kapitel geschilderte Vorstudie greift diese Idee auf und analysiert Schülerbearbeitungen von Textaufgaben vor dem Hintergrund von Verarbeitungsprozessen beim Textverstehen. Die qualitative

Studie liefert erste Hinweise, dass Schwierigkeiten bei der Konstruktion eines plausiblen Situationsmodells im Wesentlichen hierarchiehöheren Prozessen des Textverstehens zuzuordnen sind. Dazu gehören vor allem das Herstellen von Bezügen, das detailgenaue Lesen und das Einbringen von Vorwissen in Form von Weltwissen und sprachlichem Interaktionswissen (vgl. Nussbaumer, 1991). Wortschatzkenntnis und das Verarbeiten syntaktischer Strukturen sind zwar ebenfalls beteiligt, spielen aber eine geringere Rolle.

Die Ergebnisse dieser Vorstudie zeigen, dass es lohnenswert ist, das Herstellen von Bezügen während des Bearbeitens von Textaufgaben gezielt und in größerem Umfang zu untersuchen. Wenn somit angenommen wird, dass das fehlende oder falsche Herstellen von Zusammenhängen zwischen Informationen im Text zur Konstruktion eines für die weitere Bearbeitung der Textaufgabe inadäquaten Situationsmodells führt, dann müssen die daran beteiligten Komponenten zunächst theoretisch präzise gefasst werden. Diese Komponenten können sowohl textseitige als auch leserseitige Faktoren des Textverstehens umfassen. In den folgenden Kapiteln werden diese Komponenten daher aus textlinguistischer und kognitionspsychologischer Perspektive detailliert betrachtet. Diese Ausführungen bilden gemeinsam mit den bisherigen Erkenntnissen die theoretische Grundlage für die Fragestellungen und die sich daraus ergebenden Hypothesen der abschließenden experimentellen Studie.

4 Textverständnis aus textlinguistischer und kognitionspsychologischer Perspektive

Im vorherigen Kapitel wurde gezeigt, dass Lernerinnen und Lerner, obwohl sie den gleichen mathematischen Aufgabentext gelesen haben, augenscheinlich nicht das gleiche Situationsmodell und z.T. inadäquate Modelle aufbauen. Einher geht damit das fehlende oder falsche Herstellen von textuellen Bezügen. Dies kann sowohl textuelle als auch lernerseitige Ursachen haben. Bevor sich der Frage nach diesen Ursachen experimentell genähert werden kann, muss zunächst betrachtet werden, worin sich Zusammenhänge in Texten manifestieren und wie sie vom Rezipienten plausibel hergestellt werden. Grundlegend dafür ist ein funktionaler Textbegriff, demzufolge ein Text wie in Kapitel 3.1.2 bereits dargelegt eine kohärente, d.h. inhaltlich zusammenhängende Form von Zeichen mit kommunikativer Funktion ist (vgl. Averintseva-Klisch, 2013; Brinker, 2010).

In den folgenden Unterkapiteln wird sich dem Textverstehen aus zwei komplementären Blickwinkeln genähert: aus der Perspektive des Textes und aus der Perspektive des Lesers. Zunächst wird aus textlinguistischer Perspektive Kohärenz als zentrales textuelles Merkmal etabliert, das als Bedingung mentaler Konstruktionsprozesse des Textverständnisses agiert. Aus der Perspektive der Kognitionspsychologie werden sodann die mentalen Prozesse des Textverstehens aufgezeigt. Dabei wird von ‚idealtypisch‘ ablaufenden Prozessen (vgl. Kintsch, 1998) ausgegangen, die dann in einem weiteren Schritt die Ausgangslage bilden, um vor diesem Hintergrund mögliche Probleme von realen Lernerinnen und Lernern beim Textverstehen näher zu betrachten.

4.1 Kohärenzetablierung aus textlinguistischer Perspektive

In diesem Kapitel wird dargelegt, was Kohärenz als zentrales Merkmal der Textualität ausmacht. Kohärenz bezeichnet in der Textlinguistik im weitesten Sinne das, was einen Text zusammenhält. Was genau unter Kohärenz zu verstehen ist, ist dabei umstritten. „Bislang gibt es weder eine allgemein anerkannte, von allen Textlinguisten benutzte Definition von Kohärenz, noch einen einheitlichen Erklärungsansatz" (Schwarz, 2001, S. 151). Einigkeit besteht aber mittlerweile darin, dass Kohärenz kein alleiniges Merkmal des Textes ist, sondern dass sie letztlich immer nur vom Leser im Verstehensprozess auf Basis des Textes hergestellt werden kann. Sehr anschaulich verdeutlicht Nussbaumer (1991) diesen Sachverhalt, indem er zwischen Text I als dem Text auf dem Papier und Text II als dem kohärenten Text im Kopf des Lesers unterscheidet. Beides kann dabei nicht losgelöst voneinander betrachtet werden.

4.1.1 Kohärenz – Begriffsklärung

Um der Unterscheidung zwischen dem Text auf dem Papier und dem Text im Kopf Rechnung zu tragen, wird in dieser Arbeit in Anlehnung an Becker-Mrotzek, Grabowski, Jost, Knopp und Linnemann (2014) zwischen ‚mentaler Kohärenzbildung‘ und ‚Textkohärenz‘ differenziert. Mentale Kohärenz meint dabei die Kohärenzbildung des Textrezipienten als kognitive Fähigkeit, also Kohärenz als mentale Konstruktionsleistung, während mit Textkohärenz „die im materialen Text angelegte Spur gemeint [ist], die Leser bei der mentalen Kohärenzbildung unterstützt und diese steuert" (vgl. ebd., S. 25). Damit wird ein umfassender Kohärenzbegriff vertreten, wie ihn Schwarz (2001) bzw. Schwarz-Friesel (2006) etabliert hat, der zudem begrifflich nicht mehr zwischen Kohäsion und Kohärenz unterscheidet. Schwarz-Friesel (ebd.) definiert Kohärenz als inhaltlichen Zusammenhang, als semantisch-konzeptuelle Kontinuität,

> *d.h. es geht um alle im Text enthaltenen Relationen expliziter und impliziter Art, die den inhaltlichen Zusammenhang und damit die konzeptuelle Kontinuität eines Textes konstituieren. Diese konzeptuelle Kontinuität (als die Menge der plausiblen Relationen zwischen Textteilen) entsteht durch text- und wissensgeleitete Prozesse im Kopf des Rezipienten, wobei die Kohärenzetablierung unbewusst und automatisch verläuft. (S. 64)*

Unterschieden wird dabei zwischen lokaler Kohärenz, als dem inhaltlich plausiblen Zusammenhang zwischen benachbarten Sätzen bzw. Propositionen, der thematische Kontinuität sichert, und globaler Kohärenz als übergeordneter inhaltlich plausibler Struktur des ganzen Textes (vgl. Schwarz-Friesel, 2006; siehe auch Averintseva-Klisch, 2013; Rickheit & Schade, 2000). Van Dijk (1972, 1980) hat in diesem Zusammenhang den Begriff der Makroproposition geprägt. Ein Text ist demnach global kohärent, wenn seine lokal verbundenen Satzpropositionen mit Hilfe von Makroregeln zu übergeordneten Makropropositionen verdichtet werden können, aus denen sich das Textthema ableitet (vgl. auch van Dijk & Kintsch, 1983).

4.1.2 Explizite Kohärenzrelationen

Textkohärenz kann zum einen explizit an der Textoberfläche und zum anderen implizit über die textsemantische Struktur angezeigt werden. Explizite sprachliche Zusammenhänge werden durch sprachliche Mittel, sogenannte Kohäsionsmittel, ausgedrückt. Es handelt sich dabei um grammatische und lexikalische Verknüpfungen an der Textoberfläche (*explizite Kohärenzrelationen*). Diese Relationen werden insbesondere durch anaphorische Wiederaufnahmeformen, die Referenzidentität anzeigen, ausgedrückt. Averintseva-Klisch (2013) spricht in diesem Zusammenhang von referenzieller Kohärenz. Die Summe aller expliziten sprachlichen Verknüpfungen an der Oberfläche eines Textes wird von vielen Autorinnen und Autoren auch als Kohäsion bezeichnet (vgl. z.B. Averintseva-Klisch, 2013; Beaugrande & Dressler, 1981; Linke, Nussbaumer & Portmann, 2004; Nussbaumer, 199; Rickheit & Schade, 2000; Tanskanen, 2006). Die begriffliche Unterscheidung zwischen Kohäsion und Kohärenz wird in dieser Arbeit, wie bereits angedeutet, nicht vorgenommen. Das, was von den genannten Autorinnen und Autoren als Kohäsion bezeichnet wird, wird hier als ‚explizite Kohärenzrelationen‘ gemeinsam mit ‚impliziten Kohärenzrelationen‘ unter dem übergeordneten Konstrukt der Textkohärenz subsumiert.

Nachfolgend wird ein kurzer Überblick über verschiedene Kohäsionsmittel gegeben. Kohäsionsmittel zeigen an, wie Sätze und Textteile zusammenhängen, sie stellen jedoch keine einheitlich geschlossene Kategorie dar. Eine Typisierung ist nicht ganz unproblematisch, weil sie oft nicht eindeutig möglich ist. Im Folgenden wird sich an einer Kategorisierung nach Sprachebenen orientiert, wie sie z.B. Averintseva-Klisch (2013) vornimmt. Kohäsionsmittel können demnach auf phonologischer, morphologischer, lexikalischer und syntaktischer Ebene auftreten. Vor allem auf die beiden letzteren Ebenen soll hier näher eingegangen werden. Ein ausführlicher Überblick über Kohäsionsmittel des Deutschen findet sich beispielsweise bei Averintseva-Klisch (2013), Linke, Nussbaumer und Portmann (2004) oder Nussbaumer (1991).

Kohäsionsmittel auf lexikalischer Ebene. Zu den Kohäsionsmitteln auf lexikalischer Ebene gehören vornehmlich verschiedene Formen von Verweismitteln (Tabelle 3).

Anaphern wurden in dieser Übersicht (Tabelle 3) zunächst ausschließlich im Kontext von Pro-Formen genannt. In einem funktionalen Verständnis werden darunter jedoch wesentlich umfassender „all jene sprachlichen Mittel verstanden, die zur Herstellung von Koreferenz dienen" (Averintseva-Klisch, 2013, S. 34). Als Anapher lassen sich somit alle Ausdrücke bezeichnen, die einen im Text bereits genannten Antezedent wieder aufgreifen. Somit sind alle im vorigen genannten Wiederaufnahmen anaphorisch zu deuten. Unterschieden werden kann zwischen direkten und indirekten Anaphern. Während direkte Anaphern die hier geschilderten expliziten koreferenziellen Beziehungen herstellen, gehören indirekte Anaphern nicht zu den expliziten Kohäsionsmitteln und werden daher an dieser Stelle nicht näher erläutert.

Bei allen in Tabelle 3 genannten Verweisformen differiert der Grad der angezeigten Textkohärenz: Der semantische Bezug wird bei Rekurrenz deutlicher angezeigt als dies bei Substitutionen der Fall ist. Pro-Formen können im Unterschied dazu aufgrund ihrer weitgehenden Inhaltsleere selbst keine eindeutigen Bezüge herstellen, sie wirken „als eine Art Suchanweisung" (Linke, Nussbaumer & Portmann, 2004, S. 248). Erst nach erfolgreicher Suche ist ein Referenzbezug möglich (vgl. ebd.).

Tabelle 3: Kohäsionsmittel auf lexikalischer Ebene

Kohäsionsmittel	Beschreibung	Beispiel
Rekurrenz	wörtliche Wiederaufnahme eines bereits eingeführten Lexems (Koreferenz)	Gestern habe ich einen Vogel beim Nestbau beobachtet. Der Vogel war ganz klein.[a]
partielle Rekurrenz	wörtliche Wiederaufnahme eines Lexems oder desselben Lexemverbandes (partielle Koreferenz oder gleicher Referenzbereich)	Gestern habe ich einen Vogel beim Nestbau beobachtet. Sein Vogelnest war... .[b]
Substitution: Synonyme, Hyponyme, Hyperonyme, Metaphern	Wiederaufnahme durch semantisch verbundene Ausdrücke mit derselben Referenz	Das Gold wurde von einem Drachen bewacht. Der Lindwurm tötete jeden, der den Schatz erobern wollte.[a]
Pro-Formen: Personal- und Demonstrativpronomen, Pronominaladverbien etc.	Verweis auf Bezugselemente des sprachlichen Kontextes mit inhaltsleeren sprachlichen Elementen, anaphorischer (rückverweisender) und kataphorischer (vorverweisender) Gebrauch	Tübingen hat zurzeit einen grünen Bürgermeister. Er setzt sich für das Energiesparen ein.[b] Wenn sie überhaupt kommt, bringt Anna Wein mit.[a]

Anmerkung: Beispiele aus [a]Linke, Nussbaumer & Portmann (2004) und [b]Averintseva-Klisch (2013)

Ebenfalls als Kohäsionsmittel mit verweisendem Charakter kann die Artikelsetzung (Textdeixis) gedeutet werden. Sie ist eng verknüpft mit den genannten Wiederaufnahmerelationen. Indefinite Artikel und definite Formen zeigen an, ob ein Referenzträger noch unbekannt ist oder bereits eingeführt wurde und damit eine anaphorische Funktion übernimmt (vgl. Brinker, 2010). Sie geben so, ähnlich wie Pro-Formen, Hinweise auf Bezugselemente (vgl. Linke, Nussbaumer & Portmann, 2004).

Kohäsionsmittel auf syntaktischer Ebene. Auf syntaktischer Ebene treten im Wesentlichen Verknüpfungsmittel auf. Tabelle 4 gibt einen kurzen Überblick.

Tabelle 4: Kohäsionsmittel auf syntaktischer Ebene

Kohäsionsmittel	Beschreibung	Beispiel
Konnektoren: Konjunktionen und Pronominaladverbien	Verbindung zweier Textelemente bei gleichzeitiger Angabe der Art der Verbindung (satzteil- oder satzübergreifend): koordinative, kausale, konzessive, konditionale, temporale, modal-instrumentale Relationen	Anna ist ins Kino gegangen, *aber* Thomas ist zu Hause.[b] Fritz hat Schulden. *Deswegen* nimmt er einen Kredit auf.[b] *Wenn* Anna spät aus der Schule kommt, kann sie nicht mitkommen.[b]
Ellipse	Textverweis durch rekonstruierbare Leerstellen	Rom hat mir sehr gefallen. Paris weniger.[a]

Anmerkung: Beispiele aus [a]Linke, Nussbaumer & Portmann (2004) und [b]Averintseva-Klisch (2013)

Weitere Kohäsionsmittel. Neben den genannten Verweis- und Verknüpfungsmitteln kann ferner auch das Tempus zur Verknüpfung an der Textoberfläche beitragen. Über das Tempus kann beispielsweise „die zeitlich-lineare Ordnung von Referenzobjekten" (Linke, Nussbaumer & Portmann, 2004, S. 252) angezeigt werden. Die Beibehaltung der Tempusform verdeutlicht zudem textuelle Kontinuität (vgl. Averintseva-Klisch, 2013).

Eine weitere für die Textverknüpfung wichtige Gruppe umfasst die sog. textstrukturierenden Mittel (vgl. z.B. Nussbaumer, 1991). Hierunter werden sprachliche Mittel gefasst, die der Textgliederung dienen. Dazu gehören metakommunikative Einheiten wie ‚im Folgenden', ‚wie oben bereits angedeutet' oder ‚in Abschnitt 2' (Beispiele aus Averintseva-Klinsch, 2013, S. 12), aber beispielsweise auch Überschriften (vgl. Schnotz, 1994). Schnotz (ebd.) spricht in diesem Zusammenhang von Kohärenzbildungshilfen (für einen ausführlichen Überblick siehe Schnotz, 1994).

Kohäsionsmittel und textstrukturierende Mittel können sowohl auf lokaler als auch auf globaler Ebene Textkohärenz signalisieren. Verbindend auf globaler Ebene wirken beispielsweise Referenzketten aus lexikalischen Wiederaufnahmen oder über metakommunikative Mittel angezeigte Zusammenhänge zwischen Textsegmenten (vgl. Schnotz, 1994). Neben Kohäsionsmitteln kann die Verbindung zwischen Sätzen auf lokaler und globaler

Ebene auch durch Thema-Rhema-Strukturen (vgl. Daneš, 1970) angezeigt werden. Mit ‚Thema' wird in der Textlinguistik der Bestandteil eines Satzes bzw. Textes bezeichnet, der bereits bekannt ist, also im voranstehenden Text bereits eingeführt wurde. ‚Rhema' bezeichnet entsprechend einen neuen, dem Rezipienten noch unbekannten Teil eines Satzes oder Textabschnitts. Zusammenhänge zwischen Sätzen entstehen, indem das Rhema des ersten Satzes zum Thema des nächsten Satzes wird. Auf textueller Ebene werden Zusammenhänge durch Thema-Rhema-Ketten geschaffen (vgl. Kniffka & Roelcke, 2016). Das Aufgreifen eines Rhemas durch das Thema des nächsten Satzes wird an der Textoberfläche häufig durch die bereits beschriebenen Wiederaufnahmen angezeigt. Der Ausschnitt eines Schülertextes aus dem Mathematikunterricht in Abbildung 5 verdeutlicht die verbindende Struktur von Thema-Rhema-Ketten.

Ein Magisches Quadrat hat *vier Ecken* (R1).
Im Viereck (T1) gibt es *Kästchen* (R 2).
Darin (T2) werden verschiedene Zahlen (R3) aufgeschrieben.
Oben die drei (T 2) nennt man Zeile, *die schräg sind* (T2), nennt man Diagonale und *die senkrecht sind* (T2), heißen Spalte.

Anmerkung: T=Thema, R=Rhema; das Rhema des einen Satzes (Rx) wird zum Thema des nächsten Satzes (Tx)

Abbildung 5: Beispiel für eine Thema-Rhema-Struktur in einem Schülertext

Das Konzept einer Thema-Rhema-Gliederung für eine semantische Analyse der Textstruktur ist u.a. aufgrund nicht eindeutiger Kriterien zur Definition der Begriffe Thema und Rhema nicht unumstritten (vgl. Brinker, 2010). Vergleichbare Konzepte sind ‚Topic – Comment' oder ‚Given – New' (vgl. z.B. Halliday, 1970; Haviland & Clark, 1974; Schnotz, 2006).

Weitgehend Einigkeit besteht in der textlinguistischen Forschung darin, dass die durch die genannten Kohäsionsmittel explizit an der Textoberfläche angezeigten sprachlichen Verbindungen von Textsegmenten weder hinreichend noch notwendig sind für die Erklärung von Kohärenz (vgl. z.B. Schwarz, 2001; Schwarz-Friesel, 2006; Averintseva-Klisch, 2013; Linke, Nussbaumer & Portmann, 2004). Explizit angezeigte Textkohärenz ist dabei eine graduelle, allerdings durchaus typische Eigenschaft von Texten (vgl. Adamzik, 2004). Tanskanen (2006) geht ebenso wie Nussbaumer (1991) davon aus, dass ab einer bestimmten Textlänge Kohärenz ohne explizite Kohärenzrelationen eher unüblich ist: „Although coherence without cohesion is a perfectly possible phenomenon, it may actually be quite uncommon, at least in real language data. [...] the longer the text, the more likely it is that it will also show cohesion" (Tanskanen, 2006, S. 17). Gleichwohl können Kohäsionsmittel mentale Kohärenz niemals sicherstellen. „[Sie] können – und das ist und bleibt ihre Leistung – den Leser von Fall zu Fall zur Rekonstruktion kohärenter Texte II anleiten, mehr aber nicht" (Bachmann, 2002, S. 111).

4.1.3 Implizite Kohärenzrelationen

Für die Erklärung von Kohärenz entscheidender als explizite sprachliche Mittel an der Textoberfläche sind die impliziten inhaltlichen Relationen (*implizite Kohärenzrelationen*) innerhalb eines Textes (vgl. Schwarz-Friesel, 2006). Gemeint ist damit der semantisch-konzeptuelle Zusammenhang der Textbasis, die *Tiefenstruktur* eines Textes (vgl. Linke, Nussbaumer & Portmann, 2004). Das folgende Beispiel aus Schwarz (2001) verdeutlicht diesen impliziten Zusammenhang: „Unbekannte Täter haben in der Nacht ein Juweliergeschäft in der Breite Straße überfallen. Der Wert der Beute wird auf 300.000 DM geschätzt. Die Polizei hat keinerlei Hinweis auf die Identität der Verbrecher" (KSTA 3, 2000, S. 8, zitiert nach Schwarz, 2001, S. 153). Hier ist lediglich die Nominalphrase (NP) „Verbrecher" eine explizite Wiederaufnahme (Substitution) der NP „Täter". Trotz nicht vorhandener Referenzidentität, sind jedoch inhaltliche Zusammenhänge in der textsemantischen Struktur implizit angedeutet, da sich alle Sätze bzw. Propositionen „informationell auf dieselbe Referenzdomäne beziehen." (Schwarz, 2001, S. 153). Averintseva-Klisch (2013) spricht in diesem Zusammenhang von indirekten Anaphern, d.h. definiten Nominalphrasen, die statt eines Antezedenten lediglich einen Ankerausdruck im vorangegangenen Text haben.

Implizite Kohärenzrelationen ergeben sich durch referentielle Unterspezifikation von Texten. Dies bedeutet, dass die sprachlich kodierte Textoberfläche i.d.R. nicht alle Relationen explizit abbildet, die zur vollständigen Rekonstruktion des inhaltlichen Zusammenhangs notwendig sind (vgl. Schwarz-Friesel, 2006). Dass Texte unterspezifiziert sind, ist eines ihrer charakteristischen Merkmale, ein Merkmal von Sprache überhaupt. Dieses Phänomen kann durch den von Levinson (2000a) beschriebenen „significant bottleneck in the speed of human communication" (S. 28) erklärt werden. Levinson bezieht sich dabei vorwiegend auf die mündliche Kommunikation: Die sprachbezogenen Denkprozesse des Sprechers auf der einen Seite, d.h. das, was der Sprecher zu sagen beabsichtigt, sind, ebenso wie auf der anderen Seite das, was der Hörer zu verstehen imstande ist, schnell und effizient. Artikulatorische Prozesse, die zwischen dem Denken des Sprechers und dem Verstehen des Hörers vermitteln, wirken dabei wie ein Flaschenhals, da diese Prozesse vergleichsweise langsam und ineffizient sind. Es werden dementsprechend nicht alle zu übermittelnden Informationen auch artikuliert. Das Gesagte (,coded content') ist somit unterspezifiziert, hat aber aufgrund geteilter Kooperationsprinzipien das Potential, weiter erschlossen zu werden (,inferential meaning'). „Any trade-off from coded content to inferencial meaning may [therefore] greatly increase the speed of communication, provided of course the inferential content can be recovered (a) reliaby, and (b) speedily" (Levinson, 1995, S. 96). Dieses Phänomen des ,Flaschenhalses' lässt sich auch auf schriftliche Kommunikationssituationen übertragen. Obwohl schriftliche Texte grundsätzlich expliziter sind als mündliche (vgl. Becker-Mrotzek & Drommler, 2006), kann und muss der Schreiber auch hier nicht alles Verschriftlichen, was er denkt, sondern kann annehmen, dass der Rezipient die Informationslücken im Text aufgrund geteilter Kooperationsprinzipien und geteilten Wissens im Verstehensprozess schließt. Aufgabe des Rezipienten ist es somit, Unterspezifikationen aufzulösen und das vom Schreiber Gemeinte zu erschließen. Dazu müssen nicht-explizit angezeigte Relationen zwischen Textelementen plausibel erstellt werden, indem Inferenzen gezogen werden. Schwarz-Friesel (2006) spricht hier von automatischen, unbewussten mentalen „Elaborationsprozessen" (S. 69) des Rezipienten. Das folgende Beispiel aus Schwarz-Friesel (ebd.) zeigt die Unterspezifikation eines Textes und die vom Rezipienten zu ziehenden Inferenzen (in Kapitälchen), um die Sätze bzw. Propositionen plausibel aufeinander zu beziehen und so letztlich die Unterspezifikation aufzulösen:

> *Unfälle* (MIT FAHRZEUGEN VERURSACHT VON IHREN FAHRERN) *auf unseren Straßen ereignen sich jeden Tag. Die Polizei muss sich* (AUFGRUND DIESER UNFÄLLE) *mit zahlreichen Verkehrssündern plagen.* (S. 68, Kapitälchen im Original)

Die fehlenden Bezüge im materialen Text werden vom Rezipienten im Verstehensprozess unter Einbezug seines Vorwissens hergestellt (Top-Down-Prozesse). Nussbaumer (1991) untergliedert die dabei relevanten Wissensbestände in drei Bereiche: (1) (Sprech-)Handlungswissen oder (sprachliches) Interaktionswissen, (2) Welt- bzw. Sachwissen und (3) sprachliches Wissen.

(1) Handlungs- und Interaktionswissen meint zunächst ganz allgemein jenes Wissen, das es erlaubt, Handlungen gemäß sozialer Normen zu deuten und auszuführen. Auf sprachliche Interaktion bezogen, ist damit vor allem das Wissen um allgemeine Konversationsmaximen gemeint. Die Annahme grundlegender Konversationsmaximen, die den Diskurs steuern, geht auf Grice (1975/1996) zurück. Grice geht davon aus, dass Diskursen ein generelles Kooperationsprinzip *Sei kooperativ!"* (Rickheit & Schade, 2000, S. 282) zugrunde liegt, das vier Maximen umfasst, um die alle Diskursteilnehmer wissen. Gemäß der Maximen sollte ein kommunikativer Beitrag so wahr, informativ, relevant und klar wie möglich sein (vgl. Grice, 1975/1996). Dabei sind die Maximen „gewissermaßen apriorische, unhintergehbare Bedingungen des Funktionierens und Deutens von Kommunikation" (Nussbaumer & Linke, 2000, S. 445). Basierend auf dieser Theorie lässt sich davon ausgehen, dass Diskursteilnehmer sprachliche Äußerungen vor dem Hintergrund dieser Kooperationsprinzipien deuten (ausführlich siehe z.B. Grice 1975/1996; Levinson, 2000b). Eine Weiterentwicklung der Grice'schen Konversationsmaximen bilden Levinsons Heuristiken (siehe hierzu „Theorie der Generalisierten Konversationalen Implikatur", Levinson, 1995; 2000). Das Wissen um Konversationsmaximen ermöglicht es, sowohl selbst regelkonform und damit erfolgreich sprachlich zu handeln, als auch sprachliche Handlungen anderer richtig zu deuten (vgl. Nussbaumer, 1991).

(2) Als weitere Wissenskategorie nennt Nussbaumer (1991) Welt- und Sachwissen. Die von ihm vorgelegten Definitionen dieser Konstrukte bleiben jedoch sehr vage. Trotzdem bleibt unstrittig, dass neben sprachlichem auch außersprachliches Wissen wie z.B. deklaratives Wissen für das Verstehen von Texten herangezogen wird.

(3) Mit sprachlichem Wissen ist zuallererst sprachsystematisch-grammatisches Wissen gemeint. Umstritten ist, ob es auch ein sprachsystematisch-semantisches Wissen gibt, oder ob dies unter die unter (2) genannte Kategorie ‚Weltwissen' fällt.

4.1.4 Mentale Kohärenzbildung

Einen Text zu verstehen bedeutet nach Schwarz-Friesel (2006), seine referentiellen Unterspezifikationen durch das plausible Aufeinanderbeziehen von Sätzen bzw. Propositionen mittels Vorwissens aufzulösen und die so entstehenden lokalen mentalen Referentialisierungsrepräsentationen in eine globale mentale Referentialisierungsstruktur, ein kohärentes „Textweltmodell" (S. 67), zu integrieren. Nussbaumer (1991) spricht von „Amalgamierung" des Textinputs mit dem Vorwissen des Rezipienten zu einem kohärenten Text II im Kopf des Lesers, der durch die Inferenzprozesse des Rezipienten eben nicht identisch ist mit dem materialen Text I auf dem Papier. Nichtsdestotrotz ist mentale Kohärenzbildung untrennbar an den materialen Text mit seinen expliziten Informationen gebunden. „Kohärenz entsteht nicht im sprachfreien, mentalen Raum" (Schwarz, 2001, S. 157), sondern wird über die sprachlichen Hinweise an der Textoberfläche vermittelt. Entscheidend für die mentale Kohärenzbildung ist somit die Interaktion von textueller Information und konzeptueller Wissensaktivierung (ebd., 2001). Kohärenzbildung ist damit kein willkürlicher Prozess, es können nicht unendlich viele Textweltmodelle zu einem Text I konstruiert werden. Denn „ein Text I determiniert einen bestimmten Text II" (Nussbaumer, 1991, S. 146), da der Textproduzent einen Text im Idealfall so anlegt, dass der Textrezipient die Inferenzen ziehen kann und zieht, die auf das zielen, was der Produzent präsupponiert (vgl. ebd.). Die Möglichkeit Inferenzen zu ziehen ist dabei vom Textproduzenten, der das dafür notwendige Wissen beim Rezipienten voraussetzt, implizit im Text angelegt (vgl. Schwarz, 2001). Kohärenzbildung kann somit als ein kollaborativer Prozess aufgefasst werden zwischen Schreiber und Leser, bei dem der Schreiber mit Hilfe konventionalisierter sprachlicher Mittel einen Kohärenzpfad im materialen Text anlegt, den der Leser beim Textverstehen zu rekonstruieren versucht (vgl. Becker-Mrotzek, Grabowski, Jost, Knopp & Linnemann, 2014). „Coherence [mentale Kohärenz, Anm. der Verf.] resides not in the text but is rather the outcome of a dialogue between the text and its listener or reader" (Tanskanen, 2006, S. 7). Wie erfolgreich mentale Kohärenzbildung und damit das Verstehen eines Textes dabei letztlich ist, hängt folglich sowohl vom Vorwissen und von der textuellen Kompetenz und der daran gebundenen Inferenzfähigkeit des Lesers ab, als auch vom Kohärenzgrad des Textes und damit auch vom Schreiber und dessen Fähigkeit, einen Kohärenzpfad adressatengerecht anzulegen.

Wie genau aus der Interaktion von sprachlichen Merkmalen des Textes I mit dem Wissen des Lesers ein kohärenter Text II im Kopf, ein Textweltmodell, entsteht, ist dabei nicht mehr nur eine Frage der Textlinguistik, sondern vor allem eine der kognitiven Psychologie. Nachfolgend werden daher diese Prozesse aus kognitiver Sicht betrachtet.

4.2 Textverständnis aus kognitionspsychologischer Perspektive

Im vorigen Kapitel wurde das Konstrukt der Kohärenz als konstituierendes Merkmal von Texten aus linguistischer Perspektive betrachtet. Es wurde gezeigt, dass Lesen aufgrund der Unterspezifikation von Texten ein aktiver Prozess sein muss, bei dem basierend auf textuellen Informationen und dem Wissen des Lesers ein kohärentes Textweltmodell aufgebaut wird. Unterschieden wurde dabei zwischen Textkohärenz und mentaler Kohärenzbildung. In den nächsten Kapiteln wird das Lesen als Prozess der mentalen Kohärenzbildung in den Fokus gestellt. Wenn der Begriff der Kohärenz im Folgenden benutzt wird, ist daher i.d.R. mentale Kohärenz gemeint.

Der komplexe Vorgang des Lesens von Texten lässt sich in mehrere Teilprozesse aufgliedern. Dazu gehören auf der Wortebene die basalen Prozesse der Buchstaben- und Worterkennung ebenso wie die Erfassung der Wortbedeutung. Auf der Satz- und Textebene müssen syntaktische und semantische Bezüge zwischen Wörtern und Sätzen hergestellt und durch Integration von Vorwissen in eine kohärente Gesamtbedeutung des Textes überführt werden (vgl. Christmann & Groeben, 1999; Richter & Christmann, 2009). Modelle zum Leseverstehen gehen heute weitgehend übereinstimmend davon aus, dass diese Prozesse interaktiv sind. Die einzelnen Teilprozesse laufen nicht nacheinander von hierarchieniedrigeren zu hierarchiehöheren Verarbeitungsstufen ab, sondern werden parallel oder in zeitlicher Überlappung durchlaufen (vgl. Richter & Christmann, 2009). Verstehensprozesse auf Wort- und Satzebene sind nicht Schwerpunkt dieser Arbeit, deshalb werden sie im Folgenden nur kurz behandelt, bevor ausführlich die kognitiven Verstehensprozesse auf der Textebene in den Blick genommen werden.

4.2.1 Verstehensprozesse auf Wort- und Satzebene

Grundlegend für das Leseverstehen ist die Erfassung der Wortbedeutung. Diese wird zusammen mit phonologischer, orthografischer und syntaktischer Information im mentalen Lexikon als Teil des Langzeitgedächtnisses gespeichert (vgl. Aitchison, 2012; Eysenck & Keane, 2010). Während des Leseprozesses wird durch Rekodier- und Dekodierprozesse auf dieses mentale Lexikon zugegriffen. Ein unmittelbarer lexikalischer Zugriff kann dabei nur erfolgen, wenn die Wortbedeutung bekannt und daher im Lexikon abgespeichert ist. Neben dieser visuellen Analyse nimmt man einen indirekten Zugriff über das phonologische System als

Phonem-Graphem-Zuordnung an. Dieser Zugang erfolgt dann, wenn ein visueller Zugriff nicht möglich ist, weil keine visuelle Repräsentation des Wortes vorliegt (vgl. Coltheart, Rastle, Perry, Langdon & Ziegler, 2001). Dies ist gehäuft bei Leseanfängern der Fall und auch bei geübten Lesern zumindest für seltene Wörter empirisch belegt (vgl. Christmann & Groeben, 1999). Auch wenn dieses „Dual route cascaded model" (vgl. Coltheart, Rastle, Perry, Langdon & Ziegler, 2001) nicht alle Phänomene der Bedeutungserschließung von Wörtern erklären kann, wird es in der vorliegenden Arbeit grundlegend angenommen.

Im Gegensatz zum Lesen von einzelnen Wörtern ist es beim Textlesen nach Kintsch (1998) „misleading to talk about constructing word meanings" (S. 165). Für Kintsch spielt der Kontext bei der Bedeutungserschließung eine entscheidende Rolle:

> *Constructing the meaning of a word is a highly contextualized process [that] might be better described as one of constructing the meaning of phrases, sentences, or even larger text units of which the word is a part. The meaning oft the word, then, is intertwined with the meaning of these larger units and indeed difficult to seperate from them. (S. 165)*

Die Bedeutung eines Wortes lässt sich demnach im Prozess des Textverstehens vor allem über den Kontext erschließen. Dabei werden zunächst alle mit einem Wort assoziierten Bedeutungen im mentalen Lexikon aktiviert, um dann die im Kontext plausible Bedeutung auszuwählen (vgl. Richter & Christmann, 2009). Die Bedeutung eines Wortes wird dabei schneller abgerufen, wenn Wörter, die mit diesem Wort in semantischer Beziehung stehen (z.B. Fußball – Torwart), bereits aktiviert wurden (‚Priming') (vgl. Eysenck & Keane, 2010). Während des Leseprozesses werden Wörter folglich nicht nur bottom-up, sondern auch top-down durch den gegebenen Kontext auf Satz und Textebene verarbeitet.

Textverstehen erfordert mehr, als nur das Erkennen einzelner Wörter und ihrer Bedeutungen. Während des Leseprozesses müssen Wortfolgen hinsichtlich syntaktischer und semantischer Relationen analysiert werden. Während man früher davon ausging, dass ein Satz zunächst hinsichtlich seiner syntaktischen Struktur vollständig analysiert wird (‚garden-path-model', vgl. Frazier & Rayner, 1982), nimmt man heute an, dass syntaktische und semantische Analysen weitgehend parallel verlaufen. Dabei wird die syntaktische Analyse (‚Parsing') vom semantischen und pragmatischen Kontext sowie vom Weltwissen beeinflusst (vgl. Christmann & Groeben,

1999). Kein Konsens besteht in der Forschung darüber, ob Sätze im Verstehensprozess überhaupt vollständig syntaktisch analysiert werden. Empirische Ergebnisse deuten eher darauf hin, dass die Syntax für das Textverstehen weniger bedeutsam ist als die Semantik. Ziel des Lesers ist der Aufbau semantischer Sinnstrukturen, nicht syntaktischer Relationen. Die Syntax hat somit wohl eher eine unterstützende Funktion, deren Analyse bei uneindeutigen semantischen Beziehungen und komplexen Sätzen stärker zum Einsatz kommt, als bei semantisch eindeutigen Sätzen (vgl. ebd, 1999).

Verstehensprozesse auf Wort- und Satzebene sind nur Teilprozesse des Textverstehens. Letzterem wird sich in den folgenden Kapiteln ausführlich gewidmet.

4.2.2 Verstehensprozesse auf Textebene

Im folgenden Kapitel werden die dem Textverstehen zugrunde liegenden kognitiven Prozesse näher erläutert. Dabei subsumiert sich unter dem Terminus Textverstehen in der psychologischen und psycholinguistischen Textverstehensforschung zunächst einmal beides: das Verstehen mündlicher Texte und das Verstehen schriftlicher Texte. Denn beim Hören wie beim Lesen spielen vielfach dieselben Prozesse eine Rolle (vgl. Anderson, 2001; Eysenck & Keane, 2010). Im Folgenden geht es um das Verstehen schriftlicher Texte, was dem Schwerpunkt dieser Arbeit geschuldet ist.

Aktuelle Theorieansätze zum Textverstehen gehen übereinstimmend davon aus, dass Verstehen aus der Konstruktion multipler mentaler Repräsentationen eines Textes besteht (vgl. Graesser, Singer & Trabasso, 1994; Schnotz, 2006). Dabei werden aktuell fünf Ebenen der Textverarbeitung unterschieden: die Ebene der Textoberfläche, die propositionale Ebene (Textbasis), die Ebene des mentalen Modells und in aktueller Forschung zusätzlich eine Kommunikations- und eine Genreebene (vgl. Schnotz, 2000; 2006). Schnotz und Dutke (2004) bezeichnen letztere als Metaebenen, da sie nicht Aspekte des Textes oder des im Text beschriebenen Sachverhaltes repräsentieren, sondern Merkmale der Situation, in der ein Text rezipiert wird. Diese Metaebenen können Prozesse auf den anderen Ebenen beeinflussen. Auf die ersten drei Ebenen, die durch zahlreiche Untersuchungen gut belegt sind (vgl. Schnotz, 2006), wird im Folgenden ausführlich eingegangen. Die Ebenen werden dabei der besseren Übersichtlichkeit halber in linearer Abfolge dargestellt, sind aber in realo interdependent, die Verarbeitungsprozesse der einzelnen Ebenen laufen parallel und zeitlich überlappend ab.

4.2.2.1 Ebene der Textoberfläche

Die Ebene der Textoberfläche repräsentiert die gesamte sprachliche Information eines Textes, also beispielsweise das Schriftbild ebenso wie den exakten Wortlaut und syntaktische Konstruktionen (vgl. z.b. Graesser, Millis, & Zwaan, 1997; Schnotz, 2000; Christmann, 2006). Eine mentale Repräsentation dieser Textoberfläche entsteht aufgrund von vorwiegend subsemantischen Verarbeitungsprozessen des Rekodierens und Parsings. Eine semantische Verarbeitung findet auf dieser Ebene noch nicht statt. Das folgende Beispiel eines Pseudosatzes soll diese Prozesse verdeutlichen:

Die mauten Sampen pampuren am Rog.

Bei der Verarbeitung dieses Pseudosatzes kann die Graphem-Phonem-Korrespondenz hergestellt werden und eine syntaktische Analyse erfolgen. So lässt sich auch ohne Verstehen der Bedeutung beispielsweise leicht erkennen, welches Wort im Satz das Verb ist (*pampuren*). Auf dieser Ebene der Textverarbeitung ist es somit möglich, Sätze wortwörtlich wiederzugeben ohne ihre inhaltliche Bedeutung zu verstehen.

Allerding hat die Forschung gezeigt, dass die wortwörtliche Repräsentation der Textoberfläche sehr flüchtig ist. So konnte Sachs (1967) bereits in den sechziger Jahren mit einem Experiment, in dem es zwar um das Hören kurzer Texte ging, dessen Ergebnisse sich aber auf das Lesen von Texten übertragen lassen, nachweisen, dass nicht der wortwörtliche Wortlaut eines Satzes erinnert wird, sondern seine inhaltliche Bedeutung. 96 Studierenden wurde nach dem Hören eines Textes mit Targetsätzen wie dem folgenden ‚*He sent a letter about it to Galileo, the great Italian scientist.*‘ jeweils ein Testsatz präsentiert, zu dem entschieden werden musste, ob er mit dem zuvor gehörten Targetsatz übereinstimmt. Für diese Wiedererkennungsaufgabe wurden zwei Faktoren manipuliert: (1) der Zeitpunkt, zu dem der Testsatz präsentiert wurde, d.h. unmittelbar nach dem Auftreten des Targetsatzes im gehörten Text oder erst nach dem Hören weiterer 80 bzw. 160 Silben und (2) die Art der Veränderung des präsentierten Testsatzes. Der Testsatz wurde entweder (a) gegenüber dem Targetsatz in seiner Bedeutung verändert (*Galileo, the great Italian scientist, sent him a letter about it)*, oder ein bedeutungsgleicher Satz wurde (b) in seiner Wortstellung (*He sent Galileo, the great Italian scientist, a letter about it*) oder (c) im Verbmodus (*A letter about it was sent to Galileo, the great Italian scientist)* verändert oder (d) so präsentiert, wie er im Text tatsächlich vorkam. Probandinnen und Probanden erinnerten bei der Präsentation des Testsatzes unmittelbar im Anschluss an das Auftreten des Targetsatzes problemlos den Originalsatz und erkannten die übrigen Satzvarianten als nicht identisch. Bereits 80 Silben nach dem Hören des Targetsatzes konnte für die formal veränderten Testsätze und den identischen Testsatz nicht mehr verlässlich bestimmt werden, ob sie im Text vorkamen oder nicht. Der in seiner Bedeutung veränderte Testsatz wurde dagegen auch nach 160 Silben noch vorwiegend als nicht im Text vorkommend erkannt.

Die Ergebnisse zeigen, dass bereits nach sehr kurzer Zeit die Anordnung der Wörter und die syntaktische Struktur der Textoberfläche gelöscht werden, während die semantische Information erhalten bleibt. Dies deutet auf eine schnelle semantische Verarbeitung des Textinputs hin. Andere Studien zeigten ähnliche Ergebnisse (vgl. z.B. Anderson, 1972 zitiert in Anderson, 2001; Bransford, Barclay & Franks, 1972). Diese Ergebnisse bedeuten gleichwohl nicht, dass die syntaktische Struktur eines Satzes keine Bedeutung für das Verstehen hat, sie kann den Aufbau semantischer Strukturen insbesondere bei mehrdeutigen Relationen und komplexen Sätzen unterstützten (vgl. Christmann & Groeben, 1999). Man geht somit davon aus, dass die subsemantischen mentalen Repräsentationen der Textoberfläche die strukturelle Grundlage bilden für darauf aufbauende höhere semantische Repräsentationen (vgl. z.B. Christmann, 2006; Schnotz, 2006; Strohner, 2006). Im Folgenden wird dargestellt, wie diese semantischen Repräsentationen gebildet werden.

4.2.2.2 Propositionale Ebene – Textbasis

Wie im vorherigen Abschnitt gezeigt, spielen für das Verstehen von Texten nicht die konkreten Wörter oder Strukturen an der Textoberfläche eine entscheidende Rolle, sondern ihre Bedeutung und Relationen: „It is not the words themselves that matter but the meaning they convey" (Kintsch, 1998, S. 34), denn sprachliche Äußerungen werden nicht als konkrete Wörter, sondern in ihrer tieferen Bedeutung verarbeitet. Übereinstimmend gehen kognitionspsychologische Theorien heute davon aus, dass die semantischen Informationen der Textoberfläche aufeinander bezogen und in eine propositionale Repräsentation überführt werden, die sogenannte Textbasis. Die Textbasis repräsentiert somit den semantischen Gehalt eines Textes in Form abstrakter Propositionen. Die Annahme einer mentalen propositionalen Repräsentationsstruktur wurde zuerst von

Kintsch (1974), Kintsch und van Dijk (1978) und van Dijk und Kintsch (1983) getroffen. Dabei wurde das Konzept der Proposition als kleinster Wissenseinheit, die eine selbständige Aussage bilden kann (vgl. Anderson, 2001), aus der Logik und Linguistik entliehen und für die kognitive Psychologie nutzbar gemacht (vgl. Christmann, 2000; Kintsch, 1998). Propositionen sind nach Kintsch (1998) „the basic unit of language" (S. 37). Sie bestehen aus Prädikat-Argument-Strukturen, wobei das Prädikat Relationen symbolisiert und das Argument für Gegenstände oder Ereignisse steht. Jede Proposition umfasst ein Prädikat, das die Relationen zu den Argumenten festlegt, und eine geordnete Menge von Argumenten.

Prädikate entsprechen an der Textoberfläche i.d.R. Verben, Adjektiven oder Adverbien, während Argumente meist durch Nominalphrasen realisiert werden (vgl. Christmann, 2006; Schnotz, 2000). Die Beziehungen zwischen Propositionen lassen sich grafisch darstellen. Um zu verdeutlichen, dass es sich dabei um Repräsentationen der semantischen Tiefenstruktur und nicht um Wörter im eigentlichen Sinn handelt, werden Propositionen in Großbuchstaben notiert: PRÄDIKAT [ARGUMENT, ARGUMENT, ...]. Das folgende Beispiel aus Schnotz (2006) zeigt, wie der semantische Gehalt des Satzes ‚Hans liebt Maria.' in einer Proposition ausgedrückt wird: LIEBEN[HANS, MARIA]. LIEBEN bildet hier das Prädikat, das die Relation ausdrückt, also die beiden Argumente zueinander in Beziehung setzt, während HANS und MARIA die Argumente repräsentieren. Semantische Rollen, wie Agent und Objekt werden an der Textoberfläche z.B. durch Artikelflexionen und Präpositionen signalisiert (vgl. ebd., 2000). Auch komplexe Propositionen lassen sich auf diese Weise als miteinander verschachtelte einzelne Propositionen (‚atomic propositions') darstellen (vgl. Kintsch, 1998; ausführlich zur Bildung von Propositionen siehe Kintsch, 1998, S. 54-69).

Mit der Annahme einer mentalen propositionalen Repräsentation lässt sich das im vorherigen Kapitel beschriebene Phänomen der im Unterschied zur semantischen Tiefenstruktur flüchtigen wortwörtlichen Oberflächenstruktur eines Textes erklären. So werden die semantisch gleichen aber formal unterschiedlichen Sätze ‚He sent a letter about it to Galileo, the great Italian scientist.' und ‚A letter about it was sent to Galileo, the great Italian scientist.' auf propositionaler Ebene identisch repräsentiert. Der inhaltlich veränderte Satz ‚Galileo, the great Italian scientist, sent him a letter about it.' weist dagegen eine andere propositionale Struktur auf.

Da Texte aus vielen komplexen Propositionen bestehen, müssen im Prozess des Textverstehens semantische Relationen zwischen einzelnen Propositionen hergestellt werden, sodass ein propositionales Netzwerk entsteht.

Auf der Ebene der Textbasis sind diese Relationen ausschließlich textbasiert, d.h. auf Grundlage der Informationen aus dem Text werden Propositionen gebildet und miteinander verknüpft, sodass eine mentale lokale *Mikrostruktur* entsteht, die noch nicht vollständig kohärent sein muss (vgl. van Dijk & Kintsch, 1983; Kintsch, 1998). Propositionen werden dann verknüpft, wenn sie die gleichen Argumente enthalten (Argumentüberlappung) oder wenn eine Proposition als Argument in eine andere Proposition eingebettet ist (vgl. Christmann, 2000). Kintsch (1998) führt dies weiter aus und nennt drei Arten von möglichen Relationen zwischen Propositionen: (1) ‚indirect coherence‘, (2) ‚direct coherence‘ und (3) ‚subordination‘ (S. 39f.). Bei (1) und (2) handelt es sich im weitesten Sinne um Argumentüberlappungen, die sich lediglich darin unterscheiden, dass in (2) die direkte Kohärenz explizit durch mit Adverbien oder Konnektoren verbundene Sätze oder Satzteile (z.B. Kausalbeziehungen) markiert ist. (3) meint die Einbettung einer Proposition in eine andere.

Relationen zwischen Propositionen werden zudem über Inferenzen etabliert, die auf der Ebene der Textbasis rein textbasiert sind und kein außertextliches Wissen erfordern, wie z.B. Argumentüberlappungen, die an der Textoberfläche durch Koreferenz in Form von Pro-Formen angezeigt werden (vgl. Graesser, Millis & Zwaan, 1997). Durch die Verbindung von Propositionen entsteht eine lokal kohärente mentale Repräsentation. Entscheidend für die Textverarbeitung ist die Verdichtung von Mikropropositionen zu Makropropositionen. Mikropropositionen werden, wenn möglich, mit Hilfe von Makroregeln wie Auslassen, Generalisieren und Konstruieren durch passende übergeordnete Makropropositionen ersetzt, um Informationen zusammenzufassen und so die Mikrostruktur hierarchisch zu organisieren (vgl. van Dijk, 1980; van Dijk & Kintsch, 1983; Kintsch, 1998). Makrostrukturen können auf Ebene der Textbasis auf Grundlage der explizit im Text gegebenen Informationen gebildet werden, erfordern aber in den meisten Fällen zusätzlich das Vorwissen des Rezipienten und betreffen damit vor allem globale Textstrukturen. Es konnte gezeigt werden, dass Makropropositionen schneller verarbeitet und besser behalten werden als Mikropropositionen (vgl. Kintsch & van Dijk, 1978; Kintsch, 1998). Nach Kintsch (1998) ist „a well organized macrostructure crucial for understanding and remembering a text" (S. 181). „Local comprehension problems may be a nuisance, but problems at the macro level tend to be a desaster" (S. 180).

Die Konstruktion einer propositionalen Textbasis ermöglicht oberflächliches Verstehen, ohne globale Zusammenhänge und eine tiefere

Bedeutung zu erschließen (vgl. Schnotz, 2006). Das folgende Beispiel aus Schnotz (2006) verdeutlicht dies. Zu Chomskys Satz[3]

Farblose grüne Ideen schlafen wütend.

lässt sich problemlos eine propositionale Textbasis aufbauen, die notiert wie folgt aussieht:

P1 SCHLAFEN [IDEEN]
P2 FARBLOS [IDEEN]
P3 GRÜN [IDEEN]
P4 WÜTEND [SCHLAFEN]

Es lassen sich zu diesem Satz verschieden Aussagen treffen, wie z.b. dass auf eine bestimmte Weise geschlafen wird und Ideen bestimmte Eigenschaften haben. Eine tiefere Bedeutung des Satzes lässt sich jedoch nicht erschließen (vgl. Schnotz, 2006). Der Aufbau einer rein textbasierten propositionalen Struktur kann auch beim Lesen von Texten geschehen, deren Thema unbekannt und zu denen somit keinerlei Vorwissen abrufbar ist. Zahlreiche Untersuchungen haben Belege für die Existenz und Relevanz propositionaler Repräsentationen bei der Textverarbeitung geliefert (vgl. z.B. Kintsch & Keenan, 1973; Ratcliff & McKoon, 1978).

Das Verknüpfen im Text angelegter Propositionen und damit das Bilden einer propositionalen Textbasis ist i.d.R. nicht ausreichend für das Verstehen von Texten. Wie bereits im vorangegangenen Kapitel zur Textlinguistik dargelegt, sind Texte grundsätzlich unterspezifiziert. Die Annahme einer ausschließlich textbasierten propositionalen Repräsentation, wie es frühere Ansätze zum Textverstehen getan haben (vgl. u.a. Kintsch, 1974; Kintsch & van Dijk, 1978), kann das Auflösen der Unterspezifikation während des Verstehensprozesses nicht angemessen erklären, da sie das Vorwissen und die Erfahrungen des Rezipienten nicht ausreichend berücksichtigt. Um Texte zu verstehen, ist aufbauend auf der mentalen Textbasis eine vorwissensgeleitete Konstruktion eines mentalen Modells notwendig. Mentale Modelle integrieren beides, die propositionale Textbasis und das Vorwissen des Lesers. Im Folgenden wird die Konstruktion mentaler Modelle im Prozess des Textverstehens erläutert.

---

3 Übersetzt in Schnotz, 2006, S. 226; Original: „Colorless green ideas sleep furiously."

4.2.2.3 Mentale Modelle

Die Theorie mentaler Modelle geht auf Johnson-Laird (1983) zurück. Ursprünglich als Theorie zur menschlichen Kognition insgesamt angelegt, haben vor allem Johnson-Lairds Überlegungen zur Rolle mentaler Modelle bei der Sprachverarbeitung die Forschung zum Textverstehen maßgeblich beeinflusst (vgl. Kelter, 2003). Johnson-Laird ging als einer der ersten bereits Anfang der 1980er-Jahre davon aus, dass die Annahme der Konstruktion einer propositionalen Textbasis für das Erklären sprachlicher Verstehensprozesse alleine nicht ausreicht. Er nahm an, dass neben einer semantischen Repräsentation des Textes zusätzlich ein mentales Modell des im Text beschriebenen Sachverhalts gebildet werden muss (vgl. Christmann & Groeben, 1999; Johnson-Laird, 1983). Mentale Modelle, die bei der Sprachverarbeitung entstehen, sind dabei analog zu Modellen, die beim Verarbeiten nichtsprachlicher Sachverhalte konstruiert werden, zu verstehen. Sie werden anschaulich und ganzheitlich „auf der Grundlage der Textinformationen in struktureller und funktionaler Analogie zu einem Sachverhalt in der Realität gebildet" (Christmann & Groeben, 1999, S. 170). Die dadurch gegebene Möglichkeit, Handlungen und Ereignisse stellvertretend zu erleben, ist eines der wesentlichen Merkmale mentaler Modelle, d.h. Handlungen und Ereignisse werden vorstellbar und können so mental simuliert werden. Die Explizitheit mentaler Modelle hinsichtlich des abzubildenden Sachverhalts ist dabei abhängig von Vorwissen und Zielsetzung des Rezipienten. Sachverhalte können gegenüber der Realität elaboriert oder auch reduziert abgebildet werden (vgl. ebd.).

Die zentrale Rolle mentaler Modelle für die menschliche Kognition fasst Johnson-Laird (1983) folgendermaßen zusammen:

Mental models play a central and unifying role in representing objects, states of affairs, sequences of events, the way the world is, and the social and psychological actions of daily life. They enable individuals to make inferences and predictions, to understand phenomena, to decide what action to take and to control its execution, and above all to experience events by proxy; they allow language to be used to create representations comparable to those deriving from direct acquaintance with the world; and they relate words to the world by way of conception and perception. (S. 397)

Mentale Modelle werden während des Verstehensprozesses inferenzbasiert unter Rückgriff auf sprachbasierte Informationen aus dem Text und auf das Vorwissen des Rezipienten konstruiert. Sie beziehen dabei in weit stärkerem Maße als frühere Modelle (z.B. Kintsch, 1974; Kintsch & van Dijk, 1978) das textunabhängige Vorwissen des Rezipienten ein und integrieren somit sowohl Text- als auch Rezipientenseite in den Prozess des Textverstehens. So können mentale Modelle entstehen, die weit über die propositionale Repräsentationsebene hinausreichen (vgl. Rickheit & Strohner, 1999). Dabei wird die Konstruktion einer propositionalen Repräsentationsebene von Johnson-Laird (1983) ausdrücklich nicht ausgeschlossen. Im Gegenteil: Mentale Modelle werden von der propositionalen Textbasis abgeleitet (vgl. Garnham, 1996; Zwaan & Radvansky, 1998).

Es lässt sich somit festhalten, dass nicht die ausschließliche Konstruktion einer semantischen Textbasis das Ziel von Verstehensprozessen ist, sondern immer die Konstruktion eines kohärenten mentalen Modells des Textes (vgl. Garnham & Oakhill, 1996). „A mental model goes beyond the literal meaning of the discourse, because it embodies inferences, instantiations, and references" (Johnson-Laird, 1983, S. 245). Damit wurde ein entscheidender Perspektivwechsel vollzogen: Sprache wurde nicht mehr als während des Textverstehens syntaktisch und semantisch zu verarbeitende Information gesehen, die mental repräsentiert wird, sondern als Anleitung zur Konstruktion einer mentalen Repräsentation der beschriebenen Situation (vgl. Kintsch, 1998; Zwaan & Radvansky, 1998).

Garnham und Oakhill (1996) nennen drei Grundannahmen der Theorie mentaler Modelle, die auf Studien von Bransford und Kollegen (1971, 1972) zurückgehen.

(1) Mentale Modelle entsprechen nicht den sprachlichen Repräsentationen der Textoberfläche.
(2) Textverstehen ist ein integrativer und schrittweiser Prozess: Zum einen werden Relationen zwischen Sätzen hergestellt, zum anderen bildet das an einem bestimmten Punkt konstruierte mentale Modell eines Textes den Kontext für die Interpretation des nächsten Satzes, so entsteht ein erweitertes neues Modell, das wiederum den Kontext für die Interpretation des nächsten Textabschnitts liefert usw.
(3) Textverstehen ist ein konstruktiver Prozess: Explizite Informationen aus dem Text werden mit relevantem Wissen aus dem Langzeitgedächtnis kombiniert. Konstruktion und Integration sind dabei eng

verbunden, da die Integration von Sätzen häufig auf sprachliches und außersprachliches Wissen angewiesen ist.

Empirische Untersuchungen konnten vielfach Hinweise auf die Existenz mentaler Modelle bei der Textverarbeitung liefern (für einen Überblick siehe Kelter, 2003; Dutke, 1998). So lässt sich beispielsweise anhand des folgenden Ausschnitts aus einer Untersuchung von Bransford, Barclay und Franks (1972) zeigen, dass mentale Repräsentationen konstruiert werden, die über die reine Textbedeutung, wie sie eine propositionale Textbasis erzeugt, hinausgehen. Probandinnen und Probanden hörten zunächst den folgenden Satz (1):

(1) Three turtles rested on a floating log and a fish swam beneath them.

Bereits nach kurzer Zeit akzeptierten sie den nachfolgenden Satz (2) als den zuvor gehörten:

(2) Three turtles rested on a floating log and a fish swam beneath it.

Beide Sätze unterscheiden sich an der Textoberfläche und in ihrer propositionalen Textbasis, beschreiben aber räumlich gesehen dieselbe Situation. In (1) schwimmt der Fisch unterhalb der Schildkröten, in (2) unterhalb des Holzstücks. Da die Schildkröten auf dem Holzstück sitzen und das Holzstück im Wasser treibt, handelt es sich in beiden Sätzen um die gleiche Situation. Hätten sie lediglich eine rein textbasierte propositionale Repräsentation konstruiert, müssten die Probandinnen und Probanden beide Sätze als verschieden erkennen. Da sie beide Sätze als gleich bewerten, scheinen sie die Situation somit ganzheitlich im Sinnes eines mentalen Modells zu repräsentieren. Sie haben offenbar einen nicht explizit im Text vorkommenden Sachverhalt (a fish swam beneath a floating log) aus den gegebenen Informationen erschlossen (vgl. Rickheit & Strohner, 2003).

Weitgehend Einigkeit herrscht mittlerweile darin, dass die Konstruktion eines kohärenten mentalen Modells gleichbedeutend ist mit dem Verstehen eines Textes. Dies verlagert den Fokus der Forschung von der Frage: „Wie verstehen Leser einen Text?" hin zu der spezifischeren Frage „Wie konstruieren Leser ein kohärentes mentales Modell?" (vgl. Zwaan & Radvansky, 1998). Dies schließt die Frage ein, wie die drei in diesem Kapitel beschriebenen mentalen Repräsentationsebenen Textoberfläche, Textbasis und mentales Modell miteinander interagieren. Die genauen Zusammenhänge sind dabei nach wie vor ein Desiderat, sodass das folgende Zitat seine Gültigkeit bis heute nicht verloren hat: „It is a profound understatement to say that these various levels interact with one another in complex ways that are not well understood" (Graesser, Millis & Zwaan, 1997, S. 168).

Die detaillierteste Modellierung des Textverstehens haben van Dijk und Kintsch (1983) und Kintsch (1988, 1998) vorgelegt. Wie Johnson-Laird nehmen auch van Dijk und Kintsch (1983) eine im Laufe des Verstehensprozesses gebildete referentielle Repräsentation in Form eines mentalen Modells an. Dieses mentale Modell wird von ihnen als Situationsmodell bezeichnet:

> A major feature of our model is the assumption that discourse understanding involves not only the representation of a textbase, but, at the same time, the activation, updating, and other uses of a so-called situation model: this is the cognitive representation of the events, actions, persons, and in general the situation that a text is about. (ebd. , 1983, S. 11f)

Da die Begriffe ‚mentales Modell' und ‚Situationsmodell' in der Literatur zum Textverständnis i.d.R. synonym verwendet werden, wird in der vorliegenden Arbeit ebenso verfahren.

Im Folgenden wird das von Kintsch (1988; 1998) auf Basis des Modells von van Dijk und Kintsch (1983) entwickelte *Construction-Integration-Model* vorgestellt. Es stellt die beschriebenen drei Repräsentationsebenen Textoberfläche, Textbasis und mentales Modell nicht nur nebeneinander, sondern integriert sie in einen Prozess des Textverstehens.

4.2.3 Construction-Integration-Model

Kognitive Modelle zum Textverstehen beschreiben den Transformationsprozess geschriebener oder gesprochener Sprache in eine mentale Repräsentation im Kopf des Lesers. Kintsch (1988; 1998) nimmt in seinem Construction-Integration-Model an, dass dieser Prozess aus zwei Phasen besteht, einer Konstruktions- und einer Integrationsphase.

Konstruktionsprozess. Während des *Konstruktionsprozesses* werden die sprachlichen Informationen der Textoberfläche in semantische Propositionen überführt. Diese Propositionen werden zu einem propositionalen Netzwerk verbunden. Der Aufbau dieses Netzwerks geschieht mithilfe von Konstruktionsregeln. Nach Kintsch (1998) gibt es vier übergeordnete Regeln, die den Aufbau eines propositionalen Netzwerks lenken:

(1) Regeln zur Bildung von Propositionen: Aus den Informationen der Textoberfläche werden semantische Prädikat-Argument-Strukturen nach bestimmten Regeln gebildet (ausführlich siehe Kintsch, 1998, S. 55-69). Mikropropositionen werden, wenn möglich, automatisch mit Hilfe von Makroregeln durch passende Makropropositionen ersetzt.
(2) Regeln zur Verbindung von Propositionen zu einem Netzwerk: Propositionen können indirekt, direkt oder subordinierend miteinander verbunden sein (siehe Kapitel 4.2.2.2). Es kann vorkommen, dass sich aus einer Wortfolge miteinander in Widerspruch stehende Propositionen konstruieren lassen, d.h. sie sind ‚negativ' vernetzt.
(3) Regeln zur Aktivierung von Wissen: Das Wissen liegt in einem assoziativen Netz von Propositionen im Langzeitgedächtnis vor. Aktivierte Propositionen befinden sich im Arbeitsgedächtnis und sind somit bewusst. Propositionen im Arbeitsgedächtnis aktivieren benachbarte Propositionen des Wissensnetzes im Langzeitgedächtnis je nach Stärke ihrer Verknüpfung. Eine stärker verknüpfte Proposition wird dabei wahrscheinlicher aktiviert als eine schwach aktivierte Verknüpfung.
(4) Regeln zur Konstruktion von Inferenzen: Nach Kintsch (1998) werden Inferenzen entweder automatisch oder kontrolliert in Abhängigkeit von der Stärke des Vorwissens gezogen sowie orthogonal dazu aus dem Langzeitgedächtnis abgerufen oder neu generiert. Die gezogenen Inferenzen sind wiederum Propositionen.

Das so entstehende propositionale Netzwerk basiert sowohl auf dem Textinput als auch auf im Langzeitgedächtnis gespeichertem Wissen und Erfahrungen sowie den daraus resultierenden Inferenzen des Rezipienten. Das Netzwerk ist dabei zunächst ein „network under construction" (Kintsch, 1998, S. 101), d.h. es ist vorläufig und häufig noch nicht vollständig kohärent. Es kann zum einen mehrdeutige oder irrelevante Propositionen enthalten, zum anderen können kleinere Netzwerke nebeneinander bestehen, die noch unverbunden sind. Die Verbindungen der Propositionen innerhalb dieses Netzwerks sind verschieden stark, abhängig von der Relevanz der einzelnen Propositionen. Propositionen, die z.B. mehrfach im Text vorkommen, werden im Netz stärker verknüpft bzw. repräsentiert, sind also stärker aktiviert als andere. Verknüpfungen von Propositionen, die sich dabei nur aus textuellen Informationen ergeben, ohne ergänzendes außersprachliches Wissen einzubeziehen, bilden die lokal verknüpfte Textbasis.

Integrationsprozess. Um eine kohärente Repräsentation der im Text beschriebenen Sachverhalte zu bilden, wird dieses noch wenig kohärente propositionale Netzwerk durch einen Integrationsprozess, einen „spreading activation process" (Kintsch, 1998, S. 98; zur ‚Spreading-activation Theorie' siehe auch Collins & Loftus, 1975), stabilisiert: Neu hinzukommende Propositionen aus dem Text oder dem Langzeitgedächtnis verändern nach und nach die Stärke der Aktivierung der bereits bestehenden Propositionen und Verknüpfungen. Dies führt zu einer ‚Neuberechnung' der Aktivierungsstärken im Netzwerk, sodass unpassende Propositionen oder zu schwach aktivierte Propositionen aus dem Netz fallen und andere stärker aktiviert werden. Das bisher aufgebaute Netzwerk wirkt dabei als Reglementierung, also als Beschränkung („constraint") für neu hinzukommende Propositionen, denn diese müssen in die bisher konstruierte globale mentale Repräsentation passen. Durch diese Integrationsprozesse wird das Netzwerk stabiler und die mentale Repräsentation kohärenter.

Konstruktions- und Integrationsprozess. Der Konstruktions- und Integrationsprozess erfolgt in Zyklen. Unmittelbar nach der Konstruktion einer Proposition aus den Informationen der Textoberfläche wird diese mit dem bereits bestehenden propositionalen Netzwerk verbunden und der Prozess der Aktivierungsausbreitung beginnt erneut. Diese Verarbeitungsprozesse finden hauptsächlich im Arbeitsgedächtnis unter Beteiligung des Langzeitgedächtnisses statt. Da das Arbeitsgedächtnis nur eine begrenzte Kapazität hat, muss das bisher konstruierte Netzwerk – sobald ein neuer Satz gelesen wird – ins Langzeitgedächtnis verschoben werden und ist damit aus dem Bewusstsein des Lesers entschwunden. Lediglich die ein bis zwei am stärksten aktivierten Propositionen verbleiben im Arbeitsgedächtnis und damit im Fokus der Aufmerksamkeit. Das ins Langzeitgedächtnis verschobene Netzwerk bleibt aber für die weitere Verarbeitung zugänglich. Hinweise in nachfolgenden Sätzen des zu verarbeitenden Textes führen zur erneuten Aktivierung der relevanten Informationen aus dem Langzeitgedächtnis (ausführlich zum hier zugrundeliegenden Gedächtnismodell von Ericsson und Kintsch siehe Ericsson & Kintsch, 1995; Kintsch, 1998).

Die aus dem zyklischen Verarbeitungsprozess resultierende mentale Repräsentation ist folglich keine Abfolge unverbundener Strukturen, die sich jeweils auf aufeinanderfolgende Sätze der Textoberfläche beziehen. Im

Gegenteil: Der Leser konstruiert auf diese Weise ein zusammenhängendes Netzwerk, ein für ihn kohärentes Situationsmodell des Textes, das im fortschreitenden Leseprozess immer wieder aktualisiert wird. Die Konstruktion eines Situationsmodells ist damit ein Prozess der Kohärenzbildung (vgl. Schnotz, 2006). Die Kohärenz ergibt sich dabei aus dem Zusammenwirken der jeweils im Arbeitsgedächtnis verbleibenden Propositionen, die als ‚Brücke' zu neuen Propositionen fungieren, sowie den zuvor verarbeiteten Textabschnitten und den aktivierten Wissensstrukturen des Lesers (vgl. Kintsch, 1998). Situationsmodelle sind dabei immer graduell zu verstehen. Sie können mehr oder weniger adäquat und präzise sein, ebenso kann die Textbasis mehr oder weniger zusammenhängend und vollständig sein. Bei einem „Text-that-tells-it-all" (Kintsch, 1998, S. 104) der jedes Detail, jeden Zusammenhang und jede übergeordnete Struktur explizit machen würde (was kaum möglich ist), entspräche die Textbasis eins-zu-eins dem Situationsmodell, da kein zusätzliches außersprachliches Wissen und keine Inferenzprozesse zum Verstehen des Textes notwendig wären. Wie elaboriert ein Situationsmodell letztlich ist, ist immer von leser- und textseitigen Faktoren abhängig: von der Kohärenz der Textbasis und den Zielen, der Motivation, den Erfahrungen, dem verfügbaren Vorwissen und der damit verbundenen Inferenzfähigkeit des Lesers (vgl. Kintsch, 1998).

Da das Ziehen von Inferenzen zentral ist für das Textverstehen, werden diese im Folgenden Kapitel detailliert beschrieben.

4.2.4 Inferenzen

In den vorangegangenen Kapiteln wurde gezeigt, dass Texte niemals alle vom Autor intendierten Informationen enthalten, sie sind unterspezifiziert. Im Prozess des Textverstehens müssen diese Informationslücken vom Leser durch Inferenzen auf Basis seines Wissens und seiner Erfahrungen zu einem kohärenten referentiellen mentalen Modell ergänzt werden. Letztlich ist das erfolgreiche Ziehen von Inferenzen das entscheidende Kriterium für den Aufbau eines Situationsmodells und damit für das Verstehen eines Textes. Graesser, Singer und Trabasso (1994) nehmen an, dass der Prozess des Textverstehens und somit auch der des Inferierens von drei grundsätzlichen Motiven des Lesers geleitet wird: (1) seinen Zielen, (2) seinem Anspruch, eine lokal und global kohärente mentale Bedeutungsrepräsentation herzustellen und (3) seinem Versuch, im Text erwähnte Handlungen, Ereignisse und Sachverhalte zu erklären. Im

Folgenden wird näher betrachtet, welche Formen von Inferenzen es gibt, und in welchem Umfang sie gezogen werden.

Inferenzen lassen sich in verschiedene Typen unterteilen, die Terminologie ist dabei nicht immer einheitlich, letztlich werden mit unterschiedlichen Begriffen aber häufig ähnliche Konzepte beschrieben. Grundsätzlich lassen sich notwendige und elaborierte Inferenzen unterscheiden (vgl. z.B. Oakhill, Cain und Elbro, 2015; Graesser et al., 2007). Letztere können zwar das entstehende Situationsmodell erweitern, sind für das Textverstehen aber nicht unmittelbar relevant, bisweilen sogar hinderlich. Elaborierte Inferenzen werden manchmal auch als Vorwärtsinferenzen bezeichnet, da sie Sachverhalte antizipieren, die noch nicht genannt wurden (vgl. Anderson, 2001; Carpenter & Just, 1977). Auf elaborierte Inferenzen wird in dieser Arbeit nicht weiter eingegangen.

Unter notwendigen Inferenzen lassen sich nach Oakhill, Cain und Elbro (2015) zwei Formen subsumieren: ‚Local Cohesion Inferences‘ und ‚Global Coherence Inferences‘, im Folgenden als lokale und globale Inferenzen bezeichnet. Erstere werden in der Literatur häufig auch Brückeninferenzen (‚bridging Inferences‘) genannt (vgl. z.B. Eysenck & Keane, 2010; Graesser et al., 2007, Kintsch, 1998).

4.2.4.1 Lokale Inferenzen

Durch lokale Inferenzen werden Zusammenhänge zur Etablierung lokal kohärenter Repräsentationen hergestellt. Dabei ist nach Garnham & Oakhill (1996) die Etablierung von referentiellen Verknüpfungen, d.h. die Vernetzung von neuer Information mit einem Referenten im mentalen Modell, entscheidend. Referentielle Kontinuität entsteht dabei nicht durch das sukzessive Verknüpfen einzelner benachbarter Sätze, sondern durch die Verbindung neuer Propositionen mit Referenten im bis dato konstruierten mentalen Modell. Dies bedeutet, dass ein Rückbezug nicht auf einen vorher gelesenen Satz hergestellt wird, sondern auf das Teilmodell, in das die propositionale Bedeutung des vorherigen Satzes integriert wurde. Eines der wichtigsten linguistischen Mittel zur Etablierung lokaler Zusammenhänge sind Anaphern (siehe auch Kapitel 4.1), „a major source of coherence in a text" (vgl. Kintsch, 1998, S. 144).

Lokale Inferenzen können zum einen basierend auf linguistischer Konvention erfolgen, wofür ausschließlich sprachliches Wissen notwendig ist, z.B. bei Wiederaufnahmen durch Rekurrenz und Pro-Formen. Nussbaumer

(1991) spricht in diesem Zusammenhang von sprachsystematisch-grammatischem Wissen. Solche Inferenzen werden demnach ohne zusätzliches Vorwissen des Lesers automatisiert unter sehr geringer Belastung des Arbeitsgedächtnisses vollzogen. Graesser, Singer und Trabasso (1994) nennen diese Form der Inferenzen auch „text-connecting inferences" (S. 376). Lokale Inferenzen können zum anderen (ebenso wie globale Inferenzen) durch konstruktive Prozesse, die das Wissen des Lesers einbeziehen, gezogen werden. Graesser, Singer und Trabasso (1994) sprechen hier von *„extratextual inferences"* (S. 376). Das folgende Beispiel aus Garnham und Oakhill (1996, S. 321, Übersetzung v. Verf.) verdeutlicht, dass selbst zur Herstellung einfacher referentieller Bezüge bereits mehr als sprachliches Wissen notwendig ist: *Die Tasse stand vor der Gabel. Sie war mit Milch gefüllt.* Das Pronomen *Sie* könnte hier auf beide Nominalphrasen referieren. Um dieses Dilemma aufzulösen, müssen textuelle Information und das Wissen des Lesers interagieren. Der Text zeigt explizit an, dass der Referent von *Sie* mit Milch gefüllt war; erst das Wissen des Lesers über Tassen und Gabeln lässt letztlich nur die Inferenz zu, dass die Tasse mit Milch gefüllt sein muss, nicht die Gabel (vgl. Garnham & Oakhill, 1996).

Ein weiteres Beispiel für die Notwendigkeit von außersprachlichem Wissen für das Etablieren referentieller Bezüge sind Substitutionen wie z.B. Synonyme: Drache und Lindwurm (vgl. Linke, Nussbaumer & Portmann, 2004) lassen sich bspw. nur aufeinander beziehen, wenn der Leser weiß, dass ein Lindwurm ein drachenähnliches Fabeltier ist.

Auch Scrips und Frames dienen als außersprachliche Grundlage für Inferenzprozesse. Scripts bezeichnen Wissensstrukturen über prototypische Handlungs- und Ereignisabfolgen, wie z.B. einen Restaurantbesuch (vgl. Shank & Ableson, 1977). Mit Frames werden Wissensstrukturen bezeichnet, die Weltwissen über Zustände und Objekte umfassen (z.B. über eine Tasse). Sie bestehen aus festen strukturellen Relationen zwischen Informationen (z.B. Tassen sind mit Flüssigkeit befüllbar, Tassen sind Trinkgefäße, Tassen sind oben offen und nicht zu flach) (vgl. Minsky, 1977). Inferenzprozesse, die durch indirekte Anaphern ausgelöst werden, basieren häufig auf Scripts und Frames (vgl. Averintseva-Klisch, 2013).

Nach Kintsch (1998) sind die bisher beschriebenen Inferenzen i.d.R. automatisch aus dem Gedächtnis abrufbar, d.h. das benötigte Wissen, sei es sprachlicher oder außersprachlicher Art, existiert bereits im Langzeitgedächtnis und wird durch seine Aktivierung in das entstehende Situationsmodell integriert (vgl. auch Grasser, Singer &Trabasso, 1994).

Die Notwendigkeit, Inferenzen, zu ziehen kann an der Textoberfläche beispielsweise durch Konnektoren explizit signalisiert sein. Das Erkennen solcher Signale und der Art ihrer Verknüpfung – z.B. deutet der Konnektor ‚weil' eine kausale Relation an – beruht dabei auf sprachsystematisch-grammatischem Wissen des Lesers. Dieses sprachliche Wissen reicht aber nicht aus, um eine so markierte Relation inhaltlich zu fassen. Erst die Aktivierung des der konkreten Relation zugrundeliegenden außersprachlichen Wissens ermöglicht das Inferieren ihrer Bedeutung und damit mehr als nur die Konstruktion einer mentalen Textbasis (vgl. Garnham & Oakhill, 1996). Der folgende Satz verdeutlicht dies:

Sie halten die beiden belgischen Reaktorblöcke für unsicher, weil in den Reaktordruckbehältern der beiden Anlagen Wasserstoffflocken gefunden wurden.

Ein Leser, der keine physikalischen Kenntnisse hat, wird hier zwar eine kausale Beziehung erkennen und kann annehmen, dass belgische Reaktorblöcke aufgrund von in Reaktordruckbehältern gefundenen Wasserstoffflocken für unsicher gehalten werden. Er wird aber nicht das notwendige Wissen aktivieren können, um die tiefere Bedeutung zu inferieren und somit kein bzw. kein detailliertes Situationsmodell aufbauen.

Sobald Inferenzen mehr als sprachliches Wissen erfordern, wenn also das Vorwissen des Lesers im Langzeitgedächtnis aktiviert und in das entstehende mentale Modell integriert werden muss, ist das Bilden von Inferenzen stark von den Motiven, Kompetenzen und dem Wissen des Lesers geleitet. Wenn das Vorwissen weniger stark vernetzt ist, werden neue Informationen nicht mehr automatisch integriert. Stattdessen muss ein strategisch-kontrollierter aktiver ‚Suchprozess' im Gedächtnis eingeleitet werden, der größere kognitive Ressourcen erfordert (vgl. Kintsch, 1998; Graesser, Singer & Trabasso, 1994).

Neben sprachlichem Wissen und Weltwissen spielt bei der Inferenzziehung auch das Sprachhandlungs- bzw. Interaktionswissen eine Rolle. Hier sind insbesondere die pragmatischen Inferenzen in Form von Präsuppositionen und Implikaturen zu nennen. Die theoretische Basis für Implikaturen bilden die Konversationsmaximen nach Grice (1975/1996). „Readers normally follow the Gricean postulate that whatever the author expresses is relevant and important" (Graesser, Singer & Trabasso, 1994, S. 379).

4.2.4.2 Globale Inferenzen

Entscheidender für das Textverstehen als lokale Inferenzen sind globale Inferenzen. Sie dienen der Herstellung globaler Zusammenhänge, indem sie größere Textteile im mentalen Modell verbinden. Kintsch (1998) spricht in diesem Zusammenhang vom Bilden einer Makrostruktur.

Die Prozesse zur Bildung globaler Inferenzen können ebenso automatisch wie strategisch-kontrolliert ablaufen (vgl. Kintsch, 1998). So können z.b. zu folgenden Sätzen vergleichsweise schnell und automatisch globale Inferenzen für den Aufbau eines Situationsmodells erstellt werden:

> *Die Kinder plantschten und bauten Sandburgen. Als der Wind zunahm, packten sie schnell ihre Sachen zusammen und radelten nach Hause.* (Oakhill, Cain & Elbro, 2015, S. 40, Übersetzung v. Verf.)

Um diesen Text zu verstehen, muss der Leser das Setting (Szene am Strand) und die Ursache für das Verlassen des Strandes bei aufkommendem Wind (aufkommender Sturm als Motiv für das Verlassen des Strands) inferieren (vgl. Oakhill, Cain & Elbro, 2015). Graesser, Singer und Trabasso (1994) sprechen von „deeper comprehension", wenn der Leser, wie hier, Ursachen und Motive inferiert, die Zusammenhänge erklären. Globale Inferenzen sind wissensbasiert, d.h. sie sind nicht ohne außersprachliches Wissen zu ziehen. Das Bilden dieser Inferenzen hängt noch stärker von leserseitigen Faktoren ab, als bei lokalen Inferenzen.

Da während des Leseprozesses prinzipiell unendlich viele Inferenzen gezogen werden könnten, muss der Leser das Inferieren beschränken. In welchem Umfang dies geschieht, in welchem Umfang also Inferenzen gebildet werden, ist dabei umstritten. McKoon und Ratcliff (1992) vertreten eine minimalistische Hypothese, nach der nur für die lokale Kohärenz notwendige oder schnell abrufbare bzw. auf expliziten Textinformationen basierende Inferenzen automatisch on-line während des Leseprozesses gezogen werden. Globale Inferenzen oder Makropropositionen werden demnach nicht automatisch gebildet, sondern sind das Resultat langsamerer, zielgerichteter strategischer Prozesse (vgl. Rickheit & Strohner, 2003). Diese Ansicht ist vor allem deshalb umstritten, weil sie der ‚Sinnsuche', d.h. dem Bestreben des Lesers, ein kohärentes mentales Modell herzustellen, nicht gerecht wird (vgl. ebd.). Im Unterschied dazu gehen maximalistische Theorien, wie die ‚Constructionist Theory' (vgl. Graesser, Singer &

Trabasso, 1994) davon aus, dass Inferenzen unter Einbeziehung des Leser-
wissens entstehen, und somit prinzipiell alle im vorherigen beschriebenen
lokalen und globalen Inferenzen während des Leseprozesses on-line gebildet werden, allerdings in Abhängigkeit von den oben bereits genannten
drei Motiven des Lesers: seinen Verstehenszielen, seinem Bestreben lokale
und globale Kohärenz herzustellen und seinem Versuch Handlungsgründe
zu erklären. Mittlerweile werden vielfach flexible Positionen vertreten,
wonach beide Annahmen in Abhängigkeit von Situation, Textmerkma-
len, Lesezielen und Leserwissen zutreffen können (vgl. Graesser, Millis &
Zwaan, 1997). In der Theorie der mentalen Modelle haben immer diejenigen Inferenzen Priorität, die referentielle Kontinuität im mentalen Modell
gewährleisten (Garnham & Oakhill, 1996).

Da das tatsächliche Bilden von Inferenzen, wie gesehen, von verschiedenen Einflussfaktoren abhängig ist, können demzufolge Situationsmodelle, als „a form of inference by definition" (Kintsch, 1998, S.198), unterschiedlich komplex ausfallen. „That is, situation models may vary widely
in their character" (ebd., S. 199). Im folgenden Kapitel wird es darum
gehen, welche Faktoren ursächlich für interindividuelle Unterschiede bei
der Konstruktion von Situationsmodellen sind.

4.3   Einflussfaktoren und Schwierigkeiten beim Textverständnis

Bislang wurden die allgemeinen kognitiven Prozesse des Textverstehens erläutert. Vor diesem Hintergrund werden nun Schwierigkeitsfak-
toren beim Textverstehen näher betrachtet. Textverstehen hängt sowohl
von leserseitigen Merkmalen als auch von Merkmalen des Textes ab. Auf
beides wird in den folgenden Unterkapiteln eingegangen. Aufgrund des
Schwerpunktes dieser Arbeit werden vor allem Studien herangezogen, die
sich mit Lernerinnen und Lernern im (Grund-)Schulalter beschäftigen.
Dabei werden auch Entwicklungsaspekte berücksichtigt.

4.3.1 Individuelle Einflussfaktoren beim Textverständnis

Textverstehen ist ein komplexer Vorgang, bei dem verschiedene mentale Prozesse interagieren. Individuelle Unterschiede bei der Bewältigung
dieser Prozesse führen zu Schwierigkeiten bei der Konstruktion mentaler Repräsentationen. Die meisten Studien, die sich mit den Ursachen für

Leseschwierigkeiten beschäftigen, fokussieren Verarbeitungsprozesse auf der Wortebene (vgl. Knoepke & Richter, im Druck). So sieht z.B. Perfetti (1985) in seiner Theorie der verbalen Effizienz die Ursache für Leseschwierigkeiten vorwiegend in der Effizienz des lexikalischen Zugriffs. Je automatisierter der Prozess der Worterkennung abläuft, desto mehr Ressourcen stehen demnach für hierarchiehöhere Verarbeitungsprozesse zur Verfügung (vgl. auch Richter & Christmann, 2009).

Andere Theorien wie z.B. die Kapazitätstheorie des Verstehens von Just & Carpenter (1992) stellen bei der Erklärung interindividueller Unterschiede die Kapazität des Arbeitsgedächtnisses in den Mittelpunkt.

Anders als die genannten Theorien erklärt der Ansatz von Oakhill & Garnham (1988) „als einziger übergreifender Ansatz" (Richter & Christmann, 2009, S. 47) interindividuelle Differenzen im Textverstehen durch hierarchiehohe Prozesse der Inferenzbildung und des Monitorings, d.h. der Überwachung des Verstehensprozesses. Dabei werden Erkenntnisse zum Wortschatz und zum Arbeitsgedächtnis integriert.

Aufgrund der Ergebnisse aus der Vorstudie (vgl. Kapitel 3.2.3) der vorliegenden Arbeit wurde angenommen, dass wesentliche Probleme im Umgang mit mathematischen Textaufgaben auf das fehlende oder falsche Herstellen von textuellen Bezügen und damit auf den inadäquaten Aufbau eines Situationsmodells zurückzuführen sind und nicht etwa auf Probleme mit hierarchieniedrigen Prozessen, wie z.B. dem Dekodieren. In den vorherigen Kapiteln wurde gezeigt, dass das Herstellen von textuellen Bezügen auf der Bildung von lokalen und globalen Inferenzen beruht. Daher werden in dieser Arbeit zur Erklärung der Probleme beim Verstehen mathematischer Textaufgaben der Ansatz von Oakhill und Garnham (1988) und darauf aufbauende Forschungsergebnisse herangezogen.

Im Folgenden werden aus der Perspektive dieses Ansatzes Einflussfaktoren und Schwierigkeiten beim Textverstehen näher beleuchtet. Dabei werden entsprechend des Ansatzes hierarchiehohe Prozesse der Inferenzbildung und der Metakognition in den Mittelpunkt gestellt. Probleme bei hierarchieniedrigen Prozessen auf lexikalischer und syntaktischer Ebene werden nicht weiter thematisiert. Erfolgreiche Prozesse des Rekodierens und Dekodierens sind zwar eine conditio sine qua non für das Textverstehen, ihr Einfluss als Erklärungsfaktor für Schwierigkeiten beim Textverstehen nimmt aber im späteren Grundschulalter zunehmend ab, weil zu diesem Zeitpunkt die Prozesse des Rekodierens und Dekodierens vielfach automatisiert sind. „It is clear, that by no means all problems in text comprehension can be explained by difficulties at the level of single words" (Oakhill, 1996, S. 79).

Bevor im Folgenden interindividuelle Unterschiede bei hierarchiehöheren Prozessen ausführlich thematisiert werden, wird zunächst kurz auf die Bedeutung des individuellen Wortschatzes für diese Prozesse eingegangen. Wortschatzkenntnis lässt sich nicht isolieren von Prozessen der Inferenzbildung und Vorwissensaktivierung, aus analytischen Gründen und um Redundanzen in den folgenden Kapiteln zu vermeiden, wird die Rolle des Wortschatzes hier aber gesondert aufgeführt.

4.3.1.1 Die Rolle des Wortschatzes für das Textverständnis

Grundlegend für das Verstehen eines Textes und auch für das Ziehen von Inferenzen ist die Kenntnis des verwendeten Wortschatzes. Ein großer Umfang des mentalen Lexikons erleichtert den Aufbau propositionaler Strukturen. In der Forschung wird dabei häufig zwischen Breite und Tiefe des Wortschatzes unterschieden (vgl. z.B. Oakhill, Cain & Elbro, 2015). Während mit ‚Breite‘ des Wortschatzes der reine Umfang des mentalen Lexikons gemeint ist, verweist der Begriff der ‚Tiefe‘ auf die Vielfalt der Relationen und Assoziationen zwischen bekannten Wörtern im semantischen Netzwerk: Beim Dekodieren eines bestimmten Wortes werden zusätzlich zur Bedeutung dieses Wortes zahlreiche Verknüpfungen zu anderen Wörtern und Konzepten aktiviert. Nach wie vor ist es ein Desiderat, inwiefern neben der Breite auch die Tiefe des Wortschatzes das Textverständnis beeinflusst. Aktuelle Studien deuten an, dass auch die Tiefe eine relevante Rolle spielt, denn „as depth of word knowledge increases, words can be used more flexibly, and their meaning can be readily appreciated and accessed within multiple contexts" (Tannenbaum, Torgesen & Wagner, 2006, S. 383). So konnte beispielsweise Ouellette (2006) zeigen, dass Viertklässlerinnen und Viertklässler, die über einen ‚tieferen‘, stärker vernetzten Wortschatz verfügten, auch bessere Textverstehensleistungen erbrachten.

Nicht nur Breite und Tiefe des mentalen Lexikons sondern auch die Abrufgeschwindigkeit hat einen wichtigen Einfluss auf das Verstehen von Texten (vgl. z.B. Oakhill, Cain & Elbro, 2015; Oakhill & Garnham, 1988; Schnotz & Dutke, 2004; Stanat & Schneider, 2004).

Der Zusammenhang von Wortschatz und Textverständnis ist nicht unidirektional zu verstehen, sondern reziprok. Eine gute Lesekompetenz bietet auf der einen Seite das Potential, unbekannte Wörter zu erschließen und so den Wortschatz zu erweitern, während auf der anderen Seite ein schon bestehender guter Wortschatz zu besserem Textverstehen führt

(Lenhard & Artelt, 2009; Oakhill, Cain & Elbro, 2015; Schnotz & Dutke, 2004). Eine Konsequenz daraus ist, dass Kinder, die zu Beginn des Lese-lernprozesses über einen sowohl in der Breite als auch in der Tiefe gerin-gen Wortschatz verfügen, beim Textverstehen und beim Ausbau des men-talen Lexikons benachteiligt sind. Kinder, die dagegen über einen großen Wortschatz verfügen, erschließen sich Texte leichter und erweitern und vertiefen somit sukzessive ihren Wortschatz (Matthäus-Effekt).

Festhalten lässt sich, dass der Wortschatz unbestritten ein wichtiger Faktor für das Textverstehen ist. Studien wie beispielsweise von Oakhill und Cain (2012) konnten jedoch zeigen, dass er nicht allein ausschlagge-bend für das Textverstehen ist (vgl. auch Schnotz & Dutke, 2004).

4.3.1.2 Inferenzfähigkeit

Die Fähigkeit, Inferenzen zu bilden, ist eine zentrale Komponente guter Lesekompetenz (vgl. z.B. Garnham & Oakhill, 1996; Graesser, Singer & Trabasso, 1994; Kintsch, 1998). Oakhill und Garnham (1988) gehen in ihrem Ansatz davon aus, dass individuelle Unterschiede im Ziehen von Inferenzen entscheidend für Unterschiede im Aufbau von Situationsmo-dellen und damit im Textverstehen sind. Diese Annahme konnten u.a. Oakhill und Cain (2012) stützen. In einer Längsschnittstudie untersuch-ten sie, welche Faktoren Einfluss auf das Textverstehen bei elfjährigen Kindern haben. Dazu wurden 83 Schülerinnen und Schüler zwischen 7 und 11 Jahren zu drei Messzeitpunkten im 3., 4. und 6. Schuljahr unter-sucht. Es zeigte sich, dass die Inferenzfähigkeit während des Lesens bei sieben- und neunjährigen Kindern der entscheidende Prädiktor für späte-res Textverstehen ist. Keine Vorhersagekraft hatten Dekodierfähigkeit und implizites syntaktisches Wissen auf das Textverstehen mit 11 Jahren.

Die Fähigkeit, während des Leseprozesses Inferenzen zu ziehen, ent-wickelt sich im Laufe der Schulzeit (vgl. Oakhill & Garnham, 1988) und zwar unabhängig vom Vorwissen der Lernerinnen und Lerner. Dies konn-ten u.a. Barnes, Dennis und Haefele-Kalvaitis (1996) zeigen. 51 Kinder im Alter von 6 bis 15 Jahren lasen eine Geschichte zu einem fiktiven Plane-ten, zu dem zuvor relevantes Faktenwissen aufgebaut wurde (z.B. Schild-kröten haben Schlittschuhe an den Füßen, Bären haben blaues Fell), um so das Vorwissen aller Probandinnen und Probanden konstant zu halten. Im Anschluss wurden Fragen gestellt, deren Beantwortung Inferenzen erfor-derte, die ausschließlich unter Nutzung des erlernten Vorwissens gezogen werden konnten. Eine Überprüfung am Ende der Untersuchung ergab, dass das erlernte Wissen bei allen Kindern größtenteils immer noch vorhanden war. Obwohl alle Kinder somit während der Untersuchung über das gleiche Vorwissen hinsichtlich des Planeten verfügten, zeigte sich, dass jüngere Kinder dennoch weniger Inferenzen als ältere Kinder bildeten.

Auch Klicpera und Gasteiger-Klicpera (1993) konnten in einer Längsschnittstudie zeigen, dass Drittklässlerinnen und Drittklässler trotz hohen Vorwissens Schwierigkeiten hatten, Inferenzen zu ziehen.

Die Fähigkeit, während des Leseprozesses notwendige Inferenzen zu bilden, unterscheidet nicht nur jüngere von älteren Kindern, sie differenziert auch entscheidend zwischen kompetenten und weniger kompetenten Leserinnen und Lesern (vgl. Cain & Oakhill, 1999; Oakhill, Cain & Elbro, 2015; Oakhill & Garnham, 1988). Cain, Oakhill, Barnes und Bryant (2001) wiederholten das beschriebene Experiment von Barnes, Dennis und Haefele-Kalvaitis (1996) mit 26 sieben- und achtjährigen guten und unterdurchschnittlichen[4] Leserinnen und Lesern. Beide Gruppen verfügten über die gleiche Dekodierfähigkeit, unterschieden sich aber im Textverstehen. Es zeigte sich, dass Kinder mit geringerer Textverstehenskompetenz trotz gleichen Vorwissens weniger Inferenzen zogen, als gute Leserinnen und Leser. Die Autorinnen und Autoren folgern daraus, dass unterdurchschnittliche Leserinnen und Leser zum einen vorhandenes Wissen nicht ausreichend abrufen, um Inferenzen zu ziehen, und zum anderen an der Integration des Vorwissens mit Informationen aus dem Text scheitern. Weniger gute Leserinnen und Leser wissen somit möglicherweise nicht, wann sie Inferenzen ziehen müssen.

Dieser Sachverhalt wurde von Cain und Oakhill (1999) genauer untersucht. Sie betrachteten drei Gruppen von Kindern (n=80) hinsichtlich ihrer Fähigkeit, Inferenzen zu ziehen: (1) Achtjährige durchschnittliche und überdurchschnittliche Leserinnen und Leser, (2) Achtjährige, die im Textverstehen unterdurchschnittlich und damit ungefähr auf dem Stand von Siebenjährigen waren, dabei aber altersangemessen dekodieren konnten, und (3) Siebenjährige mit (altersangemessener) gleicher Textverstehenskompetenz wie Gruppe 2 (gematcht). Aufgabe der Kinder war es, drei Typen von Fragen zu einem Text zu beantworten: Fragen, deren

---

4 Wenn im Folgenden von schwachen oder unterdurchschnittlichen Leserinnen und Lesern die Rede ist, sind damit Lernerinnen und Lerner gemeint, deren Textverständnis in standardisierten Lesetests als „unterdurchschnittlich" klassifiziert wurde. In den Originalstudien werden sie meist als „poor comprehenders", „less skilled comprehenders" oder „poor readers" bezeichnet.

Beantwortung reine Informationsentnahme erforderte, Fragen, die auf das Ziehen lokaler Inferenzen abzielten und Fragen, die globale Inferenzen unter Einbezug von Vorwissen erforderten. Bei den Fragen zur Informationsentnahme zeigten sich keine Unterschiede zwischen den Gruppen. Unterschiede ergaben sich bei den lokalen Inferenzen: Die guten achtjährigen Leserinnen und Leser (Gruppe 1) und die jüngeren Kinder (Gruppe 3) schnitten gleich gut ab, sie konnten also Bezüge zwischen einzelnen Sätzen gleich gut herstellen, auch wenn ihre Textverstehenskompetenz unterschiedlich war. Letzteres manifestierte sich in den globalen Fragen, Siebenjährige bildeten hier seltener globale Inferenzen. Die unterdurchschnittlichen Leserinnen und Leser aus Gruppe 2 bildeten trotz vergleichbarem Leseverstehen wie die Siebenjährigen weniger lokale und globale Inferenzen als die beiden anderen Gruppen. Bei Unterstützung in Form von Hinweisen auf relevante Textstellen bildeten alle Gruppen mehr globale Inferenzen, dabei näherten sich die unterdurchschnittlichen Leserinnen und Leser (Gruppe 2) den siebenjährigen Kindern (Gruppe 3) an. Dies verdeutlicht, dass weniger gute Leserinnen und Leser prinzipiell Inferenzen ziehen können, dies jedoch an den notwendigen Stellen beim eigenständigen Lesen nicht machen. Diese Studie zeigt zudem, dass der Rückstand der unterdurchschnittlichen Leserinnen und Leser bezogen auf das Inferenzziehen nicht nur auf eine verlangsamte Lesentwicklung zurückzuführen ist. Wäre dies der Fall, dürften sich die schwachen Leserinnen und Leser hinsichtlich der gebildeten Inferenzen nicht von den jüngeren Schülerinnen und Schülern unterscheiden.

Die Ergebnisse der in diesem Kapitel vorgestellten Studien verdeutlichen die in dieser Arbeit bisher nur theoretisch modellierte zentrale Rolle der Inferenzfähigkeit für das Textverstehen. Unterdurchschnittliche Leserinnen und Leser bilden während des Leseprozesses insgesamt weniger notwendige Inferenzen als durchschnittliche und überdurchschnittliche Leserinnen und Leser, auch wenn sie über ausreichendes Vorwissen verfügen. Die mangelnde Inferenzfähigkeit beim Lesen kann daran liegen, dass weniger gute Leserinnen und Leser nicht wissen, wann sie Inferenzen ziehen müssen oder dass sie das entsprechende Wissen nicht abrufen können, um es in ein Situationsmodell zu integrieren (vgl. Oakhill, 1996; Oakhill, Cain & Elbro, 2015).

Im Folgenden werden als mögliche ursächliche Einflussfaktoren die Verarbeitung von Anaphern und Konnektoren, das Vorwissen, die Arbeitsgedächtnisleistung und metakognitive Fähigkeiten näher betrachtet.

Für die lokale Kohärenzbildung ist das Auflösen von Anaphern und das Verstehen von Konnektoren entscheidend.

Anaphern – Pronomen. Entwicklungs- und Schwierigkeitsaspekte bei der Auflösung von Anaphern werden nachfolgend am Beispiel von Pronomen betrachtet, da hierzu die meiste Forschung existiert. Untersuchungen zeigen, dass sich die Fähigkeit, während des Lesens Pronomen aufzulösen, im Laufe der Grundschulzeit entwickelt. So fällt es Kindern bis zum Alter von 10 Jahren beispielsweise noch schwer, bei der Auflösung syntaktisch uneindeutiger Pronomen auf den weiteren Kontext des Textes zurückzugreifen (vgl. Oakhill, Cain & Elbro, 2015). Insbesondere Kinder mit weniger guter Lesekompetenz haben oft Schwierigkeiten, Pronomen aufzulösen. Sie tendieren häufiger dazu, besonders in syntaktisch nicht eindeutigen Fällen, eher das Objekt als das Subjekt des vorherigen Satzes als Antezedent zu interpretieren, auch wenn Kontext oder Weltwissen anderes nahelegen. Somit scheint tendenziell das dem Pronomen am nächsten stehenden Nomen als Antezedent gedeutet zu werden (vgl. z.B Megherbi & Ehrlich, 2005). Als Ursache hierfür wird u.a. eine schwächere Arbeitsgedächtnisleistung angenommen. Der Abstand zwischen Pronomen und Antezedent spielt folglich sowohl auf Satz- als auch auf Textebene eine Rolle bei der Pronominalauflösung und im Verstehensprozess (vgl. z.B. Daneman & Carpenter 1980; Oakhill, Cain & Elbro, 2015). Da zur Auflösung von Pronomen neben semantischen vor allem auch syntaktische Anhaltspunkte wie die Übereinstimmung des Genus relevant sind, können sich daraus Schwierigkeiten insbesondere für Lernerinnen und Lerner des Deutschen als Zweitsprache ergeben.

Konnektoren. Der Erwerb von Konnektoren erfolgt sukzessive noch während des Grundschulalters. Für das Englische ließen sich Erwerbsmuster im produktiven Sprachgebrauch von Kindern nachweisen. So werden zunächst additive Konnektoren, dann temporale und kausale und zuletzt adversative Konnektoren erworben (vgl. Bloom, Lahey, Hood, Lifter & Fiess, 1980). Für das Deutsche liegen keine Langzeitstudien zur Erwerbssequenz von Konnektoren vor. Da aber eine relativ stabile, unabhängig von der Erstsprache verlaufende Reihenfolge des Erwerbs angenommen wird (vgl. Cain, Patson & Andrews, 2005), kann man für das Deutsche von einer analogen Abfolge ausgehen.

Im produktiven Sprachgebrauch verwendete Konnektoren machen allerdings noch keine Aussage darüber, ob sie auch beim Lesen richtig interpretiert werden und als Hinweise für lokale Kohärenz genutzt werden können.

Untersuchungen zeigten, dass Zehnjährige im Vergleich zu Achtjährigen sowohl Konnektoren in Lückensätzen häufiger richtig einsetzten, als auch Sätze hinsichtlich des Konnektorengebrauchs eher richtig beurteilten. Dabei erreichten sie noch nicht die Performanz von Erwachsenen. Ebenso zeigte sich, dass Kinder mit weniger guter Lesekompetenz Konnektoren weniger häufig richtig nutzten (vgl. Cain & Nash, 2011; Cain, Patson & Andrews, 2005). Für das Deutsche konnten Dragon, Berendes, Weinert, Heppt und Stanat (2015) in drei Teilstudien zeigen, dass Zweit- und Drittklässlerinnen und -klässler mit monolingual-deutscher und nichtdeutscher Familiensprache temporale und kausale Konnektoren deutlich besser verarbeiteten als konzessive, unabhängig von ihrer Familiensprache. Lässt man die Zugehörigkeit zu semantischen Kategorien außer Acht, zeigte sich, dass Kinder „vergleichsweise niederfrequente Konnektoren wie *wenngleich, anschließend* oder *trotz* deutlich seltener korrekt einsetzten" (Dragon, Berendes, Weinert, Heppt & Stanat, 2015, S. 819). Zudem vermuteten die Autorinnen der Studie, dass Kinder bei Urteilsaufgaben den semantisch sinnvollen Einsatz von Konnektoren oftmals eher erwartungs- und weltwissensbasiert unter Missachtung der Bedeutung des Konnektors beurteilten. Dies führte dazu, dass insbesondere bei konzessiven Konnektoren die eigentliche Bedeutung nicht erkannt wurde. In allen drei Teilstudien zeigte sich, dass Unterschiede zwischen Kindern mit monolingual deutscher und nichtdeutscher Familiensprache, wenn überhaupt, nur marginal vorhanden waren und damit keine praktische Relevanz besitzen.

Ungeachtet der Tatsache, dass der Erwerb von Konnektoren im Grundschulalter noch nicht abgeschlossen ist, konnten Untersuchungen zeigen, dass explizit genannte Konnektoren Kinder durchaus dabei unterstützen können, lokale Kohärenz herzustellen (vgl. z.B. Becker & Musan, 2014; Irwin & Pulver, 1984).

Vorwissen

Es ist anzunehmen, dass eine mögliche Ursache für individuelle Unterschiede beim Ziehen von Inferenzen und folglich beim Textverstehen im Ausmaß des Vorwissens liegt. Dies konnte durch eine Vielzahl von Studien gezeigt werden (vgl. z.B. auch Best, Ozuru, Floyd & McNamara, 2006; McNamara, Ozuru & Floyd, 2011). Viele Studien unterscheiden dabei zwischen Novizen und Experten. So untersuchten Schneider und Körkel (1989) die Rolle des Vorwissens bei 372 Kindern aus 4., 6. und 8. Klassen mit Hilfe eines Textes, der Wissen über Fußball erforderte. Die Probandinnen und

Probanden wurden zuvor auf Basis eines Wissenstests in Fußball-Novizen und Fußball-Experten unterteilt. Nach dem Lesen des Fußballtextes wurden u.a. Inferenz-Fragen gestellt. Es zeigte sich, dass domänenspezifisches Wissen der entscheidende Unterscheidungsfaktor hinsichtlich des Textverstehens war. Ungeachtet ihrer Lesekompetenz schnitten die Kinder am besten ab, die das meiste Vorwissen über Fußball besaßen. Kinder mit geringer Lesekompetenz aber hoher Fußball-Expertise übertrafen Kinder mit hoher Lesekompetenz aber geringer Expertise in der Anzahl der korrekten Inferenzen. Zu ähnlichen Ergebnissen kommen z.B. die Studien von Recht und Leslie (1988) und Schneider, Körkel und Weinert (1989). Adams, Bell und Perfetti (1995) konnten für 106 Viert- bis Siebtklässler an einem Text, der Expertenwissen über American Football erforderte, ebenfalls zeigen, dass Unterschiede im Textverstehen aufgehoben werden, wenn schwache Leserinnen und Leser über hohes domänenspezifisches Wissen verfügen und gute Leserinnen und Leser nicht. Unterschiede im Textverstehen zwischen guten und schwachen Leserinnen und Lesern blieben dagegen bei einem zweiten parallelen Text, der kein spezifisches Vorwissen erforderte, bestehen.

Weitere Studien konnten zeigen, dass das Vorwissen vor allem die Konstruktion des Situationsmodells beeinflusst, weniger die Textbasis (vgl. auch Dutke, 1993; Fincher-Kiefer, Post, Greene & Voss, 1988). So zeigten Yekovich, Walker, Ogle und Thompson (1990) für ausschließlich schwache Leserinnen und Leser ebenfalls anhand von Texten zum Thema American Football, dass bei Fragen zur Informationsentnahme kein Unterschied zwischen Expertinnen und Experten und Novizinnen und Novizen besteht. Bei Fragen, die das Bilden von Inferenzen erfordern, deren Beantwortung somit auf den Aufbau eines Situationsmodells hindeutet, bestand dagegen ein Unterschied zwischen beiden Gruppen. Dass das Vorwissen das Situationsmodell stärker beeinflusst als andere Repräsentationsebenen, zeigte sich ebenfalls in einer Untersuchung von Tardieu, Ehrlich und Gyselinck (1992). Expertinnen und Experten beantworteten in einem Multiple Choice-Test Inferenz-Fragen schneller als Novizinnen und Novizen. Kein Unterschied bestand dagegen in der Antwortgeschwindigkeit bei Fragen, die sich auf Paraphrasen zu bereits gelesenen Sätzen bezogen. Diese Studien bestätigten Kintschs (1998) Annahme, dass

even readers with little domain knowledge can understand information that is explicitly given in the text (though they might not remember it, because their retrievel structures might not be rich enough). However, inferences and thematic integration that build retrieval structures require knowledge. (S. 290)

Leserinnen und Leser, die über kein für das Textverstehen relevantes Vorwissen verfügen, konstruieren während des Leseprozesses kein globales Situationsmodell, sondern bauen eher eine propositionale Textbasis auf. Denn die Bedeutung einzelner Wörter wird zwar im assoziativen Netzwerk aktiviert, viele Propositionen bleiben jedoch im Langzeitgedächtnis unverbunden, Kintsch (1998) spricht von „many different unconnected islands" (S. 232), weil das notwendige Wissen fehlt oder zu schwach vernetzt ist, um Relationen herzustellen.

Festzuhalten bleibt, dass sich die bedeutende Rolle des Vorwissens für den Aufbau eines Situationsmodells auf zweifache Weise zeigt: (1) Ohne Vorwissen wird kein Situationsmodell aufgebaut und (2) Defizite in der Lesekompetenz lassen sich durch domänenspezifisches Vorwissen ausgleichen. Letzteres gilt, wie die Studien in diesem Kapitel zeigen, jedoch nicht uneingeschränkt. Vorwissen kann durchaus vorhanden sein, ohne dass es während des Leseprozesses zur Bildung von Inferenzen genutzt wird. In der Folge wird, wie bei (1) kein oder nur ein unvollständiges Situationsmodell aufgebaut. Defizite im Vorwissen erklären somit nicht vollständig auftretende Probleme beim Ziehen von Inferenzen.

Arbeitsgedächtnis

Dem Arbeitsgedächtnis kommt im Leseprozess eine wichtige Rolle zu (vgl. z.B. Cain, Oakhill & Bryant, 2004; Daneman & Carpenter, 1980; Just & Carpenter, 1992). Baddeley und Hitch (1974) bzw. Baddeley (1986) legten eine gängige Konzeption des Arbeitsgedächtnisses mit mehreren Komponenten vor. Insbesondere die beiden Komponenten ‚phonologische Schleife' und ‚zentrale Exekutive' sind für das Textverstehen und speziell für Prozesse der globalen Kohärenzbildung relevant. Denn hierzu müssen Informationen, die über den gesamten Text verteilt sind, durch Inferenzprozesse mit dem Vorwissen des Lesers aus dem Langzeitgedächtnis integriert und das bis dato gebildete mentale Modell verfügbar gehalten werden (vgl. Richter & Christmann, 2009). Beide genannten Komponenten sind an diesen Prozessen beteiligt: In der phonologischen Schleife werden neue sprachliche Informationen aus einem Text kurzzeitig gespeichert, während die zentrale Exekutive die Verarbeitung und Integration dieser Informationen und den Abruf früherer Informationen aus dem Langzeitgedächtnis koordiniert. Auch bei der lokalen Kohärenzbildung spielt das

Arbeitsgedächtnis eine wichtige Rolle. Beispielsweise muss für die Verarbeitung von Anaphern der entsprechende Antezedent aufrechterhalten und integriert werden. So konnten Daneman und Carpenter (1980) zeigen, dass Probandinnen und Probanden, die über eine hohe Arbeitsgedächtnisleistung verfügten, leichter Pronominalreferenzen auflösen, als Leserinnen und Leser mit einer geringeren Arbeitsgedächtniskapazität.

Die Kapazität und Verarbeitungseffizienz des Arbeitsgedächtnisses entwickelt sich im Laufe der Kindheit (vgl. Seitz-Stein et al., 2012). Unabhängig von der Entwicklung scheint der Einfluss des Arbeitsgedächtnisses auf das Leseverstehen während der späteren Grundschulzeit konstant wichtig zu sein. In einer Längsschnittstudie von Cain, Oakhill und Bryant (2004) konnte nachgewiesen werden, dass das Arbeitsgedächtnis bei Kindern im Alter von 8 bis 11 Jahren durchgängig einen signifikanten unabhängigen Einfluss auf das Leseverstehen und auf das Bilden von Inferenzen hat (vgl. auch Oakhill & Cain, 2012).

Unterschiede in der Arbeitsgedächtnisleistung sind eine der wichtigsten Ursachen, warum Inferenzen von weniger guten Leserinnen und Lesern seltener gebildet werden. Leserinnen und Leser mit unterdurchschnittlicher Textverstehenskompetenz unterscheiden sich zwar kaum von guten Leserinnen und Lesern, wenn lediglich die Speicherkapazität der phonologischen Schleife belastet wird. Deutliche Unterschiede zwischen beiden Gruppen zeigen sich aber, wenn nicht nur das kurzzeitige Speichern von Informationen, sondern auch deren Verarbeitung über die zentrale Exekutive gefordert ist (vgl. z.B. Daneman & Carpenter, 1980; de Jonge & de Jong, 1996; Oakhill, 1996; Oakhill, Cain & Elbro, 2015; Oakhill, Yuill & Parkin, 1988). Für Kinder mit unterdurchschnittlicher Textverstehenskompetenz konnte gezeigt werden, dass die Arbeitsgedächtnisleistung insbesondere dann zum unterscheidenden Faktor gegenüber guten Leserinnen und Lesern wird, wenn zu integrierende Informationen nicht in benachbarten Sätzen, sondern weiter voneinander entfernt stehen (vgl. Oakhill, Cain & Ebro, 2015; Oakhill, Harrt & Samols, 2005).

Festhalten lässt sich somit, dass eine geringere Arbeitsgedächtnisleistung dazu führt, dass Informationen aus Texten schlechter verbunden und mit dem Vorwissen integriert werden können. Dies führt dazu, dass während des Leseprozesses möglicherweise zwar eine Repräsentation der Textbasis oder auch mentale Teilmodelle gebildet werden, aber keine Integration neuer Informationen mit dem Vorwissen stattfindet, sodass kein kohärentes globales Situationsmodell entsteht.

4.3.1.3 Metakognitive Strategien beim Textverstehen

Metakognitive Lesestrategien meinen Prozesse, die kognitive Abläufe während des Leseprozesses durch bewusste Reflexion kontrollieren, steuern und regulieren (vgl. Hasselhorn, 1992). Metakognitive Prozesse lassen sich in die Bereiche Planen, Überwachen und Regulieren unterteilen (vgl. Philipp, 2012). Alle diese Prozesse interagieren miteinander.

Planen. Planen umfasst das Analysieren von Texten oder Aufgaben und das Auswählen angemessener Lesestrategien (vgl. Philipp, 2012). Grundlegend dafür sind Leseziele, die gute Leserinnen und Leser vor und während des Leseprozesses setzen. Verstehensziele leiten dabei die Konstruktion von mentalen Repräsentationen (vgl. Schnotz, 1994; Schnotz & Dutke, 2004). Der Aufbau eines kohärenten globalen Situationsmodells kann beispielsweise nur gelingen, wenn globales Textverstehen das Ziel des Lesers ist. Verstehensziele beeinflussen entsprechend, ob und welche Inferenzen gezogen werden (vgl. Graesser, Singer & Trabasso, 1994). Kinder müssen im Laufe der Leseentwicklung lernen, dass das Lesen mehr ist als nur das Dekodieren von Wörtern. „They have to realize that the main purpose is to extract meaning from the text, and that decoding is just a means to the end" (Oakhill & Garnham, 1988, S. 118). Leseanfänger müssen zudem lernen, dass Leseziele variieren können und Lesestrategien veränderten Verstehenszielen angepasst werden müssen. Studien zeigen, dass dies vor allem jüngeren Kindern schwerfällt. „Younger children do not seem to understand that they might read differently when they have different goals" (ebd., 1988; siehe auch Myers & Paris, 1978).

Kinder mit guter und weniger guter Textverstehenskompetenz unterscheiden sich darin, welche Verstehensstrategien sie hinsichtlich bestimmter Leseziele für angemessen halten. Ebenso haben unterdurchschnittliche Leserinnen und Leser häufig andere subjektive Theorien über das Lesen als gute Leserinnen und Leser (vgl. Cain, 1999). „They tend to view reading as a word decoding activity rather than one of meaning-making" (Oakhill & Cain, 2007, S. 67; siehe auch Cain, 1999; Garner & Kraus, 1981/82). Sie fokussieren entsprechend selbst bei guter Dekodierfähigkeit eher das Wortlesen. Ihr Leseziel ist somit mehr auf das Verstehen einzelner Wörter gerichtet. Schwache und gute Leserinnen und Leser unterscheiden sich folglich in den subjektiven Verstehenskriterien und damit in den selbst gesetzten Standards für mentale Kohärenz (vgl. Schnotz, 1994). Oakhill und Cain (2007) sprechen in diesem Zusammenhang von einem „standard for coherence – caring that a text makes sense" (S. 67). Ein geringer ‚Standard for

Coherence' führt dazu, dass weniger oder keine Inferenzen gebildet werden und somit keine oder zumindest keine globale mentale Kohärenz hergestellt wird. Nach Schnotz (1994) kann man in diesem Fall von einer „Illusion des Verstehens" (S. 208) sprechen, einem vermeintlichen Verstandenhaben. Weniger gute Leserinnen und Leser sind sich ihrer Verstehensprobleme somit gar nicht bewusst (vgl. z.B. Cain, 1999). Weitere Aktivitäten zur Verstehensoptimierung werden dadurch als überflüssig angesehen, obwohl noch kein kohärentes mentales Modell konstruiert wurde (vgl. Schnotz, 1994). Ein Überwachen des Leseprozesses findet dementsprechend kaum statt, andernfalls müssten Verstehensprobleme bemerkt werden.

Überwachen des Leseprozesses (Monitoring). Um das eigene Textverstehen sicherzustellen, müssen Leserinnen und Leser ihren Verstehensprozess kontinuierlich überwachen und dabei neue Informationen mit dem bisher gebildeten mentalen Teilmodell abgleichen und auf Inkonsistenzen und Plausibilität hin überprüfen.

Kinder können schon vor dem eigentlichen Lesenlernen ihre eigenen Verstehensprozesse überwachen. Verstehensmonitoring ist somit keine Fähigkeit, die sich erst spät entwickelt. Studien zeigen aber, dass Monitoring während des Leseprozesses nicht immer stattfindet. Beispielsweise konnte Markman (1979) in einer Studie mit acht- bis elfjährigen Kindern zeigen, dass Widersprüche in Texten selten erkannt werden. Den Kindern wurden mehrere Texte mit jeweils einem expliziten oder impliziten Widerspruch präsentiert (Abbildung 6).

Implizit genannte Widersprüche zwischen Aussagen erkannten 96% der Kinder entweder gar nicht oder nur in einem der Texte, 50% bemerkten das Problem auch bei explizit widersprüchlichen Aussagen gar nicht oder höchstens in einem Text. Baker (1984) stellte in einer ähnlichen Untersuchung mit Neun- und Elfjährigen fest, dass ältere Kinder mehr Widersprüche und Pseudowörter in Texten finden als jüngere Kinder. Zudem zeigte sich, dass weniger gute Leserinnen und Leser deutlich weniger Fehler finden, als gute Leserinnen und Leser. Insbesondere Fehler in Form von Widersprüchen im Text wurden von unterdurchschnittlichen Leserinnen und Lesern kaum gefunden, Fehler auf der Wortebene dagegen deutlich häufiger, aber immer noch seltener als von guten Leserinnen und Lesern. Bekamen die Kinder explizite Hinweise zur Art des Problems, stieg die Häufigkeit der gefundenen Widersprüche deutlich an. Die Ergebnisse dieser Studien deuten daraufhin, dass weniger gute Leserinnen und Leser ihr Verständnis auch weniger gut überwachen (vgl. z.B. Oakhill, Cain & Elbro, 2015).

(a) There is absolutely no light at the bottom of the ocean. It is pitch black down there. *When it is that dark the fish cannot see anything. They cannot even see colours.* Some fish that live at the bottom of the ocean can see the colour of their food; that is how they know what to eat.
(b) There is absolutely no light at the bottom of the ocean. *Some fish that live at the bottom of the ocean know their food by it's colour. They will only eat red fungus.*

Abbildung 6: Beispiele mit (a) explizitem und (b) implizitem Widerspruch aus Markman (1979); Widerspruch kursiv markiert

Weitere Untersuchungen zeigten, dass Widersprüche im Text von weniger guten Leserinnen und Lesern vor allem dann selten gefunden werden, wenn widersprüchliche Aussagen innerhalb eines Textes weit voneinander entfernt stehen. Gute Leserinnen und Leser finden widersprüchliche Informationen dagegen nahezu unabhängig davon, ob sie in benachbarten Sätzen oder weiter auseinander stehen (vgl. Oakhill, Harrt & Samols, 2005). Diese Diskrepanz wird u.a. auf eine schlechtere Arbeitsgedächtnisleistung bei weniger guten Leserinnen und Lesern zurückgeführt. Denn um einen Widerspruch im Text zu finden, muss eine mentale Repräsentation des bisher gelesenen unter Einsatz der zentralen Exekutive wieder aus dem Langzeitgedächtnis abgerufen werden.

Für das Textverstehen ist nicht nur das konstante Überwachen des eigenen Leseprozesses unabdingbar. Bei erkannten Problemen im Verstehensprozess müssen Strategien adaptiv und flexibel angepasst werden.

Regulieren. Nicht nur das Wissen über metakognitive Lesestrategien und das Überwachen des Verstehensprozesses sind für das Verstehen von Texten wichtig, Strategien müssen auch je nach Leseziel oder bei auftretenden Verständnisschwierigkeiten flexibel angewandt werden können. Jüngeren Kindern und Kindern mit geringer Kompetenz im Textverstehen gelingt dies häufig nicht (vgl. z.B. Cain, 1999). Sie passen ihr Leseverhalten zu selten adäquat an veränderte Ziele an. Diese mangelnde Regulierungsfähigkeit lässt sich beispielsweise daran erkennen, dass ihre Lesezeit unabhängig von der Aufgabenstellung unverändert bleibt (vgl. ebd.). Zudem verfügen unterdurchschnittliche Leserinnen und Leser über weniger Wissen, mit welchen Lesestrategien sie Verständnisproblemen angemessen begegnen können. Beispielsweise geben sie häufig als Strategie an, Experten, z.B. die Lehrkraft, um Hilfe zu fragen (vgl. Cain, 1999). Wenn Probleme im Verstehensprozess auftreten, können sie darauf somit oft nicht flexibel und zielführend reagieren.

Eine weitere Ursache für Mängel in der Verarbeitungsregulation kann nach Schnotz (1994) auch an einer teilweisen Automatisierung notwendiger Strategien liegen, sodass die „bisherigen Verarbeitungsgewohnheiten ohne Bezugnahme auf die aktuellen situativen Bedingungen angewandt werden" (S. 208).

4.3.1.4 Fazit zur Rolle individueller Einflussfaktoren

Das Bilden von Inferenzen scheint im Wesentlichen durch drei Ursachen erschwert zu werden: durch fehlendes oder nicht abgerufenes Vorwissen, eine geringere Arbeitsgedächtnisleistung, die z.b. zu Problemen bei der Anaphernauflösung führt, sowie durch fehlende oder ungünstige metakognitive Strategien. Zu letzteren gehören vornehmlich das wenig ausgeprägte Überwachen des eigenen Leseprozesses und ein geringer ‚Standard for Coherence'. Insbesondere der ‚Standard for Coherence' des Lesers oder der Leserin beeinflusst alle weiteren Verstehensprozesse, indem er Verstehensziele und damit das Ausmaß des Monitorings und der Inferenzziehung bestimmt.

Inferenzen scheinen darüber hinaus aber auch als eigenständige Fähigkeitskomponente einen genuinen Anteil am Textverstehen zu besitzen. Dies zeigt sich dadurch, dass sie teilweise auch dann nicht gebildet werden, wenn keine Probleme in den oben genannten Bereichen auftreten.

Schwierigkeiten in diesen Bereichen machen es weniger wahrscheinlich, dass während des Leseprozesses lokale und insbesondere globale Kohärenz hergestellt und ein Situationsmodell konstruiert wird.

Aufgeführt wurden hier im Wesentlichen Studien aus dem englischsprachigen Raum, denn trotz der großen Relevanz der ‚Inferenzfähigkeit' und des ‚standards for coherence' für das Textverstehen, sind diese bislang nicht im Fokus der deutschen sprachdidaktischen Forschung und damit ein Desiderat.

4.3.2 Auswirkungen textueller Faktoren auf das Textverständnis

Die im vorherigen Kapitel beschriebenen leserseitigen Einflussfaktoren und Probleme beim Textverstehen wurden weitgehend losgelöst von Eigenschaften des Textes betrachtet. Dabei wurden vor allem die hierarchiehohen Prozesse der Inferenzbildung in den Mittelpunkt gestellt. Da Textverstehen immer ein Zusammenspiel von leser- und textseitigen

Faktoren ist, die sich gegenseitig beeinflussen, wird im Folgenden auch der Einfluss des Textes auf das Verstehen näher betrachtet. Fokussiert werden dabei Merkmale der lokalen und globalen Textkohärenz. Es werden exemplarisch einige zentrale Studien beschrieben, die den Zusammenhang von Textkohärenz und Textverstehen untersuchen. Dabei werden vor allem die für die vorliegende Arbeit relevanten Ergebnisse genannt. In den zitierten Studien wird beispielsweise häufig auch der Einfluss der Textkohärenz auf das Lernen aus Texten untersucht, darauf wird hier nicht eingegangen.

Wesentlicher methodischer Kern der nachfolgenden Untersuchungen ist die experimentelle Manipulation der Textkohärenz. Dieses Vorgehen wird anhand der ersten beschriebenen Studie ausführlich erläutert. Dass eine erhöhte Textkohärenz überhaupt einen Einfluss auf kognitive Verarbeitungsprozesse haben kann, zeigt die in manchen der folgenden Untersuchungen gemessene Lesezeit. Die Lesezeit bei Texten mit höherer Textkohärenz ist, trotz höherer Textlänge, geringer als bei Texten mit wenig expliziter Textkohärenz. Dies deutet darauf hin, dass bei weniger kohärenten Texten tatsächlich mehr inferiert wird und so der kognitive Verarbeitungsaufwand höher ist (vgl. McNamara & Kintsch, 1996).

4.3.2.1 Einfluss der Textkohärenz

In einer Studie mit 65 Viertklässlerinnen und Viertklässlern untersuchten McNamara, Ozuru und Floyd (2011) das Textverständnis in Abhängigkeit von lokaler und globaler Textkohärenz. Dazu wurde die Textkohärenz in zwei narrativen und zwei expositorischen Schulbuchtexten verändert. Zusätzlich zum Originaltext wurde jeweils eine Version mit höherer Textkohärenz erstellt. Auf lokaler und globaler Ebene wurden die nachfolgend genannten Veränderungen vorgenommen. Zur Erhöhung lokaler Textkohärenz wurden (a) Pronomen durch Nominalphrasen ersetzt, (b) ergänzende Ausführungen hinzugefügt, (c) Konnektoren hinzugefügt und (d) lexikalische Kohäsionsmittel eingefügt, um die Argumentüberlappung zu erhöhen. Zur Erhöhung der globalen Textkohärenz wurden (e) (Zwischen-)Überschriften hinzugefügt, (f) textstrukturierende Mittel eingefügt, um Textteile untereinander und mit dem globalen Textthema zu verbinden und (g) Sätze umgestellt, um z.B. eine chronologische Abfolge herzustellen. Die Texte mit höherer Textkohärenz unterschieden sich durch diese Veränderungen auch in ihrer Länge von den weniger kohärenten Texten. Zur Überprüfung des

Textverstehens wurden zum einen Multiple Choice-Fragen gestellt, die das Verständnis auf lokaler und globaler Ebene abprüften, zum anderen wurden zwei Aufgabentypen zur Wiedergabe des Textes angewandt ('recall' und 'cued recall'). Beim Aufgabentyp des 'cued recall' wurden Fragen gestellt, die eine Zusammenfassung wichtiger Informationen des Textes verlangten. So sollte ergänzend zu den Multiple Choice-Fragen der Aufbau eines Situationsmodells überprüft werden, da nach Kintsch (1998) Texte ab einer gewissen Länge nicht zusammengefasst werden können „without an explicit account of macrostructure formation" (S. 265).

Hinsichtlich der Multiple Choice-Fragen zeigte sich, dass Texte mit höherer Textkohärenz besser verstanden wurden. Für die Wiedergabeaufgaben konnte dieser Effekt nur dann gezeigt weden, wenn das Vorwissen der Schülerinnen und Schüler einbezogen wurde: Kinder mit geringem Vorwissen profitierten von kohärenteren Texten, während Kinder mit hohem Vorwissen eher von Texten mit geringer Textkohärenz profitierten. McNamara, Ozuru und Floyd (2011) sprechen in diesem Zusammenhang von einem „reverse cohesion effect" (S. 233). Eine Analyse der Variable Genre zeigte, dass die genannten Ergebnisse vorwiegend für narrative Texte gelten. Die durchgängig nicht signifikanten Werte für die expositorischen Texte resultierten vermutlich im generell zu geringen Wortschatz und Vorwissen aller Kinder zu den speziellen Themen der eingesetzten Sachtexte. Die erhöhte Textkohärenz konnte sich somit in diesem Fall nicht positiv auswirken (vgl. Best, Ozuru, Floyd & McNamara, 2006).

In einer vergleichbaren Studie mit 64 Viertklässlerinnen und Viertklässlern von Best, Ozuru, Floyd und McNamara (2006) mit gleichen Texten und Multiple Choice-Fragen, hingegen ohne Wiedergabeaufgaben zeigten sich ähnliche Ergebnisse. In dieser Untersuchung wurde zusätzlich die Beantwortung der lokalen und globalen Fragen differenziert betrachtet. Ein Unterschied in Abhängigkeit von der Textkohärenz zeigte sich bei den globalen Fragen. Kinder, die Texte mit höherer Textkohärenz lasen, beantworteten globale Fragen häufiger richtig. Bei den lokalen Fragen zeigte sich dagegen kein Unterschied in Bezug auf die Textkohärenz. Dieses Ergebnis deutet darauf hin, dass die Erhöhung der Textkohärenz insbesondere Einfluss auf den Aufbau eines Situationsmodells hat.

McNamara, E. Kintsch, Songer und W. Kintsch (1996) untersuchten den Einfluss der Textkohärenz in Abhängigkeit vom Vorwissen bei zehn- bis fünfzehnjährigen Schülerinnen und Schülern (n=56) anhand eines Textes über Herzerkrankungen aus einem Naturwissenschaftslexikon für Schüler. Erstellt wurden vier Textversionen, die sich im Grad ihrer lokalen und globalen Textkohärenz unterschieden. Berichtet werden hier die Ergebnisse der beiden Extremversionen mit hoher sowie niedriger lokaler und globaler Textkohärenz. Zur Überprüfung des Textverstehens wurden u.a. offene Fragen eingesetzt, deren Beantwortung kein zusätzliches Weltwissen erforderte (‚textbased-questions‘) und Fragen, deren Beantwortung das Ziehen von Inferenzen durch den Einbezug von Weltwissen verlangte (‚bridging inference-questions‘).

In dieser Studie zeigte sich kein Einfluss der erhöhten Textkohärenz auf den Aufbau eines Situationsmodells unabhängig vom Vorwissen der Schülerinnen und Schüler. Wurde das Vorwissen aber berücksichtigt, dann zeigte sich ein deutlicher Effekt der höheren Textkohärenz für Schülerinnen und Schüler mit wenig Vorwissen. Sie profitierten bei allen Fragetypen. Bei Schülerinnen und Schülern mit viel Vorwissen war das Bild differenzierter. Sie profitierten nur bei Fragen, die kein Vorwissen verlangten, bei ‚Bridging Inference-Fragen‘ kehrte sich dieser Effekt um, hier profitierten Schülerinnen und Schüler mit viel Vorwissen eher von einem weniger kohärenten Text (‚reverse cohesion effect‘).

McNamara und Kintsch (1996) konnten in einem ersten Experiment zeigen, dass Studierende (n=40) beim Lesen von Texten über den Vietnamkrieg von erhöhter lokaler Textkohärenz profitierten. Die Erhöhung der lokalen Textkohärenz wurde in dieser Studie durch stärkere Argumentüberlappung mit Hilfe von Wiederaufnahmen, durch Thema-Rhema-Strukturen und durch das Explizit-machen von andernfalls implizit zu erschließenden Informationen realisiert (vgl. auch Britton & Gülgoz, 1991). Studierende, die Texte mit erhöhter lokaler Textkohärenz lasen, beantworteten sowohl ‚Textbase-Fragen‘ als auch ‚Bridging Inference-Fragen‘ in Form eines Multiple Choice-Tests besser als Studierende, die den lokal weniger kohärenten Text lasen. In einem zweiten Experiment (n=40) mit denselben Texten aber offenen statt Multiple Choice-Fragen, konnte dieses Ergebnis nicht repliziert werden. Die höhere Textkohärenz hatte hier keinen Einfluss auf das Beantworten der Fragen. Bezieht man auch hier wieder das Vorwissen der Probandinnen und Probanden ein, zeigte sich, dass nur die Probandinnen und Probanden von höherer lokaler Textkohärenz profitierten, die wenig Vorwissen hatten. Bei Studierenden mit hohem Vorwissen zeigte sich dagegen kein signifikanter Einfluss: Alle Fragen wurden unabhängig von der Textkohärenz gleich beantwortet.

Betrachtet man von den bisher berichteten Studien ausschließlich die Ergebnisse der Multiple Choice-Fragen und der offenen Fragen, die das Textverstehen auf lokaler und globaler Ebene überprüften, zeigen sich uneindeutige Effekte. Während einige Studien Effekte für Texte mit höherer Textkohärenz für das Textvertstehen unabhängig von leserseitigen Variablen nachweisen können, lässt sich in anderen Studien ein positiver Effekt nur für Probandinnen und Probanden mit wenig Vorwissen zeigen. Bei Probandinnen und Probanden mit hohem Vorwissen tritt teilweise ein ‚reverse cohesion effect' auf. Für Grundschülerinnen und Grundschüler lässt sich insgesamt aber ein positiver Effekt nachweisen.

4.3.2.2 Einfluss der Textkohärenz unter Berücksichtigung der Lesekompetenz

In den bisher genannten Studien wurde bei der Untersuchung des Einflusses der Textkohärenz auf das Textverstehen mit Ausnahme der zuerst genannten Studie (McNamara, Ozuru & Floyd, 2011), in der die Dekodierfähigkeit zusätzlich erhoben wurde, als leserseitige Variable nur das Ausmaß des Vorwissens der Probandinnen und Probanden einbezogen. Wie im vorherigen Kapitel gezeigt, können interindividuelle Unterschiede im Ziehen von Inferenzen eine wesentliche Ursache für Probleme beim Aufbau eines Situationsmodells sein. Daher ist es unabdingbar, den Effekt erhöhter Textkohärenz, die das Bilden von Inferenzen erleichtern soll, auch in Abhängigkeit von der Lesekompetenz der Probandinnen und Probanden zu betrachten. Im Folgenden werden daher einschlägige Studien zusammengefasst, die die Wirkung der Textkohärenz auch in Abhängigkeit von der Lesekompetenz untersuchen. Dabei werden wiederum nur die für die vorliegende Arbeit relevanten Ergebnisse berichtet.

O'Reilly und McNamara (2007) führten eine Studie mit 143 Studierenden durch, deren Untersuchungsdesign vergleichbar zu den bisher beschriebenen angelegt war. Zusätzlich wurde die zugrundeliegende Lesekompetenz über einen standardisierten Lesetest erhoben und die Probandinnen und Probanden mit Hilfe eines Mediansplits in weniger gute und gute Leserinnen und Leser unterteilt. Zur Überprüfung des Kohärenzeffekts wurde ein expositorischer Text über Zellteilung aus einem Biologieschulbuch mit jeweils geringer und hoher Textkohärenz eingesetzt. Es zeigte sich kein Einfluss der Textkohärenz auf das Textverstehen unabhängig von leserseitigen Faktoren. Unter Einbezug der Lesekompetenz zeigte sich jedoch, dass gute Leserinnen und Leser unabhängig vom Ausmaß ihres Vorwissens von einer höheren Textkohärenz profitierten. Weniger gute Leserinnen und Leser profitierten nur dann von höherer Textkohärenz, wenn sie wenig Vorwissen hatten. Mit hohem Vorwissen profitierten sie dagegen als einzige von weniger Textkohärenz. Die in Kapitel 4.3.1.2 dargestellten Studien zeigen zwar, dass ein hohes Vorwissen Defizite in der Lesekompetenz ausgleichen kann und auch Artelt, Schiefele und Schneider (2001) stellten fest, dass „an elaborated knowledge base may enable the reader to compensate for any lack of coherence in the text" (S. 366), allerdings bleibt hier unklar, warum weniger gute Leserinnen und Leser mit hohem Vorwissen nicht ebenso von höherer Textkohärenz profitieren. Kritisch anzumerken ist auch, dass sich der Einfluss der Lesekompetenz nicht zufriedenstellend messen lässt, wenn die Stichprobe ausschließlich aus Studierenden und damit absolut gesehen aus guten Leserinnen und Lesern besteht. Denn die Lesekompetenz der hier als „less skilled reader" (O'Reilly & McNamara, 2007, S. 133) bezeichneten Gruppe ist nur bezogen auf die Stichprobe dieser Studie gering. Die ‚less skilled readers' in dieser Untersuchung sind somit nicht zu vergleichen mit den in Kapitel 4.3.1 als unterdurchschnittlich oder schwach bezeichneten Leserinnen und Lesern.

Auch Rothstein, Kröger-Bidlo, Schmitz, Gräsel und Rupp (2014) untersuchten die Auswirkungen der Textkohärenz auf das Textverständnis bei expositorischen Texten in Abhängigkeit von der Lesekompetenz. In einer Untersuchung mit 166 Gesamtschülerinnen und -schülern der 9. Klasse mit Deutsch als Muttersprache und nichtdeutscher Muttersprache wurde in einem Zeitungsartikel über den Rohstoffboom in Afrika die explizite Textkohärenz auf lokaler und globaler Ebene erhöht – die Autorinnen und Autoren sprechen von lokaler und globaler Textkohäsion –, sodass insgesamt vier Textversionen entstanden: „lokal und global inkohäsiv", „lokal kohäsiv und global inkohäsiv", „lokal inkohäsiv und global kohäsiv" sowie „lokal und global kohäsiv" (ebd., S. 77). Die Änderungen am Text sind vergleichbar mit den Manipulationen der bereits genannten Studien (vgl. ebd.). Das Textverständnis wurde über Multiple Choice-Fragen erhoben, die zugrunde liegende Lesekompetenz über die Teilnahme an Grund- oder Erweiterungskursen im Fach Deutsch operationalisiert. Probandinnen und Probanden aus Grundkursen wurden als schwächere Leser definiert. Es zeigte sich, dass in dieser Untersuchung weder die Erhöhung der lokalen noch der globalen Textkohärenz zu einem besseren Textverstehen führte. Auch das Einbeziehen der Lesekompetenz erbrachte keine anderen Ergebnisse.

Schmitz (2016) untersuchte in einem Anschlussprojekt ausschließlich den Einfluss der „globalen Textkohäsion" (S. 2) in Abhängigkeit von u.a. Vorwissen und Lesekompetenz auf das Textverstehen an 741 Schülerinnen und Schülern der 9. Klasse mit Deutsch als Muttersprache und nichtdeutscher Mutttersprache. Der zuvor genannte Text über den Rohstoffboom in

Afrika wurde ausschließlich auf globaler Ebene verändert, z.B. durch transparentere Referenzstrukturen, thematische Zwischenüberschriften und die Betonung übergeordneter Wissenseinheiten. Die textuellen Änderungen orientierten sich an McNamara und Kintsch (1996) und Schnotz (1994). Die zugrunde liegende Lesekompetenz wurde über einen Leseverständnistest erhoben. In dieser Studie zeigte die Erhöhung der globalen Textkohärenz eine positive Wirkung auf das Textverstehen der Schülerinnen und Schüler mit einer großen Effektstärke (d=0.64) (vgl. Schmitz, 2016, S. 179). Dieser Effekt war unabhängig von der Lesekompetenz oder dem Vorwissen im Mittel für alle Schülerinnen und Schüler gleich stark.

In den folgenden beiden Studien wurde die Textkohärenz durch Konnektoren explizit erhöht. Becker und Musan (2014) untersuchten den Einfluss von expliziten Kohärenzrelationen auf das Verstehen von Sachtexten bei 72 Viert- und Sechstklässlerinnen und -klässlern aus Grund-, Haupt-, Realschule und Gymnasium u.a. in Abhängigkeit von der Lesekompetenz. Die Autorinnen operationalisierten die Lesekompetenz über die Schulform bzw. bei den Viertklässlerinnen und Viertklässlern über die Übergangsempfehlung für die weiterführende Schule. Es wurden acht Texte in jeweils expliziter und impliziter Version eingesetzt. Die Versionen unterschieden sich ausschließlich darin, dass additive, adversative, kausale und temporal-vorzeitige Kohärenzrelationen in der expliziten Variante durch Konnektoren markiert wurden, in der weniger kohärenten Version blieben diese Relationen implizit. Jedes Kind las die vier impliziten und vier expliziten Textversionen. Zur Überprüfung des Textverstehens wurden Fragen gestellt, die sich nur auf die veränderten Textstellen bezogen. Es zeigte sich ein signifikant positiver Effekt für die Textkohärenz unabhängig von Alter und Schulform, d.h. alle Kinder profitierten von den explizit gemachten Relationen. Weitere deskriptive Analysen zeigten aber, dass in der Stichprobe dieser Studie die schwächeren Leserinnen und Leser (Hauptschülerinnen und Hauptschüler und Grundschulkinder mit Hauptschulempfehlung) bei beiden Textversionen eine schwache Leistung aufwiesen, alle anderen Kinder konnten die eingesetzten Konnektoren für das Herstellen von Kohärenzrelationen nutzen. Dieses Ergebnis ist jedoch nicht signifikant.

Sanders, Land und Mulder (2007) konnten im Gegensatz dazu einen positiven Einfluss der Textkohärenz für Schülerinnen und Schüler mit geringer Lesekompetenz auf das Textverstehen zeigen. 561 Schülerinnen und Schüler aus zweiten Klassen berufsvorbereitender Sekundarschulen in den Niederlanden lasen expositorische Texte zu geschichtlichen Themen mit entweder vorwiegend impliziten Kohärenzrelationen oder mit explizit durch Konnektoren markierten Kohärenzrelationen. Das Textverständnis wurde u.a. mit Multiple Choice-Fragen überprüft. Die teilnehmenden Schülerinnen und Schüler wurden von den Autorinnen und Autoren aufgrund ihrer Schulzugehörigkeit als „poor readers" (Sanders, Land & Mulder, 2007, S. 225) definiert, da die Schülerklientel dieser Schulform bei Lesetests insgesamt unterdurchschnittlich abschneidet (vgl. ebd.). Die Ergebnisse zeigten, dass Fragen zu Texten mit expliziten Kohärenzrelationen deutlich besser beantwortet wurden. Nach dieser Studie profitieren somit auch schwache Leserinnen und Leser von explizit markierter Textkohärenz.

Tabelle 5 zeigt einen Überblick über die Ergebnisse der genannten Studien unter Einbezug der Variable Lesekompetenz. Kritisch anzumerken ist dabei, dass die Lesekompetenz in diesen Studien teilweise nicht explizit erhoben, sondern über die Zugehörigkeit zu Schulformen und Kurstypen definiert wurde.

Tabelle 5: Übersicht über Studienergebnisse zu Effekten erhöhter Textkohärenz auf das Textverstehen guter und weniger guter Leserinnen und Leser

Studien	Leserinnen und Leser mit hoher Lesekompetenz	Leserinnen und Leser mit geringer Lesekompetenz
O'Reilly et al. (2007)	+	- (mit Vorwissen) + (ohne Vorwissen)
Rothstein et al. (2014)	-	-
Schmitz (2015)	+	+
Becker et al. (2014)	+	+ (-)
Sanders et al. (2007)	nicht untersucht	+

Anmerkung: + = positiver Effekt erhöhter Textkohärenz auf das Textverstehen, - = kein Effekt erhöhter Textkohärenz auf das Textverstehen

4.3.2.3 Fazit zur Rolle textueller Einflussfaktoren

Insgesamt lässt sich festhalten, dass die Studienlage hinsichtlich des Einflusses erhöhter Textkohärenz auf das Textverstehen nicht eindeutig ist. Einige Studien stellen einen grundsätzlich positiven Einfluss unabhängig von leserseitigen Merkmalen fest, andere wiederum können diesen Effekt nur in Abhängigeit von Lesekompetenz oder Vorwissen nachweisen. In einzelnen Untersuchungen zeigten sich auch keine Effekte oder keine Effekte für bestimmte Lesergruppen. Diese uneindeutigen Ergebnisse haben vermutlich verschiedene Ursachen. Zum einen sind die

Stichproben hinsichtlich des Alters der Probandinnen und Probanden sehr unterschiedlich. Wie gezeigt, muss sich die Fähigkeit, während des Leseprozesses Inferenzen zu ziehen erst entwickeln. Jüngere Kinder können daher auch explizit markierte Kohärenzrelationen möglicherweise weniger für das Textverstehen nutzen. Ebenfalls unterschiedlich ist der Grad der Kohärenzmarkierung in den einzelnen Studien. Es lässt sich somit nicht klar sagen, ob grundsätzlich gilt, ,je mehr Textkohärenz desto besser', oder ob vielmehr einzelne ausgewählte Kohärenzmarkierungen, wie dies in den Studien von Sanders, Land und Mulder (2007) sowie Becker und Musan (2014) gemacht wurde, einen größeren Effekt aufweisen. Auch die Fragetypen mit denen das Textverstehen überprüft wurde, unterscheiden sich. Bei sogenannten ,Bridging Inference-Fragen', also Fragen, deren Beantwortung nach Definition der Autorinnen und Autoren Weltwissen erfordert, bleibt zudem offen, inwiefern nach Erhöhung der Textkohärenz überhaupt noch leserseitiges Weltwissen für die Beantwortung notwendig ist. Denn ein Ziel der Textmanipulation war es, durch Hinzufügen relevanter Informationen und zusammenfassender Sätze Lücken im Text zu füllen und so das Bilden von Inferenzen und Makropropositionen zu erleichtern. Zumindest einige der ,Bridging Inference-Fragen' werden so für die Texte mit höherer Textkohärenz zu ,Textbase-Fragen'. Trotzdem werden sie in der statistischen Analyse aber als ,Bridging Inference-Fragen' ausgewertet.

Zusammengenommen deuten die Ergebnisse der Studien dennoch tendenziell auf einen positiven Einfluss einer höheren Textkohärenz auf das Textverstehen hin, möglicherweise gilt dies jedoch nicht für alle Lesergruppen gleichermaßen.

5 Zusammenfassung und Fragestellungen

Im Folgenden wird eine Zusammenfassung des theoretischen Hintergrundes dieser Arbeit gegeben, um darauf aufbauend die Fragestellung weiter auszudifferenzieren.

Mathematische Textaufgaben als genuin didaktische Textsorte zeichnen sich unabhängig von der Heterogenität der Aufgabentypen im Wesentlichen durch die Einbettung mathematischer Sachverhalte in eine sprachliche Darstellung aus (vgl. Duarte, Gogolin & Kaiser, 2011). Entsprechend wurden Textaufgaben in dieser Arbeit als Texte im linguistischen Sinne definiert, die eine konkrete Problemsituation beschreiben, die mit mathematischen Mitteln zu beantworten ist.

Das Lösen mathematischer Textaufgaben wird aus mathematikdidaktischer Sicht als Modellieren bezeichnet. Dieser Modellierungsprozess wird als Kreislauf aufgefasst, an dessen Beginn die Konstruktion einer mentalen Repräsentation der Ausgangsituation in Form eines Situationsmodells steht (vgl. Hegarty, Mayer & Monk, 1995; Kintsch, 1998; Reusser, 1989; Thevenot, 2010; Thevenot, Devidal, Barrouillet & Fayol, 2007). Als das für die Zwecke dieser Arbeit am besten geeignete Modell wurde der Modellierungskreislauf von Blum und Leiss (2005) beschrieben. Prinzipiell können in allen Phasen des Bearbeitungsprozesses Schwierigkeiten auftreten, insbesondere die Konstruktion eines Situationsmodells stellt jedoch eine häufig auftretende Hürde dar. So orientieren sich viele Lernerinnen und Lerner an Zahlen und vermeintlichen Schlüsselwörtern der Textoberfläche und umgehen so den Aufbau eines Situationsmodells (Hegarty, Mayer & Monk, 1995; Verschaffel, Greer & de Corte, 2000).

Sprachliche Faktoren sind im Modellierungskreislauf im Wesentlichen an der Konstruktion des Situationsmodells beteiligt. Da in dieser Arbeit der Zusammenhang von Sprache und dem Lösen mathematischer Textaufgaben untersucht wird, wurde der Fokus folglich auf den Einfluss sprachlicher Prozesse auf den Aufbau eines Situationsmodells gerichtet. Angenommen wird, dass sprachliche Faktoren zumindest in Teilen die gehäuften Schwierigkeiten beim Aufbau einer mentalen Repräsentation der Aufgabe erklären können. Es wurde dargestellt, dass sich die Forschung zu ebendiesen Faktoren bisher im Schwerpunkt auf sprachlich basierte Hürden für Zweitsprachlernende konzentriert. Dabei wurden studienübergreifend als bildungssprachlich definierte lexikalische und syntaktische Merkmale der Textoberfläche als schwierigkeitsgenerierend angenommen. Weder korrelative Untersuchungen noch Studien, die den Effekt von lexikalischen und syntaktischen Vereinfachungen auf das Lösen von Textaufgaben experimentell untersuchten, konnten jedoch überzeugende Hinweise für die Richtigkeit dieser Annahme liefern. Lediglich in qualitativen Studien wurden Hinweise auf lexikalisch und syntaktisch basierte Schwierigkeiten gefunden.

Es wird hier angenommen, dass sich diese Ergebnisse auch durch die diesen Studien häufig zugrundeliegende enge Perspektive auf sprachliche Verstehensprozesse im Sinne einer Reduktion auf das Verstehen isolierter lexikalischer und syntaktischer Merkmale der Textoberfläche erklären lassen. Vorgeschlagen wird daher eine Ausweitung der Perspektive auf das Verstehen von Textaufgaben als das Verstehen von Texten (vgl. Kintsch, 1998; Reusser, 1989). Dieser Ansatz wurde in einer eigenen qualitativen Vorstudie umgesetzt, indem Bearbeitungsprozesse von Schülerinnen und Schülern beim Lösen von Textaufgeben vor dem Hintergrund von Prozessen des Textverstehens analysiert wurden. Diese Untersuchung lieferte erste Hinweise, dass Probleme bei der Konstruktion eines plausiblen Situationsmodells beim Bearbeiten mathematischer Textaufgaben im Wesentlichen mit hierarchiehöheren Prozessen des Textverständnisses zusammenhängen. Vor allem das fehlende Herstellen von Bezügen scheint dabei ursächlich zu sein. Daher wurde aus textlinguistischer und kognitionspsychologischer Perspektive die Etablierung von Kohärenz als textuelles und mentales Herstellen von Bezügen vor dem Hintergrund des Textverständnisses betrachtet. Kohärenz wurde für diese Arbeit im Sinne von Schwarz-Friesel (2006) als semantisch-konzeptuelle Kontinuität definiert, die sich durch explizite und implizite Relationen konstituiert. Unterschieden wurde dabei zwischen Textkohärenz und mentaler Kohärenzbildung (vgl. Becker-Mrotzek, Grabowski, Jost, Knopp & Linnemann, 2014). Zur Erklärung der kognitiven Prozesse der Kohärenzetablierung als Prozess des Textverstehens wurde das ‚Construction-Integration-Model‘ von Kintsch (1988, 1998) herangezogen. So konnte gezeigt werden, dass das Textverständnis als Konstruktion einer kohärenten mentalen Repräsentation in Form eines Situationsmodells entscheidend von Inferenzprozessen des Lesers abhängt. Dabei wurde zwischen lokalen und globalen Inferenzen unterschieden. Um interindividuelle Unterschiede und Schwierigkeiten bei der Konstruktion von Situationsmodellen zu erklären, wurde der Ansatz von Oakhill & Garnham (1988) herangezogen, der das ungenügende Ziehen von Inferenzen als ursächlich für geringes Textverstehen annimmt.

Hierfür wurden im wesentlichen drei Gründe ausgemacht: fehlendes oder nicht abgerufenes Vorwissen, eine geringe Arbeitsgedächtnisleistung und fehlende oder ungünstige metakognitive Strategien. Inwiefern eine Erhöhung der Textkohärenz Einfluss auf das Bilden von Inferenzen hat, wurde anhand experimenteller Untersuchungen zur Manipulation der Textkohärenz betrachtet. Auch wenn die Forschungslage hier uneindeutig ist, lässt sich eine Tendenz hinsichtlich eines positiven Effekts auf das Textverständnis und damit auf den Aufbau eines kohärenten Situationsmodells nachweisen.

Das Ziel dieser Arbeit ist es, den Einfluss sprachlicher Prozesse auf die Konstruktion eines Situationsmodells beim Bearbeiten mathematischer Textaufgaben zu untersuchen. Vor dem Hintergrund der dargelegten

Theorie liegt es nahe, das Verstehen von Textaufgaben als das Verstehen von Texten zu betrachten (vgl. dazu auch Kintsch, 1998). Dann lässt sich annehmen, dass die hier für das Verstehen nichtmathematischer Texte geschilderten leser- und textseitigen Einflussfaktoren ebenso bei der Konstruktion eines Situationsmodells beim Lösen mathematischer Textaufgaben wirken.

Empirische Studien, die explizit den Zusammenhang zwischen Lesekompetenz und dem Aufbau eines Situationsmodells beim Lösen mathematischer Textaufgaben untersuchen, sind rar (vgl. Leiss, Schukajlow, Blum, Messner & Pekrun, 2010; Reusser, 1989; Schukajlow, 2013). Experimentelle Studien, die Lesekompetenz differenzierter betrachten und vor allem hierarchiehöhere Prozesse der Inferenzbildung in den Blick nehmen, um Ursachen für Probleme beim Lösen mathematischer Textaufgaben zu erklären, sind der Verfasserin nicht bekannt. Auch Untersuchungen, die sich mit Inferenzbildungsprozessen bei nichtmathematischen Texten befassen, sind zumindest im deutschsprachigen Raum selten.

Insofern bleibt bislang weitgehend unklar, wie diese möglichen leser- und textseitigen Einflussfaktoren beim Lösen mathematischer Textaufgaben als einer didaktischen Textsorte mit eigenen Regeln und sprachlichen Normen wirken und inwiefern sie ursächlich für Schwierigkeiten im Lösungsprozess sind. Die zentralen Fragestellungen dieser Arbeit lauten daher:

- Wird die Konstruktion eines plausiblen, kohärenten Situationsmodells beim Lösen mathematischer Textaufgaben durch individuelle Merkmale der Lesekompetenz, insbesondere der Inferenzfähigkeit beeinflusst?
- Beeinflussen metakognitive Lesestrategien auch beim Bearbeiten von Textaufgaben die Konstruktion eines Situationsmodells?
- Kann die Konstruktion eines Situationsmodells durch eine Erhöhung der Textkohärenz in den Aufgabentexten beeinflusst werden?
- Wenn dies zutreffen sollte, haben diese Faktoren somit auch Einfluss auf den Lösungsweg und die Lösung?

Aus diesen Fragestellungen ergibt sich die Notwendigkeit einer größer angelegten, kontrollierten, quantitativ-hypothesentestenden Studie. In den folgenden Kapiteln wird diese Studie umfassend dargestellt.

II. Untersuchung zum Einfluss leserseitiger und textseitiger Einflussfaktoren auf die Konstruktion von Situationsmodellen beim Bearbeiten mathematischer Textaufgaben

6 Hypothesen

Im Folgenden werden die Hypothesen, die sich aus den Fragestellungen dieser Arbeit ergeben, dargestellt und begründet. Entsprechend der Fragestellungen unterteilen sich die Hypothesen in drei Blöcke:

- Hypothesen zu schülerseitigen Einflussfaktoren der Lesekompetenz, insbesondere der Inferenzbildung (Kapitel 6.1),
- Hypothesen zu schülerseitigen Einflussfaktoren metakognitiver Strategien (Kapitel 6.2) und
- Hypothesen zum textseitigen Einflussfaktor der Textkohärenz (Kapitel 6.3)

Alle Hypothesen setzen sich aus drei Teilen zusammen (Abbildung 7). Der erste Teil der Hypothesen behandelt jeweils Annahmen zu Einflussfaktoren auf die Konstruktion eines Situationsmodells, dieser Teil unterscheidet sich von Hypothese zu Hypothese. Teil 2 (A) und 3 (B) der Hypothesen betreffen den Einfluss des Situationsmodells auf den Lösungsweg und den Einfluss des Lösungswegs auf die Lösung. Diese beiden Teilhypothesen gelten für alle folgenden Hypothesen gleichermaßen. Sie werden daher aus Gründen der Ökonomie nur einmal aufgeführt, sind aber bei allen anderen Hypothesen mitgedacht.

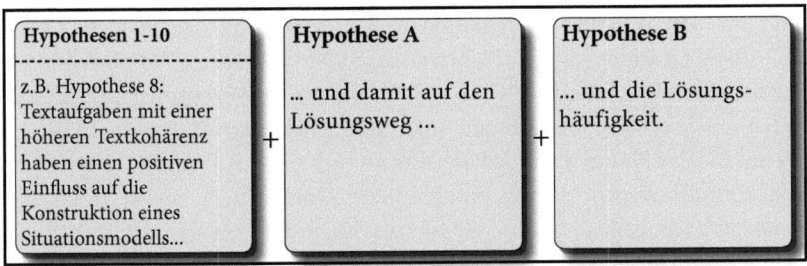

Abbildung 7:   Dreifachstruktur der Hypothesen mit drei Teilhypothesen

Nachfolgend werden zunächst die Teilhypothesen A und B einmal für alle folgenden Hypothesen aufgeführt und begründet, bevor dann die Hypothesen 1 bis 11 jeweils einzeln dargelegt werden.

Teilhypothesen zum Zusammenhang Situationsmodell – Lösungsweg – Lösung

In dieser Arbeit wurde dargestellt, dass das Lösen mathematischer Textaufgaben den Aufbau einer mentalen Repräsentation der Ausgangssituation erfordert, d.h. die Konstruktion eines Situationsmodells (vgl. Blum & Leiss, 2005; Hegarty, Mayer & Monk, 1995; Kintsch, 1998; Leiss, Schukajlow, Blum, Messner & Pekrun, 2010; Reusser, 1989; Thevenot, 2010; Thevenot, Devidal, Barrouillet & Fayol, 2007). Auf Basis dieses Modells wird durch Prozesse des Mathematisierens ein mathematisches Modell gebildet, das in weiteren Schritten zur Berechnung und Lösung der Aufgabe führt (siehe Kapitel 3.1.3). Daher werden grundlegend für alle weiteren Überlegungen die folgenden Hypothesen angenommen:

(A) Je plausibler und kohärenter das Situationsmodell gebildet wird, desto häufiger ist der Lösungsweg richtig.
(B) Je häufiger der Lösungsweg richtig ist, desto häufiger ist auch die Lösung richtig.

6.1 Hypothesen zu schülerseitigen Einflussfaktoren der Lesekompetenz

In dieser Arbeit wurde dargelegt, dass die Fähigkeit, Inferenzen zu ziehen, eine zentrale Komponente guter Lesekompetenz und damit entscheidend für den Aufbau von Situationsmodellen ist (vgl. Garnham & Oakhill, 1996; Graesser, Singer & Trabasso, 1994; Kintsch, 1998; Oakhill & Garnham, 1988; Oakhill & Cain, 2012). Schwache Leserinnen und Leser bilden entsprechend weniger gut Inferenzen, dies betrifft sowohl Inferenzen auf lokaler als auch auf globaler Ebene (vgl. Cain & Oakhill, 1999): Studien konnten zeigen, dass interindividuelle Unterschiede in der Inferenzfähigkeit Unterschiede beim Aufbau von Situationsmodellen erklären (vgl. ebd.; Cain, Oakhill, Barnes & Bryant, 2001). Schwierigkeiten beim Herstellen lokaler Kohärenz durch das unzureichende Ziehen lokaler Inferenzen verdeutlichten auch Untersuchungen zur Auflösung von Pronomen und zur Nutzung von Konnektoren (vgl. Daneman & Carpenter 1980; Megherbi & Ehrlich, 2005; Cain & Nash, 2011; Cain, Patson & Andrews, 2005; Dragon, Berendes, Weinert, Heppt & Stanat, 2015). Probleme beim Bilden globaler Inferenzen haben gegenüber lokalen Inferenzen einen höheren Einfluss auf das Textverständnis (vgl. Kintsch, 1998). Aus diesen theoretischen Überlegungen leiten sich folgende Hypothesen ab:

Hypothese 1: *Kinder mit geringer Lesekompetenz konstruieren beim Bearbeiten mathematischer Textaufgaben ein weniger plausibles und weniger kohärentes Situationsmodell als Kinder mit guter Lesekompetenz.*

Die Lesekompetenz wird im Folgenden weiter ausdifferenziert und gezielt hinsichtlich des Einflusses von Inferenzfähigkeiten betrachtet.

Hypothese 2: *Kinder, die lokale und globale Inferenzen weniger gut bilden können, konstruieren beim Bearbeiten mathematischer Textaufgaben ein weniger plausibles und weniger kohärentes Situationsmodell als Kinder, die diese Inferenzen eher herstellen können.*

Hypothese 3: *Kinder, die lokale Inferenzen weniger gut bilden können, konstruieren beim Bearbeiten mathematischer Textaufgaben ein weniger plausibles und weniger kohärentes Situationsmodell als Kinder, die diese Inferenzen eher herstellen können.*

Hypothese 4: *Kinder, die globale Inferenzen weniger gut bilden können, konstruieren beim Bearbeiten mathematischer Textaufgaben ein weniger plausibles und weniger kohärentes Situationsmodell als Kinder, die diese Inferenzen eher herstellen können.*

6.2 Hypothesen zu schülerseitigen Einflussfaktoren metakognitiver Strategien

Metakognitive Strategien haben einen wichtigen Einfluss auf den Aufbau eines kohärenten Situationsmodells und damit auf das Verstehen von Texten (vgl. Philipp, 2012; Oakhill, Cain & Elbro, 2015). Fehlende oder ungünstige metakognitive Strategien erschweren das Bilden von Inferenzen während des Leseprozesses (vgl. Oakhill, Cain & Elbro, 2015; Oakhill &

Garnham, 1988). Grundlegend für das Textverständnis sind Verstehensziele, die die Konstruktion mentaler Repräsentationen leiten (vgl. Schnotz, 1994; Schnotz & Dutke, 2004). Studien konnten zeigen, dass sich weniger gute Leserinnen und Leser in ihren subjektiven Verstehenskriterien und somit in den selbst gesetzten Standards für mentale Kohärenz von guten Leserinnen und Lesern unterscheiden. Ein geringer ‚standard for coherence' führt zu einer unzureichenden Inferenzbildung (vgl. Cain, 1999; Oakhill & Cain, 2007; Schnotz, 1994). In diesem Zusammenhang wurde gezeigt, dass Kinder mit einer geringen Lesekompetenz eher das Lesen und Verstehen einzelner Wörter fokussieren als das Verstehen der lokalen und globalen Zusammenhänge innerhalb eines Textes (vgl. Cain, 1999; Garner & Kraus, 1981/82; Oakhill & Cain, 2007). Untersuchungen zum Monitoring des Leseprozesses zeigten, dass weniger gute Leserinnen und Leser ihr Textverständnis weniger gut überwachen (vgl. Baker, 1984; Oakhill, Cain & Elbro, 2015; Oakhill, Harrt & Samols, 2005). Basierend auf diesen Erkenntnissen werden folgende Hypothesen aufgestellt:

Hypothese 5: *Kinder, die Wort-für-Wort lesen, deren Leseziel somit auf das Verstehen einzelner Wörter gerichtet ist, konstruieren beim Bearbeiten mathematischer Textaufgaben ein weniger plausibles und weniger kohärentes Situationsmodell als Kinder, deren Leseziel das Verstehen des Textes ist.*

Hypothese 6: *Kinder, die ihr Textverstehen nur auf der Wortebene überwachen, konstruieren beim Bearbeiten mathematischer Textaufgaben ein weniger plausibles und weniger kohärentes Situationsmodell, als Kinder, die ihren Verstehensprozess auch auf der Textebene überwachen.*

Eine häufig zu beobachtende Ersatzstrategie beim Lösen von Textaufgaben ist das Fokussieren von Zahlen und vermeintlicher Schlüsselwörter unter Vernachlässigung des inhaltlichen Kontextes der Aufgabe (‚direct translation strategy') (vgl. Greefrath, Kaiser, Blum & Borromeo Ferri, 2013; Hegarty, Mayer & Monk, 1995; Verschaffel, Greer & de Corte, 2000). Es wird angenommen, dass als Folge daraus der Aufbau eines Situationsmodells im Modellierungskreislauf übersprungen wird (vgl. Hegarty, Mayer & Monk; 1995; Verschaffel, Greer & de Corte, 2000). Hieraus ergibt sich folgende Hypothese:

Hypothese 7a: *Kinder, die beim Bearbeiten mathematischer Textaufgaben unter Vernachlässigung des Kontextes die Strategie des Fokussierens auf Zahlen verfolgen, konstruieren dadurch ein weniger plausibles und weniger kohärentes Situationsmodell als Kinder, die andere Strategien verfolgen.*

Vor dem Hintergrund der geschilderten Erkenntnisse aus der Textverständnisforschung zum ,standard for coherence' wird hier angenommen, dass Kinder, die bei der Bearbeitung von Textaufgaben eine ,direct translation strategy' anwenden, d.h. Zahlen und Schlüsselwörter fokussieren, einen geringen Standard für das Verstehen von mathematischen Textaufgabentexten haben. Dabei liegt die Vermutung nahe, dass diese Gruppe von Kindern auch beim Lesen nichtmathematischer Texte tendenziell einen geringeren Standard für mentale Kohärenz hat und somit weniger das Verstehen der lokalen und globalen Zusammenhänge innerhalb eines Textes fokussiert. Daher werden folgende Hypothesen aufgestellt:

Hypothese 7b: *Kinder, die beim Bearbeiten mathematischer Textaufgaben einen geringen „Standard" für das Verstehen von Textaufgabentexten haben, sind die Kinder, deren Leseziel auch beim Lesen nichtmathematischer Texte eher nicht auf das Herstellen mentaler Kohärenz gerichtet ist.*

Hypothese 7c: *Kinder, die beim Bearbeiten mathematischer Textaufgaben einen geringen „Standard" für das Verstehen von Textaufgabentexten haben, konstruieren dadurch ein weniger plausibles und weniger kohärentes Situationsmodell als Kinder, deren Leseziel beim Lesen nichtmathematischer Texte eher auf das Herstellen mentaler Kohärenz gerichtet ist.*

6.3 Hypothesen zum textseitigen Einflussfaktor der Textkohärenz

In dieser Arbeit wurde dargestellt, dass das Verstehen von Texten immer ein Zusammenspiel von leser- und textseitigen Faktoren ist, die sich gegenseitig beeinflussen. Das Herstellen mentaler Kohärenz als Konstruktion eines kohärenten Situationsmodells wird auch durch die im Text auf dem Papier explizit und implizit angezeigten Kohärenzrelationen beeinflusst (vgl. Kintsch, 1998; Schwarz-Friesel, 2006). Forschungen zu Effekten auf das Textverständnis durch eine Erhöhung der Textkohärenz zeigten zwar widersprüchliche Ergebnisse, für Grundschülerinnen und -schüler konnte in einigen Studien aber ein grundsätzlich positiver Effekt nachgewiesen werden (vgl. Becker & Musan, 2014; Best, Ozuru, Floyd & McNamara, 2006; McNamara, Ozuru & Floyd, 2011). Anzunehmen ist, dass eine Erhöhung der Textkohärenz auch bei mathematischen Textaufgaben wirkt. Aus diesen Erkenntnissen leiten sich folgende Hypothesen ab:

Hypothese 8: *Textaufgaben mit einer höheren Textkohärenz haben einen positiven Einfluss auf die Konstruktion eines Situationsmodells, d.h. bei höherer Textkohärenz des Aufgabentextes wird ein plausibleres und kohärenteres Situationsmodell konstruiert.*

Für nichtmathematische Texte konnte eine unterstützende Wirkung von Überschriften als textstrukturierendem Kohäsionsmittel auf das Herstellen globaler Kohärenz nachgewiesen werden (vgl. Schnotz, 1994; Schmitz, 2016). Bei mathematischen Textaufgaben zeigte sich ein positiver Effekt auf den Aufbau eines Situationsmodells, wenn die Frage im Sinne einer Überschrift vor dem eigentlichen Aufgabentext platziert wurde (vgl. Thevenot, Devidal, Barrouillet & Fayol 2007). Daher wird folgende Hypothese formuliert:

Hypothese 9: *Bei dem Einsatz einer Überschrift vor einer Textaufgabe wird ein plausibleres und kohärenteres Situationsmodell aufgebaut als bei Textaufgaben ohne Überschrift.*

Da, wie in dieser Arbeit dargestellt, mehrere interindividuell unterschiedliche Faktoren das Bilden von Inferenzen und damit den Aufbau eines Situationsmodells beeinflussen, kann nicht davon ausgegangen werden, dass eine Erhöhung der Textkohärenz auf alle Leserinnen und Leser gleichermaßen wirkt (vgl. Oakhill & Garnham, 1988; Oakhill, Cain & Elbro, 2015). Insofern muss eine Erhöhung der Textkohärenz immer in Zusammenhang mit leserseitigen Variablen betrachtet werden. Einzelne Studien konnten zeigen, dass unter Einbezug von Lesekompetenz und Vorwissen ein differenzierteres Bild hinsichtlich der Wirksamkeit einer erhöhten Textkohärenz auf das Verstehen entsteht (vgl. Kapitel 4.3.2.2), allerdings wurde die Lesekompetenz dort nicht weiter ausdifferenziert. Dass dies aber notwendig ist, zeigen die in dieser Arbeit beschriebenen vielschichtigen leserseitigen Einflussfaktoren auf das Textverständnis. Insbesondere wird daher angenommen, dass eine erhöhte Textkohärenz auf diejenigen Leserinnen und Leser einen positiven Effekt hat, die Schwierigkeiten bei der Bildung von lokalen und globalen Inferenzen haben (vgl. Ozuru, Floyd & McNamara, 2006), denn durch die Erhöhung der Textkohärenz werden Informationslücken in unterspezifizierten Texten geschlossen. Gute Leserinnen und Leser sind eher in der Lage, verstehensrelevante Inferenzen zu bilden und sollten daher weniger stark von einer erhöhten Textkohärenz profitieren. Trotzdem wird ein zwar geringerer, aber positiver Effekt der Textkohärenz auch für diese Schülergruppe angenommen, da wie in Kapitel 4.3.1 dargestellt, die Inferenzfähigkeit auch entwicklungsabhängig ist und somit bei Kindern zu Beginn der vierten Klasse grundsätzlich davon auszugehen ist, dass hier noch entwicklungsbasierte Schwierigkeiten auftreten können. Zunächst wird daher folgende übergeordnete Hypothese formuliert, die nachfolgend weiter ausdifferenziert wird.

Hypothese 10: *Die Erhöhung der Textkohärenz in mathematischen Textaufgaben hat auf verschiedene Lernergruppen hinsichtlich der Konstruktion eines plausiblen und kohärenten Situationsmodells unterschiedliche Effekte. Diese Lernergruppen werden im Folgenden näher spezifiziert:*

Hypothese 10.1: *Textaufgaben mit einer höheren Textkohärenz haben auf Kinder mit geringerer Lesekompetenz hinsichtlich der Konstruktion eines plausiblen und kohärenten Situationsmodells einen größeren Effekt als auf Kinder mit höherer Lesekompetenz.*

Im Folgenden wird die Lesekompetenz weiter ausdifferenziert und die Inferenzfähigkeit genauer in den Blick genommen:

Hypothese 10.2: *Textaufgaben mit einer höheren Textkohärenz haben auf Kinder, die lokale und globale Inferenzen weniger gut bilden können, hinsichtlich der Konstruktion eines plausiblen und kohärenten Situationsmodells einen größeren Effekt als auf Kinder, die diese Inferenzen besser herstellen können.*

Hypothese 10.3: *Textaufgaben mit einer höheren Textkohärenz haben auf Kinder, die lokale Inferenzen weniger gut bilden können, hinsichtlich der Konstruktion eines plausiblen und*

> kohärenten Situationsmodells einen größeren Effekt als auf
> Kinder, die diese Inferenzen besser herstellen können.

Hypothese 10.4: *Textaufgaben mit einer höheren Textkohärenz haben auf Kinder, die globale Inferenzen weniger gut bilden können, hinsichtlich der Konstruktion eines plausiblen und kohärenten Situationsmodells einen größeren Effekt als auf Kinder, die diese Inferenzen besser herstellen können.*

Da Probleme beim Bilden von Inferenzen unterschiedliche Ursachen haben können (siehe Kapitel 4.3.1), müssen auch diese Faktoren bei der Frage nach dem Einfluss der Textkohärenz berücksichtigt werden. Anzunehmen ist, dass Kinder, die bei hierarchieniedrigen Prozessen des Wortrekodierens und -dekodierens Schwierigkeiten haben, kaum von Maßnahmen profitieren, die hierarchiehöhere Prozesse des Textverständnisses betreffen. Daher werden folgende Hypothesen angenommen.

Hypothese 10.5a: *Textaufgaben mit einer höheren Textkohärenz haben auf Kinder, die im Dekodieren von Wörtern sehr schwach sind, hinsichtlich der Konstruktion eines plausiblen und kohärenten Situationsmodells keinen Effekt. Diese Kinder sollten also bei niedrig- und hochkohärenten Aufgaben gleichermaßen niedrige Werte haben.*

Hypothese 10.5b: *Die erhöhte Textkohärenz sollte den größten Einfluss auf die Konstruktion eines plausiblen und kohärenten Situationsmodells bei Kindern haben, die wenig kompetent im Textverständnis sind gleichzeitig aber mindestens ausreichende Fähigkeiten im Dekodieren haben.*

Ebenfalls sollten Kinder, die Wort-für-Wort lesen – obwohl sie gut Dekodieren können und über ein gutes Wortverständnis verfügen –, von einer erhöhten Textkohärenz profitieren. Diese Kinder haben häufig einen geringen ‚standard for coherence' und stellen lokale und globale Bezüge auch deshalb nicht her, weil sie oft nicht wissen, wann bzw. an welchen Stellen im Text sie Inferenzen ziehen müssen (vgl. Cain, Oakhill, Barnes & Bryant, 2001; Oakhill, 1996; Oakhill, Cain & Elbro, 2015). Von einer deutlicheren Leserführung durch eine expliziter angezeigte Textkohärenz sollten diese Leserinnen und Leser demnach profitieren. Anders sollte dies bei Kindern sein, die beim Bearbeiten mathematischer Textaufgaben eine ‚direct translation strategy' anwenden, also im Wesentlichen die Zahlangaben im Aufgabentext fokussieren. Da diese Lernerinnen und Lerner den Aufgabentext grundsätzlich weitgehend ignorieren, was auch ‚eye-tracking'-Studien nachweisen konnten (vgl. Hegarty, Mayer und Monk, 1995), werden Änderungen an der Textoberfläche möglicherweise gar nicht wahrgenommen. Es ergeben sich somit folgende Hypothesen:

Hypothese 10.6:   *Kinder, die Wort-für-Wort lesen und dabei eine durchschnittliche Dekodierfähigkeit haben, profitieren von Textaufgaben mit einer höheren Textkohärenz hinsichtlich der Konstruktion eines plausiblen und kohärenten Situationsmodells.*

Hypothese 10.7:   *Kinder, die beim Bearbeiten mathematischer Textaufgaben unter Vernachlässigung des Kontextes die Strategie des Fokussierens auf Zahlen verfolgen, profitieren hinsichtlich der Konstruktion eines plausiblen und kohärenten Situationsmodells eher nicht von Textaufgaben mit einer höheren Textkohärenz.*

Studien haben gezeigt, dass das Arbeitsgedächtnis eine wichtige Rolle bei der Bildung von Inferenzen einnimmt. Leserinnen und Leser mit einer geringeren Arbeitsgedächtnisleistung haben größere Schwierigkeiten bei der Herstellung lokaler und globaler Bezüge (vgl. Daneman & Carpenter, 1980; de Jonge & de Jong, 1996; Oakhill, 1996; Oakhill & Bryant, 2004; Oakhill & Cain, 2012; Oakhill, Yuill & Parkin, 1988). Dies gilt insbesondere dann, wenn die zu integrierenden Informationen nicht in benachbarten Sätzen, sondern weiter voneinander entfernt stehen (vgl. Oakhill, Yuill & Parkin, 1988). Eine Erhöhung der Textkohärenz im Sinne eines Explizitmachens des Kohärenzpfads, sollte daher arbeitsgedächtnisentlastend wirken und diese Gruppe von Leserinnen und Lesern bei der Inferenzbildung unterstützen. Auch wenn es sich bei mathematischen Textaufgaben in der Regel nicht um lange Texte handelt, müssen gerade hier Informationen aufrechterhalten und mit neuen Informationen integriert werden. Daher wird die folgende Hypothese aufgestellt:

Hypothese 10.8:   *Textaufgaben mit einer höheren Textkohärenz haben auf Kinder, die über eine unterdurchschnittliche Arbeitsgedächtnisleistung verfügen, hinsichtlich des Aufbaus eines plausiblen und kohärenten Situationsmodells einen*

größeren Effekt als auf Kinder, die über eine überdurch-
schnittliche Arbeitsgedächtnisleistung verfügen.

Die in diesem Kapitel genannten und begründeten Hypothesen wurden im Rahmen einer experimentellen Studie mit Grundschülerinnen und -schülern geprüft. Diese Studie wird in den folgenden Kapiteln dargestellt.

7 Untersuchungsdesign

In diesem Kapitel werden die für die Hypothesentestung benötigten Tests und Variablen eingeführt und in ihrem Zusammenwirken beschrieben.

Die in Kapitel 6 genannten Hypothesen beschreiben konkrete Erwartungen in Form von Ursache-Wirkungs-Beziehungen (Kausalzusammenhängen) und enge, gut begründete korrelative Zusammenhänge. Ihre Überprüfung erfordert daher ein hypothesentestendes quantitatives Design mit experimentellen und korrelativen Anteilen (vgl. Hussy, Schreier & Echterhoff, 2013). Der erste Teil der Hypothesen ist dabei je nach Inhalt entweder experimentell oder korrelativ angelegt, während der zweite und dritte Teil der Hypothesen (Hypothesen A und B), also der Einfluss des Situationsmodells auf den Lösungsweg und die Lösung, immer korrelativ ist. In den experimentellen Anteilen der Hypothesen werden die behaupteten Kausalzusammenhänge mit Hilfe experimenteller Manipulationen untersucht (vgl. Huber, 2005). Die Manipulationen bestanden aus der Variation der Textkohärenz in mathematischen Textaufgaben und dem Einsatz von Überschriften. Die Probandinnen und Probanden wurden den daraus resultierenden Versuchsbedingungen randomisiert zugewiesen.

Da es sich bei den formulierten Hypothesen um Sachhypothesen handelt, müssen die darin formulierten Konstrukte (siehe zweite Spalte in Tabelle 6) operationalisiert werden, d.h. es müssen ihnen beobachtbare Phänomene zugeordnet werden (vgl. Huber, 2005). Denn es müssen quantitative Indikatoren vorliegen, um eine Hypothesentestung überhaupt erst zu ermöglichen. Die Konstrukte wurden dabei verschieden operationalisiert (siehe dritte Spalte in Tabelle 6): zum einen über normierte Tests – zahlreiche Lesevariablen beinhalten den Leseverständnistest ELFE (vgl. Lenhard & Schneider, 2006), viele Mathematikvariablen den Mathematiktest DEMAT 3+ (vgl. Roick, Gölitz & Hasselhorn, 2004) –, zum anderen über selbst erstellte Messinstrumente, die in Kapitel 8.2 ausführlich hinsichtlich ihrer theoretischen Fundierung und ihrer Gütekriterien beschrieben werden. Tabelle 6 gibt eine Übersicht über die in den Hypothesen genannten Konstrukte und ihrer Operationalisierungen.

Weitere biografische Konstrukte wie Alter und Geschlecht wurden in einem Fragebogen erhoben, aber nicht zur Hypothesentestung, sondern ausschließlich zur Validierung und deskriptiven Beschreibung der Stichprobe genutzt. Ausschließlich in der Vorerprobung eingesetzt wurden ein C-Test zur Messung der globalen Sprachkompetenz und der Subtest Sachrechnen des DEMAT 3+ zur Messung der Sachrechenkompetenz. Der Mathematiktest ‚Zahlenfokus' kam ausschließlich in der Haupterhebung zum Einsatz. Er konnte zusätzlich zur Bestimmung der Sachrechenkompetenz genutzt werden, diese Auswertung wurde in der Haupterhebung aber lediglich zur Validierung verschiedener anderer Messinstrumente eingesetzt.

In den experimentell angelegten Teilen dieser Untersuchung diente der Wert für den Aufbau des Situationsmodells (siehe Kapitel 9.2.1) jeweils als *abhängige Variable,* während die Variable ‚Textkohärenz' immer die *unabhängige Variable* bildete. In den korrelativ angelegten Hypothesen erhält die Variable ‚Situationsmodell' stets die Rolle des Prädiktors, der Einfluss auf die Kriteriumsvariablen ‚Lösungsweg' und ‚Lösung' hat. Da das Arbeitsgedächtnis auf die meisten Konstrukte als Störvariable einwirkt ohne selbst Teil der Konstrukte zu sein, wurde es in den entsprechenden Fällen als Kovariate in die Analysen einbezogen, um seinen Einfluss zu kontrollieren. So lässt sich der um den Einfluss des Arbeitsgedächtnisses bereinigte Zusammenhang zwischen den Konstrukten messen. Der Wortschatz und das inhaltliche Vorwissen dagegen wurden nicht als Kovariaten einbezogen, sondern als Störvariablen konstant gehalten (vgl. Huber, 2005), indem beides für alle Probandinnen und Probanden vorentlastet bzw. voraktiviert wurde.

Abbildung 8 zeigt eine Zusammenstellung der für die Hypothesentestung relevanten Konstrukte und ihrer Operationalisierungen hinsichtlich ihres Einflusses auf die in den Hypothesen zum Ausdruck kommende Trias Situationsmodell → Lösungsweg → Lösung. Interdependenzen zwischen den einzelnen, in dieser Studie als Kovariaten fungierenden Konstrukten werden dabei nicht abgebildet, obwohl sie unzweifelhaft bestehen. Es handelt sich hier um eine vereinfachte grafische Darstellung, die nicht mit Modellen zum Lösen von Textaufgaben (siehe Kapitel 3.1.3) verwechselt werden darf.

Tabelle 6: Übersicht über Konstrukte und Operationalisierungen der Studie

Hypothese	Konstrukt	Operationalisierung
alle	Situationsmodell (mentale Kohärenz)	Faktorwert aus Subskala ‚Bild' und Subskala ‚Aussagen'
alle	Sachrechenkompetenz	Punkte auf der Skala Lösungsweg
		Punkte auf der Skala Lösung
8, 9	Textkohärenz	Überschrift
		hoch- und niedrigkohärente Textaufgaben
1	Lesekompetenz	ELFE z-Wert Gesamtergebnisse
8		z-Wert Lesenote
10, 5	Wortverständnis	ELFE z-Wert Wortverständnis
8	Textverständnis	ELFE z-Wert Textverständnis normiert und nicht normiert
2	Fähigkeit, lokale und globale Inferenzen herzustellen	ELFE Faktorwert Anaphorischer Bezug und Inferenzbildung
3	Fähigkeit, lokale Inferenzen herzustellen	ELFE Faktorwert Anaphorischer Bezug
4	Fähigkeit, globale Inferenzen herzustellen	ELFE Faktorwert Inferenzbildung
10, 5, 7	Strategie ‚Wort für Wort-Lesen' versus Strategie ‚Textlesen'	Typ ‚Wortleser' und ‚Textleser' aus Fragebogen Lesen und Lesemonitoringtest
6	Fähigkeit, Leseprozess selbstregulativ zu überwachen (Monitoring)	Typ ‚Wortmonitoring' und ‚Textmonitoring' aus Lesemonitoringtest
2, 3, 4	Deutsch als Zweitsprache, Deutsch als Muttersprache	Fragen zu Sprachbiographie und Herkunft
alle	Arithmetische Kompetenz	DEMAT z-Wert Arithmetik
alle	Mathematische Kompetenz	z-Wert Mathematiknote
10, 7	Strategie ‚Fokus auf Zahlen und Signalwörter'	Typ ‚Zahlenfokussierer' aus Fragebogen Textaufgaben und Mathematiktest ‚Zahlenfokus'
alle	Arbeitsgedächtnis	z-Wert Arbeitsgedächtnis

Anmerkung: Selbst erstellte Messinstrumente sind jeweils grau unterlegt.

Als deskriptivstatistische Kennwerte, die in dieser Arbeit zur Anwendung kamen, dienten neben einfachen Korrelationen partielle und multiple Korrelationen (Regressionsanalysen). Partielle Korrelationen sind Korrelationen, die eine oder mehrere Störvariablen auspartialisieren. Multiple Korrelationen dienen dazu, den Einfluss mehrerer Prädiktorvariablen auf eine Kriteriumsvariable zu berechnen (vgl. Bühner & Ziegler, 2009). Als weiteres deskriptives Verfahren wurden Faktorenanalysen eingesetzt (siehe Kapitel 8.2.1). Als inferenzstatistische Testverfahren kamen in dieser Arbeit t-Tests und Varianz- bzw. Kovarianzanalysen (ANOVAs und ANCOVAs) zur Anwendung. Mit Hilfe von Varianzanalysen lässt sich überprüfen, ob sich die Mittelwerte von mehr als zwei Gruppen signifikant unterscheiden. Kovarianzanalysen beziehen dabei die Kovariaten mit ein (vgl. Diehl & Arbinger, 1992). Das Signifikanzniveau wurde in der gesamten Arbeit auf 5% festgesetzt.

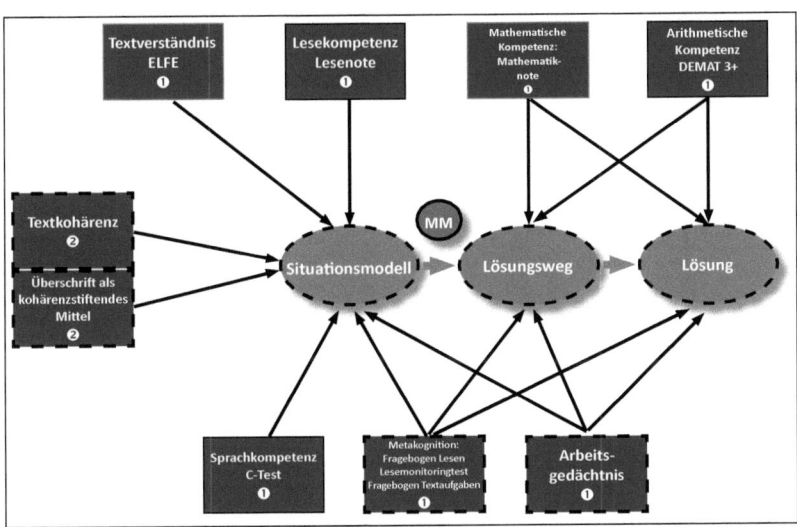

Anmerkung: (1) schülerseitige Einflussfaktoren, (2) textseitige Einflussfaktoren, MM=mathematisches Modell

Abbildung 8: Berücksichtigte Einflussfaktoren auf das Bearbeiten von Textaufgaben

Die Hauptstudie umfasste zwei Schritte: Zunächst wurde in einer Vorerprobung das Material auf seine Güte getestet. Nach einer Überarbeitung der Messinstrumente wurde dann in einem zweiten Schritt die Haupterhebung zur Testung der Hypothesen durchgeführt. Die Vorerprobung fand am Ende der 3. Klasse statt, die Haupterhebung zu Beginn der 4. Klasse. Dieser Zeitraum wurde zum einen gewählt, weil die Lesefertigkeiten ab dem letzten Drittel der Grundschulzeit weitgehend automatisiert ablaufen (vgl. Golke, Matthäi & Artelt, 2013). Zum anderen diente dieser Zeitraum unmittelbar vor und nach den Sommerferien dazu, Unterschiede im Lernstand zwischen Vorerprobung und Haupterhebung zu vermeiden. Die Probandinnen und Probanden der Vorerprobung nahmen nicht an der Haupterhebung teil.

In den folgenden Kapiteln wird zunächst die Erprobung des Materials beschrieben, in einem weiteren Schritt wird dann die Hauptuntersuchung zur Hypothesentestung dargestellt (Kapitel 9). Alle in der Hauptuntersuchung eingesetzten Materialien befinden sich in Anhang B, in der Vorerprobung eingesetzte Textaufgaben in Anhang A.

8 Vorerprobung des Materials und der Durchführungsbedingungen

Ziel der Vorerprobung war es, die entwickelten Messinstrumente und Materialien auf ihre Güte hin zu überprüfen und den Gesamtablauf der Erhebung zu erproben. Dieser Schritt diente noch nicht der Hypothesentestung. In den folgenden Unterkapiteln wird zunächst die Stichprobe der Vorerprobung beschrieben, um dann das Material ausführlich theoretisch zu fundieren und hinsichtlich seiner Gütekriterien zu analysieren.

8.1 Stichprobe

An der Vorerprobung nahmen vier dritte Klassen von drei Grundschulen aus Köln und dem Kölner Umland teil. Die Schulen befanden sich in Gebieten mit unterschiedlichem sozioökonomischem Status. Schulleitungen, Lehrkräfte und Erziehungsberechtigte wurden im Vorfeld detailliert über die Ziele und den Ablauf der Erhebung sowie die Anonymisierung der Daten informiert. Die Lehrkräfte der teilnehmenden Klassen erhielten als Gegenleistung Schüler- und Klassenauswertungen der beiden eingesetzten normierten Lese- und Mathematiktests ELFE und DEMAT 3+. An der Datenerhebung nahmen insgesamt 88 Schülerinnen und Schüler teil. Ein Kind mit Lese-Rechtschreibstörung und ein Kind mit sonderpädagogischem Förderbedarf wurden bei der anschließenden Datenauswertung nicht berücksichtigt, da fast keine Testbearbeitungen vorlagen. Die resultierende Stichprobe der Vorerprobung umfasste somit 86 Kinder im Alter von acht bis zehn Jahren (M=8.80[5], SD=0.53), 52.3% waren Mädchen. 41.9% der Kinder sprachen Deutsch als Zweitsprache, 58.1% Deutsch als Muttersprache. Als Deutsch als Zweitsprache-Lernende wurden in dieser Studie Kinder definiert, die erstens zu Hause eine andere Sprache als Deutsch oder neben Deutsch eine weitere Sprache sprechen und zweitens Deutsch nicht bilingual erworben haben, sondern frühestens seit dem Kindergartenalter lernen.

Da die Datenerhebung in jeder Klasse an drei verschiedenen Tagen stattfand, kam es zu Schwankungen in der Stichprobengröße. Die jeweiligen Stichproben werden daher im Folgenden bei jeder Analyse gesondert angegeben.

8.2 Material

Im Folgenden wird das in der Vorerprobung eingesetzte Material beschrieben und auf seine Gütekriterien hin überprüft. Testtheoretische Gütekriterien dienen der Qualitätsbeurteilung eines Tests. Bevor die drei Hauptgütekriterien Objektivität, Reliabilität und Validität (vgl. z.B. Rost, 2004) auf alle für diese Erhebung erstellten Messinstrumente angewandt werden, werden alle drei Kriterien zunächst kurz erläutert.

Objektivität. Mit Objektivität wird der Grad der Unabhängigkeit der Testergebnisse von äußeren Einflüssen wie Versuchsleiter, Art der Auswertung und Ergebnisinterpretation bezeichnet (vgl. Rost, 2004; Moosbrugger & Kelava, 2008). Entsprechend wird zwischen Durchführungsobjektivität, Auswertungsobjektivität und Interpretationsobjektivität unterschieden. Ein Test darf nicht bei jeder Durchführung variieren. Je standardisierter Instruktion und Durchführungsbedingungen sind, desto weniger Störvariablen können auf das Testergebnis einwirken und desto höher ist die Durchführungsobjektivität (vgl. Moosbrugger & Kelava, 2008). Auswertungsobjektivität liegt dann vor, wenn das Testergebnis nicht von der Person des Auswerters abhängt (vgl. Moosbrugger & Kelava, 2008). Interpretationsobjektivität ist gegeben, wenn verschiedene Testauswerter bei den gleichen Testergebnissen zu denselben Schlussfolgerungen gelangen (ebd., 2008).

Reliabilität. Unter Reliabilität versteht man die Zuverlässigkeit einer Messung, d.h. wie zuverlässig sich bei einer Wiederholung der Messung

---

5 Gemäß der APA-Richtlinien werden statistische Kennwerte in dieser Arbeit nicht in Wortform ausgedrückt, sondern in Ziffernschreibweise notiert.

unter gleichen Bedingungen dasselbe Messergebnis ergibt (vgl. Rost, 2004). Abweichungen bei einer Messwiederholung werden als Messfehler bezeichnet. Ein Test ist umso reliabler, je geringer der Messfehler ausfällt (vgl. Moosbrugger & Kelava, 2008, S. 114). Die Reliabilität eines Tests wird als Reliabilitätskoeffizient angegeben. Der Reliabilitätskoeffizient kann zwischen 0 und 1 liegen. Der Maximalwert von 1 bedeutet, dass der Test fehlerfrei misst, ein Wert von 0 zeigt, dass keine Messgenauigkeit vorliegt (vgl. ebd.). Der Reliabilitätskoeffizient kann je nach Beschaffenheit des Tests auf verschiedene Arten bestimmt werden. I.d.R. wird für die Messinstrumente in dieser Untersuchung Cronbachs alpha ermittelt. Um einzelne Items eines Tests auf ihren Beitrag zur Reliabilität hin zu analysieren, wurden für alle Messinstrumente zusätzlich die Trennschärfen der Items berechnet. Die Itemtrennschärfe ist eine Korrelation zwischen einem Item und dem Gesamtpunktwert des Tests, aus dem das entsprechende Item herausgenommen wurde (vgl. Bühner, 2011, S. 171). Hohe Trennschärfen deuten darauf hin, dass die einzelnen Items annähernd dasselbe wie der Gesamttest messen. In diesem Fall differenziert ein Item somit zwischen guten und schlechten Probandinnen und Probanden. Bei niedrigen Trennschärfen liegt ein geringer Zusammenhang mit dem Gesamttest vor (vgl. Moosbrugger & Kelava, 2008).

Validität. Die Validität gibt an, ob ein Test auch wirklich das misst, was er messen soll; sie macht also Aussagen darüber, inwieweit die Testergebnisse hinsichtlich der Messintention aussagekräftig sind (vgl. Rost, 2004; Moosbrugger & Kelava, 2008). Um zu überprüfen, inwieweit die für diese Untersuchung erstellten Messinstrumente messen, was sie zu messen vorgeben, wurde in dieser Studie die Validität mittels ihrer Unterkategorien konvergente bzw. divergente Validität sowie mittels der Konstruktvalidität genauer betrachtet. Dazu wurden Erwartungen über den Zusammenhang der erstellten Messinstrumente mit konstruktähnlichen (konvergente Validität) und konstruktfernen (divergente Validität) Instrumenten formuliert und Korrelationen mit diesen berechnet. Damit ein Messinstrument valide ist, sollte mit konstruktähnlichen Tests eine höhere Korrelation vorliegen als mit konstruktfernen (vgl. Moosbrugger & Kelava, 2008; Bühner, 2011). Darüber hinaus wurden zur Ermittlung der Konstruktvalidität theoretische Erwartungen und die dazu erhobenen empirischen Daten miteinander verglichen und interpretiert. Entsprachen die empirischen Daten den Erwartungen, lag eine hohe Konstruktvalidität vor.

Die drei Gütekriterien Objektivität, Reliabilität und Validität hängen eng zusammen und sind voneinander abhängig. Ohne die Gewähr einer hohen Objektivität lässt sich keine hohe Reliabilität erzielen, was wiederum Auswirkung auf die Validität eines Tests hat. Neben den hier genannten Hauptgütekriterien gibt es weitere, sogenannte Nebengütekriterien zur Beurteilung eines Tests (vgl. z.B. Lienert, 1989). Für diese Studie ist insbesondere das Nebengütekriterium der Ökonomie relevant. Bei der Entwicklung aller Messinstrumente wurde auf eine ökonomische Durchführbarkeit und Auswertbarkeit geachtet.

Der besseren Übersicht halber werden die eingesetzten Messinstrumente und Materialien im Folgenden thematisch gruppiert nach den übergeordneten Kategorien ‚Hauptmessinstrument Textaufgaben‘, ‚Instrumente zur Erfassung der Lese- und Sprachkompetenz‘, ‚Instrumente zur Erfassung der mathematischen Kompetenz‘ und ‚Weitere Messinstrumente‘ betrachtet.

8.2.1 Hauptmessinstrument Textaufgaben

8.2.1.1 Textaufgabenheft – Beschreibung der Teilaufgaben

Zur Testung der Hypothesen wurde neben anderen Materialien als Hauptmessinstrument ein Textaufgabenheft entwickelt. Die einzelnen Teilaufgaben dieses Heftes sowie ihre Durchführung werden im Folgenden zunächst erläutert, bevor die Teilaufgaben dann auf ihre Validität hin überprüft werden.

Textaufgaben. Zur Testung der Hypothesen wurden in einem ersten Schritt sechs Textaufgaben mit einem gemeinsamen, authentischen Kontext ‚Rekorde in der Tierwelt‘ in jeweils zwei Versionen, die sich im Grad ihrer Textkohärenz unterschieden (Treatment), entwickelt. Für einen gemeinsamen Kontext wurde sich deshalb entschieden, weil nur so der zum Verständnis der Textaufgaben benötigte Wortschatz durch eine Wortschatzvorentlastung (siehe Kapitel 8.2.1.3) ausreichend kontrolliert werden konnte. Das Thema ‚Rekorde in der Tierwelt‘ wurde aus motivationalen und inhaltlichen Gründen gewählt: Aufgaben zum Thema Rekorde sind für Kinder zum einen interessant und hoch motivierend (vgl. Franke & Ruwisch, 2010), zum anderen handelt es sich dabei um ein neutrales Thema, das nicht eine bestimmte Gruppe explizit dadurch bevorteilt, dass sie ein größeres Wissen zum Thema hat. Jede der sechs Textaufgaben machte den Rekord eines bestimmten Tieres zum Thema. Folgende Tiere und ihre Rekorde wurden eingesetzt:

Riesenschildkröte – ältestes Tier
Koala – längste Schlafenszeit pro Tag
Schwalbe – längste Flugroute
Ameisenbär – längste Zunge
Gepard – schnellstes Tier auf kurzen Strecken
Eisbär – schwerstes Landraubtier

In den Aufgaben wurde nach diesen Rekorden gefragt, sie sollten von den Probandinnen und Probanden errechnet werden. Einzige Ausnahme bildete die Textaufgabe ‚Schwalbe'. Hier konnte der Rekord im Langstreckenflug (20.000 km) aufgrund des im dritten und zu Beginn des vierten Schuljahres vorgegebenen Zahlenraums bis 1000 noch nicht berechnet werden, daher wurde bei dieser Aufgabe nach einer Teilstrecke gefragt. Hinsichtlich ihres mathematischen Inhalts entsprachen alle Textaufgaben den curricularen Vorgaben für das dritte Schuljahr, dabei wurden alle vier Grundrechenarten berücksichtigt. Bei der Erstellung der Aufgaben wurde darauf geachtet, dass in keiner der Aufgaben eine ‚direct translation strategy', also eine ausschließliche Orientierung an Zahlen und vermeintlichen Schlüsselwörtern zur richtigen Lösung führen kann. Die hoch- und niedrigkohärenten Versionen unterschieden sich auf mathematischer Ebene nicht voneinander, die mathematischen Anforderungen blieben dieselben. Die Textlänge der Tier-Textaufgaben wurde zwischen den verschiedenen Aufgaben variiert. Im Folgenden wird die Erstellung der Textaufgabentexte für das Treatment dieser Untersuchung beschrieben.

In dieser Arbeit wurde das Textverständnis als mentaler Kohärenzbildungsprozess dargestellt, bei dem die referentielle Unterspezifikation des Textes durch das Bilden von Inferenzen aufgelöst werden muss. Um zu überprüfen, inwiefern eine Erhöhung der Textkohärenz, als der „im materialen Text angelegten Spur, die Leser bei der mentalen Kohärenzbildung unterstützt und diese steuert" (vgl. Becker-Mrotzek, Grabowski, Jost, Knopp & Linnemann, 2014, S. 25), einen Einfluss auf das Textverständnis mathematischer Textaufgaben hat, wurden jeweils zwei parallele Textaufgaben entwickelt, die sich im Grad ihrer Textkohärenz unterschieden. Der Einfachheit halber wird im Folgenden von niedrig- und hochkohärenten Textaufgaben gesprochen. Um größtmögliche Erkenntnisse zu erlangen, sollte der Unterschied in der Textkohärenz zwischen beiden Aufgaben zwar möglichst groß sein, ohne dass dabei jedoch ein inkohärenter Text entsteht. Beide Aufgabenversionen konnten somit als kohärent bezeichnet werden: Eine niedrigkohärente Aufgabe war immer nur im Verhältnis zu ihrer hochkohärenten

Version als niedrigkohärent zu verorten. Ziel der Aufgabenmanipulationen war es, die Unterspezifikationen sowohl auf lokaler als auch auf globaler Ebene in jeweils einem der Texte so zu reduzieren, dass die Anzahl der notwenigen Inferenzen verringert und das leserseitige Herstellen von Bezügen erleichtert wird. Dazu wurden (1) explizite Kohärenzrelationen verstärkt, beispielsweise durch das Ersetzen von Pronomen durch Nominalphrasen (Rekurrenz) und (2) implizit zu erschließende Relationen explizit verdeutlicht, durch (a) den Einsatz von Kohäsionsmitteln und Thema-Rhema-Strukturen, (b) das Umstellen von Sätzen, um die Bildung einer Makostruktur zu erleichtern und (c) das Hinzufügen ergänzender Ausführungen (vgl. dazu McNamara, E. Kintsch, Songer & W. Kintsch, 1996; McNamara, Ozuru & Floyd, 2011). In Kapitel 8.2.1 zur Haupterhebung werden die vorgenommenen Manipulationen für jede eingesetzte Aufgabe ausführlich beschrieben. Durch die Erhöhung der Textkohärenz erhöhte sich auch die Textlänge der hochkohärenten Aufgaben gemessen an der Anzahl ihrer Wörter. Dies ist in der Natur der Sache begründet und wurde daher in Kauf genommen, zumal Untersuchungen für Texte mit höherer Textkohärenz trotz erhöhter Textlänge eine geringere Lesezeit und damit einen geringeren kognitiven Verarbeitungsaufwand nachweisen konnten (siehe Kapitel 4.3.2).

‚Bilder' und ‚Aussagen'. Um einen Wert für den Aufbau eines Situationsmodells zu erhalten, wurden in einem weiteren Schritt jeweils drei Bilder und vier Aussagen zu den Tier-Textaufgaben entwickelt (siehe Anhang A). Ein Bild gab das globale Thema der Textaufgabe wieder (Attraktor), zwei Bilder dienten als Distraktoren. Aufgabe der Probandinnen und Probanden war es, zu entscheiden, welches der drei Bilder zum Aufgabentext passt: *„Welches Bild passt zu der Textaufgabe, die du gerade gelesen hast? Kreuze das richtige Bild an."* Um das richtige Bild auszuwählen, wird die Konstruktion eines Situationsmodells zum Textaufgabentext verlangt, das mit den Bildern abgeglichen werden muss (vgl. Schnotz & Dutke, 2004). Bilder ließen sich hier deshalb einsetzen, weil die grundlegenden Prozesse des Verstehens ähnlich wie beim Textverstehen ablaufen. „Auch beim Verstehen von Bildern gilt es Zusammenhänge herzustellen und einen Prozess der mentalen Kohärenzbildung zu vollziehen" (ebd., S. 64), sodass ein mentales Modell entsteht. Die Auswahl des richtigen Bildes gelingt deshalb, weil es möglich ist, ein zum mentalen Modell der Textaufgabe kongruentes mentales Modell des Bildes zu erstellen.

Bei den vier Aussagesätzen musste entschieden werden, ob die Aussagen in Bezug auf die Textaufgabe richtig oder falsch waren: *„Entscheide, ob der Satz stimmt oder nicht. Kreuze an."* Jeweils eine der vier präsentierten

Aussagen passte nicht zum Textaufgabentext. Die Aussagen bezogen sich auf direkte Informationsentnahme und lokale sowie globale Zusammenhänge im Textaufgabentext. Zur Beurteilung der ersten beiden Aussagen ist die Konstruktion einer semantischen Textbasis und damit ein oberflächliches Verstehen ausreichend. Erst die richtige Beurteilung der globalen Aussage verlangt den Aufbau eines kohärenten Situationsmodells der Textaufgabe (vgl. McNamara, Kintsch, Songer & Kintsch, 1996; Cain, Oakhill, Barnes und Bryant, 2001). Für hoch- und niedrigkohärente Textaufgaben wurden jeweils die gleichen Bilder und Aussagen eingesetzt.

In der Hauptuntersuchung wurden Bilder und Aussagen für die Hypothesentestung mit Hilfe einer Faktorenanalyse zu einem Wert ‚Situationsmodell' zusammengefasst (siehe Kapitel 8.2.1). In der Vorerprobung wurde dieser Wert noch nicht gebildet. Bilder und Aussagen wurden deshalb gemeinsam zur Bildung eines Wertes ‚Situationsmodell' eingesetzt, da jeweils ein Verfahren alleine mit spezifischen Problemen behaftet ist: Bei den Aussagen besteht wie bei allen Testaufgaben, die auf schriftliche Items zurückgreifen, das Problem, dass beim Lesen und Verstehen der Aussagesätze die Lesekompetenz selbst wiederum eine Rolle spielt. Das Vorlesen der Aussagen kam jedoch schon alleine aus testorganisatorischen Gründen nicht in Frage. Daher wurden die Aussagen durch eine Bilderabfrage ergänzt. Das spezifische Problem bei dieser Abfrage besteht jedoch darin, dass nicht alle Kinder eine gleich hohe Kompetenz im Bildverstehen besitzen. Dies wird wiederum durch den Einsatz der Aussagesätze abgeschwächt. Durch den gemeinsamen Einsatz sowohl der Bilder als auch der Aussagen wurde die Verarbeitung verbaler und piktoraler Informationen kombiniert.

Bilder und Aussagen mussten nach dem Lösen der Tier-Textaufgabe zunächst ohne Ansicht des Textaufgabentextes bearbeitet werden. So sollte das Situationsmodell zum Zeitpunkt der Textaufgabenbearbeitung erfasst werden, ohne durch erneutes Lesen des Textes verfälscht zu werden. Durch diese Anordnung wurden zwar gleichzeitig auch die erhöhten Anforderungen an die Arbeitsgedächtnisleistung der Probandinnen und Probanden mitgemessen, dieser Einfluss wird aber bei der späteren Hypothesentestung auspartialisiert. Eine andere Anordnung war deshalb nicht möglich, weil eine Präsentation der Bilder und Aussagen unmittelbar nach dem Lesen des Textaufgabentextes und vor dem Bearbeiten der Textaufgabe den Aufbau des Situationsmodells und damit das Lösungsverhalten beeinflusst hätte. Um zu überprüfen, ob mathematische Textaufgaben anders gelesen werden als z.B. Sachtexte, wurden die vier Aussagesätze erneut, diesmal aber mit dem Textaufgabentext, präsentiert: *„Jetzt* *kannst du den Text noch einmal lesen und noch einmal entscheiden, ob der Satz so stimmt oder nicht. Kreuze an.*" Ergänzend wurde zu drei Tier-Textaufgaben (Gepard, Eisbär, Koala) jeweils eine Frage zum für das Herstellen globaler Kohärenz benötigten Weltwissen gestellt. Dies sollte Auskunft darüber geben, ob Kinder, die keine globalen Inferenzen ziehen, dies trotz vorhandenen Weltwissens oder aufgrund nicht vorhandenen Weltwissens tun (vgl. Oakhill & Garnham, 1988; Oakhill, Cain & Elbro, 2015).

Einsatz des Textaufgabenheftes. Aus den sechs erstellten Tier-Textaufgaben in jeweils hoch- und niedrigkohärenter Fassung, wurden verschiedene Textaufgabenhefte mit jeweils vier Textaufgaben zusammengestellt. Jedes Kind bearbeitete folglich vier Textaufgaben zu vier verschiedenen Tieren, zwei Aufgaben waren dabei hochkohärent und zwei Aufgaben niedrigkohärent. Abbildung 9 zeigt die Anordnung der zu einer Tier-Textaufgabe gehörenden Teilaufgabe im Textaufgabenheft.

Die verschiedenen Textaufgabenhefte wurden randomisiert auf die Schülerinnen und Schüler verteilt. Nach einer standardisierten Anleitung bearbeiteten die Kinder jeweils einen Tier-Aufgabenblock eigenständig. Damit nicht zurückgeblättert oder keine Aufgabe überschlagen werden konnte, wurde bei jedem Tier-Aufgabenblock abgewartet, bis alle Kinder die Aufgabe beendet hatten, dann erst wurde mit dem nächsten Aufgabenblock begonnen. Kinder, die einen Aufgabenblock beendet hatten, konnten auf der nächsten freien Seite malen. Insgesamt standen für die Bearbeitung aller Aufgaben 45 Minuten zur Verfügung. Es zeigte sich, dass dieser Ablauf insofern ungünstig war, als dass das in der Instruktion angekündigte Malen nach Beendigung eines Aufgabenblocks dazu führte, dass viele Kinder die Aufgaben möglichst schnell bearbeiteten, um mit dem Malen beginnen zu können. Zudem führte das Warten nach jedem Aufgabenblock zu erhöhter Unruhe.

Die beiden letzten Teilaufgaben (‚Weltwissen' und ‚Aussagen mit Text') wurden in der Haupterhebung nicht erneut eingesetzt. Zum einen zeigte sich kein signifikanter Unterschied zwischen dem Ankreuzverhalten bei den Aussagen mit und ohne Textaufgabentext ($t(85)=1.53$; $p=.13$) und zum anderen war die Gesamttestdauer für die Kinder durch die letzten beiden Teilaufgaben zu lang. Diese beiden Aufgaben werden daher in den folgenden Analysen des Materials nicht mehr berücksichtigt.

Nachfolgend werden die beschriebenen Aufgaben auf ihre Validität hin überprüft. Da es in der Vorerprobung noch nicht um das Testen von Hypothesen geht, wurde hier noch kein Wert ‚Situationsmodell' gebildet, die beiden Teilaufgaben ‚Bilder' und ‚Aussagen' wurden getrennt analysiert.

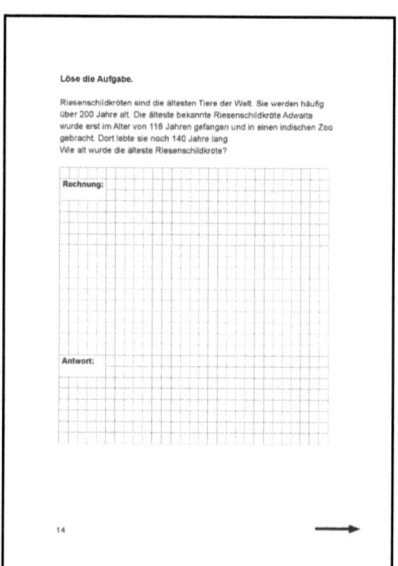

Tier-Textaufgabe

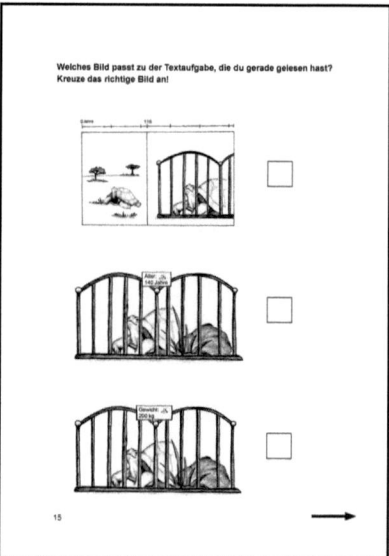

Bilder

Aussagen

Aussagen mit Aufgabentext

Abbildung 9: Anordnung eines Aufgabenblocks im Hauptmessinstrument Textaufgaben verteilt auf die Heftseiten

8.2.1.2 Validierung der Tier-Textaufgabenblöcke

In der Vorerprobung wurden die im Vorhinein beschriebenen sechs ver-schiedenen Tier-Aufgabenblöcke[6] mit jeweils einer niedrigkohärenten und einer hochkohärenten Textversion eingesetzt. Für die Auswertung wurde hier keine Reliabilitäts- und Objektivitätsanalyse durchgeführt, da der Test noch verändert werden sollte. Stattdessen wurde eine Itemanalyse mit dem Ziel durchgeführt, die Aufgaben für die Haupterhebung zu verbessern, sowie die zwei Aufgabenblöcke mit den schlechtesten Kennwerten, die sich für die Haupterhebung nicht mehr substantiell verbessern lassen, zu selek-tieren. Dafür wurden die einzelnen Bilder und Aussagen sowie Lösungs-wege und Lösungen (Items) für jede Tier-Textaufgabe hinsichtlich verschie-dener Merkmale betrachtet: In einem ersten Schritt wurde die Itemschwie-rigkeit analysiert. Alle einzelnen Items wurden im Hinblick auf mögliche Boden- und Deckeneffekte untersucht. Ein Deckeneffekt lag bei Aussagen und Bildern dann vor, wenn ein Item von mindestens 90% der Probandin-nen und Probanden richtig bearbeitet wurde, ein Bodeneffekt bei einer kor-rekten Bearbeitung von unter 10%. Für Lösung und Lösungsweg wurden Deckeneffekte bei 80% und Bodeneffekte bei 20% festgelegt[7]. In allen Fällen differenzieren die Items nicht ausreichend zwischen den Probandinnen und Probanden. Da von den drei Bildern nur eines richtig war, wurde zusätzlich die Häufigkeit der Nennungen der beiden Distraktorbilder betrachtet. Die Nennungshäufigkeit sollte auch für die falschen Bilder größer als Null sein.

Die Itemschwierigkeit wurde für Bilder und Aussagen sowohl jeweils gesondert für niedrigkohärente und hochkohärente Tier-Textaufgaben als auch ohne Trennung nach beiden Versionen analysiert. Die Betrachtung der Itemschwierigkeit in Bezug auf die Unterschiede zwischen niedrig- und hochkohärenten Textaufgaben gibt Aufschluss darüber, ob der Unter-schied in der Textkohärenz zwischen den Aufgabentexten für die Hypo-thesentestung deutlicher herausgearbeitet werden muss. In einem zwei-ten Schritt wurden für jede Tier-Textaufgabe Korrelationen der Variablen Lösungsweg und Lösung mit der mathematischen Kompetenz, erhoben über die Mathematiknote und den DEMAT 3+, berechnet. Erwartet wur-den mindestens mittlere Korrelationen. Bei sehr geringen Korrelationen

---

6 Wenn in in dieser Arbeit von Aufgabenblöcken die Rede ist, sind damit immer die Tier-Textaufgaben einschließlich der dazugehörigen Teilaufgaben ,Bilder' und ,Aussagesätze' gemeint.

7 Mathematisch zu schwere oder zu leichte Aufgaben lassen kaum Schlüsse auf den Einfluss des sprachlichen Treatments zu, daher wurden Decken- und Boden-effekte auf diese Grenzen festgelegt.

müsste die jeweilige Aufgabe verworfen werden, da sie nicht valide mathematische Kompetenz misst. Im Folgenden werden die genannten deskriptiven Maße für jede Tier-Textaufgabe einzeln aufgeführt und Auffälligkeiten ergänzend berichtet.

Aufgabenblock ,Schildkröte. Bei den Aussagen zur Textaufgabe ,Schildkröte' zeigten sich keine Decken- oder Bodeneffekte (Tabelle 7). Alle Aussagen konnten somit für die Haupterhebung beibehalten werden. Der Unterschied in der Gesamtschwierigkeit der Aussagen bezogen auf die niedrig- und hochkohärente Textaufgabe war jedoch relativ gering, sodass durch weitere Änderungen an beiden Aufgabentexten der Unterschied in der Textkohärenz vergrößert werden sollte.

Tabelle 7: Schwierigkeiten der einzelnen Aussagen und Bilder zur Textaufgabe ,Schildkröte'

Aussage	Itemschwierigkeit	Itemschwierigkeit niedrigkohärent	Itemschwierigkeit hochkohärent
1	.89	.85	.93[a]
2	.63	.64	.62
3	.74	.70	.79
4	.77	.76	.79
M	.76	.74	.78

Bild	Häufigkeit	Häufigkeit niedrigkohärent	Häufigkeit hochkohärent
1 (richtig)	67.7%	54.5%	82.8%
2	27.4%	39.4%	13.8%
3	4.8%	6.1%	3.4%

Anmerkung: n=62; Alle Aussagen wurden mit 0 und 1 codiert. [a]Items, die bei hochkohärenten Tier-Textaufgaben mit über 90% richtig beantwortet wurden, wurden nicht als Deckeneffekt interpretiert, da sich diese Werte aus den geänderten Aufgabentexten ergaben. Verringerungen in der Itemschwierigkeit gegenüber der niedrigkohärenten Version waren Ziel des Treatments.

Das Distraktorbild 3 (Abbildung 10) zur Textaufgabe ,Schildkröte' wurde mit nur 4.8% zu selten angekreuzt. Es wich mit der Angabe von Kilogramm wahrscheinlich zu deutlich vom Aufgabentext ab und musste daher für die Haupterhebung verändert werden.

Hinsichtlich der mathematischen Schwierigkeit lag die Textaufgabe ‚Schildkröte' im guten mittleren Bereich. 59.7% der Kinder lösten die Aufgabe richtig. Den richtigen Lösungsweg gaben 61.3 % der Kinder an. Um zu überprüfen, ob es einen Zusammenhang zwischen dem Lösungsverhalten und der mathematischen Kompetenz der Kinder gibt, wurden Korrelationen mit der Mathematiknote und dem DEMAT 3+ berechnet. Die Korrelationen für den Lösungsweg lagen mit der Mathematiknote bei $r=-.33$ ($p<.01$; n= 62)[8] und mit dem DEMAT 3+ bei $r=.37$ ($p<.01$; n=61). Für die Lösung lagen die Korrelationen bei $r=-.28$ ($p<.05$; n=62) für die Mathematiknote und bei $r=.36$ ($p<.01$; n=61) für den DEMAT 3+. Alle Korrelationen befanden sich damit erwartungskonform im mittleren Bereich, d.h. wer eine gute mathematische Kompetenz hatte, löste tendenziell auch die Textaufgabe ‚Schildkröte' eher richtig.

Abbildung 10: Nicht funktionierendes Distraktorbild 3 zur Textaufgabe ‚Schildkröte' (Vorerprobung)

Aufgabenblock ‚Koala'. Bei Aussage 1 zur Textaufgabe ‚Koala' lag ein Deckeneffekt vor (Tabelle 8), alle drei Bilder hatten dagegen gute Werte und konnten somit beibehalten werden.

Während der Auswertung der Textaufgabe ‚Koala' (Abbildung 11) fiel auf, dass einige Kinder keinen Lösungsweg notiert und keinen Antwortsatz geschrieben hatten, aber mit der Zahl 20 die richtige Lösung angaben. Deutlicher wurde das Problem bei der Betrachtung der Aufgabenschwierigkeit: 26.4 % der Kinder gaben das richtige Ergebnis an, aber nur 18.9% den richtigen Lösungsweg. Auch in den Korrelationen spiegelte sich diese Diskrepanz wieder. Die Variable Lösung korrelierte nicht signifikant und

---

8 Da bei Schulnoten hohe Kompetenzen mit geringen Werten einhergehen, korrelieren Tests in der Regel negativ.

deutlich geringer mit der Mathematiknote ($r=-.24$, $p=.08$; n=53) und dem DEMAT 3+ ($r=.25$, $p=.08$; n=52) als der Lösungsweg (Mathematiknote: $r=-.37$, $p<.01$, n=53; DEMAT 3+: $r=.35$, $p<.05$, n=52). Dies zeigt, dass anders als beim Lösungsweg die richtige Lösung der Textaufgabe ‚Koala‘ offenbar kaum an mathematische Kompetenzen gebunden war.

Tabelle 8: Schwierigkeiten der einzelnen Aussagen und Bilder zur Textaufgabe ‚Koala‘

Aussage	Itemschwierigkeit	Itemschwierigkeit niedrigkohärent	Itemschwierigkeit hochkohärent
1	.96	.92	1.00
2	.81	.73	.89
3	.53	.46	.59
4	.74	.65	.81
M	*.76*	*.69*	*.77*

Bild	Häufigkeit	Häufigkeit niedrigkohärent	Häufigkeit hochkohärent
1 (richtig)	50.9%	30.8%	70.4%
2	18.9%	15.4%	22.2%
3	30.2%	53.8%	7.4%

Anmerkung: n=53

Eine Reanalyse des Aufgabentextes (Abbildung 11) ergab, dass einige Kinder offenbar die explizit im Text genannten 20 Stunden fälschlicherweise als geschlafene Stunden pro Tag und damit als Lösung der Aufgabe deuteten. Diese Deutung impliziert ein falsches Situationsmodell, das aufgrund der Zahl 20 im Text trotzdem zur scheinbar ‚richtigen‘ Lösung führen konnte. Der Aufgabentext musste daher für die Haupterhebung entsprechend deutlich verändert werden. In der Konsequenz musste eine Aussage an den neuen Text angepasst werden, alle anderen Aussagen konnten ebenso wie die Bilder beibehalten werden.

> Koalas sind die Weltmeister im Schlafen. Sie schlafen 140 Stunden in einer Woche. Das ist so viel wie 5 Tage und 20 Stunden Dauerschlaf. Wie viele Stunden schläft ein Koala am Tag?

Abbildung 11: Niedrigkohärenter Aufgabentext ‚Koala‘ (Vorerprobung)

Aufgabenblock ‚Schwalbe‘. Kein Deckeneffekt lag bei den Aussagen zur Textaufgabe ‚Schwalbe‘ vor, der Abstand zwischen den Gesamtmittelwerten war aber relativ gering (Tabelle 9).

Tabelle 9: Schwierigkeiten der einzelnen Aussagen und Bilder zur Textaufgabe ‚Schwalbe‘

Aussage	Itemschwierigkeit	Itemschwierigkeit niedrigkohärent	Itemschwierigkeit hochkohärent
1	.89	.88	.91
2	.72	.63	.79
3	.74	.67	.79
4	.68	.71	.67
M	*.76*	*.72*	*.79*

Bild	Häufigkeit	Häufigkeit niedrigkohärent	Häufigkeit hochkohärent
1	42.9%	45.8%	39.4%
2 (richtig)	37.5%	33.3%	39.4%
3	19.6%	20.8%	18.2%

Anmerkung: n=57

Beobachtungen während der Auswertung der Bilder legten nahe, dass das falsche Bild 1 zu häufig von Kindern, die richtig rechneten, angekreuzt wurde. Die Daten bestätigten, dass bei Bild 1 und 2 ähnliche Nennungshäufigkeiten vorlagen (Tabelle 9). Dieses Problem ergab sich vermutlich aus einer zu großen Ähnlichkeit der beiden Bilder. Beide Bilder wurden daher hinsichtlich einer besseren Unterscheidbarkeit überarbeitet.

Die Textaufgabe ‚Schwalbe‘ war relativ schwer, sie wurde nur von 29.8% der Kinder richtig gelöst. Die Diskrepanz zum Lösungsweg, der mit 38.6% deutlich häufiger richtig war, lässt sich durch Rechenfehler in der mit dreistelligen Zahlen und mehreren Rechenschritten komplexen Rechnung erklären. Dieses Beispiel zeigt, dass es richtig ist, bei der Hypothesentestung auch und vor allem den Lösungsweg einzubeziehen.

Als weitere Auffälligkeit zeigte sich, dass einige Kinder versuchten, mit der zwar im Text genannten aber für die Beantwortung der Frage und damit für die Rechnung irrelevanten Angabe „20000 km“ zu rechnen (Abbildung 13). Da am Ende der dritten Klasse noch keine Zahlraumerweiterung über den Zahlenraum bis 1000 hinaus stattgefunden hat, stellte sich die Zahl 20000 als ein zu starker Ablenker heraus.

Bild 1 zur Textaufgabe ‚Schwalbe' (Vorerprobung)

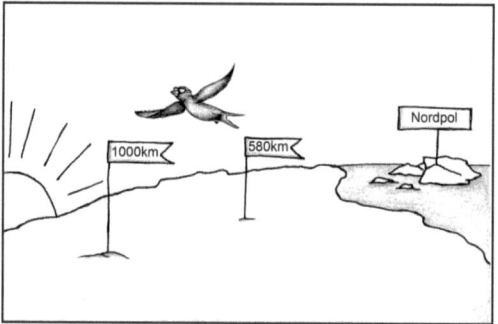

Bild 2 zur Textaufgabe ‚Schwalbe' (Vorerprobung)

Abbildung 12: Bilder zur Textaufgabe ‚Schwalbe' (Vorerprobung)

Die Korrelationen mit der Mathematiknote lagen sowohl für die Lösung ($r=-.39$, $p<.01$, n=57) als auch für den Lösungsweg ($r=-.29$, $p<.05$, n=57) im erwarteten mittleren Bereich. Die geringere Korrelation mit dem Lösungsweg liegt vermutlich daran, dass bei der Benotung in der Schule die richtige Lösung stärker in die Mathematiknote eingeht als der Lösungsweg. Unerwartet niedrig korrelierte der DEMAT 3+ mit den Variablen Lösung ($r=.19$, $p=.17$, n=55) und Lösungsweg ($r=.17$, $p=.22$, n=55).

Aufgrund der beschriebenen Probleme wurde der Aufgabentext an einigen Stellen überarbeitet, entsprechend mussten auch zwei Aussagen an den veränderten Text angepasst werden.

Schwalben halten den Rekord im Langstreckenflug. Fast 20000 km fliegen sie auf ihrem Weg vom Nordpol in den wärmeren Süden. Damit sie die weite Strecke rechtzeitig bevor der Winter beginnt schaffen, müssen sie jeden Tag sehr viele Kilometer fliegen. In der ersten Woche ihrer Reise fliegt eine Schwalbe 1000 km. Nach drei Tagen hat sie 580 km geschafft. Am vierten Tag ist sie 112 km geflogen. Wie viele km muss die Schwalbe in den restlichen Tagen der Woche insgesamt fliegen?

Abbildung 13: Niedrigkohärenter Aufgabentext ‚Schwalbe' (die Angabe „20000 km" kam in beiden Versionen vor)

Aufgabenblock ‚Ameisenbär'. Alle Aussagen zur Textaufgabe ‚Ameisenbär' liegen im zufriedenstellenden Bereich (Tabelle 10). Der Unterschied in der Gesamtschwierigkeit der Aussagen bezogen auf die niedrig- und hochkohärente Textaufgabe war jedoch relativ gering, sodass versucht wurde, durch Änderungen am Aufgabentext die Textkohärenz zu verstärken. Dadurch ergaben sich ebenfalls Änderungen bei den Aussagen.

Das falsche Bild 1 (Abbildung 14) hatte eine zu geringe Nennungshäufigkeit, es wurde daher für die Haupterhebung leicht verändert, indem die auf dem Bild sehr kurze Zunge des Ameisenbären verlängert wurde. So war der Unterschied zu Bild 3 weniger deutlich.

Tabelle 10: Schwierigkeiten der einzelnen Aussagen und Bilder zur Textaufgabe ‚Ameisenbär'

Aussage	Itemschwierigkeit	Itemschwierigkeit niedrigkohärent	Itemschwierigkeit hochkohärent
1	.75	.72	.77
2	.65	.62	.68
3	.78	.79	.77
4	.63	.55	.71
M	*.70*	*.67*	*.73*
Bild	**Häufigkeit**	**Häufigkeit niedrigkohärent**	**Häufigkeit hochkohärent**
1	5.0%	10.3%	0.0%
2	15.0%	20.7%	9.7%
3 (richtig)	80.0%	69.0%	90.3%

Anmerkung: n=60

Bild 1 zur Textaufgabe ‚Ameisenbär' (Vorerprobung)

Bild 3 zur Textaufgabe ‚Ameisenbär' (Vorerprobung)

Abbildung 14: Bilder zur Textaufgabe ‚Ameisenbär' (Vorerprobung)

Die mathematische Schwierigkeit der Textaufgabe ‚Ameisenbär' war gering. Die Aufgabe konnte von 71.7% der Kinder gelöst werden, den richtigen Lösungsweg gaben 75.0% der Kinder an. Die Korrelation des Lösungswegs mit der Mathematiknote lag bei $r=-.40$ ($p<.01$; n=60), mit dem DEMAT 3+ bei $r=.38$ ($p<.01$; n=59). Auch die Korrelationen mit der Lösung lagen mit $r=-.45$ ($p<.001$; n=60) für die Mathematiknote und $r=.45$ ($p<.001$; n=59) für den DEMAT 3+ im zufriedenstellenden mittleren Bereich.

Aufgabenblock ‚Gepard'. Bei der Textaufgabe ‚Gepard' lagen deutliche Deckeneffekte bei allen vier Aussagen vor (Tabelle 11). Auch das richtige Bild 2 hatte einen Deckeneffekt, während das Distraktorbild 3 gar nicht angekreuzt wurde.

Im Gegensatz zu den Aussagen und Bildern war die Textaufgabe ‚Gepard' mathematisch relativ schwierig. Nur 35.8% der Kinder konnten die Aufgabe richtig lösen, ebenso viele Kinder notierten den richtigen Lösungsweg. Die Korrelation der Lösung mit der Mathematiknote

($r=-.50$; $p<.001$, n=53) lag ebenso wie mit dem DEMAT 3+ ($r=.47$; $p<.001$; n=52) im guten mittleren Bereich. Auch die Zusammenhänge zwischen Lösungsweg und Mathematiknote ($r=-.47$; $p<.001$; n=53) und Lösungsweg und DEMAT 3+ ($r=.36$; $p<.01$; n=52) befanden sich im erwarteten mittleren Bereich.

Tabelle 11: Schwierigkeiten der einzelnen Aussagen und Bilder zur Textaufgabe ,Gepard'

Aussage	Itemschwierigkeit	Itemschwierigkeit niedrigkohärent	Itemschwierigkeit hochkohärent
1	.96	.96	.96
2	.91	.89	.92
3	.94	.96	.92
4	1.00	1.00	1.00
M	*.94*	*.94*	*.94*
Bild	**Häufigkeit**	**Häufigkeit niedrigkohärent**	**Häufigkeit hochkohärent**
1	3.8%	0.0%	7.7%
2 (richtig)	96.2%	100.0%	92.3%
3	0.0%	0.0%	0.0%

Anmerkung: n=53

Obwohl die Aufgabe im mathematischen Bereich gute Werte aufwies, musste sie aufgrund der vorliegenden Deckeneffekte bei Aussagen und Bildern von der weiteren Studie ausgeschlossen werden. Der Gepard war als schnellstes Tier offenbar zu bekannt, sodass Aussagen und Bilder mit Hilfe des entsprechenden Weltwissens richtig angekreuzt werden konnten, ein Verstehen des Aufgabentextes war dazu nicht notwendig. Dies zeigen beispielhaft die Aussagen 1 und 4, *„Der Gepard ist auf kurzen Strecken das schnellste Landtier"* und *„Der Gepard läuft genauso schnell wie der Mensch."*, und die Bilder in Abbildung 15.

Da sich aufgrund der Kürze des Aufgabentextes keine vier alternativen Fragen und Bilder erstellen ließen, konnte der Aufgabenblock ,Gepard' nicht substantiell verbessert werden.

Bild 2 zur Textaufgabe ‚Gepard' (Vorerprobung)

Bild 3 zur Textaufgabe ‚Gepard' (Vorerprobung)

Abbildung 15: Bilder zur Textaufgabe ‚Gepard' (Vorerprobung)

Aufgabenblock ‚Eisbär'. Bei der Textaufgabe ‚Eisbär' lagen bei zwei Aussagen Deckeneffekte vor, alle drei Bilder wiesen dagegen zufriedenstellende Werte auf (Tabelle 12).

Die Lösungshäufigkeit der Textaufgabe ‚Eisbär' war sehr niedrig. Nur 15.3% der Kinder bearbeiteten die Aufgabe richtig, damit lag ein Bodeneffekt vor. 20.3% der Kinder gaben den richtigen Lösungsweg an. Die Korrelationen mit der mathematischen Kompetenz lagen sowohl für den Lösungsweg (Mathematiknote: $r=-.50$, $p<.001$, $n=59$; DEMAT 3+: $r= .37$, $p<.01$, $n=57$) als auch für die Lösung (Mathematiknote: $r=-.48$, $p<.001$, $n=59$; DEMAT 3+: $r=.43$, $p<.001$, $n=57$) im guten mittleren Bereich. Trotz dieser guten korrelativen Werte wurde aufgrund der größten mathematischen Schwierigkeit aller eingesetzten Textaufgaben verbunden mit

Deckeneffekten bei zwei Aussagen entschieden, die Textaufgabe ‚Eisbär'
nicht weiter zu verwenden.

Tabelle 12: Schwierigkeiten der einzelnen Aussagen und Bilder zur Textaufgabe
‚Eisbär'

Aussage	Itemschwierigkeit	Itemschwierigkeit niedrigkohärent	Itemschwierigkeit hochkohärent
1	.90	.91	.88
2	.78	.82	.73
3	.90	.97	.81
4	.68	.73	.62
M	*.81*	*.86*	*.76*

Bild	Häufigkeit	Häufigkeit niedrigkohärent	Häufigkeit hochkohärent
1	15.5%	15.2%	16.0%
2	24.1%	12.1%	40.0%
3 (richtig)	60.3%	72.7%	44.0%

Anmerkung: n=59

Fazit zur Validierung der Tier-Textaufgabenblöcke. Ziel der Erprobung
der sechs Tier-Aufgabenblöcke war es, mit Hilfe einer Itemanalyse die
einzelnen Items für die Haupterhebung zu verbessern, sowie die zwei
Aufgabenblöcke mit den schlechtesten Kennwerten zu selektieren. Dieses Ziel wurde erreicht. Die Aufgabenblöcke ‚Gepard' und ‚Eisbär' wurden für die folgende Haupterhebung nicht mehr verwendet, da sie im
Zusammenspiel aller Merkmale die schlechtesten Kennwerte aufwiesen.
Alle anderen Aufgabenblöcke wurden für die Haupterhebung hinsichtlich einzelner Items und wenn nötig auf textueller Ebene überarbeitet.
Letzteres diente auch dazu, den Unterschied in der Textkohärenz zwischen den jeweiligen zwei Aufgabentexten noch deutlicher herauszuar-
beiten. Deutlich wurde auch, dass bis auf den Rekord des Geparden als
schnellstem Tier alle übrigen Tier-Rekorde für die Kinder unbekannt
waren, sodass die Aufgaben auch thematisch funktionierten. Die fina-
len vier Tier-Aufgabenblöcke werden in Kapitel 9.2.1 der Hauptuntersuchung ausführlich beschrieben.

8.2.1.3 Vorwissensaktivierung und Wortschatzvorentlastung

In dieser Arbeit wurde gezeigt, dass leserseitiges Vorwissen eine entscheidende Rolle für das Textverständnis spielt (siehe Kapitel 4). Der Umfang des Wortschatzes, insbesondere im Sinne eines ‚deep vocabulary knowledge' kann ebenfalls das Verstehen eines Textes beeinflussen. Um für diese Studie auszuschließen, dass Textaufgaben alleine durch mangelndes Vorwissen zum Thema oder durch Unkenntnis der in den Textaufgaben genannten Tiere nicht gelöst werden, wurden beide Faktoren durch eine Wortschatz- und Vorwissensaktivierung kontrolliert. Angenommen wurde, dass durch eine Vorentlastung des aufgabenspezifischen Tier-Wortschatzes und des Wissens zum Thema ‚Rekorde' entsprechendes deklaratives Wissen im mentalen Lexikon, bzw. im semantischen Netzwerk aktiviert wird und somit beim Bearbeiten der Textaufgaben zur Verfügung steht und schneller abgerufen werden kann.

Im Rahmen eines ‚Think-Pair-Share' wurde daher zunächst Wissen zum Thema Rekorde aufgebaut. In einem nächsten Schritt wurden die in den Aufgaben vorkommenden Tiere mit Hilfe von Fotos genannt. Die Probandinnen und Probanden wussten somit bereits vor Beginn der Aufgabenbearbeitung um den Aufgabenkontext ‚Rekorde in der Tierwelt' und um die Tiere, um deren Rekorde es in den Aufgaben gehen sollte.

Der relevante Wortschatz wurde an der Tafel neben den entsprechenden Fotos notiert (Tabelle 13). Dieses Tafelbild war während der gesamten nachfolgenden Bearbeitung des Textaufgabenheftes einsehbar.

Tabelle 13: An der Tafel notierter, voraktivierter Wortschatz zu den Tier-Textaufgaben

Allgemeiner Wortschatz zum Thema Rekorde	Aufgabenspezifischer Tier-Wortschatz
der Rekord	die Riesenschildkröte
der Rekordhalter, die Rekordhalterin	die Schwalbe
der Weltmeister, die Weltmeisterin	der Koala
einen Rekord halten: Usain Bolt hält den Rekord im 100m-Lauf.	der Ameisenbär, die Schnauze
	der Gepard
	der Eisbär

8.2.2 Instrumente zur Erhebung der Lese- und Sprachkompetenz

8.2.2.1 Leseverständnistest ELFE

Zur Erfassung der Lesekompetenz wurde der Leseverständnistest ELFE 1-6 (vgl. Lenhard & Schneider, 2006) eingesetzt. Der ELFE wurde für diese Untersuchung ausgewählt, weil er für die Klassenstufen eins bis sechs normiert ist und eine Überprüfung des Leseverständnisses der Schülerinnen und Schüler auf Wort-, Satz- und Textebene ermöglicht. Er besteht aus den drei Subtests Wortverständnis, Satzverständnis und Textverständnis. Der ELFE misst somit nicht nur basale Lesefertigkeiten wie das Dekodieren von Wörtern, sondern auch hierarchiehöhere Fähigkeiten wie satzübergreifendes Lesen, Auffinden von Informationen und schlussfolgerndes Denken (vgl. ebd.). Besonders letzteres ist für diese Untersuchung von Bedeutung. Optional lassen sich alle Subtests differenziert auswerten, davon wurde in der Vorerprobung jedoch kein Gebrauch gemacht. Beim ELFE handelt es sich um einen reinen Multiple Choice-Test, das schriftliche Formulieren von Antworten wird nicht verlangt. Das Leseverständnis wird folglich ausschließlich als rezeptive Fähigkeit gemessen (vgl. ebd., 2006). Eine Konfundierung mit potenziellen Schwächen der Probandinnen und Probanden in der Sprachproduktion wird damit ausgeschlossen. Der ELFE wird als Speedtest durchgeführt. Er liegt in zwei Formen A und B vor, die sich lediglich in der Reihenfolge der Antwortmöglichkeiten der einzelnen Items unterscheiden. Der ELFE ist als Gruppentest einsetzbar, die reine Bearbeitungsdauer beträgt in dritten Klassen 13 Minuten. Damit ist der ELFE sehr ökonomisch und auch dadurch für diese Untersuchung gut geeignet.

Die Reliabilität des ELFE ist sehr hoch, Cronbachs alpha liegt für dritte Klassen zwischen $\alpha=.86$ und $\alpha=.96$ (vgl. Lenhard & Schneider, 2006, S. 34). Die Testwiederholungsreliabilität beträgt $r_{tt}=.91$ (ebd., S. 9).

8.2.2.2 Fragebogen Lesen

Theoretische Grundlagen des Fragebogens Lesen

Basierend auf den Überlegungen von Garner (1981), Oakhill und Cain (2007) und Oakhill und Garnham (1988) (siehe Kapitel 4.3.1) wurde ein Fragebogen mit dem Ziel konstruiert, herauszufinden, welche Kinder tendenziell eher als ‚Wortleser' charakterisiert werden können. Als ‚Wortleser' werden hier Kinder bezeichnet, die das Lesen ausschließlich als ein Dekodieren von Wörtern begreifen, die einen Text also Wort für Wort lesen. „[They] manage written language as bits and pieces, not as textual wholes" (Garner, 1981, S. 161). Das Herstellen von Bezügen und das Verstehen des Textes als Ganzes wird nicht fokussiert (vgl. Garner, 1981; Oakhill und Cain, 2007; Oakhill & Garnham, 1988; Oakhill, Cain und Elbro, 2015). Oakhill, Cain und Elbro (2015) stellen entsprechend fest, „if reading is all about ‚getting the words right' then a high standard for comprehension will not be set" (S. 105). Im Unterschied zu guten Leserinnen und Lesern erwarten Kinder, die einen Text Wort für Wort lesen, somit gar nicht, beim Lesen ein kohärentes mentales Modell des Textes aufzubauen, sie haben nach Oakhill, Cain und Elbro (2015) einen geringeren „standard for coherence" (S. 105).

Das hier beschriebene Wort für Wort-Lesen im Sinne einer „word decoding activity" (Oakhill, Cain & Elbro, 2015, S. 105) lässt sich dem Bereich der metakognitiven Lesestrategien zuordnen (siehe Kapitel 4.3.1). Strategien und metakognitives Wissen basieren auf komplexen mentalen Prozessen, die oft nicht über direktes Abfragen zugänglich sind. Insbesondere Grundschulkindern fällt es schwer, reflektierend über lesebegleitende mentale Prozesse Auskunft zu geben (vgl. Philipp, 2012). Direkte Fragen im Sinne eines „Was machst du, während du liest?" oder „Was machst du, um den Text zu verstehen?" sind somit zur Identifizierung der ‚Wortleser' kaum zielführend. Da u.a. Garner und Kraus (1981/82, zitiert nach Garner, 1987) in diesem Zusammenhang zeigen konnten, dass sich mit Hilfe offener, indirekter Fragen diese Wort für Wort-Leser von kompetenten Leserinnen und Lesern, im Folgenden der Einfachheit halber als ‚Textleser' bezeichnet, unterscheiden lassen, wurde für die vorliegende Studie eine indirekte Herangehensweise gewählt. Aufgrund des Alters der Kinder und um sprachlich weniger kompetente Kinder nicht zu benachteiligen wurde sich jedoch gegen offene Fragen entschieden. Stattdessen wurde ein Fragebogen mit neun Items und einem Beispielitem entwickelt. Ein Item bestand jeweils aus zwei konträren Aussagen: einem Aspekt der Strategie des Wort für Wort-Lesens (‚Wort') und einer Aussage, die das Textverstehen fokussiert (‚Text'). Manche dieser Aussagen wurden in verschiedenen Kombinationen mehrfach verwendet. Die Polung der Aussagen wurde randomisiert erstellt. Aufgabe der Probandinnen und Probanden war es, sich für jeweils eine der Aussagen zu entscheiden. Die Inhalte dieser Aussagen wurden in Teilen an reale Antworten von Schülerinnen und Schülern aus den oben zitierten Studien angelehnt (vgl. Garner & Kraus 1981/82 zitiert nach Garner, 1987). Alle Items wurden drei übergeordneten Fragen zugeordnet, vor deren Hintergrund die Aussagen auf ihre Relevanz hin beurteilt werden sollten. Die Fragen ‚Wann ist man ein guter Leser?‘, ‚Wann ist ein Text für dich schwer zu lesen?‘ und ‚Wann bist du beim Lesen mit dir selbst zufrieden?‘ wurden in ein situiertes Setting eingebunden. Abbildung 16 zeigt einen Ausschnitt aus dem Fragebogen mit entsprechender Situierung.

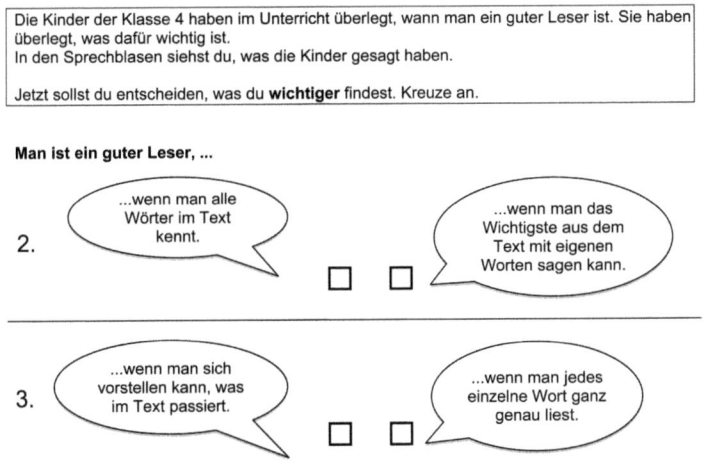

Abbildung 16: Ausschnitt aus dem Fragebogen Lesen mit Situierung

Da es sich bei diesem Fragebogen um ein eigens für diese Studie entwickeltes Testinstrument handelt, müssen die Gütekriterien im Folgenden überprüft werden.

Gütekriterien des Fragebogens Lesen

Objektivität des Fragebogens Lesen. Die Durchführungsobjektivität wurde durch eine standardisierte Anleitung gewährleistet: Den Kindern wurde das Vorgehen mit Hilfe eines Beispielitems erläutert. Sie wurden mehrmals darauf hingewiesen, dass hier *ihre* Meinung gefragt ist, sie also entsprechend ihrer Überzeugung ankreuzen sollten. Die situierten Settings und die jeweiligen Items wurden von der Versuchsleiterin vorgelesen, um Leseschwierigkeiten und ein zu schnelles Vorgehen der Kinder mit einem dadurch bedingten Überspringen einzelner Items zu vermeiden. Aufgrund dieses Verfahrens konnten keine parallelen A- und B-Formen eingesetzt werden. Ein Lösungsschlüssel diente der Auswertungsobjektivität. 0 Punkte wurden für das Ankreuzen der Antwortkategorie ‚Wort' vergeben, 1 Punkt für das Ankreuzen der Antwortmöglichkeit ‚Text', das Beispielitem wurde nicht in die Auswertung einbezogen. Der Fragebogen ist auch ohne Normierung insofern interpretationsobjektiv, als dass aufgrund der Fragebogenkonstruktion niedrige Werte ‚Wortleser' anzeigen, hohe Werte dagegen einen Fokus der Probandinnen und Probanden auf das Textverstehen nahelegen (‚Textleser'). Da es keine klaren Grenzen gibt, bis wann ein Kind als ‚Wortleser' kategorisiert werden kann, ist die Interpretationsobjektivität jedoch leicht eingeschränkt. Der hier erprobte Fragebogen Lesen kann weitgehend als objektiv bezeichnet werden.

Reliabilität des Fragebogens Lesen. Der Fragebogen Lesen wurde von 81 Probandinnen und Probanden bearbeitet, fünf Kinder waren am Tag der Durchführung nicht anwesend. Zur Überprüfung der Reliabilität des Fragebogens Lesen wurde eine Itemanalyse durchgeführt. Als Reliabilitätskoeffizient wurde für alle neun Items Cronbachs alpha mit einem Wert von α=.66 ermittelt. Zusätzlich wurde die Trennschärfe der Items berechnet. Item 8 (*Ich bin zufrieden, ...wenn ich den Text Wort für Wort nacherzählen kann./...wenn ich das Wichtigste mit eigenen Worten sagen kann.*) hatte mit r_{it}=.01 eine zu geringe Trennschärfe, daher wurde dieses Item ausgeschlossen und die weiteren Analysen mit den übrigen acht Items berechnet. Cronbachs alpha stieg ohne Item 8 auf α=.70. Damit wies der Test eine gute Reliabilität auf. Die Trennschärfen lagen nun zwischen r_{it}=.21 und r_{it}=.48 und waren damit ausreichend hoch. Tabelle 14 zeigt die Itemschwierigkeiten (Mittelwerte), Standardabweichungen und Trennschärfen der einzelnen Items des Lesefragebogens vor und nach der Itemselektion.

Der Mittelwert der Schwierigkeiten aller acht Items betrug *M*=.39 Punkte. Da die Reliabilität des Fragebogens Lesen ausreichend hoch war, ließen sich die Items zu einer Skala ‚Lesen' zusammenfassen. Die acht Items des Fragebogens wurden zu einem Gesamtwert summiert. Insgesamt konnten maximal 8 Punkte erreicht werden. Der Mittelwert dieser Summe betrug *M*=3.10, die Standardabweichung lag bei *SD*=2.06. Abbildung 17 zeigt die Punkteverteilung der Skala ‚Lesen'.

Gemessen an der möglichen Spannweite von 0 bis 8 Punkten, lag der Mittelwert der Stichprobe unterhalb der Skalenmitte von 4. Der prozentuale Anteil der Schülerinnen und Schüler, die unter der Skalenmitte lagen, ist somit höher, als der Anteil der Schülerinnen und Schüler, die oberhalb der Skalenmitte lagen. Dies zeigt sich in der Abbildung 17 in einer linksgipfligen Verteilung.

Tabelle 14: Itemkennwerte des Fragebogens Lesen

Item	Itemschwierig-keit	Standardabwei-chung (SD)	Trennschärfe (r_{it}) vor Itemse-lektion	Trennschärfe (r_{it}) nach Items-elektion
2	.78	.42	.27	.21
3	.25	.43	.37	.42
4	.44	.50	.38	.41
5	.32	.47	.39	.41
6	.57	.50	.45	.44
7	.20	.40	.42	.43
8	.67	.47	.01	--
9	.25	.43	.47	.48
10	.30	.46	.29	.33

Anmerkung: Die Items wurden mit 0 und 1 codiert.

Validität des Fragebogens Lesen. Zur Validierung des Fragebogens Lesen wurde eine weitere Erhebung mit kompetenten erwachsenen Leserinnen und Lesern durchgeführt. Lehramtsstudierende des Faches Deutsch (N=21) wurden gebeten, den Fragebogen auszufüllen und etwaige Unklarheiten anzumerken. Erwartet wurde ein nicht signifikant von der Höchstpunktzahl abweichendes Ergebnis. Dies konnte mit einem Einstichproben-t-Test bestätigt werden $(t(20)=1.71; p=.10)$. Im Mittel erreichte die Gruppe $M=8.81$ Punkte $(SD=0.51)$ von maximal 9 möglichen Punkten[9]. Kompetente Leserinnen und Leser wurden durch den Fragebogen somit als ‚Textleser' klassifiziert. Dies deutet auf eine hohe Konstruktvalidität hin. Die Validität wurde auch durch das Aufgabenformat des Fragebogens sichergestellt. Multiple-Choice Fragen wurden wegen zu befürchtender Deckeneffekte ausgeschlossen, ebenso wurden offene Fragen vermieden. Leicht problematisch für die Konstruktvalidität erwies sich allerdings die linksgipflige Verteilung der Schülerinnen und Schüler im Fragebogen Lesen, die damit eher der Kategorie ‚Wortleser' zugeordnet wurden

---

9   Die Erhebung mit den Studierenden wurde vor der Itemselektion durchgeführt, deshalb gingen 9 Items in die Wertung ein.

(Abbildung 17). Am Ende der dritten Klasse ist jedoch nicht mehrheitlich eine Strategie des Wort-für-Wort Lesens zu erwarten.

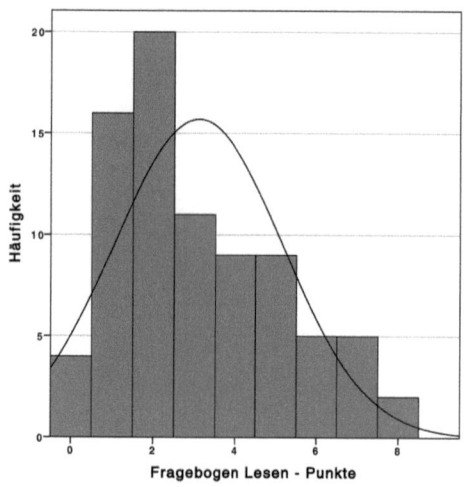

Abbildung 17: Punkteverteilung Fragebogen Lesen

Zusätzlich wurde die Validität anhand weiterer Indikatoren überprüft: Wenn der Fragebogen Lesen zwischen ‚Wortlesern' und ‚Textlesern' unterscheidet, müssten mittlere Zusammenhänge mit Konstrukten, die die Lesekompetenz anzeigen, festzustellen sein. Hohe Werte im Lesefragebogen sollten beispielsweise mit normalen bis überdurchschnittlichen Werten im ELFE bzw. im Subtest Textverständnis des ELFE einhergehen. Auch mit dem C-Test sollte ein Zusammenhang feststellbar sein. Kinder, die beim Lesen einzelne Wörter fokussieren, sollten weniger in der Lage sein, den C-Test, der auf dem Erkennen und Nutzen wort- und satzübergreifender sprachlicher Redundanzen beruht, erfolgreich zu bearbeiten. Keine Zusammenhänge wurden mit dem Subtest Arithmetik des DEMAT 3+ erwartet. Da das Sachrechnen jedoch Lesekompetenz erfordert, sollten mit dem Subtest Sachrechnen des DEMAT 3+ zumindest geringe Zusammenhänge messbar sein. Tabelle 15 zeigt die Korrelationen.

Bis auf den fehlenden signifikanten Zusammenhang mit der Lesenote bestätigten sich die Annahmen weitgehend. Die Zusammenhänge waren allerdings insbesondere mit dem Subtest Textverständnis des ELFE leicht geringer als erwartet. Dies liegt z.T. an der o.g. linksgipfligen Punkteverteilung im Fragebogen.

Tabelle 15: Korrelationen mit dem Fragebogen Lesen

	ELFE Textver- ständnis	ELFE Gesamt- wert	Lesenote	C-Test	DEMAT Arithme- tik	DEMAT Sachrech- nen
r	.24*	.38***	-.19	.29**	.07	.23*
n	81	79	81	81	79	79

Anmerkung: Signifikanzniveaus *$p<.05$, **$p<.01$, ***$p<.001$

Der Fragebogen Lesen hat somit eine mittlere Validität. Er misst neben den intendierten auch noch weitere, unbekannte Aspekte. Eine höhere Validität durch eine weniger linksgipflige Verteilung der Probandinnen und Probanden wäre wünschenswert. Insgesamt wurde die Güte des Fragebogens Lesen bei ausreichender Objektivität und Reliabilität durch die noch nicht ganz zufriedenstellende Validität etwas gemindert.

8.2.2.3 Lesemonitoringtest

Theoretische Grundlagen des Lesemonitoringtests

Ergänzend zum Fragebogen Lesen wurde ein ,Lesemonitoringtest' entwickelt. Der Test sollte erfassen, inwieweit Kinder in der Lage sind, ihren eigenen Leseprozess im Sinne einer Selbstregulation zu überwachen, also den Sinn des Gelesenen zu überprüfen (vgl. Schnotz, 1994). Diese Fähigkeit hat, wie in Kapitel 4.3.1 bereits dargelegt, einen entscheidenden Einfluss auf den Aufbau eines kohärenten mentalen Modells und damit auf das Textverstehen. Überwachungsprozesse können sowohl auf lexikalischer als auch auf textueller Ebene stattfinden. Eine oft genutzte Methode zur Überprüfung des Monitoring ist der Einsatz von Texten mit Fehlern und Inkonsistenzen (vgl. u.a. Anderson & Beal, 1995; Baker, 1984; Garner, 1980, 1981; Markman, 1979; Oakhill, Hartt & Samols, 2005; Oakhill, Cain & Elbro, 2015). Üblicherweise werden hierfür Fehler auf lexikalischer und textueller Ebene, d.h. Pseudowörter sowie widersprüchliche Aussagen und Informationen, die mit dem Weltwissen des Lesers in Konflikt stehen, eingesetzt. Werden solche Fehler während des Leseprozesses gefunden, lässt dies auf Monitoringprozesse auf den jeweiligen Ebenen schließen (vgl. Oakhill, Cain & Elbro, 2015). Für den in dieser Studie eingesetzten Test wurden zwei Texte ,Kamel' und ,Löwe' mit jeweils zwei phonotaktisch legalen Pseudowörtern und einer

Inkonsistenz in Form zweier sich widersprechender Propositionen verfasst. Die Pseudowörter ersetzten reguläre Wörter, ohne dabei die Satzbedeutung entscheidend zu beeinträchtigen, und entsprachen grammatisch und in ihrer Silbenstruktur den Ursprungswörtern (z.B. am *Tag* – am *Rog*). Ein Pseudoverb (*pampuren*) wurde ergänzend in einen Satz eingefügt, um zu verhindern, dass durch die Veränderung des Verbs die Satzbedeutung unverständlich würde. Die konträren Propositionen wurden zur Schwierigkeitssteigerung jeweils am Beginn und am Ende der Texte platziert. So wurden die Anforderungen an das Arbeitsgedächtnis, insbesondere an die zentrale Exekutive, erhöht. Die Inkonsistenz im Text ‚Löwe' sollte schwieriger zu finden sein als im Text ‚Kamel', um die Schülerinnen und Schüler besser differenzieren zu können. Die erhöhte Schwierigkeit ergab sich durch eine falsche Präsupposition (*Löwenmännchen gehen auf die Jagd*). Abbildung 18 zeigt die beiden Texte des Tests mit den markierten Fehlern.

Findest du im Text etwas, das nicht stimmt? Wenn ja, unterstreiche es.

Kamele sind besondere Tiere. Sie können nämlich einen Monat lang ohne etwas zu trinken auskommen. Das ist sehr wichtig, denn sie leben in Wüstengebieten. Dort ist es am <u>Rog</u> immer sehr heiß und es gibt nur wenig Wasser. Kamele können auch ihre Körpertemperatur anpassen, dadurch schwitzen sie in der <u>Rehle</u> nicht so viel. Weil es in der Wüste so heiß ist, müssen Kamele jeden Tag etwas trinken.

Findest du im Text etwas, das nicht stimmt? Wenn ja, unterstreiche es.

Löwen leben in großen Familien, die man Rudel nennt. In einem Rudel hat jeder Löwe eine Aufgabe. Die Männchen verteidigen und <u>pampuren</u> das Rudel. Die Löwinnen gehen gemeinsam auf die Jagd. Wenn es dunkel wird, schleichen sie sich <u>nüre</u> an eine Herde von Tieren heran und umkreisen sie. So können auch schnelle Tiere nicht fliehen. Weil die Löwenmännchen die Beute gejagt haben, dürfen sie immer zuerst fressen. Erst wenn die Löwenmännchen satt sind, fressen die anderen Mitglieder des Rudels.

Abbildung 18: Texte ‚Kamel' und ‚Löwe' des Lesemonitoringtests mit markierten Fehlern

Aufgabe der Kinder war es, die Fehler zu finden und zu unterstreichen: *„Findest du im Text etwas, das nicht stimmt? Wenn ja, unterstreiche es".*

Die Fehler, die auf der lexikalischen Ebene gefunden werden müssen, bilden den Subtest ‚Wort‘, die Fehler, die auf der textuellen Ebene gefunden werden müssen, den Subtest ‚Text‘. Abbildung 19 zeigt das Konstrukt ‚Lesemonitoring‘, das aus den beiden Subtests ‚Wort‘ und ‚Text‘ besteht und über die angegebenen Items operationalisiert wird.

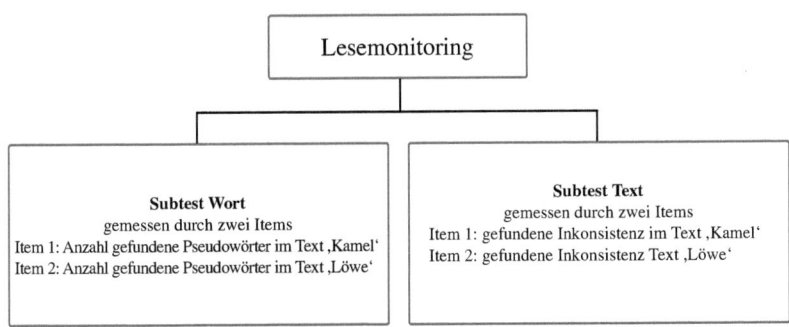

Abbildung 19: Operationalisierung des Konstrukts Lesemonitoring

Um die verschiedenen Fehlertypen zu finden, sind jeweils unterschiedliche kognitive Überwachungsprozesse notwendig. Pseudowörter lassen sich durch einen Abgleich mit dem mentalen Lexikon ausmachen, das Textverständnis als solches ist hierfür zunächst nicht relevant. Inkonsistenzen zwischen Propositionen werden dagegen nur durch einen kontinuierlichen Abgleich mit dem während des bisherigen Leseprozesses konstruierten mentalen Modell entdeckt.

Zunächst werden die beschriebenen zwei Subtests ‚Wort‘ und ‚Text‘ getrennt auf ihre Gütekriterien hin überprüft, bevor sie in einem nächsten Schritt zu einem Wert ‚Lesemonitortyp‘ zusammengefasst werden, der dann wiederum auf seine Validität hin analysiert wird.

Gütekriterien des Lesemonitoringtests

Objektivität der Subtests ‚Wort‘ und ‚Text‘ des Lesemonitoringtests. Eine standardisierte Instruktion und Durchführung sicherte die Durchführungsobjektivität des Tests. In der standardisierten Instruktion wurde angedeutet, dass es in den Texten Fehler geben könnte, um dem in der Forschungsliteratur (vgl. z.B. Baker, 1984) berichteten Problem zu begegnen, dass Kinder schulische Texte per se für fehlerfrei halten. Explizit angemerkt wurde, dass in den Texten keine Orthografiefehler zu finden sind. Pro Text standen den Kindern fünf Minuten Bearbeitungszeit zur Verfügung. Der Test lag in zwei Versionen vor, die sich in der Reihenfolge der Texte unterschieden. Die Auswertungsobjektivität wurde durch eine eindeutige Codierung der gefundenen Fehler gesichert. Für jeden gefundenen Fehler wurde 1 Punkt vergeben. Der Maximalwert des Subtests ‚Wort' betrug 4 Punkte, der Maximalwert des Subtests ‚Text' 2 Punkte. Fälschlicherweise als Fehler markierte Wörter oder Sätze wurden als Überkorrektur codiert. Die Interpretationsobjektivität wird hier nicht beschrieben, da die einzelnen Subtests nicht interpretiert werden.

Reliabilität der Subtests ‚Wort' und ‚Text' des Lesemonitoringtests. Der Lesemonitoringtest wurde von 81 Kindern bearbeitet, fünf Kinder waren am Tag der Durchführung nicht anwesend. Zunächst wurden die beiden Subtests ‚Wort' und ‚Text' getrennt betrachtet. Cronbachs alpha betrug für den Subtest ‚Wort' α=.69 und für ‚Text' α=.60. Da die Testreliabilität der Subtests bei jeweils nur zwei Items deutlich verzerrt wird, wurde zusätzlich die Korrelation zwischen den beiden Items jedes Subtests berechnet. Die Korrelationen waren für ‚Wort' mit r=.53 (p<.001) ebenso wie für ‚Text' mit r=.43 (p<.001) höchst signifikant. Wer in einem Text Fehler auf der lexikalischen bzw. textuellen Ebene fand, fand diese somit tendenziell auch auf der entsprechenden Ebene im anderen Text. Die Korrelation zwischen den Items des Subtests ‚Text' war wie zu erwarten etwas geringer als für die Items des Subtests ‚Wort›, da die Inkonsistenzen zwischen den Propositionen in beiden Texten unterschiedlich schwer zu finden waren. Die Trennschärfen waren für beide Subtests ausreichend hoch. Tabelle 16 zeigt die Itemschwierigkeiten (Mittelwerte), Standardabweichungen und Trennschärfen der einzelnen Items getrennt nach Subtests.

Tabelle 16: Itemkennwerte der Subtests ‚Wort' und ‚Text' des Lesemonitoringtests

Subtest	Item	Itemschwierigkeit	Standardabweichung (SD)	Trennschärfe (r_{it})
Wort	Kamel Wort	0.78	0.82	.53
	Löwe Wort	0.64	0.83	.53
Text	Kamel Text	0.52	0.50	.43
	Löwe Text	0.31	0.47	.43

Anmerkung: Die Items des Subtests ‚Wort' wurden mit 0 bis 2 codiert, die Items des Subtests ‚Text' mit 0 und 1, die Schwierigkeiten sind somit nicht vergleichbar.

Die Inkonsistenz im Text ‚Löwe' wurde mit 31% etwas zu selten gefunden, sodass dieses Item in dieser Stichprobe im unteren Bereich zu wenig differenzierte. Da die Reliabilitäten der beiden Subtests ‚Wort' und ‚Text' ausreichend hoch waren, war es gerechtfertigt, die Items der Subtests jeweils zu einer Skala ‚Wort' und einer Skala ‚Text' zusammenfassen. Die beiden Items des Subtests ‚Wort' wurden ebenso wie die beiden Items des Subtests ‚Text' zu jeweils einem Gesamtwert summiert. Der Mittelwert für ‚Wort' betrug $M=1.42$ ($SD=1.44$), der Mittelwert für ‚Text' $M=0.83$ ($SD=0.82$).

Validität der Subtests ‚Wort' und ‚Text' des Lesemonitoringtests. Zur Validierung des Lesemonitoringtests wurden fünf Lehramtsstudierende des Faches Deutsch gebeten, den Test zu bearbeiten. Alle Studierenden erkannten alle Fehler und machten keine Überkorrekturen. Dies zeigt, dass der Test hinreichend valide Monitoringprozesse von erwachsenen, kompetenten Leserinnen und Lesern auf lexikalischer sowie textueller Ebene misst. Daher konnten die in die Texte eingefügten Pseudowörter und Inkonsistenzen für den Einsatz in dieser Studie beibehalten werden.

Um zu überprüfen, ob es sich tatsächlich um zwei unabhängige Subtests desselben Konstrukts Lesemonitoring handelt, wurden Korrelationen zwischen allen Items berechnet (Tabelle 17). Erwartet wurden mittlere Zusammenhänge zwischen Items *innerhalb des gleichen* Subtests, keine Zusammenhänge wurden zwischen den Items der *verschiedenen* Subtests erwartet: Kinder, die Pseudowörter in einem Text finden, sollten sie tendenziell auch im anderen Text finden, sie sollten jedoch nicht zwingend auch Fehler auf der Textebene finden. Diese Annahme bestätigte sich, was für eine gute Konstruktvalidität spricht (Tabelle 17). Beide Subtests messen also zwei unterschiedliche Facetten des Konstrukts Lesemonitoring.

Tabelle 17: Korrelationen der Items des Lesemonitoringtests

	Kamel Text	Löwe Wort	Löwe Text
Kamel Wort	-.02	.53***	-.21
Kamel Text		-.03	.43***
Löwe Wort			-.07

Anmerkung: Signifikanzniveaus *$p<.05$, **$p<.01$, ***$p<.001$; n=81

Ergänzend wurden die beiden Subtests ‚Wort' und ‚Text' auf konvergente und divergente Validität hin überprüft, indem sie mit verschiedenen Variablen korreliert wurden. Erwartet wurden mittlere Korrelationen des Subtests ‚Text' mit Konstrukten, die die Lese- und Sprachkompetenz messen.

Mit dem Subtest ‚Wort' sollten sich bei denselben Konstrukten keine bis geringe Zusammenhänge zeigen, da Pseudowörter relativ unabhängig von der Lesekompetenz sowohl von guten als auch von schwachen Leserinnen und Lesern gefunden werden können. Zusätzlich wurden Korrelationen mit dem Arbeitsgedächtnis berechnet. Erwartet wurden keine Zusammenhänge mit dem Subtest ‚Wort', da Pseudowörter von allen Kindern relativ unabhängig von ihrer Arbeitsgedächtnisleistung entdeckt werden können. Das Finden von Inkonsistenzen auf der Textebene hängt dagegen in Teilen mit der Arbeitsgedächtnisleistung zusammen, zumal die beiden sich widersprechenden Propositionen nicht unmittelbar nebeneinander platziert wurden. Empirisch müsste sich dies durch eine moderate Korrelation zeigen.

Die erwarteten Zusammenhänge wurden größtenteils bestätigt (Tabelle 18). Lediglich ein signifikanter Zusammenhang mit der Arbeitsgedächtnisleistung konnte nicht nachgewiesen werden. Der Einfluss des Arbeitsgedächtnisses war beim Subtest ‚Text' aber zumindest in dieser Stichprobe etwas größer, auf den Subtest ‚Wort' gab es wie erwartet keinen Einfluss. Dieser geringe Zusammenhang liegt möglicherweise an der nur mittleren Reliabilität sowohl des Arbeitsgedächtnistests als auch der beiden Subtests ‚Wort' und ‚Text'. Die fehlende Signifikanz liegt mutmaßlich an der mit n=42 geringeren Gruppengröße als bei den anderen Tests.[10]

Tabelle 18: Korrelationen mit den Subtests ‚Wort' und ‚Text' des Lesemonitoringtests

	ELFE Textverständnis	Lesenote	C-Test	Arbeitsgedächtnis
Subtest ‚Wort'	.25*	-.18	.19	.01
Subtest ‚Text'	.43***	-.48***	.37**	.15

Anmerkung: *$p<.05$, **$p<.01$, ***$p<.001$; n=81, außer Arbeitsgedächtnis n=42, da hier nur die Werte aus zwei Klassen herangezogen wurden (siehe Kapitel 8.2.4)

Die empirischen Daten deuteten insgesamt auf eine zufriedenstellende Validität hin. Als etwas problematisch erwies sich die Formulierung des Arbeitsauftrags *„Findest du im Text etwas, das nicht stimmt? Wenn ja, unterstreiche es."* Manche Kinder interpretierten dies offenbar als einen Auftrag, nach falschen Fakten im Text zu suchen. In der Konsequenz wurde z.T. unterstrichen, was für nicht glaubwürdig erachtet wurde

---

10 Aufgrund von Mängeln in der Durchführungsobjektivität des Arbeitsgedächtnistests in zwei Klassen, wurden in der Vorerprobung nur die Werte der übrigen zwei Klassen in die Auswertung einbezogen (siehe Kapitel 8.2.4).

oder vermeintlich mit dem Weltwissen kollidierte (z.B. *Löwen leben in großen Familien, die man Rudel nennt.; Wenn es dunkel wird, schleichen sie sich...*). Bei der Einschätzung der Validität ist auch zu berücksichtigen, dass hier ein zwar geringer aber doch vorhandener Testeffekt vorlag, denn die Kinder wussten um die Möglichkeit, dass Fehler in den Texten vorkommen können. Sie lasen also eventuell genauer, als sie das außerhalb der Testsituation tun würden und fanden daher womöglich mehr Fehler.

Insgesamt wies der Test aber zufriedenstellende Gütekriterien hinsichtlich der beiden Subtests ‚Wort' und ‚Text' auf, sodass in einem nächsten Schritt ein gemeinsamer Wert ‚Lesemonitortyp' gebildet werden konnte.

Bildung von Lesemonitortypen

Da beide Subtests wie erwartet nicht korrelierten, konnten sie nicht durch Summierung oder Faktorenanalysen zu einer Lesemonitorskala zusammengefasst werden. Stattdessen wurden Lesemonitortypen nach folgenden Regeln gebildet: Als ‚*Wortmonitortyp*' wurde definiert, wer ausschließlich Pseudowörter unterstrichen hatte, seinen Leseprozess also auf lexikalischer Ebene überwacht. Als ‚*Textmonitortyp*' wurden die Kinder definiert, die mindestens eine Inkonsistenz sowie optional zusätzlich Pseudowörter erkannt hatten und keine Überkorrekturen machten und somit auf textueller Ebene überwachen. Alle übrigen Kinder ließen sich in zwei weitere Gruppen unterteilen: Kinder, die nichts unterstrichen hatten, wurden der Kategorie ‚*kein Monitoring*' zugeteilt. Kinder, die beispielsweise ausschließlich Überkorrekturen auf textueller Ebene machten oder Pseudowörter zwar erkannten, aber zusätzlich Überkorrekturen auf textueller Ebene machten, ließen sich nicht eindeutig einem der Monitortypen zuordnen und bildeten daher die Kategorie ‚*Sonstige*'. Relevant für die Hypothesentestung dieser Studie sind nur die beiden erst genannten Monitortypen: ‚Wortmonitortyp' und ‚Textmonitortyp'. Da in diesem Test nur die Fähigkeit zur selbstregulatorischen Überwachung des eigenen Leseprozesses auf lexikalischer und textueller Ebene gemessen werden sollte, wurde das Verstehen nicht in die Auswertung einbezogen. Dies bedeutet, dass es für die Definition des Wortmonitortyps unerheblich war, ob nur Pseudowörter oder auch real existierende Wörter unterstrichen wurden. Ebenso spielte die Anzahl der gefundenen Fehler keine Rolle für die Zuordnung zum jeweiligen Monitortyp.

Tabelle 19: Mittelwertunterschiede der Lesemonitortypen

	Monitortyp	n	M	SD	t	p
ELFE z-Wert Textverständnis	Wort	16	-0.63	0.85	2.15	<.05*
	Text	17	0.06	0.99		
Lesenote	Wort	16	2.61	0.80	2.36	<.05*
	Text	17	1.96	0.78		
Arbeitsgedächtnis	Wort	16	11.06	2.62	0.33[a]	.75
	Text	8	10.50	4.47		

Anmerkung: Signifikanzniveaus *p<.05, **p<.01, ***p<.001. [a]Da die Varianzen signifikant unterschiedlich sind, wurden die Freiheitsgrade korrigiert (df=9.48).

Im Folgenden werden die beiden Extremgruppen ‚Wortmonitortyp' und ‚Textmonitortyp' hinsichtlich ihrer Validität analysiert.

Validität der Lesemonitortypen. Zur Überprüfung der Validität wurden mit Hilfe von t-Tests Mittelwertunterschiede zwischen den beiden Monitortypen hinsichtlich der Variablen Textverständnis, Lesenote und Arbeitsgedächtnisleistung berechnet. Erwartet wurden für erstere signifikante Unterschiede. Lediglich beim Arbeitsgedächtnis wurden eher geringe Unterschiede zwischen den Gruppen angenommen, da auf das Monitoring noch andere Variablen wie Wortschatz oder „standard for coherence" (vgl. Oakhill, Cain & Elbro, 2015) einwirken. Beide Annahmen konnten bestätigt werden. Tabelle 19 zeigt die Mittelwertunterschiede zwischen beiden Extremgruppen.

Die empirischen Daten sprechen für eine gute Validität der Variable Lesemonitortyp. Als problematisch erwies sich, dass bei Kindern, die nichts unterstrichen hatten, unklar blieb, ob sie tatsächlich keine Fehler fanden und somit der Kategorie ‚kein Monitoring' zugeordnet werden können oder ob sie aus anderen Gründen den Text nicht bearbeitet hatten. Dies schmälerte die sonst gute Validität der Variable Lesemonitortyp leicht.

8.2.2.4 Sprachstandstest: C-Test

Theoretische Grundlagen des C-Tests

Zur Messung der globalen Sprachkompetenz wurde ein C-Test eingesetzt. C-Tests bestehen aus mehreren, 60 bis 80 Wörter umfassenden

Lückentexten, die nach folgendem Verfahren konstruiert werden: In jedem Text wird die Hälfte jedes zweiten Wortes getilgt, lediglich der erste und letzte Satz eines Textes bleiben vollständig erhalten. Aufgabe der Probandinnen und Probanden ist es, die fehlenden Worthälften in einer vorgegebenen Zeit zu ergänzen. C-Tests beruhen auf dem Prinzip der reduzierten Redundanz (vgl. Klein-Braley, 1997). Je höher die sprachliche Kompetenz einer Probandin oder eines Probanden ist, desto eher kann „im Zuge einer konstruktiven und antizipatorischen Verarbeitung von Sprache Gebrauch von der natürlichen Redundanz eines Textes" (Grotjahn, 1992, S. 1) gemacht werden und desto besser kann ein C-Test gelöst werden (vgl. ebd.).

Der in dieser Untersuchung eingesetzte C-Test wurde am Institut für Deutsche Sprache und Literatur II der Universität zu Köln für die Sekundarstufe I entwickelt und erprobt (vgl. Kniffka, Linnemann & Thesen, 2007; Linnemann, 2010). Da Untersuchungen im Rahmen einer Staatsexamensarbeit den Schluss zuließen, dass der Test auch an Grundschulen reliabel und valide eingesetzt werden kann (vgl. Neugebauer & Linnemann, 2013), wurde entschieden, zwei der ursprünglich fünf Texte dieses C-Tests in der Vorerprobung einzusetzen. Ausgewählt wurden zwei Texte, die thematisch am ehesten an die Lebenswelt von Grundschulkindern anknüpfen: ‚Felix und sein Glücksmäppchen' und ‚Ein Hund muss her!'. Da die ursprüngliche Version des C-Tests mehr Texte umfasste und zudem nur wenige belastbare Daten für den Einsatz in der Grundschule vorlagen, wurden die in dieser Studie eingesetzten Texte erneut auf ihre Gütekriterien hin überprüft. Diese Analyse wird im Folgenden beschrieben.

Gütekriterien des C-Tests

Objektivität des C-Tests. Die Durchführungsobjektivität wurde durch eine, im Testhandbuch vorgegebene, standardisierte Anleitung garantiert (Kniffka, Linnemann & Thesen, 2007, S. 5) (Abbildung 20).

Häufiges Nachfragen der Schülerinnen und Schüler während der Bearbeitungsphase deutete darauf hin, dass die standardisierte Anleitung mit nur einem Beispiel für diese Zielgruppe nicht ausreichte und dadurch die Durchführungsobjektivität gemindert wurde. Dem wurde versucht durch individuelle Instruktion entgegenzuwirken, letztlich blieb dies aber unbefriedigend, da auf diese Weise nicht allen Kindern das Verfahren hinreichend erläutert werden konnte.

In den folgenden Texten fehlen bei vielen Wörtern einige Buchstaben. Bitte ergänze diese Buchstaben. Pro Text hast du 5 Minuten Zeit. Wenn ich sage, „Gehe bitte zum nächsten Text.", dann beginne mit dem nächsten Text, auch wenn du noch nicht fertig bist.

Schau dir das Beispiel an.

Beispiel:
Heute sch_____ die So_____.
Heute sch*eint* die So*nne*.

Hast du Fragen?

Abbildung 20: Standardisierte Instruktion für den C-Test

Der C-Test lag in zwei Ausführungen vor. Beide Versionen unterschieden sich hinsichtlich der Reihenfolge der Texte. Ein Lösungsschlüssel gewährleistete die Auswertungsobjektivität (vgl. Kniffka, Linnemann & Thesen, 2007). Für semantisch richtig ausgefüllte Lücken wurde ein Punkt vergeben. Um Bodeneffekte zu vermeiden, wurden Orthografiefehler nicht als Fehler gewertet. Pro Text konnten 20 Punkte erreicht werden, in beiden Texten insgesamt also 40 Punkte. Zwar liegen für diesen C-Test weder für die Sekundarstufe I noch für die Grundschule Normen vor, trotzdem ist der Test insofern interpretationsobjektiv, als dass hohe Werte mit einer hohen Kompetenz und geringe Werte mit einer geringen Kompetenz einhergehen. Der hier eingesetzte C-Test kann demnach eingeschränkt als objektiv bezeichnet werden.

Reliabilität des C-Tests. Die Stichprobe umfasste alle 86 Schülerinnen und Schüler. Als Reliabilitätskoeffizient wurde Cronbachs alpha berechnet. Der Wert lag bei $\alpha=.85$ und ist damit sehr hoch. Da der hier eingesetzte C-Test nur aus zwei Items (zwei Texten) bestand und der Reliabilitätskoeffizient durch diese geringe Itemanzahl verzerrt wird, wurde zusätzlich die Korrelation zwischen den beiden Items ‚Felix' und ‚Hund' ermittelt. Sie lag bei $r=.74$ ($p<.001$) und ist damit höchst signifikant. Die Korrelation der beiden Items entspricht der Trennschärfe. Tabelle 20 zeigt die Mittelwerte (Itemschwierigkeiten), Standardabweichungen und Trennschärfen der beiden Items des C-Tests.

Tabelle 20: Itemkennwerte des C-Tests

Item (Text)	Itemschwierigkeit	Standardabweichung (*SD*)	Trennschärfe (r_{it})
Felix	10.10	5.24	.74
Hund	10.53	5.12	.74

Die Werte zeigen die gute Reliabilität des C-Tests. Da die Korrelation zwischen den Items sehr hoch war und darüberhinaus Linnemann (2010) für die Sekundarstufe I ebenfalls zeigen konnte, dass beide Texte das gleiche Konstrukt messen, konnten die Punkte zu einem Gesamtwert ‚globale Sprachkompetenz' summiert werden. Der Mittelwert der Summe betrug *M*=20.64, die Standardabweichung lag bei *SD*=9.65. Abbildung 21 zeigt die Verteilung der Punkte innerhalb der Stichprobe.

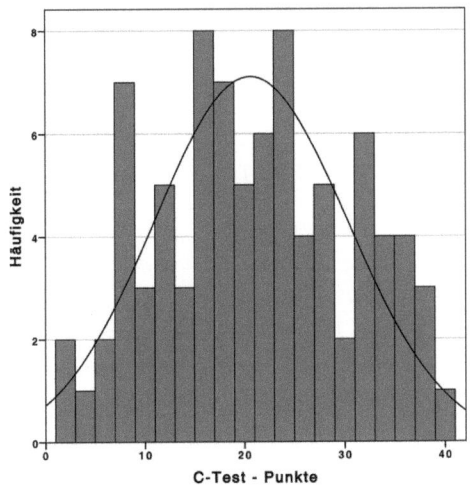

Abbildung 21: Punkteverteilung im C-Test

Eine visuelle Inspektion zeigte, dass die Punkte dieser Stichprobe annähernd normalverteilt waren.[11] Das gesamte Punktespektrum war gegenüber zu erwartenden Werten in der Sekundarstufe I aber leicht nach unten verschoben. Dies macht deutlich, dass der hier eingesetzte C- Test für die Grundschülerinnen und -schüler dieser Stichprobe vergleichsweise schwierig war.

---

11 Punkteverteilungen werden im Folgenden stets visuell inspiziert.

Validität des C-Tests. Generell sind C-Tests ein valides Maß zur Messung globaler Sprachkompetenz (vgl. Grotjahn, 2002). Die hier eingesetzten Texte wurden für die Sekundarstufe I und die Förderschule Lernen ausreichend validiert (vgl. Linnemann 2010; Linnemann & Wilbert, 2010). Da für die Grundschule erst wenige belastbare Daten vorliegen (vgl. Neugebauer & Linnemann, 2013), wurden Korrelationen zwischen dem C-Test und konstruktnahen bzw. konstruktferneren Variablen betrachtet. Da C-Tests u.a. „textual competence" erfassen, also „die Fähigkeit, den Kontext eines Textes aus kleineren linguistischen Einheiten zu erschließen oder ihn mit Hilfe von z.B. Kohäsionsmitteln herzustellen" (Linnemann, 2010, S. 200), wurde ein mittlerer bis hoher Zusammenhang mit dem Leseverständnistest ELFE und der Lesenote erwartet. Der Zusammenhang mit dem Subtest Sachrechnen des DEMAT 3+ sollte geringer ausfallen, da hier neben sprachlichen Kompetenzen zusätzlich mathematische Fertigkeiten eine Rolle spielen, die nicht ausschließlich mit der Sprachkompetenz zusammenhängen. Tabelle 21 zeigt die berechneten Korrelationen. Sie liegen im erwarteten Bereich und sind höchst signifikant.

Tabelle 21: Korrelationen mit dem C-Test

	ELFE Gesamtwert	DEMAT Sachrechnen	Lesenote
r	.75***	.53***	-.70***
n	79	84	86

Anmerkung: Signifikanzniveaus *$p<.05$, **$p<.01$, ***$p<.001$

Es gab signifikante Unterschiede in der C-Test-Leistung zwischen Kindern mit deutscher Muttersprache und Kindern mit Deutsch als Zweitsprache ($t(84)=2.91$; $p<.01$). Kinder mit Deutsch als Muttersprache (DaM) wiesen signifikant höhere Punktwerte auf (DaM: $M=23.10$, $SD=9.73$; DaZ: $M=17.22$, $SD=8.55$). Da nicht anzunehmen ist, dass sich die Geschlechter in ihrer globalen Sprachkompetenz unterscheiden, wurde hier kein Mittelwertunterschied zwischen Jungen und Mädchen erwartet. Dies konnte durch die Daten bestätigt werden: Beide Gruppen unterschieden sich hinsichtlich ihrer C-Test-Leistung nicht voneinander ($t(84)=1.33$; $p=.19$; Mädchen: $M=21.96$, $SD=10.19$; Jungen: $M=19.20$, $SD=8.94$). Die genannten empirischen Daten stellen ein starkes Indiz für eine hohe Validität des C-Tests auch in der Grundschule dar.

Insgesamt wurden die Gütekriterien für den C-Test nur bedingt erfüllt. Reliabilität und Validität wiesen ausreichend hohe Werte auf, die

Objektivität dagegen war nur eingeschränkt gegeben. Nach der Vorerprobung blieb unklar, inwieweit das Verstehen der Instruktion bei allen Schülerinnen und Schülern in der zur Verfügung stehenden Zeit gewährleistet werden kann.

8.2.3 Instrumente zur Erhebung der mathematischen Kompetenz

8.2.3.1 Deutscher Mathematiktest DEMAT 3+

Die mathematische Kompetenz der Schülerinnen und Schüler wurde über den Deutschen Mathematiktest für dritte Klassen (DEMAT 3+) erhoben (vgl. Roick, Gölitz & Hasselhorn, 2004). Der DEMAT 3+ wurde basierend auf den Mathematiklehrplänen aller 16 Bundesländer entwickelt und soll damit eine curricular-valide Leistungsbeurteilung ermöglichen (vgl. ebd., S. 11). Er umfasst die drei Bereiche Arithmetik, Sachrechnen und Geometrie. In der vorliegenden Studie wurden nur die beiden Subtests Arithmetik und Sachrechnen eingesetzt. Der Subtest Arithmetik setzt sich zusammen aus Aufgaben zum Zahlenstrahl, zur schriftlichen Addition und Subtraktion und zum halbschriftlichen Multiplizieren, der Subtest Sachrechnen umfasst neben Textaufgaben auch das Umrechnen von Längen. Beim DEMAT 3+ handelt es sich um einen Speedtest mit vorgegebener Zeitbegrenzung, die reine Bearbeitungszeit der beiden Subtests beträgt insgesamt 22 Minuten. Der DEMAT 3+ ist als Gruppentest einsetzbar, er liegt in zwei parallelen Formen A und B vor. Der Test ist normiert für das Ende des dritten und den Beginn des vierten Schuljahres. Die Reliabilität des DEMAT 3+ liegt im mittleren bis hohen Bereich. Der Gesamttestwert für die Normierungsstichprobe beträgt Ende der dritten Klasse $\alpha=.83$. Für den Subtest Arithmetik liegt Cronbachs alpha bei $\alpha=.79$, für den Subtest Sachrechnen bei $\alpha=.66$ (ebd., S. 43).

8.2.3.2 Fragebogen Textaufgaben

Theoretische Grundlagen des Fragebogens Textaufgaben.

Analog zum Fragebogen Lesen wurde ein Fragebogen Textaufgaben entwickelt. Ziel war es, mit Hilfe des Fragebogens Kinder zu identifizieren, die sich beim Bearbeiten von Textaufgaben eher von Oberflächenmerkmalen wie Zahlen und vermeintlichen Schlüsselwörtern leiten lassen („direct-translation-strategy‘), als das Verständnis des Aufgabentextes als Ganzes zu fokussieren („Fokus Aufgabentext‘) und die somit eher kein bzw. ein unzureichendes mentales Modell des Textes aufbauen (vgl. Hegarty, Mayer & Monk, 1995; Verschaffel, Greer & de Corte, 2000). Diese Kinder werden im Folgenden der Einfachheit halber als ‚Zahlenfokussierer‘ bezeichnet. Wie beim Fragebogen Lesen wurden jeweils zwei Aussagen gegenübergestellt; Aussagen auf der einen Seite repräsentierten die Strategie des Fokussierens auf Zahlen und Schlüsselwörter, während Aussagen auf der anderen Seite auf die Konstruktion eines mentalen Modells hindeuteten. Manche Aussagen wurden in verschiedenen Kombinationen mehrfach verwendet. Die Polung der Aufgaben wurde wiederum randomisiert erstellt. Insgesamt wurden fünf Items und ein Beispielitem konstruiert. Alle Items wurden einer übergeordneten Frage ‚Wann löst man Textaufgaben gut?‘ zugeordnet, die ähnlich situiert wurde, wie im Fragebogen Lesen. Aufgabe der Schülerinnen und Schüler war es, sich vor dem Hintergrund der genannten Fragestellung für jeweils eine der Aussagen zu entscheiden. Abbildung 22 zeigt einen Ausschnitt aus dem Fragebogen Textaufgaben mit der Situierung.

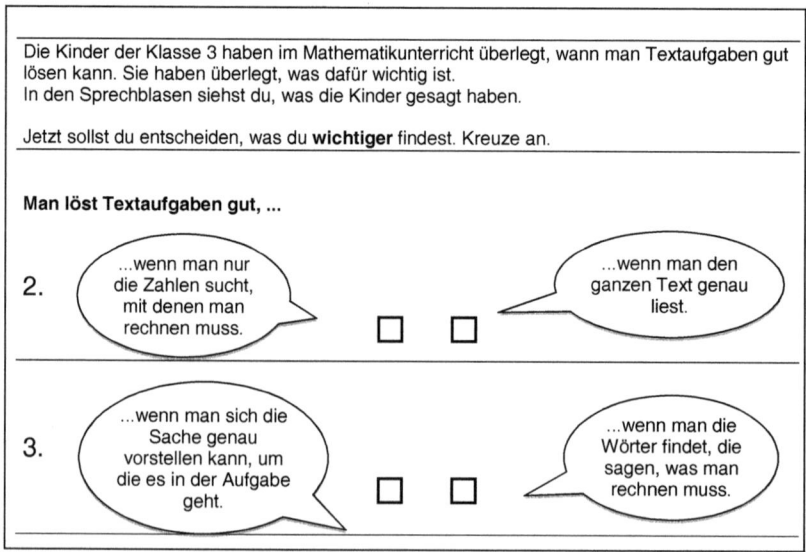

Abbildung 22: Ausschnitt aus dem Fragebogen Textaufgaben mit Situierung

Im Folgenden werden die Gütekriterien des Fragebogens Textaufgaben überprüft.

Gütekriterien des Fragebogens Textaufgaben

Objektivität des Fragebogens Textaufgaben. Die Durchführungs- und Auswertungsobjektivität des Fragebogens Textaufgaben wurde durch einen standardisierten Ablauf und einen Lösungsschlüssel gewährleistet. Die Durchführung verlief analog zum Fragebogen Lesen. Bei der Auswertung wurden für die Auswahl von Aussagen, die der Strategie ‚Fokus auf Zahlen‘ zuzuordnen waren, jeweils 0 Punkte vergeben, für konträre Aussagen zum ‚Fokus auf den Aufgabentext‘ jeweils 1 Punkt. Die Interpretationsobjektivität war trotz fehlender Normierung durch die Fragebogenkonstruktion nahezu gegeben. Die Zuordnung zu den beiden Kategorien war überwiegend möglich. Lediglich die fehlende eindeutige Grenze zwischen beiden Polen schränkte die Interpretationsobjektivität leicht ein. Der Fragebogen Textaufgaben war somit weitgehend objektiv.

Reliabilität des Fragebogens Textaufgaben. Von insgesamt 86 Probandinnen und Probanden waren am Tag der Durchführung 84 anwesend. Cronbachs alpha lag für den Fragebogen Textaufgaben bei $\alpha=.51$, Item 2 hatte mit $r_{it}=.08$ eine zu geringe Trennschärfe. Daher wurde dieses Item von den folgenden Analysen ausgeschlossen. Cronbachs alpha stieg ohne Item 2 leicht auf $\alpha=.53$ an. Der Ausschluss von Item 3 würde Cronbachs alpha noch einmal erhöhen. Darauf wurde jedoch aus inhaltlichen Erwägungen verzichtet. Die Reliabilität für den Fragebogen lag im mittleren Bereich. Die Trennschärfen befanden sich nach der Itemselektion zwischen $r_{it}=.11$ und $r_{it}=.51$ und waren damit zufriedenstellend hoch. Tabelle 22 zeigt Itemschwierigkeiten (Mittelwerte), Standardabweichungen und Trennschärfen der einzelnen Items des Fragebogens Textaufgaben vor und nach der Itemselektion.

Der Mittelwert der Schwierigkeiten aller vier Items betrug .62 Punkte. Da die Reliabilität des Fragebogens ausreichend hoch war, ließen sich die Items zu einer Skala ‚Textaufgaben‘ zusammenfassen. Die vier Items des Tests wurden zu einem Gesamtwert summiert. Der Maximalwert lag bei 4 Punkten, der Mittelwert betrug $M=2.49$, die Standardabweichung lag bei $SD=1.15$. Abbildung 23 zeigt die Punkteverteilung der Skala ‚Textaufgaben‘. Die Punkte sind nahezu normalverteilt.

Tabelle 22: Itemkennwerte Fragebogen Textaufgaben

Item	Itemschwierig-keit	Standardabwei-chung (SD)	Trennschärfe (r_{it}) vor Item-selektion	Trennschärfe (r_{it}) nach Item-selektion
2	.96	.19	.08	--
3	.29	.45	.13	.11
4	.65	.48	.36	.38
5	.74	.44	.34	.34
6	.81	.40	.50	.51

Anmerkung: Die Items wurden mit 0 und 1 codiert.

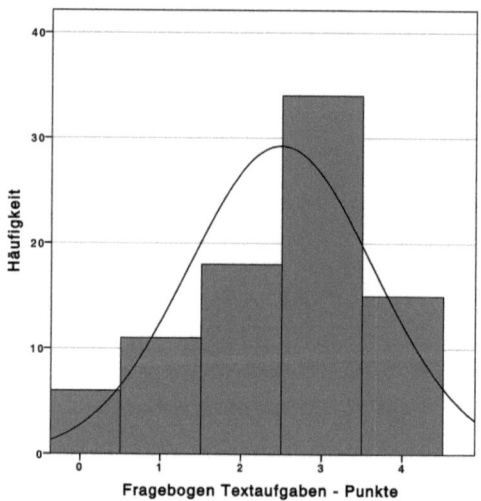

Abbildung 23: Punkteverteilung des Fragebogens Textaufgaben

Validität des Fragebogens Textaufgaben. Auch der Fragebogen Textauf-gaben wurde durch eine Zusatzerhebung mit Studierenden validiert. 19 Lehramtsstudierende des Faches Deutsch wurden gebeten, den Fra-gebogen zu bearbeiten und etwaige Unklarheiten zu äußern. Da es sich nicht um Studierende des Faches Mathematik handelte, wurde ein Wert im oberen Bereich der Skala, jedoch nicht der Maximalwert erwartet. Diese Annahme wurde bestätigt: Der Mittelwert der Studierenden lag bei $M=4.32$ ($SD=1.00$) und wich dabei signifikant vom Maximalwert 5 ab[12] ($t(18)$=2.97; p<.01). Der Fragebogen wurde von allen Studierenden für verständlich erachtet.

Die Validität sollte auch in diesem Fragebogen durch das Aufgabenformat erhöht werden. Wie im Fragebogen Lesen wurden keine Multiple-Choice Fragen und offene Fragestellungen eingesetzt. Ergänzend wurde die Validität des Fragebogens anhand des Zusammenhangs mit konstruktähnlichen Instrumenten überprüft. Erwartet wurde ein moderater Zusammenhang mit der Sachrechenkompetenz, erhoben über den Subtest Sachrechnen des DEMAT 3+, und ein geringer bis mittlerer Zusammenhang mit der Mathematiknote. Beides ließ sich nicht bestätigten. Sowohl die Korrelation mit dem Subtest Sachrechnen als auch mit der Mathematiknote lag weit oberhalb des festgelegten Signifikanzniveaus von 5%. Ursache hierfür war möglicherweise die Formulierung der Aussagen, die z.T. inhaltlich und sprachlich zu nah an unterrichtlichen Hinweisen der Lehrkraft zum Lösen von Textaufgaben lagen, sodass die Kinder vom jeweiligen Unterricht geprägt antworteten. Einblicke in tatsächliche Strategien blieben so verwehrt. Solche unterrichtsnahen Aussagen waren beispielsweise ,*Man löst Textaufgaben gut, ... wenn man von der Aufgabe eine Zeichnung machen kann*‘, ‚*... wenn man den ganzen Text genau liest*‘, ‚*... wenn man die Aufgabe mit eigenen Worten nacherzählen kann.*‘

Insgesamt lässt sich festhalten, dass der Fragebogen Textaufgaben nicht misst, was er zu messen vorgibt. Zwar sind Objektivität und Reliabilität im zufriedenstellenden Bereich, eine ausreichende Validität ist jedoch nicht gegeben. Die Reliabilität von α=.53 und die zufriedenstellenden Trennschärfen zeigten aber auch, dass die Items nicht zufällig angekreuzt wurden, nach welcher Systematik blieb jedoch unklar. Möglicherweise hing das Ankreuzverhalten mit den im jeweiligen Unterricht vermittelten Strategien zusammen.

Die für die Hypothesentestung benötigte Gruppe von Kindern, die stärker Zahlen und Signalwörter fokussiert als den Aufgabentest als Ganzes, ließe sich aufgrund der schlechten Validität mit Hilfe dieses Fragebogens folglich nicht definieren.

---

12 Die Erhebung mit den Studierenden wurde vor der Itemselektion durchgeführt, deshalb gingen neun Items in die Wertung ein.

8.2.4 Weitere Erhebungsinstrumente

8.2.4.1 Arbeitsgedächtnistest

Theoretische Grundlagen des Arbeitsgedächtnistests

Das Arbeitsgedächtnis spielt bei allen kognitiven Prozessen eine wesentliche Rolle (vgl. Baddeley, 1997), so auch beim Lesen von Texten. Um die Arbeitsgedächtnisleistung beim Lesen zu erfassen, reichen sogenannte Memory Span-Tests, die lediglich die Kapazität des Arbeitsgedächtnisses messen, nicht aus. Zum Verstehen schriftlicher Texte ist zwar das Aufrechterhalten von Informationen im Sinne einer Memory Span relevant, wichtiger ist jedoch die Fähigkeit, Informationen zu verarbeiten (processing) und zu speichern (storage) (vgl. Daneman & Carpenter, 1980). Auf dieser Theorie aufbauend entwickelten Daneman und Carpenter (1980) ein Testformat, bei dem einzelne Sätze gelesen und verarbeitet (processing) werden müssen und dabei gleichzeitig das jeweils letzte Wort eines Satzes behalten werden muss (storage). Die Anzahl der nach dem Lesen und Verarbeiten aller Sätze wiedergegebenen Wörter bezeichnen Daneman und Carpenter (1980) als „reading span". Dieses Maß korreliert, im Gegensatz zur reinen Memory Span, hoch mit dem Leseverstehen (vgl. Daneman & Carpenter, 1980). Um bei einer solchen Messung einen Vorteil für sprachlich kompetente Kinder und gute Leserinnen und Leser auszuschließen und die Arbeitsgedächtnisleistung weitgehend unabhängig von einer Sprachverstehenskomponente zu messen, entwickelten Yuill, Oakhill und Parkin (1989) analog zu Daneman und Carpenters Test ein auf Zahlen basierendes Messinstrument. Statt Sätzen wurden hier Zahlenreihen mit jeweils drei Ziffern eingesetzt. Aufgabe der Probandinnen und Probanden war es, mehrere Zahlenreihen laut vorzulesen (processing), sich gleichzeitig die jeweils letzte Ziffer einer Reihe zu merken (storage) und die behaltenen Ziffern anschließend wiederzugeben. Die Anzahl der Zahlenreihen und der dementsprechend zu erinnernden Ziffern nahm dabei während des Testverlaufs kontinuierlich zu. Da aufgrund der Fragestellungen der vorliegenden Studie eine möglichst sprachfreie Messung des Arbeitsgedächtnisses für sinnvoll erachtet wurde, wurde für diese Untersuchung das zahlenbasierte Messinstrument von Yuill, Oakhill und Parkin (1989) adaptiert. Anpassungen waren insofern nötig, als dass der genannte Test für Einzeltestungen konzipiert wurde, in der vorliegenden Untersuchung aus schulorganisatorischen

Gründen aber auf die Gruppenebene übertragen werden musste. Der Test wurde daher komplett neu erstellt und die Durchführung für die Gruppentestung angepasst.

Der für diese Untersuchung erstellte Test setzte sich aus acht Items und einem Beispielitem (Tabelle 23) zusammen, bestehend aus insgesamt 26 Zahlenreihen mit jeweils drei Ziffern (im Folgenden Triplett), die zu Triplett-Gruppen mit zwei, drei oder vier Tripletts zusammengefasst wurden. Weder die Ziffern innerhalb eines Tripletts noch die letzten Ziffern in den jeweiligen Tripletts einer Gruppe waren gleich. Außerdem ergaben die letzten Ziffern der Tripletts innerhalb einer Gruppe keine einfach zu merkende Zahlenfolge, es wurden also beispielsweise keine aufeinanderfolgenden Zahlen (z.B. 1,2,3 oder 6,7,8) benutzt (vgl. Yuill, Oakhill und Parkin, 1989). Tabelle 23 zeigt die Tripletts des in der Vorerprobung eingesetzten Tests und die abzurufenden Zahlen.

Tabelle 23: Items des Arbeitsgedächtnistests

Item	Triplett-Gruppen	abzurufende Zahlen
a (Beispielitem)	371, 596	1,6
b	285, 137	5,7
c	193, 975	3,5
d	825, 359, 731	5,9,1
e	386, 158, 142	6,8,2
f	587, 635, 439	7,5,9
g	827, 193, 951	7,3,1
h	251, 926, 139, 714	1,6,9,4
i	163, 751, 496, 538	3,1,6,8

Die Schwierigkeit der einzelnen Items sollte im Testverlauf zunehmen. Daher wurde die Anzahl der Tripletts in den Gruppen und damit die Anzahl der abzurufenden Zahlen beginnend mit zwei auf vier gesteigert. Zwei Tripletts mit zwei abzurufenden Zahlen sollten das Arbeitsgedächtnis weniger beanspruchen als vier Tripletts mit vier abzurufenden Zahlen.

Die Güte des diesem Messinstrument zugrundeliegenden Testformats wurde bereits von Daneman und Capenter (1980) und Yuill, Oakhill und Parkin (1989) nachgewiesen. Da der Arbeitsgedächtnistest für diese Untersuchung aber komplett neu erstellt wurde, mussten die Gütekriterien erneut überprüft werden. Bei der Vorerprobung des Tests ging es vor allem darum, herauszufinden, ob sich das entwickelte Instrument zufriedenstellend als Gruppentest im Klassenverband durchführen ließ. Im Folgenden werden die Gütekriterien beschrieben.

Gütekriterien des Arbeitsgedächtnistests

Objektivität des Arbeitsgedächtnistests. Ein standardisierter Testablauf sollte die Durchführungsobjektivität gewährleisten. Nach der Instruktion mit einem Beispielitem (Item a) zur Verständnissicherung wurden die Tripletts von der Versuchsleiterin nacheinander präsentiert und von allen Probandinnen und Probanden gemeinsam vorgelesen. Nach jeder gelesenen Triplett-Gruppe notierten alle Kinder die behaltenen Zahlen. Während der Durchführung des Tests in den ersten beiden Klassen wurde deutlich, dass in der Gruppentestung die Objektivität der Durchführung ohne Änderungen am Ablauf nicht gewährleistet werden konnte. Zum einen wurde das laute Mitlesen aller Kinder zunächst nicht zufriedenstellend kontrolliert, zum anderen notierten viele Kinder die zu erinnernden Zahlen schon während der Präsentation der Tripletts. Um letzteres zu verhindern, wurden in den beiden weiteren Klassen der Vorerprobung die Kinder dazu angehalten, während des lauten Lesens der Tripletts die Hände hinter den Kopf zu nehmen. Ebenfalls zeigte sich, dass die Instruktion mit nur einem Beispielitem nicht ausreichte. Ergänzende Erläuterungen waren notwendig, um alle Kinder ausreichend zu instruieren.

Die Auswertungsobjektivität wurde dadurch gesichert, dass die Kriterien für die Kodierung der Items genau festgelegt wurden und somit die Punkte eindeutig den notierten Zahlen zuzuordnen waren. Die Items wurden mit 0, 1 oder 2 Punkten kodiert. Kinder, die keine, falsche oder nur teilweise richtige Zahlen notierten, erhielten im jeweiligen Item 0 Punkte. Kinder, die zwar ausschließlich richtige Zahlen, diese aber in falscher Reihenfolge erinnerten, erlangten einen Punkt. Zwei Punkte erhielten die Kinder, die in einem Item ausschließlich richtige Zahlen in richtiger Reihenfolge notierten. Bei insgesamt acht Items ließ sich somit ein maximaler Wert von 16 Punkten erreichen.

Die Interpretationsobjektivität wurde durch die Testkonstruktion gewährleistet, die geringste Punktzahl zeigt auch die geringste Arbeitsgedächtnisleistung an. Zwar liegt dem erstellten Test keine Normierungsstichprobe zugrunde, dies ist aber insofern kein Nachteil, als dass mit diesem Test nur

etwaige Unterschiede innerhalb der Probandengruppe gemessen werden sollten. Der Test wurde nicht zur Individualdiagnostik entwickelt. Insgesamt
ist der in der Vorerprobung eingesetzte Arbeitsgedächtnistest aufgrund der
beschriebenen Mängel bei der Durchführung im Klassenverband nur bedingt
als objektiv zu bezeichnen.

Tabelle 24: Itemkennwerte Arbeitsgedächtnistest

Item	Anzahl der Tripletts	Itemschwie-rigkeit	Triplett-Schwierig-keit	Standard-abweichung (SD)	Trennschär-fe (r_{it})
b	2	1.55		0.83	.20
c	2	1.71	1.63	0.67	.09
d	3	1.02		0.95	.43
e	3	1.24		0.96	.23
f	3	1.43	1.30	0.89	.15
g	3	1.52		0.74	.45
h	4	1.26		0.96	.20
i	4	0.83	1.05	0.91	.35

Anmerkung: Die Items wurden mit 0, 1 und 2 codiert; Triplett-Schwierigkeit
=Mittelwert der Itemschwierigkeit der Gruppen mit gleicher
Triplettanzahl.

Reliabilität des Arbeitsgedächtnistests. Die Stichprobe umfasste 86 Schülerinnen und Schüler in vier Klassen. Aufgrund der zuvor beschriebenen Änderung in der Testdurchführung nach zwei Klassen, wurden die
Klassen in zwei Gruppen aufgeteilt und getrennt ausgewertet. Für die
ersten beiden Klassen (n=44) wurde ein Cronbachs alpha von α=-.06
berechnet. Dieser Wert ist nicht nur sehr niedrig, er liegt auch außerhalb des Bereichs, in dem sich der Reliabilitätskoeffizient sinnvoll deuten
lässt. Damit bestätigte sich die Beobachtung, dass eine objektive Durchführung des Tests in den ersten beiden Klassen nicht gewährleistet war.
Beide Klassen wurden deshalb aus den folgenden Berechnungen ausgeschlossen. Für die übrigen zwei Klassen (n=42) lag Cronbachs alpha
bei α=.55. Zur Bestimmung des Reliabilitätskoeffizienten wurde zusätzlich die Splithalf-Methode (Spearman-Brown) angewandt, da diese bei
parallelen Testhälften genauer misst als Cronbachs alpha (vgl. Moosbrugger & Kelava, 2008). Dabei werden die Items eines Tests nicht wie
bei Cronbachs alpha als einzelne, separate Testteile betrachtet, sondern

in zwei parallele Gruppen aufgeteilt und die Korrelation der beiden Testhälften bestimmt (vgl. Moosbrugger & Kelava, 2008). Für die Testhalbierung stehen verschiedene Methoden zur Verfügung. Da die Schwierigkeit der Items im Testverlauf anstieg (Tabelle 24), wurde hier die Odd-Even-Methode angewandt, d.h. gerade und ungerade nummerierte Items wurden jeweils einer der beiden Gruppen zugeteilt, sodass beide Testhälften Items mit ähnlicher Schwierigkeit enthielten (vgl. Moosbrugger & Kelava, 2008). Der Splithalf-Koeffizient betrug r_{it}= .70. Die Modifikationen bei der Durchführung des Tests führten somit zu einer erheblich höheren Reliabilität, die nun im mittleren bis hohen Bereich lag. Die Trennschärfen lagen zwischen r_{it}=.09 und r_{it}=.51 (Tabelle 24) und sind damit zum größten Teil ausreichend hoch. Lediglich Item c hat eine zu geringe Trennschärfe, wurde aber aus inhaltlichen Erwägungen beibehalten. Tabelle 24 zeigt Itemschwierigkeiten (Mittelwerte), Triplett-Schwierigkeiten, Standardabweichungen und Trennschärfen der einzelnen Items.

Der Mittelwert der Schwierigkeiten aller Items betrug M=1.32 Punkte. Da die Reliabilität ausreichend hoch war, ließen sich die Items des Tests zu einer Skala ‚Arbeitsgedächtnis‘ zusammenfassen. Die acht Items wurden zu einem Gesamtwert summiert. Der Mittelwert dieser Summe betrugt M=10.57, die Standardabweichung lag bei SD=3.41. Abbildung 24 zeigt die Verteilung der Skala ‚Arbeitsgedächtnis‘.

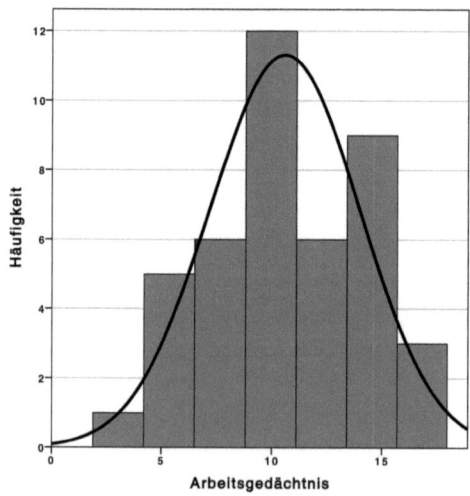

Abbildung 24: Punkteverteilung des Arbeitsgedächtnistests

Die Punkte der Skala waren in dieser Stichprobe annähernd normalverteilt. Lediglich der Anteil der Werte am rechten Rand der Verteilung war bei einer für die Arbeitsgedächtnisleistung i.d.r. angenommenen Normalverteilung leicht zu hoch.

Validität des Arbeitsgedächtnistests. Prinzipiell wurde die Validität für dieses Testformat bereits von Daneman und Carpenter (1980) und Yuill, Oakhill und Parkin (1989) nachgewiesen. Da der Test in dieser Studie für den Einsatz in der Gruppe adaptiert wurde, mussten einige Validitätsaspekte zusätzlich überprüft werden.

Eine hohe Konstruktvalidität zeigte sich erwartungskonform darin, dass die Itemschwierigkeit mit Erhöhung der Triplettanzahl kontinuierlich anstieg (vgl. Tabelle 25). Die Validität wurde zudem durch das Verhindern des Mitschreibens während der Präsentation der Tripletts erhöht. Ein Mitschreiben hätte das Arbeitsgedächtnis entlastet und den Test damit weniger valide gemacht. Wenn der vorliegende Test das Konstrukt Arbeitsgedächtnis misst, müssten Zusammenhänge mit Konstrukten, die eine Arbeitsgedächtnisleistung erfordern, nachweisbar sein. Daher wurden zur weiteren Validitätsprüfung sowohl Korrelationen mit Lese- und Mathematiknoten als auch mit konstruktähnlichen und konstruktfernen Tests herangezogen. Erwartet wurden jeweils mittlere Zusammenhänge mit den Schulnoten, mit dem DEMAT 3+ und mit dem Leseverständnistest ELFE. Letzterer wurde mit seinen Subtests Wort-, Satz- und Textverstehen in die Analysen einbezogen, da davon auszugehen ist, dass der Einfluss des Arbeitsgedächtnisses beim Textverstehen deutlich größer ist, als beim Wort- oder Satzverstehen. Beim Textverstehen wurde daher ein größerer Zusammenhang mit dem Arbeitsgedächtnistest erwartet. Die berechneten Korrelationen sind in Tabelle 25 dargestellt.

Tabelle 25: Korrelationen mit dem Arbeitsgedächtnistest

	ELFE Wortverständnis	ELFE Satzverständnis	ELFE Textverständnis	Lesenote	Mathematiknote	DEMAT Arithmetik/ Sachrechnen
r	.16	.19	.39**	-.32*	-.52***	.33*

Anmerkung: Signifikanzniveaus *$p<.05$, **$p<.01$, ***$p<.001$; n=42, außer DEMAT n=41

Es bestätigte sich ein mittlerer Zusammenhang zwischen dem Arbeitsgedächtnistest und der mathematischen Kompetenz. Ebenso wurde ein mittlerer Zusammenhang zwischen dem Textverständnis und dem Arbeitsgedächtnis festgestellt, kein signifikanter Zusammenhang zeigte sich dagegen mit den Subtests Wortverstehen bzw. Satzverstehen. Erwartungsgemäß zeigte sich hier die stärkere Belastung des Arbeitsgedächtnisses beim Textlesen.

Schülerinnen und Schüler mit Deutsch als Muttersprache (DaM) unterschieden sich hinsichtlich ihrer Leistungen im Arbeitsgedächtnistest nicht signifikant von Schülerinnen und Schülern mit Deutsch als Zweitsprache (DaZ) ($t(40)=1.77$; $p=.08$) (DaM: $M=9.29$, $SD=3.73$; DaZ: $M=11.21$, $SD=3.12$). Auch dieses Ergebnis war erwartungskonform. Auch gab es keinen signifikanten Mittelwertunterschied zwischen Jungen und Mädchen ($t(40)=1.18$; $p=.25$) hinsichtlich ihrer Arbeitsgedächtnisleistung (Mädchen: $M=11.13$, $SD=3.72$; Jungen: $M=9.89$, $SD=2.94$).

Die beschriebenen Punkte deuten darauf hin, dass der in dieser Studie eingesetzte Arbeitsgedächtnistest weitgehend valide ist. Zusammenfassend muss man jedoch konstatieren, dass die Gütekriterien beim Einsatz des Instruments als Gruppentest nur bedingt erfüllt wurden. Reliabilität und Validität befanden sich im ausreichend hohen Bereich, die Durchführungsobjektivität konnte jedoch trotz Modifikationen am Testablauf noch nicht zufriedenstellend gewährleistet werden.

8.2.4.2 Fragebogen zu biografischen Angaben und Schulnoten

Ergänzend wurden mit einem Fragebogen biografische Daten der Probandinnen und Probanden erfasst. Abgefragt wurden das Geschlecht, das Alter, die zu Hause gesprochenen Sprachen, die Dauer des Deutschlernens und das Geburtsland. Als problematisch erwies sich für die Grundschulkinder dieser Stichprobe die Offenheit der Frage „Wie lange sprichst du schon Deutsch?“. Die Items ‚Familiensprachen‘ und ‚Dauer des Deutschlernens‘ wurden zur Definition von Deutsch als Zweitsprache-Lernenden herangezogen. Zu dieser Gruppe wurden Kinder gezählt, die auf die beiden Fragen nach der Dauer des Deutschlernens und den zu Hause gesprochenen Sprachen angaben, Deutsch nicht von Geburt an erworben zu haben und/oder zu Hause eine andere Sprache als Deutsch zu sprechen. Diese Abgrenzung ist lediglich beschreibend zu verstehen. Über die Sprachkompetenzen im Deutschen wird damit keine Aussage gemacht, weder für Kinder, die Deutsch als Zweitsprache sprechen noch für Kinder mit Deutsch als Muttersprache. Zusätzlich wurden die Lese- und die Mathematiknoten der Schülerinnen und Schüler erhoben.

8.3   Durchführung der Vorerprobung

Die Vorerprobung der Materialien fand im Zeitraum von 10 Tagen unmittelbar vor den Sommerferien 2015 statt. Sie wurde im Klassenverband in den teilnehmenden Schulen durchgeführt. Damit die Schülerinnen und Schüler nicht zu viele Tests unmittelbar hintereinander bearbeiten mussten, wurden die Daten in jeder Klasse an drei verschiedenen Tagen erhoben. Die Dauer der Sitzungen betrug zweimal 45 Minuten und einmal 90 Minuten, alle Sitzungen fanden innerhalb der ersten vier Unterrichtsstunden entweder vor oder nach der Frühstückspause statt. Die Tests wurden thematisch auf die drei Erhebungstage verteilt: An Erhebungstag I wurden drei Tests zur Lesekompetenz (ELFE, Lesemonitoring, Fragebogen Lesen) durchgeführt, die Instrumente zur mathematischen Kompetenz (DEMAT 3+: Subtests Arithmetik und Sachrechnen, Fragebogen Mathematik) wurden an Erhebungstag II erprobt. An Erhebungstag III wurden der Arbeitsgedächtnistest, das Hauptmessinstrument Textaufgaben mit der zugehörigen Wortschatzvorentlastung und der C-Test eingesetzt. Zusätzlich wurden an diesem Tag die biografischen Daten der Kinder erfasst. Die Datenerhebung erfolgte durch die Verfasserin dieser Arbeit. Alle Tests wurden entsprechend der im Materialkapitel beschriebenen standardisierten Vorgaben durchgeführt.[13] Zur Sicherung der Anonymität wurden keine Nachnamen der Probandinnen und Probanden erfasst und alle Daten unmittelbar nach Erhalt mit Ziffern kodiert, sodass kein Rückschluss auf einzelne Kinder möglich war. Auf ein Selbstkodieren durch die Kinder wurde aufgrund der hohen Fehleranfälligkeit verzichtet.

8.4   Fazit der Vorerprobung des Materials

Ziel der Vorerprobung war es, das Material sowie die Durchführungsabläufe und -bedingungen auf ihre Eignung hin zu überprüfen. Das Material wies, bis auf wenige Ausnahmen, weitgehend zufriedenstellende Gütekriterien auf. Die im Vorherigen berichteten vorhandenen Schwächen einzelner Messinstrumente und die daraus resultierenden, für die Haupterhebung notwendigen Modifikationen werden im Folgenden in tabellarischer Form (Tabelle 26) zusammengefasst. Die vorgenommenen Veränderungen werden ausführlich in Kapitel 9.2 dargestellt.

---

13 Der Ablauf der Durchführung wird ausführlich für die Haupterhebung in Kapitel 9.4 dargestellt.

Tabelle 26: In der Vorerprobung eingesetzte Materialien und notwendige
Überarbeitungen

Material	Schwäche	Maßnahme
Sechs Tier-Textaufgabenblöcke	siehe Kapitel 8.2.1	Reduzierung auf vier Tier-Textaufgabenblöcke und Überarbeitung einzelner Items und Aufgabentexte, Streichen des zweiten Aussageblocks mit Aufgabentext und der Fragen ‚Weltwissen‘
Textaufgabenheft (Durchführung)	Pause nach jedem Aufgabenblock mit Malen zur Überbrückung der Wartezeit, Testlänge	Selbständige Bearbeitung des gesamten Testhefts ohne Unterbrechung, nicht angekündigtes Malen erst nach Beendigung des kompletten Tests, Ergänzung um eine Rahmenhandlung ‚Löwe Leo‘
Vorwissensaktivierung und Wortschatzvorentlastung	Wortschatzvorentlastung noch nicht ausreichend: einzelne Wörter in den Aufgaben gehäuft unbekannt	Wortschatzvorentlastung um zwei gehäuft unbekannte Wörter erweitert
ELFE	---	Detailauswertung, Bearbeitung noch fehlender Items ohne zeitliches Limit
Lesemonitoringtest	Validität: Missverständnis durch Arbeitsauftrag → z.T. Suche nach dem eigenen Wissen widersprechenden Fakten	Umformulierung des Arbeitsauftrags
	Reliabilität: zu wenig Differenzierung im unteren Bereich der Werte für die Inkonsistenz im Text ‚Löwe‘	Verdeutlichung der Inkonsistenz im Text ‚Löwe‘
	Validität: Ambivalenz bei der Zuordnung zum Typ ‚kein Monitoring‘	Zusätzliche Einschätzung des ‚Textsinns‘ über neue Variable
Fragebogen Lesen	Reliabilität: linksgipflige Verteilung, führt zu verminderter Validität	Überarbeitung und Ausschluss einzelner Items

Material	Schwäche	Maßnahme
C-Test	Durchführungsobjektivität: standardisierte Instruktion für Grundschülerinnen und -schüler z.T. unklar und zu kurz	Kein erneuter Einsatz, da unklar, wie modifizierte Instruktion in vorgegebenem zeitlichen Rahmen gewährleistet werden kann.
DEMAT 3+	Zeitaufwändig, Subtest Sachrechnen ohne großen Mehrwert, nur zur Materialvalidierung relevant	Subtest Sachrechnen aus zeitlichen und inhaltlichen Erwägungen gestrichen
Fragebogen Textaufgaben	Validität: Fragebogen misst trotz mittlerer Reliabilität nicht, was er messen soll, sondern unbekanntes Konstrukt	Veränderung des Itempools, neuer Mathematiktest ‚Zahlenfokus' als Ergänzung
Arbeitsgedächtnistest	Durchführungsobjektivität: Instruktion für Probandinnen und Probanden zunächst unklar	Ausweitung und stärkere Standardisierung der Anleitung
	Durchführungsobjektivität: Abschreiben und Mitschreiben während der Zahlenpräsentation	Standardisierung der Durchführung durch ‚Spielregeln'
	Reliabilität: etwas zu großer Anteil an hohen Punktwerten	Erweiterung um zwei Items, um Differenzierung im oberen Bereich zu erhöhen
Biografischer Fragebogen	Offene Frage zur Dauer des Deutschlernens	Dreifach gestuftes geschlossenes Item zur Dauer des Deutschlernens

Bis auf den C-Test und den Subtest Sachrechnen des DEMAT 3+ konnten alle Materialien mit leichten Änderungen in der Haupterhebung eingesetzt werden. Gegen den C-Test wurde auch deshalb votiert, weil die multiple Korrelation zwischen der über den C-Test gemessenen globalen Sprachkompetenz und der Lesekompetenz, erhoben über die Lesenote und den Leseverständnistest ELFE, mit $R = .78$ ($p < .001$) ausreichend hoch war, um auf eine der beiden Variablen zu verzichten. Auf den Subtest Sachrechnen des DEMAT 3+ wurde aus zeitlichen und inhaltlichen Gründen verzichtet. Der Fragebogen Textaufgaben wies zwar die schlechteste Validität auf, da es aber nützlicher sein kann, einen Test mit schlechter

Validität einzusetzen, als gar keinen Test (vgl. Diehl & Kohr, 1994), wurde er in der Haupterhebung mit veränderten Items erneut eingesetzt. Um die Validität der in der Haupterhebung auf Basis des Fragebogens zu definierenden Gruppen zu steigern, wurde gleichwohl ergänzend ein weiteres Testinstrument entwickelt, das die Aussagen des Fragebogens absichern sollte. Dieser Test (Mathematiktest Zahlenfokus) wird ausführlich in Kapitel 9.2.3 beschrieben.

Zur Beantwortung der Fragestellungen dieser Arbeit wurde neben anderen Materialien ein Hauptmessinstrument Textaufgaben entwickelt. Die Vorerprobung zeigte, dass das Textaufgabenheft gemeinsam mit Vorwissensaktivierung und Wortschatzvorentlastung mit wenigen Einschränkungen gut funktionierte. Thema, Aufgaben und Ablauf erwiesen sich insgesamt als geeignet, um für die Hypothesentestung eingesetzt zu werden. Ergänzend wurde für die Haupterhebung eine Rahmenhandlung „Löwe Leo" eingeführt (ausführlich siehe Kapitel 9.2.1).

Ein wichtiges Ziel der Vorerprobung war es, die Durchführungsbedingungen zu testen. Dazu gehörte insbesondere, die für diese Studie erstellten Messinstrumente auf ihre Eignung als Gruppentests zu prüfen. Es zeigte sich, dass sich alle Materialien prinzipiell in der Gruppe einsetzen ließen. Die aus der Gruppentestung resultierenden Einschränkungen in den Gütekriterien bei einzelnen Messinstrumenten wurden für diese Studie in Kauf genommen, zumal sich zeigte, dass sich nachteilige Effekte durch die gleichzeitige Anwesenheit von zwei Personen (Versuchsleiterin und Lehrkraft) während der Testung reduzieren ließen. Das Prinzip der klassenweisen Gruppentestung konnte somit für die Haupterhebung beibehalten werden. Die eingeplante Durchführungsdauer erwies sich insgesamt als knapp bemessen. Dem wurde durch das Streichen des C-Tests und zweier Teilaufgaben aus dem Textaufgabenheft (,Weltwissen' und ,Aussagen mit Aufgabentext') begegnet.

9   Hauptuntersuchung

Im vorherigen Kapitel wurde die Erprobung der Materialien und Durchführungsbedingungen dieser Untersuchung dargestellt. In diesem Kapitel werden in einem ersten Schritt die Stichprobe, das Material und die Durchführung der Haupterhebung beschrieben, bevor abschließend die Ergebnisse dieser Studie berichtet werden.

9.1 Stichprobe

Zur Rekrutierung der Stichprobe wurden über 30 Grundschulen im Kölner Stadtgebiet und im Kölner Umland angefragt. Schulleiterinnen und Schulleiter erhielten ein Schreiben, in dem sie über Gegenstand, Ziele, zeitlichen Aufwand, Ablauf und Anonymisierung der Daten informiert wurden. Neun Grundschulen erklärten sich bereit, an der Untersuchung mitzuwirken, aus organisatorischen Gründen wurden letztlich 16 Klassen aus 7 Grundschulen für die Haupterhebung ausgewählt. Bei der Auswahl der Grundschulen wurde darauf geachtet, zu gleichen Teilen sowohl Schulen aus sozioökonomisch schwächeren als auch stärkeren Gebieten einzubeziehen. Die Lehrkräfte der teilnehmenden Klassen erhielten als Gegenleistung für ihre Teilnahme Schüler- und Klassenauswertungen der beiden normierten Lese- und Mathematiktests ELFE und DEMAT 3+.

Erziehungsberechtigte wurden detailliert mit einem Elternbrief und z.T. zusätzlich von den Lehrkräften an Elternabenden über die Ziele und den Ablauf der Untersuchung sowie die Anonymisierung der Daten informiert.

Insgesamt nahmen 381 Viertklässlerinnen und Viertklässler an der Studie teil. Da manche Schulen als integrative Grundschulen gemeinsamen Unterricht von Kindern mit und ohne sonderpädagogischen Förderbedarf anbieten, nahmen auch Kinder mit verschiedenen Förderschwerpunkten (Sprache, Lernen, emotional-soziale Entwicklung) an der Datenerhebung teil. Sie wurden ebenso wie Kinder mit Lese-Rechtschreibstörung (LRS) oder Dyskalkulie von der späteren Auswertung ausgeschlossen, da fast keine Testbearbeitungen vorlagen. Ebenfalls aus dem Datensatz ausgeschlossen wurden Kinder, die erst seit ein paar Wochen Deutsch lernten, und acht Schülerinnen und Schüler, deren Leseleistung gemessen mit dem Leseverständnistest ELFE unter Prozentrang 1 lag[14]. Letztere erreichten den Testboden des ELFE und konnten daher nicht differenziert erfasst werden[15]. Die resultierende Stichprobe umfasste 352 Probandinnen und Probanden zwischen acht und elf Jahren (M=9.05; SD=0.47), davon waren 47.9% Mädchen. 39.3% der Schülerinnen und

---

14 Diese Gruppe überschnitt sich in Teilen mit den zuvor genannten.
15 Dieser Prozentrang wurde zur Absicherung zusätzlich mit der Lesenote abgeglichen. Nur wenn auch die Lesenote ausreichend, mangelhaft oder ungenügend war, wurden die Daten der Probandin oder des Probanden aus dem Datensatz entfernt.

Schüler sprachen Deutsch als Zweitsprache, alle übrigen Kinder Deutsch als Muttersprache. Weil die Datenerhebung zu drei Zeitpunkten stattfand, ergaben sich für einzelne Tests durch Fluktuation der Anwesenheit abweichende Gruppengrößen. Die jeweilige Stichprobengröße wird daher bei jeder Auswertung gesondert angegeben.

Da es in der vorliegenden Studie um den Zusammenhang zwischen Lesekompetenz und mathematischer Kompetenz geht, wird im folgenden die Leseleistung und die arithmetische Kompetenz der Gesamtstichprobe anhand zweier normierter Tests beschrieben. Die Leseleistung der Stichprobe erhoben mit dem Leseverständnistest ELFE lag leicht unter dem Durchschnitt der Normierungsstichprobe (M=-0.17, SD=1.01). 16.6% der Kinder erreichten nur einen Prozentrang $\leq$ 10 und besaßen damit laut ELFE ein sehr schwach ausgeprägtes Leseverständnis (vgl. Lenhard & Schneider, 2006, S. 27). 14.6 % der Probandinnen und Probanden erreichten einen Prozentrang zwischen 10 und 25, den der ELFE als „unterdurchschnittliches Leseverständnis" (Lenhard & Schneider, 2006, S. 27) definiert. Insgesamt verfügte also fast ein Drittel der Kinder dieser Stichprobe (31.2%) über ein unterdurchschnittliches bis sehr schwach ausgeprägtes Leseverständnis (Abbildung 25).

Die arithmetische Kompetenz der Probandinnen und Probanden der Stichprobe gemessen mit dem Subtest Arithmetik des DEMAT 3+ lag dagegen über dem Durchschnitt der Normierungsstichprobe (M=0.43, SD=1.00). 32.3% der Kinder erreichten einen Prozentrang $\geq$76 bzw. $\geq$91 und verfügten damit über eine überdurchschnittliche bis weit überdurchschnittliche arithmetische Kompetenz (Roick, Gölitz & Hasselhorn, 2004, S. 23). 15.0 % der Probandinnen und Probanden zeigten allerdings eine unterdurchschnittliche bis sehr schwache Leistung (Roick, Gölitz & Hasselhorn, 2004, S. 23). Sie erreichten einen Prozentrang $\leq$ 24 (Abbildung 25).

Zusammenfassend lässt sich festhalten, dass die Lesekompetenz der Probandinnen und Probanden dieser Stichprobe für diese Untersuchung ausreichend hoch war. Die arithmetische Kompetenz innerhalb der Stichprobe deutete darauf hin, dass die Probandinnen und Probanden im Mittel die in dieser Studie geforderten arithmetischen Operationen prinzipiell bewältigen können müssten.

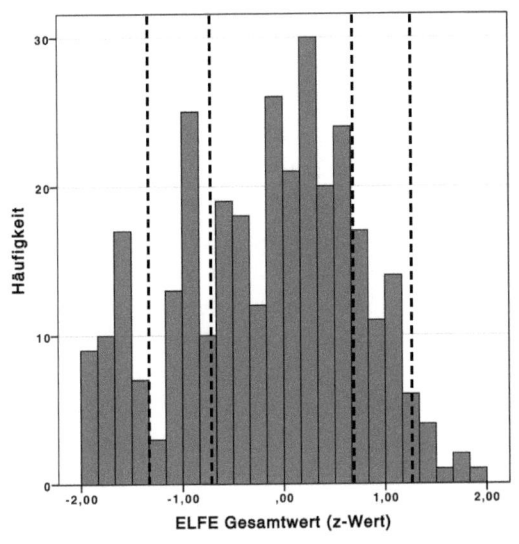

Leseleistung

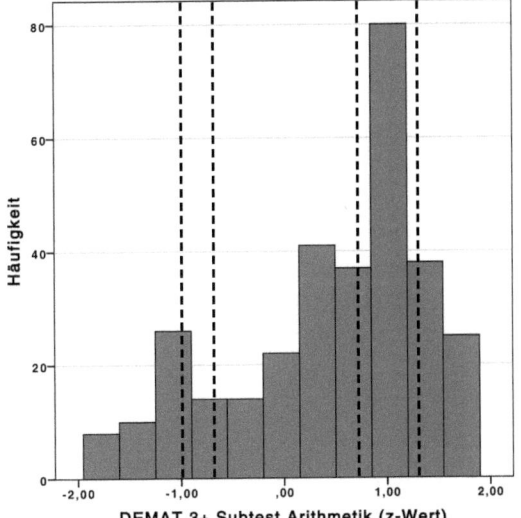

arithmetische
Kompetenz

Anmerkung: Gestrichelte Linie = Prozentränge für ELFE bei 10, 25, 75, 90; für
DEMAT 3+ bei 15, 25, 75, 90

Abbildung 25: Leseleistung und arithmetische Kompetenz der Gesamtstichprobe
(z-Werte)

9.2 Material

Im Folgenden wird das in der Hauptstudie eingesetzte Material beschrieben und auf seine Gütekriterien hin analysiert. Darüber hinaus werden alle für die Hypothesentestung benötigten Skalen und Gruppen gebildet. Da die meisten Materialien bereits umfassend in Kapitel 8.2 dargestellt wurden, werden hier ausschließlich Modifikationen gegenüber der Vorerprobung erläutert. Lediglich die Tier-Textaufgaben des Hauptmessinstruments Textaufgaben werden, ebenso wie der erst für die Haupterhebung entwickelte Mathematiktest ‚Zahlenfokus‘, ausführlich dargestellt. Alle Materialen finden sich in Anhang B. Zur besseren Vergleichbarkeit der Konstrukte werden bei einigen Analysen Mittelwerte als z-Werte angegeben. Die Materialien werden auch hier der besseren Übersicht halber nach den Kategorien ‚Hauptmessinstrument Textaufgaben‘, ‚Instrumente zur Erfassung der Lesekompetenz‘, ‚Instrumente zur Erfassung der mathematischen Kompetenz‘ und ‚Weitere Messinstrumente‘ gruppiert.

9.2.1 Hauptmessinstrument Textaufgaben

Der Aufbau und die theoretischen Grundlagen des Textaufgabenhefts wurden bereits grundlegend in Kapitel 8.2.1 der Vorerprobung erläutert. An dieser Stelle werden daher lediglich die Änderungen gegenüber der Vorerprobung und die Manipulationen der Textkohärenz an den vier in der Haupterhebung eingesetzten Tier-Textaufgaben beschrieben. Da die Teilaufgaben der Tier-Textaufgabenblöcke (Textaufgaben, Bilder und Aussagen) gegenüber der Vorerprobung teilweise verändert wurden, müssen sie anschließend erneut auf ihre Reliabilität und Validität hin analysiert werden.

9.2.1.1 Änderungen am Textaufgabenheft gegenüber der Vorerprobung

Bevor genauer auf die Tier-Textaufgaben eingegangen wird, werden zunächst kurz Änderungen gegenüber der Vorerprobung beim Einsatz des Textaufgabenheftes beschrieben. Wortschatzvorentlastung und Vorwissensaktivierung wurden in der Haupterhebung beibehalten und lediglich um die beiden teilweise unbekannten aber für die Textaufgabe

‚Ameisenbär' zentralen Begriffe ‚Ameisenbau' und ‚Gang' ergänzt. Um den Testcharakter des Textaufgabenheftes zu verringern, wurde zusätzlich eine kurze Rahmenhandlung ‚Löwe Leo' implementiert (Abbildung). Ein Bild von Löwe Leo wurde dabei auf einem Plakat präsentiert und fand sich auch auf dem Textaufgabenheft wieder.

Das ist Leo Löwe, der König aller Tiere. Leo möchte wissen, was die Tiere in seinem Reich besonderes können, welche Rekorde sie halten. Um das herauszufinden, hat er viel gelesen. In den Büchern standen viele Zahlen. Aber Leo konnte die Rekorde nicht herausfinden. Denn Leo hat ein großes Problem, er kann nicht gut rechnen. Wie ihr seht, ist er schon ganz verzweifelt. Deshalb braucht Leo eure Hilfe. Könnt ihr Leo helfen, die Rekorde der Tiere herauszufinden?[a]

Anmerkung: [a] Die Schülerinnen und Schüler waren über den eigentlichen Zweck der Aufgabenbearbeitungen informiert.

Abbildung 26: Rahmenhandlung ‚Löwe Leo'

Das Textaufgabenheft wurde im Unterschied zur Vorerprobung ohne Unterbrechung nach jeder Aufgabe eigenständig bearbeitet. Nach Bearbeitung aller Aufgabenblöcke erhielten die Schülerinnen und Schüler eine Vorlage, um zu malen oder eine Geschichte zu den Tieren zu schreiben (siehe Anhang B6). Im Unterschied zur Vorerprobung wurde am Ende des Testhefts auf jeweils einer dreistufigen Skala die Einschätzung hinsichtlich der Aufgabenschwierigkeit und der eigenen Anstrengung abgefragt. Da die Messung für den Zweck dieser Studie beobachtbar nicht valide war, wurden diese Werte nicht weiter berücksichtigt.

9.2.1.2 Beschreibung der Textaufgaben

Nach textuellen Überarbeitungen wurden in der Haupterhebung vier Textaufgaben zu den folgenden vier Tieren und ihren Rekorden eingesetzt:

Ameisenbär – längste Zunge
Koala – längste Schlafenszeit pro Tag
Riesenschildkröte – ältestes Tier
Schwalbe – längste Flugroute (Teilstrecke)

Mathematisch ergaben sich in den Aufgaben keine Änderungen gegenüber der Vorerprobung. Im Folgenden werden die Unterschiede in der Textkohärenz zwischen hoch- und niedrigkohärenten Textaufgaben beschrieben. Wie in Kapitel 8.2.1 beschrieben, lag das Ziel der Textmanipulation in der Reduzierung der Unterspezifikationen sowohl auf lokaler als auch auf globaler Ebene, sodass die Anzahl der für den Aufbau eines Situationsmodells notwendigen Inferenzen verringert und das leserseitige Herstellen von Bezügen erleichtert wird. Die Kategorien der vorgenommenen Änderungen werden hier der besseren Übersichtlichkeit halber erneut aufgeführt:

(I) Verstärkung expliziter Kohärenzrelationen,
(II) Explizites Verdeutlichen implizit zu erschließender Relationen durch
    (a) den Einsatz von Kohäsionsmitteln und Thema-Rhema-Strukturen,
    (b) das Umstellen von Sätzen, um die Bildung einer Makostruktur zu erleichtern,
    (c) das Hinzufügen ergänzender Ausführungen.

Für alle vier Tier-Textaufgaben wird jeweils zunächst die niedrigkohärente Version genannt, in der zu ziehenden Inferenzen markiert und benannt werden. Aufgeführt werden dabei nur diejenigen Inferenzen, die bei der Erstellung der hochkohärenten Version die Grundlage für Veränderungen bildeten. Anschließend wird die hochkohärente Aufgabe mit den markierten Änderungen an der Textkohärenz dargestellt.

Der Ameisenbär hält einen Rekord. Er hat (1) die längste Zunge von allen Landtieren! (2) Die lange Zunge und seine dünne, 45 cm lange Schnauze helfen (3) ihm, an (4) Ameisen tief in den Höhlen im Ameisenbau heranzukommen. (5)(6) Er steckt seine dünne Schnauze ganz in die Gänge, die zu den Höhlen mit seiner (4) Beute führen, (7) und (8) holt (9) sie mit seiner langen, klebrigen Zunge heraus. (10) Ist ein Gang 105 cm lang, (10) kommt der Ameisenbär gerade noch an seine (4) Lieblingsspeise heran (11). Wie lang ist seine Zunge?

Nr.	Inferenz	Inferenz-typ
1	Anaphorischer Bezug durch definite NP: Die längste Zunge ist der Rekord, (indirekte Anapher)	lokal
2	die lange Zunge *des Ameisenbären* angezeigt durch definite NP	lokal
3	Die Pro-Form (Pronomen) *ihm* referiert auf die Nominalphrase (NP) *der Ameisenbär* (direkte Anapher).	lokal
4	Referenz durch Substitution, synonymer Gebrauch: Ameisen – Beute – Lieblingsspeise.	lokal
5	Nun folgt die Vorgangsbeschreibung.	lokal
6	Die Pro-Form (Pronomen) *er* referiert auf die NP *der Ameisenbär* (direkte Anapher).	lokal
7	Zeitliche Abfolge, additiver Konnektor signalisiert nur Aufzählung	lokal
8	er, der Ameisenbär (Ellipse)	lokal
9	Die Pro-Form *sie* referiert auf die NP *Beute* (direkte Anapher).	lokal
10	konditionale Relation, nicht markiert in uneingeleitetem Konditionalsatz	lokal
11	*mit Schnauze und ausgestreckter Zunge zusammen,* dabei muss ein Rückbezug zu *45cm lange Schnauze* hergestellt werden (Rekurrenz durch Wiederaufnahme)	global

Abbildung 27: Niedrigkohärente Textaufgabe ‚Ameisenbär' mit zu bildenden lokalen und globalen Inferenzen. NP=Nominalphrase

Die Änderungen an der Textkohärenz hin zu einer hochkohärenten Textaufgabe werden in Abbildung 28 dargestellt.

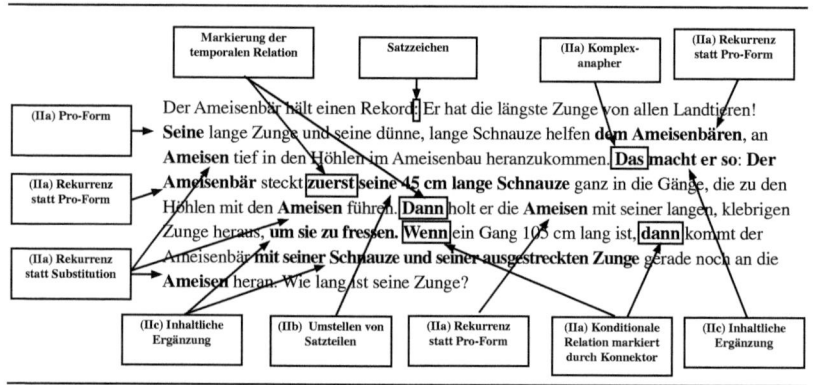

Abbildung 28: Hochkohärente Textaufgabe ‚Ameisenbär' mit markierten Änderungen an der Textkohärenz

Textaufgabe ‚Koala'

Koalas sind Weltmeister im Schlafen. (2)(1)Sie schlafen fast immer. In einer Woche schlafen (1) sie 140 Stunden (3)(4)! Das ist der Rekord unter den Tieren. Wie (5) lange schlafen Koalas (6) am Tag?		
Nr.	**Inferenz**	**Inferenz- typ**
1	Die Pro-Form *sie* referiert auf die NP *Koalas* im ersten Satz (direkte Anapher).	lokal
2	Kausale Relation zwischen den adjazenten Sätzen.	lokal
3	Die Woche ist in Tage aufgeteilt, und zwar in 7.	global
4	Es wird nicht am Stück geschlafen, sondern die Schlafenszeit verteilt sich gleichmäßig auf 7 Tage.	global
5	*lange* meint Anzahl der Stunden als Zeiteinheit	global
6	an jedem einzelnen Tag	global

Abbildung 29: Niedrigkohärente Textaufgabe ‚Koala' mit zu bildenden lokalen und globalen Inferenzen. NP=Nominalphrase

Im Folgenden (Abbildung 30) werden die Änderungen gegenüber der niedrigkohärenten Version an der hochkohärenten Textaufgabe ‚Koala' dargestellt.

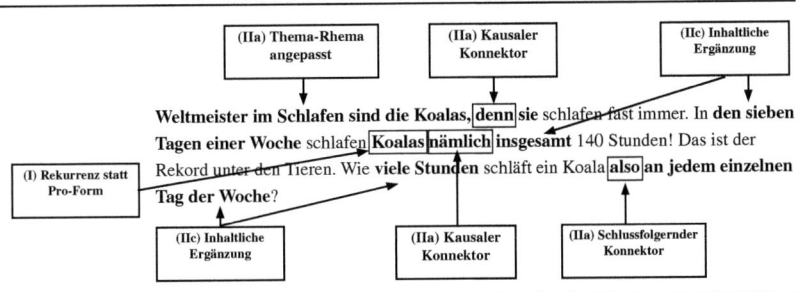

Abbildung 30: Hochkohärente Textaufgabe ‚Koala' mit markierten Änderungen an der Textkohärenz

Textaufgabe ‚Schildkröte'

Riesenschildkröten sind die ältesten Tiere der Welt. (1) Sie werden häufig über 200 Jahre alt. Die älteste bekannte Riesenschildkröte Adwaita lebte 140 Jahre in einem indischen (2) Zoo. Sie wurde aber erst im Alter von 116 Jahren (2) gefangen (3). Wie alt wurde (4) sie?

Nr.	Inferenz	Inferenztyp
1	Die Pro-Form *sie* referiert auf die NP *Riesenschildkröten* im ersten Satz (direkte Anapher)	lokal
2	Relation zwischen Zoo und gefangen: Zoo bedeutet Gefangenschaft, Zootiere werden gefangen (Referenzdomäne: indirekte Anapher).	lokal
3	Die Schildkröte lebte zunächst in Freiheit, dann in Gefangenschaft. Die Summe beider Zeiträume entspricht ihrem Alter.	global
4	Die Pro-Form *sie* referiert auf die NP *die Riesenschildkröte Adwaita* (direkte Anapher).	lokal

Abbildung 31: Niedrigkohärente Textaufgabe ‚Schildkröte' mit zu bildenden lokalen und globalen Inferenzen. NP=Nominalphrase

Abbildung 31 zeigt die hochkohärente Version der Textaufgabe ‚Schildkröte' mit den vorgenommenen Änderungen.

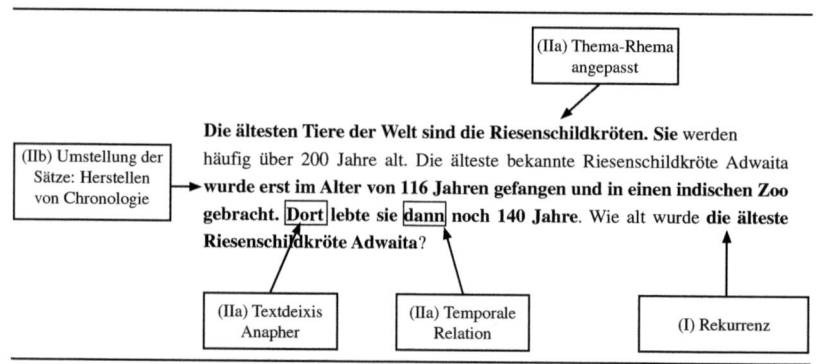

Abbildung 32: Hochkohärente Textaufgabe ‚Schildkröte' mit markierten
Änderungen an der Textkohärenz

Textaufgabe ‚Schwalbe'

Schwalben halten den Rekord im Langstreckenflug. (1) Sie fliegen jedes Jahr einmal um die halbe Welt, vom Nordpol in den wärmeren Süden. Damit (1) sie (2) die weite Strecke rechtzeitig vor dem Winter schaffen, müssen (1) sie jede Woche sehr viele Kilometer fliegen. In der ersten Woche (3) ihrer Reise fliegt eine Schwalbe (4) 1000 km. (4) Nach drei Tagen hat (1) sie 580 km geschafft, (4) am vierten Tag ist (1) sie 112 km geflogen. Wie viele km muss die Schwalbe in der (5) restlichen Woche fliegen (6)?	

Nr.	Inferenz	Infe-renztyp
1	Die Pro-Form (Pronomen) *sie* referiert auf die NP *Schwalben* bzw. *Schwalbe* im ersten bzw. vierten Satz (direkte Anapher).	lokal
2	Anaphorischer Bezug (Komplexanapher) angezeigt durch die definite NP *die weite Strecke*.	lokal
3	Die Kataphor *ihrer* referiert auf die nachfolgende NP *Schwalbe*.	lokal
4	Beide Kilometerangaben sind Teilstrecken der Gesamtstrecke 1000km.	global
5	Gefragt ist nach der noch zu fliegenden Gesamtstrecke der verbleibenden drei Tage der Woche, nicht nach der Teilstrecke jedes einzelnen Tages.	global
6	...bis sie 1000km geschafft hat.	global

Abbildung 33: Niedrigkohärente Textaufgabe ‚Schwalbe' mit zu bildenden lokalen
und globalen Inferenzen. NP=Nominalphrase

Die Änderungen an der Textkohärenz sind in Abbildung 34 dargestellt.

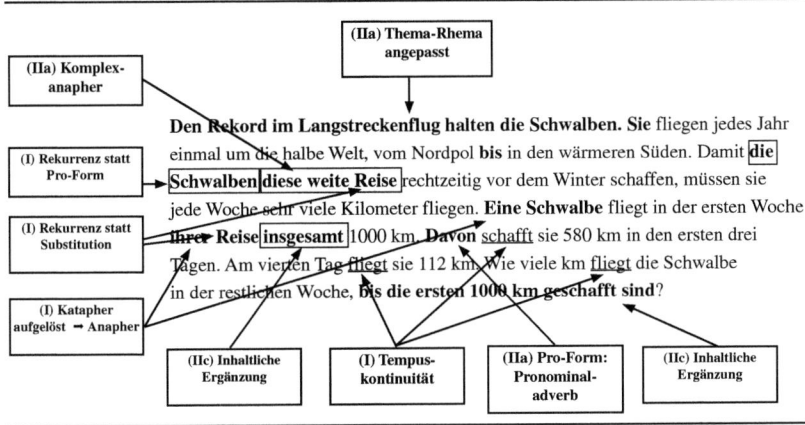

Abbildung 34: Hochkohärente Textaufgabe ‚Schwalbe' mit markierten Änderungen an der Textkohärenz

Als weiteres kohärenzstiftendes Mittel wurden in einigen Textaufgabenheften als zusätzliches Treatment durchgängig sowohl bei niedrig- als auch bei hochkohärenten Aufgaben Überschriften in Form von Fragen eingesetzt (vgl. Thevenot, Devidal, Barrouillet & Fayol, 2007). Die Fragen wurden vom Löwen Leo gestellt (Abbildung 35).

Abbildung 35: Überschrift zur Textaufgabe ‚Koala' aus dem Textaufgabentestheft

Neben der in Abbildung 35 genannten, wurden folgende Überschriften eingesetzt:

- Textaufgabe ‚Ameisenbär': Wie lang ist denn wohl die längste Zunge im Tierreich?

- Textaufgabe ‚Schildkröte': Wie alt ist denn wohl das älteste Tier der Welt geworden?
- Textaufgabe ‚Schwalbe': Wie schafft denn wohl die Schwalbe den Rekord im Langstreckenflug?

Tabelle 27 zeigt die Verteilung der Textaufgaben auf die Testhefte. Beide Hefte lagen jeweils in einer Version mit und ohne Überschrift vor.

Tabelle 27: Verteilung der Tier-Textaufgaben auf die Testhefte

Testheft A	Testheft B
Schildkröte hochkohärent	Ameisenbär niedrigkohärent
Schwalbe niedrigkohärent	Koala hochkohärent
Koala niedrigkohärent	Schildkröte niedrigkohärent
Ameisenbär hochkohärent	Schwalbe hochkohärent

Nachfolgend werden die in diesem Kapitel beschriebenen linguistischen Manipulationen an den Textaufgaben auf ihre Validität hin überprüft. Im Anschluss werden dann die Gütekriterien der Teilaufgaben des Textaufgabenheftes zunächst einzeln betrachtet, bevor abschließend ein Wert ‚Situationsmodell' gebildet und ebenfalls auf seine Validität hin überprüft wird.

9.2.1.3 Validität der linguistischen Manipulationen an den Textaufgaben

Zur Validierung der linguistischen Manipulationen an den Textaufgaben wurden fünf Sprachwissenschaftlerinnen gebeten, für jede der vier Tier-Textaufgaben zu beurteilen, in welcher der beiden Versionen eine höhere Textkohärenz vorliegt und somit ein Leser oder eine Leserin (Neunjähriges Kind) sowohl auf lokaler als auch auf globaler Ebene weniger Inferenzen ziehen muss, auf Basis welcher Version somit leichter ein Situationsmodell aufgebaut werden kann.

Die Übereinstimmung der Expertinnen war sehr hoch. Die Interrater-Reliabilität gemessen als Intra-Klassenkorrelation betrug ICC=.84. Die Korrelation der Einschätzung zwischen den Expertinnen und der Autorin dieser Arbeit lag über alle Aufgaben hinweg bei r=.99, d.h. dass die Expertinnen mit der Autorin darin übereinstimmten, welche Versionen der Textaufgaben einen höheren Grad an Textkohärenz aufwiesen und damit den Aufbau eines Situationsmodells erleichtern müssten. Die im Folgenden als hochkohärent bezeichneten Textaufgaben sind somit jene, die auch von den Raterinnen mehrheitlich als hochkohärent eingeschätzt wurden.

9.2.1.4 Gütekriterien der Tier-Textaufgaben als mathematische Konstrukte

Für die Hypothesentestung wurden zwei Skalen ‚Lösungsweg' und ‚Lösung' benötigt. Diese Skalen werden im Folgenden hinsichtlich ihrer Reliabilität und Validität analysiert. Die Stichprobe umfasste am Tag der Testdurchführung 332 Schülerinnen und Schüler.

Reliabilität der Textaufgaben als mathematische Konstrukte. Cronbachs alpha lag sowohl für den Lösungsweg als auch für die Lösung bei α=.66. Dieser Wert war ausreichend hoch, d.h. wer eine Textaufgabe löste, konnte tendenziell auch die anderen Aufgaben lösen. Ein noch höherer Reliabilitätskoeffizient war insofern nicht zu erwarten, als dass die jeweiligen Aufgaben unterschiedliche mathematische Kompetenzen erforderten. Auch die Trennschärfen der Items lagen im guten Bereich. Die Tabelle 28 zeigt die Itemkennwerte der einzelnen Textaufgaben sowohl für den Lösungsweg als auch für die Lösung.

Tabelle 28: Itemkennwerte Textaufgaben – Lösungsweg und Lösung

	Item	Itemschwierigkeit	Standardabweichung (SD)	Trennschärfe (r_{it})
Lösungsweg	Ameisenbär	0.48	0.50	.52
	Koala	0.56	0.50	.43
	Schildkröte	0.62	0.49	.37
	Schwalbe	0.49	0.50	.47
Lösung	Ameisenbär	0.46	0.50	.54
	Koala	0.55	0.50	.42
	Schildkröte	0.58	0.49	.37
	Schwalbe	0.38	0.49	.44

Anmerkung: Lösungsweg und Lösung wurden mit 0 und 1 codiert, 0=falsch, 1=richtig

Der Mittelwert der Schwierigkeiten aller vier Textaufgaben betrug für den Lösungsweg M=0.54 Punkte und für die Lösung M=0.49 Punkte. Da die Reliabilität ausreichend hoch war, konnten die Items zu zwei Skalen ‚Lösungsweg' und ‚Lösung' zusammengefasst werden, die für die Hypothesentestung benötigt wurden. Der Mittelwert der Summe der Skala ‚Lösungsweg' lag bei $M=2.15$ Punkten ($SD=1.40$), der Mittelwert der Skala ‚Lösung' bei $M=1.96$ Punkten ($SD=1.39$).

Validität der Textaufgaben als mathematische Konstrukte. Zur Überprüfung der Konstruktvalidität der Textaufgaben wurden Korrelationen zwischen den einzelnen Aufgaben berechnet. Tabelle 29 zeigt die Ergebnisse für den Lösungsweg und für die Lösung.

Tabelle 29: Korrelationen zwischen einzelnen Textaufgaben – Lösungsweg/Lösung

		Koala	Schildkröte	Schwalbe
	Ameisenbär	.34***	.36***	.44***
Lösungsweg	Koala		.26***	.36***
	Schildkröte			.23***
	Ameisenbär	.39***	.36***	.41***
Lösung	Koala		.24***	.33***
	Schildkröte			.24***

Anmerkung: Signifikanzniveaus *$p<.05$, **$p<.01$, ***$p<.001$; n=332, außer Korrelationen mit Textaufgabe ‚Schwalbe' n=331

Es zeigten sich höchst signifikante, mittlere Zusammenhänge zwischen allen Aufgaben. Alle Items messen somit bedingt das gleiche. Ein höherer Zusammenhang wurde auch hier aufgrund der verschiedenen, den Aufgaben zugrundeliegenden, mathematischen Operationen nicht erwartet. Die mittleren Inter-Item-Korrelationen lagen sowohl für den Lösungsweg als auch für die Lösung bei $r=.33$.

Ergänzend wurden Zusammenhänge zwischen den Gesamtwerten ‚Lösungsweg' bzw. ‚Lösung' mit konstruktnahen Variablen betrachtet. Erwartet wurden mittlere Korrelationen mit der mathematischen Kompetenz sowie moderate Zusammenhänge mit der Arbeitsgedächtnisleistung. Beides ließ sich bestätigen (Tabelle 30).

Hinsichtlich der Richtigkeit ihres Lösungswegs unterschieden sich Mädchen und Jungen nicht voneinander ($t(330)=1.94$; $p=.054$), zwar hatten Jungen in dieser Untersuchung etwas häufiger den richtigen Lösungsweg (Mädchen: $M=1.99$, $SD=1.38$; Jungen: $M=2.29$, $SD=1.42$), dieser Unterschied war jedoch nicht signifikant. Betrachtet man stattdessen die Lösung, unterschieden sich beide Gruppen signifikant voneinander

$(t(330)=\ 2.49;\ p<.05)$. Mädchen lösten die Textaufgaben in diesem Test weniger häufig als Jungen (Mädchen: $M=1.76$, $SD=1.33$; Jungen: $M=2.14$, $SD=\ 1.42$). Dies stimmt mit Erkenntnissen aus Large Scale-Studien wie TIMSS 2011 überein, die feststellen konnten, dass Mädchen in Deutschland eine schlechtere Mathematikleitung aufweisen als Jungen (vgl. Bos, Wendt, Köller & Selter, 2011).

Tabelle 30: Korrelationen mit Lösungsweg und Lösung – Gesamtwert

		DEMAT Arithmetik	Sachrechnen	Mathematik-note	Arbeitsge-dächtnis
Lösungsweg	r	.55***	.55***	-.49***	.32***
Lösung	r	.56 ***	.53***	-.51***	.31***
	n	304	224[a]	322	324

Anmerkung: Signifikanzniveaus *$p<.05$, **$p<.01$, ***$p<.001$; [a]Die Stichprobengröße von n=224 ergab sich, weil der Wert Sachrechenkompetenz für vier Klassen nicht vorlag (siehe Kapitel 9.2.3).

Insgesamt war die Güte der Textaufgaben als mathematische Konstrukte zufriedenstellend hoch, die beiden hier beschriebenen Skalen ‚Lösungsweg' und ‚Lösung' ließen sich somit zur Hypothesentestung verwenden.

9.2.1.5 Gütekriterien des Konstrukts Situationsmodell

Im Folgenden werden die Gütekriterien für das Situationsmodell betrachtet. Das Konstrukt Situationsmodell setzt sich in dieser Untersuchung aus den zwei Subskalen ‚Aussagen' und ‚Bilder' zusammen. Beide Subskalen werden zunächst getrennt auf ihre Güte hin überprüft, um dann die Items der Skalen mit Hilfe von Faktorenanalysen zu einem gemeinsamen Wert ‚Situationsmodell' zusammenzufassen.

Gütekriterien der Subskala ‚Aussagen'.

Die Subskala ‚Aussagen' wurde von 332 Schülerinnen und Schülern bearbeitet, sieben Kinder mussten von der Auswertung ausgeschlossen werden, weil sie den Test nicht regelkonform bearbeitet hatten. Die Stichprobe umfasste somit letztlich 325 Schülerinnen und Schüler.

Reliabilität der Subskala ,Aussagen'. Für die Reliabilitätsanalyse wurde aus inhaltlichen Gründen keine Itemselektion, sondern nur eine Itemanalyse durchgeführt. Denn aufgrund der Testkonstruktion ließen sich selbst bei schlechten Itemkennwerten beispielsweise keine globalen Fragen ausschließen. Dennoch mussten die Items analysiert werden, um spätere Ergebnisse vor diesem Hintergrund deuten zu können. Alle 16 Items des Tests wurden daher hinsichtlich ihrer Reliabilität überprüft. Cronbachs alpha war mit $\alpha=.48$ für wissenschaftliche Untersuchungen ausreichend hoch. Ein deutlich höherer Wert wurde auch nicht erwartet, da für die Bearbeitung unterschiedliche Teilkompetenzen des Lesens, wie das Verarbeiten lexikalischer Informationen und das Ziehen globaler Inferenzen, nötig waren. Die Trennschärfen lagen zwischen $r_{it}=0.03$ und $r_{it}=0.32$. Tabelle 31 zeigt die Itemkennwerte der Subskala ,Aussagen'.

Tabelle 31: Itemkennwerte der Subskala ,Aussagen'

Item: Aussagen	Inferenztyp	Item-schwierigkeit	Standard-abweichung (SD)	Trenn-schärfe (r_{it})
Ameisenbär 1	--- (IIE)[a]	.79	.41	.05
Ameisenbär 2	global	.66	.47	.16
Ameisenbär 3	lokal	.95	.22	.12
Ameisenbär 4	(falsch)	.50	.50	.20
Koala 1	--- (IIE)	.98	.12	.08
Koala 2	global/(IIE)[b]	.90	.30	.25
Koala 3	global (falsch)[b]	.96	.19	.10
Koala 4	lokal	.88	.33	.27
Schildkröte 1	lokal/(IIE)[b]	.82	.38	.19
Schildkröte 2	(falsch)	.77	.42	.28
Schildkröte 3	lokal	.74	.44	.03
Schildkröte 4	global	.69	.46	.32
Schwalbe 1	lokal	.70	.46	.18
Schwalbe 2	(falsch)	.26	.44	.04
Schwalbe 3	lexikalisch	.90	.30	.17
Schwalbe 4	global	.63	.48	.15

Anmerkung: Die Items wurden mit 0 und 1 codiert. [a]IIE=isolierte Informationsentnahme; [b]in Abhängigkeit von der Textkohärenz.

Der Mittelwert der Itemschwierigkeiten lag bei $M=.76$ Punkten. Da die Reliabilität hoch genug war, konnten alle 16 Aussagen zu einer Skala ‚Aussagen' zusammengefasst werden. Der Mittelwert der Skala lag bei $M=12.14$ Punkten ($SD=2.08$). Abbildung 36 zeigt die Punkteverteilung innerhalb der Stichprobe. Die Punkte waren annähernd normalverteilt.

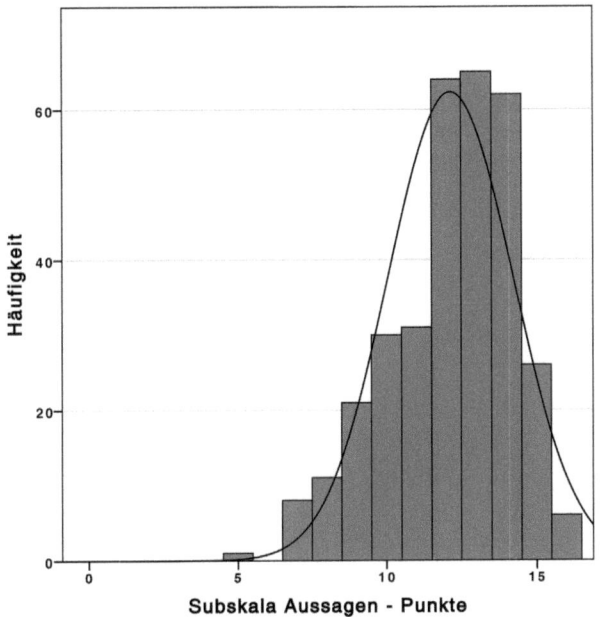

Abbildung 36: Punkteverteilung der Subskala ‚Aussagen'

Validität der Subskala ‚Aussagen'. Zur Überprüfung der Validität der Skala ‚Aussagen' wurden Korrelationen mit ähnlichen Konstrukten berechnet. Erwartungskonform zeigten sich höchst signifikante moderate Zusammenhänge mit Variablen, die die Lesekompetenz messen, sowie mit dem Arbeitsgedächtnis (Tabelle 32). Geringere Korrelationen mit dem Wort- und Satzverständnis zeigten, dass hierarchiehöhere Prozesse eine größere Rolle bei der Bearbeitung der Items der Skala spielten. Dies zeigt, dass die Items das Potential haben, Teil des Konstrukts ‚Situationsmodell' zu werden.

Tabelle 32: Korrelationen mit der Subskala ‚Aussagen'

	ELFE Wortverständnis	ELFE Satzverständnis	ELFE Textverständnis	ELFE Gesamtwert	Lesenote	Arbeitsgedächtnis
r	.31***	.39***	.43***	.43***	-.33***	.25***
n	317	317	318	318	325	317

Anmerkung: Signifikanzniveaus *p<.05, **p<.01, ***p<.001

Zusammengenommen wies die Subskala ‚Aussagen' eine zufriedenstellende Reliabilität und Validität auf. Daher können die Items dieser Skala potentiell in die Bildung des Konstrukts ‚Situationsmodell' einfließen. Die Gütekriterien der zweiten Subskala ‚Bilder' werden im Folgenden beschrieben.

Gütekriterien der Subskala ‚Bilder'

Die Items der Subskala ‚Bilder' wurde von 332 Kindern bearbeitet, zwei Kinder mussten wegen nicht regelkonformer Bearbeitung von der Auswertung ausgeschlossen werden. Die Stichprobe umfasste somit 330 Schülerinnen und Schüler.
Reliabilität der Subskala ‚Bilder'. Cronbachs alpha lag bei α =.40 und war damit noch ausreichend hoch. Der nur mittlere Wert lag zum einen an dem mit nur vier Items sehr kurzen Test. Tests mit wenigen Items sind grundsätzlich weniger reliabel als Tests mit einer höheren Itemanzahl (vgl. Moosbrugger & Kelava, 2008). Zum anderen waren beim Item ‚Schwalbe' die Bilder 1 und 2 trotz Änderungen gegenüber der Vorerprobung nach wie vor zu ähnlich. Das zeigte sich in der im Vergleich zu allen anderen Items geringeren Trennschärfe des Items ‚Schwalbe' (Tabelle 32) und in einer positiven Korrelation (r_{it}=.05) zwischen dem (falschen) Bild 1 und den übrigen richtigen Bildern der anderen Aufgaben. Kinder, die das falsche Schwalbenbild 1 ankreuzten, kreuzten folglich bei allen anderen Aufgaben eher die richtigen Bilder an. Tabelle 33 zeigt alle Itemkennwerte der Subskala ‚Bilder'.

Tabelle 33: Itemkennwerte der Subskala ‚Bilder'

Item: Bilder	Itemschwierigkeit	Standardabweichung (SD)	Trennschärfe (r_{it})
Ameisenbär	.84	.37	.20
Koala	.52	.50	.31
Schildkröte	.66	.48	.35
Schwalbe	.46	.50	.06

Anmerkung: Die Items wurden mit 0 und 1 codiert.

Der Mittelwert der Itemschwierigkeiten lag bei $M=.62$ Punkten. Da die Reliabilität ausreichend hoch war, wurden alle vier Items zu einer Skala ‚Bilder' zusammengefasst. Der Mittelwert der Skala ergab $M=2.48$ Punkte ($SD=1.11$). Die Punkte waren in dieser Stichprobe annähernd normalverteilt (Abbildung 37).

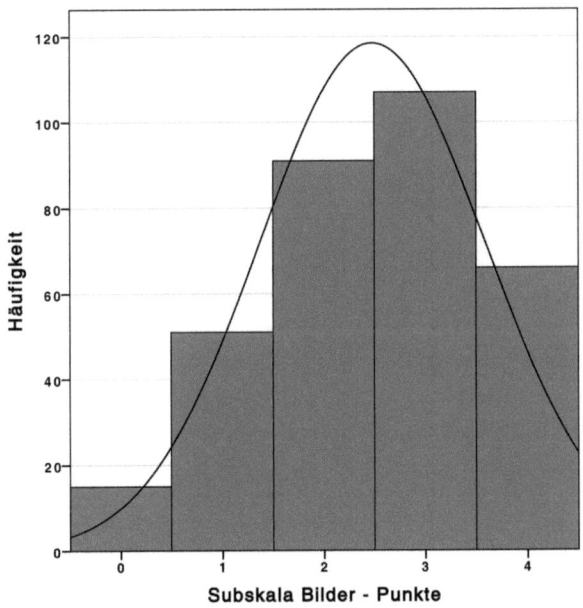

Abbildung 37: Punkteverteilung der Subskala ‚Bilder'

Validität der Subskala ‚Bilder'. Da richtige Bilder dann erkannt werden sollten, wenn der Aufgabentext verstanden wurde, wenn also ein kohärentes Situationsmodell aufgebaut wurde, wurde ein mittlerer Zusammenhang zwischen der Subskala ‚Bilder‘ und dem Subtest Textverständnis des ELFE erwartet. Die Lesekompetenz auf Wort- und Satzebene ist für den Aufbau eines Situationsmodells weniger entscheidend, daher sollte der Zusammenhang hier niedriger ausfallen. Geringe bis mittlere Korrelationen wurden mit dem Arbeitsgedächtnis erwartet. Diese Zusammenhänge ließen sich weitgehend bestätigen (Tabelle 34), was auf eine gute Validität der Skala ‚Bilder‘ hindeutet.

Bei der Einschätzung der Validität der Subskala ‚Bilder‘ ist zu berücksichtigen, dass hier auch das Bildverstehen mitgemessen wurde (vgl. Schnotz & Dutke, 2004). Deutlich wird dies z.b. am Ankreuzverhalten bei den Bildern zur Textaufgabe ‚Schwalbe‘. Dieser Problematik wurde durch den Einsatz zweier Subskalen ‚Bilder‘ und ‚Aussagesätze‘ für einen Wert ‚Situationsmodell‘ begegnet (siehe dazu auch Kapitel 8.2.1). Insgesamt wies die Subskala ‚Bilder‘ eine ausreichende Güte auf. Die Items dieser Subskala haben somit das Potential zur Bildung des Konstrukts ‚Situationsmodell‘ herangezogen zu werden.

Tabelle 34: Korrelationen mit der Subskala ‚Bilder‘

	ELFE Wortver-ständnis	ELFE Satzver-ständnis	ELFE Textver-ständnis	ELFE Gesamt-wert	Lesenote	Arbeits-gedächt-nis
r	.24***	.34***	.41***	.38***	-.27***	.16**
n	322	322	323	323	330	322

Anmerkung: Signifikanzniveaus *$p<.05$, **$p<.01$, ***$p<.001$

Im Folgenden wird zunächst überprüft, ob die Items beider Subskalen ‚Aussagen‘ und ‚Bilder‘ gemeinsame Teile desselben Konstrukts sind, um dann auf Grundlage dieser Ergebnisse einen Wert ‚Situationsmodell‘ für jedes Kind zu bilden.

Bildung und Skalierung des Konstrukts Situationsmodell

Um zu überprüfen, ob die Items der Subskalen ‚Aussagen‘ und ‚Bilder‘ Teile desselben Konstrukts sind, wurde zunächst die Reliabilität für alle Items beider Skalen zusammen berechnet. Cronbachs alpha lag bei $α=.59$, dieser Wert ist ausreichend hoch. Wer ein Bild richtig ankreuzt, beurteilt somit tendenziell auch die Aussagen richtig. Ergänzend wurde der Zusammenhang zwischen beiden Skalen ‚Aussagen‘ und ‚Bilder‘ berechnet. Mit einer Korrelation von $r=.39$ lässt sich folglich auch empirisch begründen, die Items beider Subskalen zur Bildung eines Werts ‚Situationsmodell‘ zu nutzen, da beide Skalen zusammenhängen, ohne dabei genau das gleiche zu messen. Wenn beide Skalen das gleiche messen würden, wäre eine der beiden Skalen obsolet. Im vorliegenden Fall jedoch würde eine Skala nur einen Teil des Konstrukts Situationsmodell abbilden. Nachfolgend wird die Bildung des Wertes ‚Situationsmodell‘ mit Hilfe der beschriebenen Items aufgezeigt und dieses Konstrukt auf seine Validität hin überprüft.

Für die Bildung des Wertes ‚Situationsmodell‘ wurden die Aussagen und Bilder unterschiedlich stark gewichtet. Bilder und die globale Aussage wurden jeweils doppelt gewichtet, da theoretisch gut zu begründen ist, dass globale Inferenzen entscheidender als andere zum Aufbau des Situationsmodells beitragen (vgl. Cain & Oakhill, 1999; Kintsch, 1998). Da das richtige Bild das Textthema bzw. die Makrostruktur der Textaufgabe visualisiert, wird dieses doppelt gewichtet. Alle anderen Items gehen einfach in die Auswertung ein. Durch diese unterschiedliche Gewichtung war eine einfache Summierung der Skalenwerte nicht möglich. Stattdessen wurde eine Faktorenanalyse in Form einer Hauptkomponentenanalyse durchgeführt. Eine Faktorenanalyse ist ein Verfahren zur Datenreduktion, bei der eine Vielzahl von Variablen auf wenige Faktoren zurückgeführt wird (vgl. Moosbrugger & Kelava, 2008). In die Faktorenanalyse gingen sowohl die Items der Subskala ‚Aussagen‘ als auch die Items der Subskala ‚Bilder‘ ein. Aus inhaltlichen Erwägungen wurden zudem alle globalen Items (globale Aussagen und Bilder) doppelt gewichtet und gingen daher zweifach ein. Dieses Verfahren wurde zunächst für jede einzelne Tier-Textaufgabe angewandt, sodass pro Kind ein Faktorwert ‚Situationsmodell‘ für jede Tier-Textaufgabe vorlag. In einem nächsten Schritt wurden alle vier Situationsmodellwerte zu einem Gesamtfaktorwert ‚Situationsmodell‘ pro Kind gemittelt. Zusätzlich wurden pro Kind die Faktorwerte der beiden niedrigkohärenten Aufgaben zu einem Faktorwert ‚Situationsmodell niedrigkohärent‘ und die beiden Faktorwerte der hochkohärenten Aufgaben zu einem Faktorwert ‚Situationsmodell hochkohärent‘ gemittelt. Neben der Möglichkeit, einzelne Items unterschiedlich stark zu gewichten, bietet eine Faktorenanalyse hier weitere Vorteile: Der resultierende Faktorwert lässt sich analog zu einem z-Wert nutzen, d.h. die mittlere Kompetenz (hier die Kompetenz im Aufbau eines Situationsmodells) liegt auch bei einem Faktorwert bei 0, während die überdurchschnittliche Kompetenz immer >0 ist. Zudem beträgt die Standardabweichung der Faktorwerte $SD=1$. Dadurch wird die Interpretation der Ergebnisse deutlich vereinfacht. Darüber hinaus haben bei einer Faktorenanalyse Items, die stärker miteinander korrelieren, einen größeren Einfluss auf den Faktorwert. Dies ist für diese Untersuchung von besonderem Wert, da es oftmals nicht möglich war, Items mit weniger guten Trennschärfen zu selektieren. Diese Items korrelierten geringer mit anderen Items und hatten daher auch eine geringere Faktorladung (Korrelation des Items mit dem Faktorwert Situationsmodell), also weniger Einfluss auf den Faktorwert. Die Tabellen 35-38 zeigen die in die Analyse eingegangenen Items und ihre Faktorladungen für jede einzelne Tier-Textaufgabe.

Tabelle 35: Faktorenanalyse ‚Ameisenbär‘

Situationsmodell Ameisenbär

Item	Faktorladung
Aussage 2 (global)	.99
Aussage 2 (global)	.99
Aussage 1	.29
Aussage 4	.23

Anmerkung: Für die Faktorenanalyse ‚Ameisenbär‘ musste Aussage 3 (95.0%) ebenso wie das Bild (84.0%) wegen Deckeneffekten ausgeschlossen werden. Dies ist für die Validität des Faktorwerts ‚Situationsmodell‘ nicht optimal, konnte aber nicht anders gelöst werden.

Tabelle 36: Faktorenanalyse ‚Koala‘

Situationsmodell Koala

Item	Faktorladung
Aussage 3 (global)	.88
Aussage 3 (global)	.88
Aussage 1	.54
Bild (global)	.39
Bild (global)	.39
Aussage 4	.27
Aussage 2	.23

Anmerkung: Die globale Aussage 2 bei der Textaufgabe ‚Koala‘ wurde durch die Textmanipulation in der hochkohärenten Version zu einer Aussage, deren Beurteilung lediglich Informationsentnahme aus dem Text erforderte. Daher wurde für die Faktorbildung ‚Situationsmodell‘ die Aussage 3 doppelt gewichtet, die zwar falsch war, aber eine globale Inferenz erforderte, um dies zu erkennen.

Tabelle 37: Faktorenanalyse ,Schildkröte'		Tabelle 38: Faktorenanalyse ,Schwalbe'	

Situationsmodell Schildkröte		Situationsmodell Schwalbe	
Item	**Faktorladung**	**Item**	**Faktorladung**
Bild (global)	.79	Aussage 4 (global)	.76
Bild (global)	.79	Aussage 4 (global)	.76
Aussage 4 (global)	.75	Bild (global)	.72
Aussage 4 (global)	.75	Bild (global)	.72
Aussage 2	.51	Aussage 1	.19
Aussage 1	.24	Aussage 3	.08
Aussage 3	.02	Aussage 2	.05

Aus der Faktorenanalyse ergab sich ein Faktorwert ,Situationsmodell' für jede Tier-Textaufgabe. Der Mittelwert der Faktorenwerte aller vier Tier-Textaufgaben bildete dann den Gesamtfaktorwert ,Situationsmodell' für diese Untersuchung. Zur Validierung dieses Werts wurden Korrelationen mit Variablen, die die Lesekompetenz messen, und mit der Arbeitsgedächtnisleistung berechnet. Erwartet wurden Korrelationen im unteren bis mittleren Bereich. Da der Faktorwert für das Konstrukt ,Situationsmodell' steht, sollte die höchste Korrelation mit der Variable Textverständnis, gemessen über den entsprechenden Subtest des ELFE, anfallen, die geringste mit der Variable Wortverständnis. Wie Tabelle 39 zeigt, konnten diese Annahmen bestätigt werden. Alle Zusammenhänge waren höchst signifikant.

Tabelle 39: Korrelationen mit dem Gesamtfaktorwert ,Situationsmodell'

	ELFE Wortverständnis	ELFE Satzverständnis	ELFE Textverständnis	ELFE Gesamtwert	Lesenote	Arbeitsgedächtnis
r	.22***	.36***	.40***	.37***	-.31***	.22***
n	322	322	323	323	330	322

Anmerkung: Signifikanzniveaus *$p<.05$, **$p<.01$, ***$p<.001$

Die zufriedenstellenden Gesamtergebnisse der Analysen zeigen, dass sich mit den erstellten Items ein Wert ,Situationsmodell' modellieren lässt. Der Gesamtfaktorwert ,Situationsmodell' kann damit ebenso wie die bereits beschriebenen Skalen ‚Lösungsweg' und ‚Lösung' für die Hypothesentestung eingesetzt werden.

9.2.2 Instrumente zur Erhebung der Lesekompetenz

9.2.2.1 Leseverständnistest ELFE

Zur Messung der Lesekompetenz wurde wie in der Vorerprobung der Leseverständnistest ELFE 1-6 (vgl. Lenhard & Schneider, 2006) mit seinen drei Subtests Wort-, Satz- und Textverständnis eingesetzt. Für die Auswertung wurden die Normierungswerte vom Ende des dritten Schuljahres herangezogen, da die nächste Normierung erst für Mitte des vierten Schuljahres vorlag. Dies war aber insofern unproblematisch, als dass die Erhebung unmittelbar nach den Sommerferien durchgeführt wurde, der zeitliche Abstand zum Normierungszeitraum also sehr gering war und zudem das Ziel dieser Erhebung nicht in einer Individualdiagnostik lag. Ergänzend zu der standardisierten, zeitlich begrenzten Durchführung wurden in einem zweiten Durchgang an einem anderen Erhebungstag die noch nicht bearbeiteten Aufgaben des Subtests Textverständnis ohne zeitliche Begrenzung zu Ende bearbeitet. So konnte zum einen neben der Speed-Komponente auch eine zeitlich weitgehend unabhängige Niveau-Komponente erhoben werden (vgl. Lenhard & Schneider, 2006). Zum anderen konnte der Subtest Textverständnis so zusätzlich differenziert nach den drei Aufgabenkategorien ‚isolierte Informationsentnahme', ‚anaphorischer Bezug' und ‚Inferenzbildung' ausgewertet werden.[16] Für diese Auswertung lag keine Normierung vor.

9.2.2.2 Lesemonitoringtest

Änderungen am Lesemonitoringtest gegenüber der Vorerprobung

Der in der Hauptstudie eingesetzte Lesemonitoringtest (siehe Anhang B3) unterschied sich nur geringfügig von der in der Vorerprobung eingesetzten Version. Der Test setzte sich aus zwei Texten ‚Kamel' und ‚Löwe'

---

16 Bei der Speed-Test-Bearbeitung wurden teilweise zu wenige Aufgaben in den jeweiligen Unterkategorien bearbeitet, um eine valide differenzielle Auswertung zu ermöglichen, daher wurde diese Auswertung mit den im zweiten Durchgang erhobenen Daten durchgeführt.

zusammen, mit Pseudowörtern auf lexikalischer Ebene (Subtest ‚Wort‘) sowie Inkonsistenzen zwischen Propositionen auf textueller Ebene (Subtest ‚Text‘). Eine Übersicht der Zusammensetzung der Items des Tests findet sich in Kapitel 7 zur Vorerprobung der Materialien.

Modifikationen am Test betrafen zum einen die Inkonsistenz im Text ‚Löwe‘: *„Weil die Löwenmännchen die Beute gejagt haben, dürfen sie immer zuerst fressen. Erst wenn die Löwenmännchen satt sind, fressen die anderen Mitglieder des Rudels.“* wurde ersetzt durch *„Wenn die Löwenmännchen erfolgreich gejagt haben, gibt es für das ganze Rudel etwas zu fressen“.* Zum anderen wurde der Arbeitsauftrag folgendermaßen umformuliert: *„Findest du im Text etwas, das keinen Sinn macht? Wenn ja, unterstreiche es.“* So sollte verhindert werden, dass die Kinder weiterhin nach mit ihrem Weltwissen oder ihren Überzeugungen kollidierenden falschen Fakten im Text suchen. Schließlich wurde zur Vermeidung von Zweifelsfällen bei der Definition von Monitortypen eine weitere Variable konstruiert. Auf einer dreifach abgestuften Skala wurde nach dem Sinn des Textes gefragt: *„In diesem Text macht alles Sinn“, „In diesem Text macht nicht alles Sinn“, „Dieser Text macht gar keinen Sinn“.* So konnte überprüft werden, ob das Ankreuzverhalten mit den tatsächlich markierten Fehlern im Text übereinstimmt. Dem in der Vorerprobung aufgetretenen Problem, dass bei Kindern, die im Text nichts markierten, unklar blieb, ob sie den Text nicht bearbeitet hatten oder wirklich keine Fehler fanden, sollte so begegnet werden.

Im Folgenden werden zunächst wie in der Vorerprobung die Subtests ‚Wort‘ und ‚Text‘ getrennt auf ihre Gütekriterien hin überprüft, bevor sie in einem nächsten Schritt zu Lesemonitortypen zusammengefasst werden, die wiederum auf ihre Validität hin analysiert werden.

Gütekriterien des Lesemonitoringtests

Objektivität der Subtests ‚Wort‘ und ‚Text‘ des Lesemonitoringtests. Die Objektivität des Lesemonitoringtests hat sich gegenüber der Vorerprobung nicht geändert (siehe Kapitel 8.2.2), anders verhält es sich mit der im Folgenden beschriebenen Reliabilität und Validität.

Reliabilität der Subtests ‚Wort‘ und ‚Text‘ des Lesemonitoringtests. Am Tag der Testung waren acht Kinder nicht anwesend, zwei Kinder bearbeiteten den Text ‚Kamel‘, neun Kinder den Text ‚Löwe‘ nicht regelkonform. Sie wurden von der Auswertung ausgeschlossen. Somit ergab sich für den

Text ‚Kamel‘ eine Stichprobe von 342 Kindern und für den Text ‚Löwe‘ eine Stichprobe von 335 Kindern. Die Stichprobe für den Gesamttest Lesemonitoring bestehend aus beiden Texten umfasste 334 Kinder.

Für die Itemanalyse wurden zunächst getrennte Analysen für die Subtests ‚Wort‘ und ‚Text‘ durchgeführt. Cronbachs alpha betrug für ‚Wort‘ α=.79 und für ‚Text‘ α=.46 . Da bei nur zwei Items innerhalb der jeweiligen Subtests der Wert der Testreliabilität deutlich verzerrt wird, wurden zusätzlich die durchschnittlichen Korrelationen zwischen den beiden Items jedes Subtests berechnet. Diese betrugen für ‚Wort‘ $r=.65$ und für ‚Text‘ $r=.30$ und waren damit höchst signifikant ($p<.001$), d.h. wer in einem Text auf der jeweiligen Ebene Fehler fand, fand diese tendenziell auch im anderen Text. Dies zeigte sich auch in den Trennschärfen (Tabelle 40).

Tabelle 40: Itemkennwerte der Subtests ‚Wort‘ und ‚Text‘ des Lesemonitoringtests

Sub-test	Item	Itemschwierig-keit	Standardabwei-chung (SD)	Trennschärfe (r_{it})
Wort	Kamel Wort	0.49	0.77	.65
	Löwe Wort	0.45	0.71	.65
Text	Kamel Text	0.53	0.50	.30
	Löwe Text	0.23	0.42	.30

Anmerkung: Die Items des Subtests ‚Wort‘ wurden mit 0 bis 2 codiert, die Items des Subtests ‚Text‘ mit 0 und 1, die Schwierigkeiten sind somit nicht vergleichbar.

Die Werte zeigen, dass der Messfehler der Subtests ‚Wort‘ und ‚Text‘ vergleichsweise gering war. Die Items konnten daher jeweils zu einer Skala ‚Wort‘ und ‚Text‘ zusammengefasst werden. Im Subtest ‚Wort‘ ließen sich insgesamt 4 Punkte erreichen, im Subtest ‚Text‘ 2 Punkte. Der Mittelwert der Skala ‚Wort‘ betrug $M=0.93$ Punkte ($SD=1.35$), der Mittelwert der Skala ‚Text‘ $M=0.77$ Punkte ($SD=0.75$). Insgesamt ist die Schwierigkeit beider Skalen höher als in der Vorerprobung, obwohl nur ein Item (Löwe Text) verändert wurde.

Validität der Subtests ‚Wort‘ und ‚Text‘ des Lesemonitoringtests. Zur Validierung der beiden Subtests ‚Wort‘ und ‚Text‘ wurde zunächst auch für diese Version des Tests überprüft, ob es sich um zwei unabhängige Subtests desselben Konstrukts Lesemonitoring handelt. Wie Tabelle 41 zeigt, konnte dies bestätigt werden.

Zusätzlich wurde für beide Subtests wie in der Vorerprobung die divergente und konvergente Validität analysiert. Tabelle 42 zeigt erwartungskonforme mittlere Korrelationen zwischen dem Subtest ‚Text' und den Variablen Textverständnis und Lesenote. Mit dem Arbeitsgedächtnistest ergab sich nur eine geringe Korrelation, was möglicherweise an der nur mittleren Reliabilität des Subtests ‚Text' lag. Da es sich bei den beiden Messinstrumenten um eigens für diese Studie erstellte und wenig erprobte Tests handelt, wurde zur Validierung unter Einbezug der Reliabilitäten des Arbeitsgedächtnistests und des Subtests ‚Text' eine doppelt minderungskorrigierte Korrelation berechnet (vgl. Lienert, 1989). Der resultierende Wert lag bei $r=.26$.

Tabelle 41: Korrelationen der Items des Lesemonitoringtests

	Kamel Text	Löwe Wort	Löwe Text
Kamel Wort	.02	.65***	.04
Kamel Text		.01	.30***
Löwe Wort			.04

Anmerkung: Signifikanzniveaus *$p<.05$, **$p<.01$, ***$p<.001$; n=334, außer Korrelationen ‚Kamel Wort' mit ‚Kamel Text' n=342 und ‚Löwe Wort' mit ‚Kamel Text' n=335

Wie erwartet zeigten sich keine Zusammenhänge zwischen dem Subtest ‚Wort' und den genannten Variablen.

Tabelle 42: Korrelationen mit den Subtests ‚Wort' und ‚Text'

	ELFE Textverständnis	Lesenote	Arbeitsgedächtnis
Subtest ‚Wort'	.05	-.12	.11
Subtest ‚Text'	.43***	-.28***	.15**

Anmerkung: Signifikanzniveaus *$p<.05$, **$p<.01$, ***$p<.001$; n= 344, außer Arbeitsgedächtnis n=321

Zur Validierung der neuen Variable ‚Sinn' wurde überprüft, ob Kinder bzgl. des ‚Textsinns' konsistent antworteten, d.h. ob Kinder, die Fehler im Text fanden, tendenziell auch den Text für weniger oder gar nicht sinnvoll hielten. Dazu wurden Korrelationen zwischen den Variablen ‚Sinn Löwe' bzw. ‚Sinn Kamel' und dem Fehlerfinden, also der Tatsache, ob Kinder überhaupt Fehler finden, betrachtet. Statt einer Pearson-Korrelation wurde hier der Phi-Wert (ø) berechnet, da zwei dichotome Variablen mit den Werten 0 und 1 vorlagen (vgl. Diehl & Kohr, 1994). Die Korrelation war für beide Texte ‚Löwe' und ‚Kamel' jeweils höchst signifikant (p<.001) bei ø=.84 (Löwe) und ø=.83 (Kamel). Diese Werte sind erwartungsgemäß sehr hoch. Die Variable ‚Sinn' trägt somit wie beabsichtigt zur Vermeidung unklarer Fälle bei und macht damit die Zuordnung zu den jeweiligen Lesemonitortypen valider.

Zusammenfassend lässt sich festhalten, dass die Subtests ‚Wort' und ‚Text' zufriedenstellende Gütekriterien aufwiesen, sodass im Folgenden ein für die Hypothesentestung notwendiger gemeinsamer Wert ‚Lesemonitortyp' gebildet werden kann.

Bildung von Lesemonitortypen

Vier Lesemonitortypen wurden nach dem in Kapitel 8.2.2 beschriebenen Verfahren gebildet. Wie in der Vorerprobung dargestellt, wurde das Leseverständnis bei der Bildung dieser Gruppen nicht einbezogen. Ausgeschlossen wurden Kinder, die widersprüchliche Angaben machten, die also beispielsweise im Text keine Fehler unterstrichen hatten, gleichzeitig aber angaben, der Text mache keinen Sinn. In diesem Fall ließ sich kein eindeutiger Lesemonitortyp bestimmen. Für diese Studie relevant sind nur die beiden Extremgruppen ‚Wortmonitortyp' und ‚Textmonitortyp'. Im Folgenden werden verschiedene Validitätsaspekte für diese beiden Lesemonitortypen analysiert.

Validität der Lesemonitortypen. Um die Konstruktvalidität der Lesemonitortypen zu überprüfen, wurde die Verteilung der Stichprobe auf die vier Gruppen betrachtet: 13.8% der Stichprobe wurden als ‚Wortmonitortyp' deklariert, ungefähr doppelt so viele (28.9%) als ‚Textmonitortyp'. Etwas mehr als die Hälfte der Stichprobe (52.6%) gehörte zur Kategorie ‚Sonstige', 4.6% der Kinder zur Kategorie ‚kein Lesemonitoring'. Auch wenn es keine empirisch belegbaren Vergleichswerte für diese Aufteilung gibt, scheint sie plausibel für vierte Klassen zu sein.

Zur Überprüfung der konvergenten und divergenten Validität wurden mit Hilfe von t-Tests Mittelwertunterschiede zwischen den beiden Typen ‚Wortmonitortyp' und ‚Textmonitortyp' bzgl. der Variablen Textverständnis (Subtest Textverständnis des ELFE und Lesenote) und Arbeitsgedächtnis berechnet (Tabelle 43). Ein signifikanter Unterschied zeigte sich erwartungskonform bei den Variablen zum Textverständnis. Kinder, die als ‚Textmonitortyp' bezeichnet wurden, erzielten hier deutlich höhere Werte. Hinsichtlich ihrer Arbeitsgedächtnisleistung unterschieden sich beide Gruppen zwar innerhalb der Stichprobe, dieser Unterschied war jedoch nicht signifikant. Dies lag vermutlich an der großen Streuung innerhalb der beiden Gruppen.

Tabelle 43: Mittelwertunterschiede der beiden Lesemonitortypen in z-Werten

	Monitortyp	n	M	SD	t	p
ELFE Textverständnis	Wort	45	-0.31	0.88	6.39[a]	<.001***
	Text	94	0.85	1.24		
Lesenote	Wort	45	0.13	0.99	3.29	<.01**
	Text	94	-0.40	0.85		
Arbeitsgedächtnis	Wort	41	-0.12	1.06	1.25	.21
	Text	91	0.10	0.92		

Anmerkung: Signifikanzniveaus *p<.05, **p<.01, ***p<.001; [a]Da die Varianzen signifikant unterschiedlich sind, wurden die Freiheitsgrade korrigiert (df=117.26).

Festhalten lässt sich, dass die beschriebenen Lesemonitortypen zufriedenstellend valide sind. Sie können somit als Maß für Lesemonitoring in der Hypothesentestung eingesetzt werden.

Da Kinder, die der Gruppe ‚Wortmonitortyp' zugehörig sind, ihren Leseprozess ausschließlich auf der lexikalischen Ebene überwachen, lässt sich vermuten, dass sie eher die Strategie des Wort-für-Wort-Lesens verfolgen. Denn ‚Wortleser' sollten tendenziell eher Pseudowörter, jedoch keine Inkonsistenzen im Text finden. Die hier definierten Monitortypen lassen sich daher zusätzlich nutzen, um gemeinsam mit dem Fragebogen Lesen (siehe folgendes Kapitel) die Gruppen ‚Wortleser' und ‚Textleser' zu definieren (siehe Kapitel 8.2.2 und folgendes Kapitel).

9.2.2.3 Fragebogen Lesen

Änderungen am Fragebogen Lesen gegenüber der Vorerprobung

Der Fragebogen Lesen (siehe Anhang B2) wurde mit leichten Veränderungen gegenüber der Vorerprobung eingesetzt. Das bereits bei der Reliabilitätsanalyse der Vorerprobung ausgeschlossene Item 8 wurde ersatzlos gestrichen und Item 2, das in der Vorerprobung einen Deckeneffekt aufwies, der mit einer geringen Trennschärfe einherging, wurde inhalt-lich verändert. Insgesamt bestand der Fragebogen nun aus acht Items und einem Beispiel-Item.

Gütekriterien des Fragebogens Lesen

Objektivität des Fragebogens Lesen. Die Objektivität des Fragebogens Lesen unterschied sich nicht von der Vorerprobung (siehe Kapitel 8.2.2).
Reliabilität des Fragebogens Lesen. In die Auswertung gingen die Fra-gebögen von 339 Kindern ein, sieben Kinder waren am Tag der Testung nicht anwesend, sechs Kinder wurden ausgeschlossen, weil sie den Fra-gebogen nicht regelkonform bearbeitet hatten.

Cronbachs alpha lag für alle acht Items bei α=.51, Item 2 hatte aller-dings eine zu geringe Trennschärfe (r_{is}=.08) und wurde daher bei allen folgenden Berechnungen nicht mehr berücksichtigt. Cronbachs alpha wurde erneut berechnet und stieg bei nun sieben Items auf α=.53. Dieser Wert ist für wissenschaftliche Zwecke ausreichend. Die Trennschärfen der sieben Items lagen zwischen .13 und .36 und sind damit zufriedenstellend hoch (Tabelle 44).

Tabelle 44: Itemkennwerte des Fragebogens Lesen

Item	Itemschwierig-keit	Standardabwei-chung (SD)	Trennschärfe (r_{it}) vor Itemse-lektion	Trennschärfe (r_{it}) nach Items-elektion
2	.66	.48	.08	--
3	.31	.46	.31	.31
4	.52	.50	.30	.33
5	.32	.47	.25	.25
6	.66	.47	.17	.19
7	.25	.44	.13	.13
8	.32	.47	.34	.36
9	.49	.50	.29	.26

Anmerkung: Die Items wurden mit 0 und 1 codiert.

Der Mittelwert der Schwierigkeiten aller sieben Items betrug M=.41 Punkte. Um eine Skala „Lesen" zu erhalten, wurden die sieben Items des

Fragebogens zu einem Gesamtwert summiert. Bei sieben Items ließen sich maximal 7 Punkte erreichen. Der Mittelwert dieser Summe betrug $M=2.88$ ($SD= 1.70$). Abbildung 38 zeigt die Punkteverteilung der Skala „Lesen".

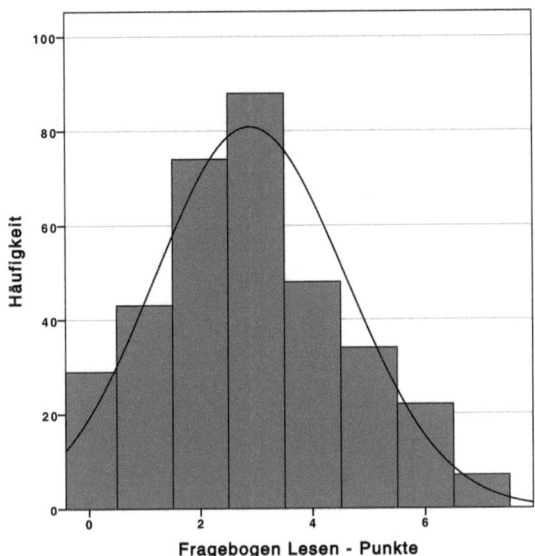

Abbildung 38: Punkteverteilung des Fragebogens Lesen

Im Unterschied zur Vorerprobung liegt hier keine linksgipflige Verteilung der Punkte vor. Nichtsdestotrotz ist der prozentuale Anteil der Kinder, die unterhalb der Skalenmitte von 3,5 Punkten lagen, höher als der Anteil der Kinder, die oberhalb der Skalenmitte lagen.

Validität des Fragebogens Lesen. Als problematisch für die Konstruktvalidität zeigte sich der nach wie vor hohe Anteil an Kindern, die durch den Fragebogen Lesen als „Wortleser" klassifiziert wurden. Der prozentuale Anteil konnte gegenüber der Vorerprobung zwar leicht gesenkt werden, trotzdem ist bei Viertklässlerinnen und Viertklässlern ein solch hoher Wert nicht zu erwarten. Der Fragebogen scheint die Kinder somit eher zu unterschätzen. Eine Ursache hierfür könnte darin liegen, dass im Fragebogen konkrete Aussagen (z.B. „Wort, das ich nicht kenne") mit eher abstrakten Konstrukten (z.B. „Sinn des Textes") kontrastiert wurden. Kinder in dieser Untersuchung neigten möglicherweise eher dazu, Aussagen anzukreuzen, unter denen sie sich etwas Konkretes vorstellen konnten.

Die Validität wurde wie in der Vorerprobung anhand von Zusammenhängen mit konstruktähnlichen und konstruktfernen Messinstrumenten überprüft. Tabelle 45 zeigt die Korrelationen mit der Lesekompetenz und der mathematischen Kompetenz.

Tabelle 45: Korrelationen mit dem Fragebogen Lesen

	ELFE Textverständnis	ELFE Gesamtwert	Lesenote	DEMAT Arithmetik	Sachrechnen
r	.14*	.17**	-.15**	.07	.17**
n	344	344	345	315	237[a]

Anmerkung: Signifikanzniveaus *p<.05, **p<.01, ***p<.001. [a]Die Stichprobengröße von n=237 ergab sich, weil der Wert Sachrechenkompetenz für vier Klassen nicht vorlag (siehe Kapitel 9.2.3).

Erwartungskonform zeigte sich kein Zusammenhang mit dem Subtest Arithmetik des DEMAT 3+, aber ein geringer Zusammenhang mit der Sachrechenkompetenz, die in der Haupterhebung mit dem neu erstellten Mathematiktest ‚Zahlenfokus' (siehe Kapitel 9.2.3) gemessen wurde. Die Korrelationen mit Maßen der Lesekompetenz sind zwar signifikant, aber niedriger als erwartet. Dies deutet ebenfalls daraufhin, dass der Fragebogen die Schülerinnen und Schüler vermutlich unterschätzt.

Der Fragebogen Lesen hat somit insgesamt eine niedrige Validität bei gleichzeitig zufriedenstellender Objektivität und Reliabilität. Dadurch, dass der Fragebogen aber ausschließlich in Kombination mit dem Lesemonitoringtest (siehe Kapitel 9.2.2.2) eingesetzt wurde, wird der geringen Validität entgegengewirkt. Denn auch durch die Kombination eines gering validen Tests mit einem höher validen Test lässt sich die Gesamtvalidität einer Testbatterie steigern (vgl. Lienert, 1989).

Bildung der Gruppen ‚Wortleser' und ‚Textleser'.

Im Folgenden werden zwei Gruppen ‚Wortleser' und ‚Textleser' für die Hypothesentestung definiert und auf ihre Validität hin überprüft. Zur Bildung der Gruppen wurde ein mehrperspektivisches Vorgehen gewählt. Die Gruppen sollten nicht alleine auf Grundlage des Fragebogens Lesen gebildet werden. Zusätzlich wurden daher die mit Hilfe des Lesemonitoringtests gebildeten Gruppen ‚Wortmonitortyp' und ‚Textmonitortyp' herangezogen, um die Selbsteinschätzung der Kinder (Fragebogen Lesen) mit der konkreten Handlungsebene (Lesemonitoringtest) abzugleichen. Da eine Faktorenanalyse aufgrund geringer Validität des Fragebogens Lesen zur Kombination der beiden Tests nicht genutzt werden konnte, mussten alternativ aufeinander abgestimmte Gruppen mit Hilfe einer Kreuztabelle gebildet werden. Basierend auf den Ergebnissen des Fragebogens Lesen wurden zunächst zwei vorläufige Gruppen ermittelt. Kinder, die im Fragebogen Lesen 0 bis 2 Punkte erreichten, wurden als ‚Wortleser‘ definiert, Kinder, die 5 bis 7 Punkte erhielten, als ‚Textleser‘. Diese beiden Gruppen wurden mit den beiden Gruppen ‚Wortmonitortyp‘ und ‚Textmonitortyp‘ des Lesemonitoringtests verglichen. Nur Kinder, die sich überschneidend in jeweils beiden Gruppen befanden, wurden den endgültigen Gruppen ‚Wortleser‘ und ‚Textleser‘ zugeordnet. Die endgültige Gruppe ‚Wortleser‘ umfasste letztlich 22 Kinder, die Gruppe ‚Textleser‘ 30 Kinder.

Zur Validierung der beiden Gruppen wurden mit Hilfe von t-Tests Mittelwertunterschiede in Bezug auf die Lesekompetenz und die Arbeitsgedächtnisleistung zwischen den Gruppen berechnet (Tabelle 46).

Tabelle 46: Mittelwertunterschiede zwischen ‚Wortlesern‘ und ‚Textlesern‘ in z-Werten

	Gruppe	n	M	SD	t	p
ELFE Wortverständnis	Wortleser	22	-0.59	1.00	3.01	<.01
	Textleser	30	0.22	0.92		
ELFE Textverständnis	Wortleser	22	-0.14	0.65	5.73[a]	<.001
	Textleser	30	1.36	1.22		
Lesenote	Wortleser	22	-0.10	0.96	2.74	<.01
	Textleser	30	-0.77	0.82		
Arbeitsgedächtnis	Wortleser	20	-0.25	1.25	1.59[b]	.12
	Textleser	27	0.28	0.92		

Anmerkung: Signifikanzniveaus *p<.05, **p<.01, ***p<.001; Da die Varianzen signifikant unterschiedlich sind, wurden die Freiheitsgrade korrigiert: [a] df=46.17, [b] df=33.41.

Es zeigten sich erwartungskonforme signifikante Unterschiede zwischen beiden Gruppen hinsichtlich ihrer Leseleistung. Beim Wortverständnis ist die Differenz wie erwartet am geringsten, beim Textverständnis am größten. Lediglich in der Arbeitsgedächtnisleistung unterschieden sich beide Gruppen nicht signifikant voneinander. Der Boxplot in Abbildung 39 zeigt allerdings, dass die fehlende Signifikanz nicht am Mittelwertunterschied, sondern an der großen Streuung beider Gruppen liegt.

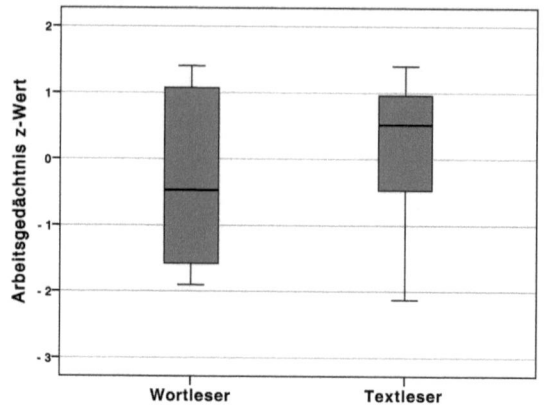

Abbildung 39: Unterschiede in der Arbeitsgedächtnisleistung bei Wort- und Textlesern

Die Gruppe ‚Wortleser‘ überschneidet sich kaum mit der Gruppe derjenigen Kinder, die im Subtest Wortverständnis des ELFE unter dem Prozentrang 10 liegen. Die Kinder der hier gebildeten Gruppe gehörten somit nicht zu den Schülerinnen und Schülern mit einem sehr schlechten Wortverständnis. Dies erscheint folgerichtig, da ‚Wortleser‘ tendenziell die Fähigkeit haben sollten, Wörter zu dekodieren.

Resümierend lässt sich festhalten, dass die hier gebildeten Gruppen ‚Wortleser‘ und ‚Textleser‘ zufriedenstellend valide sind und damit für die Hypothesentestung genutzt werden können.

9.2.3 Instrumente zur Erhebung der mathematischen Kompetenz

9.2.3.1 Deutscher Mathematiktest DEMAT 3+

Zur Erhebung der mathematischen Kompetenz der Probandinnen und Probanden wurde wiederum der DEMAT 3+ (vgl. Roick, Gölitz & Hasselhorn, 2004) eingesetzt. Im Unterschied zur Vorerprobung wurde diesmal aus inhaltlichen und zeitlichen Erwägungen auf den Subtest Sachrechnen verzichtet, lediglich der Subtest Arithmetik wurde durchgeführt.

9.2.3.2 Fragebogen Textaufgaben

Änderungen am Fragebogen Textaufgaben gegenüber der Vorerprobung

Die Items des Fragebogens Textaufgaben (siehe Anhang B5) wurden komplett überarbeitet. Dabei wurde versucht, Aussagen, die zu offensichtlich möglichen Lehreraussagen aus dem Unterricht hinsichtlich wirksamer Strategien zum Lösen von Textaufgaben entsprachen, zu modifizieren. Gänzlich verhindern ließ sich diese Problematik allerdings nicht, da hier nach Strategien gefragt wurde, die sicherlich immer auch unterrichtlich geprägt sind. Gefragt wurde nun auch nicht mehr nach einem allgemeinen Verständnis über wirksame Strategien zum Lösen von Textaufgaben (*Man löst Textaufgaben gut ... wenn man* sofort losrechnen kann, ohne den Text ganz zu lesen; *... wenn man* die Aufgabe mit eigenen Worten nacherzählen kann), sondern nach der eigenen Strategie (*Beim Lösen von Textaufgaben ...* suche *ich* zuerst die Zahlen mit denen ich rechnen muss; *...* stelle *ich* mir vor, worum es im Text geht). Die Situierung des Fragebogens wurde entsprechend angepasst (siehe Anhang B5). Auf ein Beispiel-Item wurde verzichtet, da der Fragebogen an den Fragebogen Lesen angelehnt und das Verfahren den Probandinnen und Probanden folglich bereits bekannt war. Der Fragebogen bestand somit aus fünf Items. Im Folgenden werden erneut seine Gütekriterien betrachtet.

Gütekriterien des Fragebogens Textaufgaben

Objektivität des Fragebogens Textaufgaben. Die Objektivität des Fragebogens Textaufgaben entspricht der der Vorerprobung (siehe Kapitel 8.2.2).

Tabelle 47: Itemkennwerte Fragebogen Textaufgaben

Item	Itemschwierig-keit	Standardabwei-chung (*SD*)	Trennschärfe (r_{it}) vor Itemse-lektion	Trennschärfe (r_{it}) nach Items-elektion
1	.76	.43	.09	--
2	.29	.46	.23	.24
3	.96	.20	.18	.15
4	.52	.50	.24	.29
5	.84	.37	.28	.26

Anmerkung: Die Items wurden mit 0 und 1 codiert.

Reliabilität des Fragebogens Textaufgaben. 317 Probandinnen und Probanden bearbeiteten den Fragebogen Textaufgaben regelkonform, 32 Kinder waren am Tag der Durchführung nicht anwesend, drei Kinder wurden von der Auswertung ausgeschlossen, da sie den Fragebogen nicht regelgerecht bearbeitet hatten. Cronbachs alpha betrug für alle fünf Items α=.38. Da Item 1 mit r_{it}=.09 eine zu geringe Trennschärfe aufwies, wurde Cronbachs alpha erneut ohne dieses Item berechnet. Der Wert lag für nun vier Items bei α =.41. Dies ist für wissenschaftliche Zwecke noch ausreichend. Die Trennschärfen lagen zwischen r_{it}=.15 und r_{it}=.29 und sind somit noch zufriedenstellend. Tabelle 46 zeigt Itemschwierigkeiten (Mittelwerte), Standardabweichungen und Trennschärfen vor und nach der Itemselektion.

Der Mittelwert der Schwierigkeiten aller Items betrug M=.65 Punkte. Für eine Skala Textaufgaben wurden die vier Items des Tests zu einem Gesamtwert summiert. Insgesamt ließ sich ein Punktwert von 4 erreichen. Der Mittelwert der Summe betrug M=2.61, die Standardabweichung lag bei SD= 0.96. Abbildung 40 zeigt die Punkteverteilung der Skala Textaufgaben. Die Skala ist weitgehend normalverteilt.

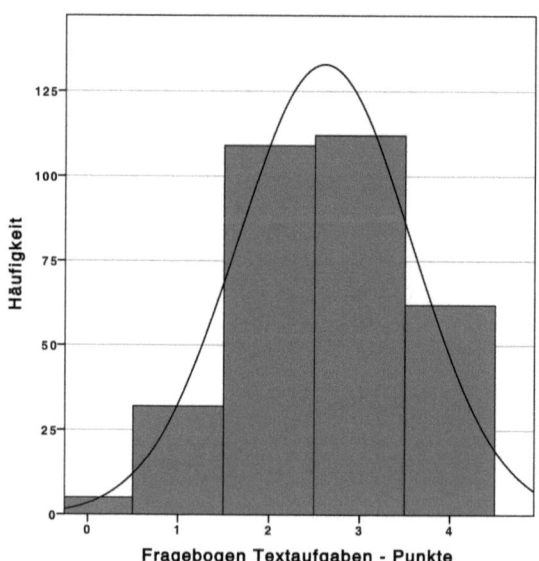

Abbildung 40: Punkteverteilung des Fragebogens Textaufgaben

Validität des Fragebogens Textaufgaben. Zur Überprüfung der Validität wurden, wie bereits in der Vorerprobung, Zusammenhänge zwischen dem Fragebogen Textaufgaben und der Sachrechenkompetenz[17] sowie der Mathematiknote gemessen. Zu erwarten war eine geringe bis mittlere Korrelation. Es konnten jedoch keine Zusammenhänge festgestellt werden. Die Werte lagen weit jenseits der Signifikanzgrenze von 5%. Ebenfalls erwartungswidrig wurde ein Unterschied zwischen Jungen und Mädchen zugunsten der Mädchen festgestellt ($t(308)=2.10$; $p<.05$). Sie erhielten im Mittel $M=2.72$ Punkte ($SD=0.90$), Jungen dagegen nur $M=2.19$ Punkte ($SD=1.00$).

Obwohl Objektivität und Reliabilität des Fragebogens Textaufgaben zufriedenstellend waren, ließ sich keine konvergente und divergente Validität nachweisen. Damit zeigte sich, dass die Veränderungen am Fragebogen gegenüber der Vorerprobung ohne Effekt blieben. Der Fragebogen Textaufgaben wurde daher nicht zur Hypothesenprüfung eingesetzt.

9.2.3.3 Mathematiktest ‚Zahlenfokus‘

Ergänzend zum Fragebogen Textaufgaben wurde für die Haupterhebung ein weiterer Test (siehe Anhang B4) entwickelt. Ziel des Mathematiktests ‚Zahlenfokus‘ war es, ergänzend zum Fragebogen Textaufgaben auf der Handlungsebene zu erheben, welche Kinder beim Lösen von Textaufgaben eher Zahlen und Signalwörter fokussieren und dabei den Aufgabentext außer Acht lassen (im Folgenden ‚Zahlenfokussierer‘). Dafür wurden drei an übliche Lehrwerksaufgaben angelehnte Textaufgaben, im Folgenden mit ‚Buch‘, ‚Känguru‘ und ‚Tierfutter‘ abgekürzt, entwickelt, die zusätzliche, für die Beantwortung der Fragen irrelevante Zahlangaben enthielten („überbestimmte Aufgaben“ vgl. Greefrath, Kaiser, Blum & Borromeo Ferri, 2013). In einer ersten Version des Tests war es Aufgabe der Kinder, die für das Lösen der Textaufgaben relevanten Informationen zu unterstreichen, ohne dabei die Aufgaben zu rechnen. Der Einsatz in den ersten vier Klassen der Stichprobe zeigte, dass die Ergebnisse kaum interpretierbar waren. Denn die Kinder unterstrichen zum einen vielfach den gesamten Aufgabentext und zum anderen hatten sie deutliche Schwierigkeiten, den Arbeitsauftrag ohne das konkrete Berechnen der Textaufgaben zu bewältigen. Daher wurde die Aufgabenstellung für den weiteren Einsatz überarbeitet: *Kreise die Zahlen ein, die du zum Rechnen brauchst. Rechne die Aufgabe.* Ziel war es, mit Hilfe der eingekreisten

---

17 Die Sachrechenkompetenz wurde mit dem für die Haupterhebung neu erstellten Mathematiktest ‚Zahlenfokus‘ gemessen (siehe Kapitel 9.2.3.3).

Zahlen und der tatsächlichen Rechnung herauszufinden, welche Kinder alle in einer Aufgabe vorkommenden Zahlen für relevant hielten und damit rechneten. Angenommen wurde, dass diese Kinder der Gruppe ‚Zahlenfokussierer' angehören. Nachfolgend werden die Gütekriterien für die überarbeitete Version des Tests ‚Zahlenfokus' analysiert.

Gütekriterien des Mathematiktests ‚Zahlenfokus'

Objektivität des Mathematiktests ‚Zahlenfokus'. Die Durchführungsobjektivität des Tests sollte durch einen standardisierten Ablauf gewährleistet werden. Nach einer Instruktion durch die Versuchsleiterin bearbeiteten die Schülerinnen und Schüler den Test selbstständig. Beobachtungen während der Durchführung zeigten, dass das Einkreisen der benötigten Zahlen problematisch war. Viele Kinder kreisten beispielsweise zuerst alle in der Aufgabe vorkommenden Zahlen ein, rechneten dann aber nur mit den relevanten Zahlen. Einige Kinder kreisten die Zahlen erst nach dem Lösen aller drei Aufgaben ein. Es deutete sich hier bereits an, dass das Einkreisen der Zahlen nicht objektiv interpretiert werden konnte. Während der Auswertung bestätigte sich, dass die eingekreisten Zahlen oft nicht mit den tatsächlich zum Rechnen genutzten Zahlen übereinstimmten. Eine Auswertung und Interpretation beider Merkmale war somit nicht möglich. Stattdessen wurden nur die tatsächlich zum Rechnen genutzten Zahlen für die Auswertung herangezogen. Hierzu wurden ausschließlich die Lösungswege betrachtet. Bei der Auswertung wurde jeweils 1 Punkt für das Anwenden aller im Aufgabentext vorkommenden Zahlen vergeben, 0 Punkte wurden vergeben, wenn nicht alle Zahlen benutzt wurden, unabhängig von der Richtigkeit der Rechnung. So konnten die Kinder bestimmt werden, die in mindestens einer Aufgabe alle Zahlen zum Rechnen benutzten und somit vermutlich nicht den Text fokussierten. Diese eindeutige Auswertung sicherte die Auswertungs- und Interpretationsobjektivität.

Reliabilität der Skala ‚Zahlenfokus'. Die ursprüngliche, von 80 Kindern bearbeitete Version des Tests konnte aus den genannten Gründen nicht herangezogen werden. Nur die überarbeitete Version floss in die folgende Auswertung ein. Da zudem 30 Kinder bei der Testdurchführung nicht anwesend waren und ein Kind wegen nicht regelkonformer Bearbeitung ausgeschlossen werden musste, umfasste die resultierende Stichprobe letztlich 241 Probandinnen und Probanden.

Cronbachs alpha lag für den Test ‚Zahlenfokus' bei α=.89. Da dieser Wert bei einer geringen Itemanzahl verzerrt ist, wurde zusätzlich die durchschnittliche Korrelation zwischen den drei Items berechnet. Diese betrug r=.73, d.h. wer in einer Textaufgabe mit allen vorkommenden Zahlen rechnet, macht dies tendenziell auch in den anderen Textaufgaben. Dies zeigt sich auch in den guten Trennschärfen der einzelnen Items. Beide Werte zeigen, dass der Test eine gute Reliabilität aufweist. Tabelle 48 zeigt Itemschwierigkeiten (Mittelwerte), Standardabweichungen und Trennschärfen der einzelnen Items.

Tabelle 48: Itemkennwerte der Skala ‚Zahlenfokus'

Item	Itemschwierigkeit	Standardabweichung (*SD*)	Trennschärfe (r_{it})
Buch	.09	.28	.80
Känguru	.09	.29	.78
Tierfutter	.09	.29	.77

Anmerkung: Die Items wurden mit 0 und 1 codiert, 0=nicht alle Zahlen benutzt, 1=alle Zahlen benutzt

Tabelle 48 zeigt, dass bei jeder einzelnen Aufgabe 9% aller Kinder der Stichprobe mit allen in der Aufgabe vorkommenden Zahlen rechneten.

Zur Bestimmung des Konstrukts ‚Zahlenfokus' wurde eine Skala gebildet. Hierzu wurden alle drei Items zu einem Gesamtwert summiert. Der Mittelwert dieser Summe betrug M=0.27 Punkte, die Standardabweichung lag bei SD=0.78. Das Minimum der Skala betrug 0 Punkte, das Maximum 3 Punkte. 0 Punkte bedeutet, dass in keiner Aufgabe mit allen vorkommenden Zahlen gerechnet wurde, 3 Punkte bedeutet, dass in jeder Aufgabe alle Zahlen benutzt wurden. 87.6% der Stichprobe lagen auf dieser Skala bei 0 Punkten, d.h. diese Kinder rechneten nicht mit allen im Aufgabentext vorkommenden Zahlen, sind also nicht als ‚Zahlenfokussierer' einzustufen. 5.8% der Stichprobe lagen bei 3 Punkten, sie sind folglich nach diesem Verfahren eindeutig als ‚Zahlenfokussierer' zu definieren. Alle übrigen Probandinnen und Probanden der Stichprobe befanden sich zwischen diesen beiden Polen.

Validität der Skala ‚Zahlenfokus'. Die durchschnittliche Inter-Item-Korrelation von r=.73 zeigt, dass alle Items Ähnliches messen und somit erkennbar zu einem Konstrukt ‚Zahlenfokus' gehören. Dies spricht für eine gute Konstruktvalidität.

Ergänzend wurden zur Validitätsprüfung Zusammenhänge mit konstruktähnlichen Variablen betrachtet. Erwartet wurden moderate Zusammenhänge mit der Mathematiknote und dem Subtest Arithmetik des DEMAT 3+ sowie mit der Arbeitsgedächtnisleistung. Ein zumindest geringer Zusammenhang wurde darüber hinaus mit dem Textverständnis angenommen, da das Fokussieren auf Zahlen und Signalwörter möglicherweise auch eine Vermeidungsstrategie von weniger kompetenten Leserinnen und Lesern ist. Es zeigten sich höchst signifikante Zusammenhänge mit den genannten Variablen (Tabelle 49). Kinder mit einer guten Leistung in den jeweiligen Kompetenzbereichen sind somit eher keine ‚Zahlenfokussierer'. Umgekehrt bedeutet dies aber nicht, dass Kinder, die hier nicht als ‚Zahlenfokussierer' definiert werden, immer über hohe mathematische Kompetenzen verfügen. Diese Kinder können durchaus andere, wenig zielführende Strategien anwenden. Ein signifikanter Unterschied zeigte sich auch hier, wie bei allen, die mathematische Kompetenz betreffenden Tests, zwischen den Geschlechtern ($t(233)=2.23$; $p<0.5$). Mädchen rechneten häufiger mit allen in der Aufgabe vorkommenden Zahlen (Mädchen: $M=0.39$, $SD=0.95$; Jungen: $M=0.16$, $SD=0.57$).

Tabelle 49: Korrelationen mit der Skala ‚Zahlenfokus'

	ELFE Textverständnis	Mathematiknote	DEMAT 3+ Arithmetik	Arbeits- gedächtnis
r	-.26***	.29***	-.33***	-.27***
n	236	241	241	228

Anmerkung: Signifikanzniveaus *$p<.05$, **$p<.01$, ***$p<.001$; die Korrelationen sind, außer für die Mathematiknote, negativ, weil ein niedriger Wert auf der Skala ‚Zahlenfokus' mit hohen Werten in den jeweiligen Kompetenzbereichen einhergeht. Die Korrelation mit der Mathematiknote ist positiv, weil bei Noten gute Leistungen durch geringe Werte ausgedrückt werden.

Die Validität für die Skala ‚Zahlenfokus' ist somit ebenso wie die Objektivität und Reliabilität nach der Überarbeitung des Tests zufriedenstellend hoch. Die Skala kann folglich zur Gruppenbildung für die Hypothesentestung genutzt werden. Da die Ergebnisse des Fragebogens Textaufgaben aufgrund schlechter Validitätswerte ausgeschlossen wurden (siehe Kapitel 9.2.2.2), konnte kein gemeinsamer Wert aus beiden Tests gebildet werden. Somit wurde zur Definition der Gruppe ‚Zahlenfokussierer' ausschließlich auf die Ergebnisse des Tests ,Zahlenfokus' zurückgegriffen. Es wurden zwei Gruppen gegenübergestellt: die Gruppe der ,Zahlenfokussierer', bestehend aus allen Kindern, die mindestens in einer Aufgabe mit allen vorkommenden Zahlen rechneten, und die Gruppe der Kinder, die diese Strategie bei keiner der drei Aufgaben nutzten.

Gütekriterien Sachrechenkompetenz

Da anders als ursprünglich geplant die Textaufgaben in der überarbeiteten Version des Tests auch gelöst wurden, wird im Folgenden überprüft, ob der Test reliabel und valide als Maß für die Sachrechenkompetenz der Probandinnen und Probanden einzusetzen ist. Solch ein Wert ,Sachrechenkompetenz' könnte ergänzend zur Validitätssicherung weiterer Messinstrumente dieser Studie eingesetzt werden. Hierzu wurde ausschließlich die Lösung der Textaufgaben einbezogen. Für jede richtig gelöste Textaufgabe wurde 1 Punkt vergeben, maximal konnten somit 3 Punkte erreicht werden.

Reliabilität Sachrechenkompetenz. Cronbachs alpha betrug $\alpha=.72$, die mittlere Inter-Item-Korrelation lag bei $r=.46$. Diese Werte sind ebenso wie die Trennschärfen im zufriedenstellenden Bereich (Tabelle 50).

Tabelle 50: Itemkennwerte Sachrechnen

Item	Itemschwierigkeit	Standardabweichung (*SD*)	Trennschärfe (r_{it})
Buch	.74	.44	.49
Känguru	.68	.47	.59
Tierfutter	.72	.45	.54

Anmerkung: Die Items wurden mit 0 und 1 codiert, 0=falsche Lösung, 1=richtige Lösung

Die Schwierigkeit der Items lag im Mittel bei $M=.71$ Punkten. Um eine Skala Sachrechnen zu erhalten, wurden alle drei Items zu einem Gesamtwert summiert. Der Mittelwert dieser Summe lag bei 2.13 Punkten ($SD=1.09$). Die Punkteverteilung ist aufgrund der geringen Aufgabenschwierigkeit rechtsgipflig (Abbildung 41). Nichtsdestotrotz löste nur ungefähr die Hälfte der Stichprobe alle drei Aufgaben richtig.

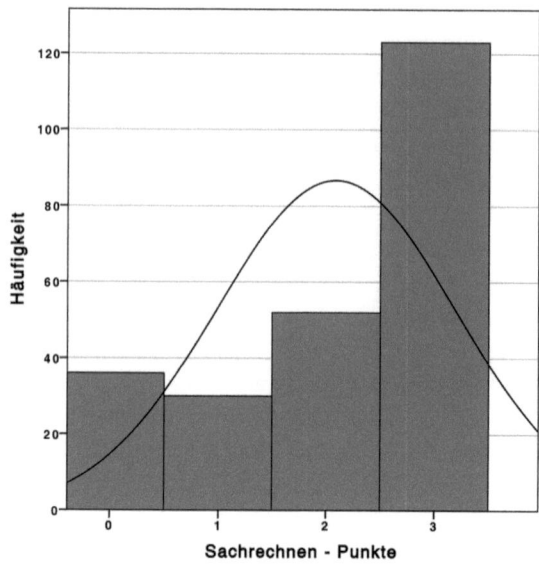

Abbildung 41: Punkteverteilung Sachrechnen

Validität Sachrechnen. Die Textaufgaben orientierten sich an üblichen Lehrwerksaufgaben und zeigten somit eine hohe Augenscheinvalidität. Ergänzend wurde zur Überprüfung der konvergenten Validität der Zusammenhang mit der mathematischen Kompetenz sowie dem Textverständnis analysiert. Tabelle 51 zeigt höchst signifikante mittlere Korrelationen mit allen Variablen.

Tabelle 51: Korrelationen mit der Skala ‚Sachrechnen‘

	ELFE Textverständnis	Mathematiknote	DEMAT 3+ Arithmetik	Arbeits- gedächtnis
r	.41***	-.42***	.57***	.29***
n	236	241	241	228

Anmerkung: Signifikanzniveaus *p<.05, **p<.01, ***p<.001

Auch bei diesem Mathematiktest schnitten die Jungen erwartungskonform besser ab als die Mädchen (t(212.37)=2.86; p<.01; korrigierte Freiheitsgrade). Jungen erreichten im Mittel M=2.3 Punkte (SD=.95), Mädchen M=1.90 Punkte (SD=1.21). Die Güte der Skala ‚Sachrechnen‘ ist damit ausreichend hoch, um sie als Validitätsmaß in dieser Untersuchung einzusetzen.

9.2.4 Weitere Erhebungsinstrumente

9.2.4.1 Arbeitsgedächtnistest

Änderungen am Arbeitsgedächtnistest gegenüber der Vorerprobung

Der in der Vorerprobung eingesetzte Test zum Arbeitsgedächtnis (vgl. Kapitel 8.2.4.1) wurde mit einigen Modifikationen für die Hauptuntersuchung übernommen. Um die Reliabilität im oberen Bereich zu erhöhen, wurde der Test um zwei Items, bestehend aus jeweils einer Gruppe mit vier Tripletts, erweitert (vgl. Tabelle 52). In der Hauptuntersuchung ließ sich somit bei insgesamt zehn Items ein maximaler Wert von 20 Punkten erreichen.

Tabelle 52: Items zur Erweiterung des Arbeitsgedächtnistests

Item	Triplett-Gruppen	abzurufende Zahlen
j	681, 549, 634, 286	1,9,4,6
k	735, 391, 627, 183	5,1,7,3

Zudem wurde die Anleitung klarer gestaltet, das Verfahren stärker standardisiert und ein weiteres Beispiel-Item eingeführt.

Gütekriterien des Arbeitsgedächtnistests

Objektivität des Arbeitsgedächtnistests. Auswertungsobjektivität und Interpretationsobjektivität unterschieden sich nicht von der Vorerprobung (siehe Kapitel 8.2.4.1). Die in der Vorerprobung nicht zufriedenstellende *Durchführungsobjektivität* konnte zum einen durch eine klarere Anleitung mit einem zusätzlichen Beispiel-Item, bei dem die zu merkende letzte Ziffer jedes Tripletts rot eingerahmt war, und zum anderen durch den modifizierten Einsatz der bereits während der Vorerprobung eingeführten und bewährten Regeln als standardisierte ‚Spielregeln' erhöht werden. So wurde dem Problem des das Arbeitsgedächtnis entlastenden Abschreibens und Mitschreibens der Zahlen begegnet. Problematisch blieb indes, dass das Einhalten der Spielregeln durch die Versuchsleiterin nicht immer für jedes Kind zufriedenstellend kontrolliert werden konnte.

Reliabilität des Arbeitsgedächtnistests. Von 352 Probandinnen und Probanden bearbeiteten 340 den Arbeitsgedächtnistest. Als Reliabilitätskoeffizienten wurden Cronbachs alpha und Splithalf (Spearman-Brown) berechnet. Cronbachs alpha lag bei $\alpha=.74$. Der Splithalf-Koeffizient betrug $r_{tt}=.75$. Beide Werte zeigen, dass der Test eine gute Reliabilität aufweist. Die Trennschärfen lagen zwischen $r_{it}=.20$ und $r_{it}=.51$ und sind damit ausreichend hoch. Selbst ein potenzieller Ausschluss des Items mit der niedrigsten Trennschärfe würde nicht zu einer Erhöhung der ohnehin schon guten Reliabilität führen. Tabelle 53 zeigt Itemschwierigkeiten (Mittelwerte), Standardabweichungen und Trennschärfen der einzelnen Items.

Tabelle 53: Itemkennwerte des Arbeitsgedächtnistests

Item	Anzahl der Tripletts	Itemschwierigkeit	Triplett-Schwierigkeit	Standardabweichung (SD)	Trennschärfe (r_{it})
b	2	1.76	1.79	0.62	.32
c	2	1.81		0.57	.20
d	3	1.34		0.91	.36
e	3	1.41	1.42	0.88	.38
f	3	1.38		0.88	.51
g	3	1.54		0.83	.33
h	4	1.12		0.95	.49
i	4	0.89	1.03	0.95	.50
j	4	1.13		0.91	.42
k	4	0.99		0.95	.49

Anmerkung: Die Items wurden mit 0,1 und 2 codiert; Triplett-Schwierigkeit = Mittelwert der Itemschwierigkeit der Gruppen mit gleicher Triplett-Anzahl

Der Mittelwert der Schwierigkeiten aller Items betrug 1.36 Punkte. Um eine Skala Arbeitsgedächtnis zu erhalten, wurden die zehn Items des Tests zu einem Gesamtwert summiert. Der Mittelwert dieser Summe betrug $M=13.63$, die Standardabweichung lag bei $SD=4.53$. Abbildung 42 zeigt die Punkteverteilung der Skala ‚Arbeitsgedächtnis'.

Das Minimum der erreichten Punktzahl lag bei 1 Punkt (1 Proband), das Maximum bei 20 Punkten (33 Probanden). 25.9% der Stichprobe erreichten einen Wert zwischen 18 und 20 Punkten. Damit lag ein Deckeneffekt vor. Möglicherweise lag eine Ursache für die häufig hohen Punktzahlen darin, dass manche Kinder bei der Durchführung, statt alle präsentierten Zahlen laut mitzulesen, nur die zu behaltenden Zahlen wiederholt vor sich hin flüsterten. Diese Zahlen wurden dadurch in der phonologischen Schleife (vgl. Baddeley, 1997) aufrechterhalten und die zentrale Exekutive entlastet. In Klassen, in denen bei der Durchführung zwei Personen auf die Einhaltung der Regeln achteten, traten die gehäuft hohen Werte seltener auf. Dies zeigt erneut den Nachteil einer Durchführung im Klassenverband gegenüber einer Einzeltestung, der auch durch die Modifikationen in der Hauptuntersuchung nicht gänzlich aufzuheben war.

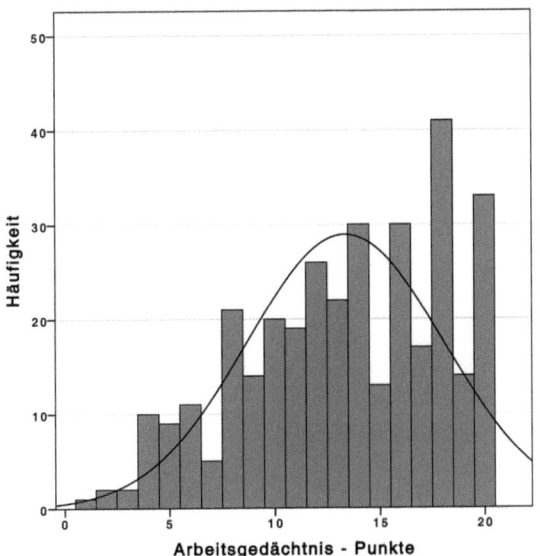

Abbildung 42: Punkteverteilung des Arbeitsgedächtnistests

Validität des Arbeitsgedächtnistests. Die Schwierigkeit der Tripletts stieg auch bei der leicht modifizierten Version wie erwartet vom ersten bis zum letzten Triplett an. Items mit zwei Tripletts waren am einfachsten, Items mit vier Tripletts am schwersten. Für die Konstruktvalidität gelten folglich die gleichen Anmerkungen wie in der Vorerprobung (siehe Kapitel 8.2.4.1). Anzunehmen ist, dass durch den Einsatz standardisierter Spielregeln, die sowohl das Abschreiben als auch das Mitschreiben während der Zahlenpräsentation verhinderten, die Konstruktvalidität anstieg.

Zur Validitätsprüfung wurden wie in der Vorerprobung zusätzlich Korrelationen mit Konstrukten, die die mathematische Kompetenz und die Lesekompetenz messen, berechnet. Tabelle 54 zeigt die Ergebnisse.

Tabelle 54: Korrelationen mit dem Arbeitsgedächtnistest

	ELFE Wortverständnis	ELFE Satzverständnis	ELFE Textverständnis	Lesenote	Mathematiknote	DEMAT 3+ Arithmetik
r	.24***	.23***	.22***	-.30***	-.42***	.33***
n	330	330	330	335	336	310

Anmerkung: Signifikanzniveaus *p<.05, **p<.01, ***p<.001

Die Korrelationen des Arbeitsgedächtnistests mit der Lese- und Mathematikkompetenz liegen im erwartbaren Bereich. Erwartungskonform ließ sich kein signifikanter Mittelwertunterschied zwischen Kindern mit Deutsch als Muttersprache und Kindern mit Deutsch als Zweitsprache (t(334)=0.08; p=.94) hinsichtlich ihrer Arbeitsgedächtnisleistung feststellen (DaM: M=13.40, SD=4.78; DaZ: M=13.38, SD=4.51). Auch Mädchen und Jungen unterschieden sich hinsichtlich ihres Arbeitsgedächtnisses nicht signifikant voneinander (t(337)=1.47; p=.10; Jungen: M=13.75, SD=4.75 bzw. Mädchen: M=12.92, SD=4.59).

Insgesamt wies der Arbeitsgedächtnistest eine zufriedenstellende Güte auf. Die Objektivität konnte gegenüber der Vorerprobung durch Änderungen am Ablauf gesteigert werden.

9.2.4.2 Fragebogen zu biografischen Angaben und Schulnoten

Der biografische Fragebogen wurde nur insofern geändert, als dass die in der Vorerprobung problematische offene Frage nach der Dauer des Deutschlernens durch ein dreifach gestuftes, geschlossenes Item ersetzt wurde: *Wie lange sprichst du schon Deutsch? Schon immer/Seit meiner Geburt; Seit dem Kindergarten; Seit ich zur Schule gehe.* Dabei orientierte sich die Formulierung der zur Auswahl stehenden Antwortmöglichkeiten u.a. an Schülerangaben aus der Vorerprobung. Die biografischen Fragen befanden sich auf der Rückseite des Testhefts Textaufgaben und wurden von den Schülerinnen und Schülern nach Bearbeitung der Tier-Textaufgaben selbstsständig beantwortet.

Wie schon in der Vorerprobung wurden die Lese- und Mathematiknoten der Schülerinnen und Schüler erhoben. Zur weiteren Verwendung der Noten wurden diese klassenweise in z-Werte umgewandelt. So wurden die unterschiedlichen Bewertungsmaßstäbe der Lehrkräfte abgeschwächt, da bei der klassenweisen Umwandlung in z-Werte die Ränge der Schülerinnen und Schüler innerhalb der Klassen berücksichtigt werden.

9.3 Fazit zum Material

In den vorangegangenen Kapiteln wurden die für die Hypothesentestung benötigten Materialien auf ihre Güte hin analysiert, sowie die dafür notwendigen Gruppen definiert und Skalen gebildet. Insgesamt zeigte sich, dass die Gütekriterien z.T. geringer waren als in der Vorerprobung. Dies deutet darauf hin, dass die Klassen der Vorerprobung nicht ganz vergleichbar sind mit den für die Haupterhebung ausgewählten Klassen. Die Vorerprobung mit einer geringeren Klassenanzahl führte möglicherweise zu einer zu optimistischen Schätzung der Gütekriterien. Trotzdem wiesen die Instrumente bis auf den Fragebogen Textaufgaben zufriedenstellende Gütekriterien auf und können für die Hypothesentestung eingesetzt werden. Tabelle 55 gibt einen Überblick über die zur Hypothesentestung eingesetzten Messinstrumente und die aus den Messinstrumenten resultierenden Skalen und Gruppen. Die rechte Spalte der Tabelle gibt an, zur Testung welcher Hypothese die jeweiligen Konstrukte eingesetzt wurden.

Neben den in der Tabelle genannten Messinstrumenten wurden die beiden normierten Lese- und Mathematiktests ELFE und DEMAT 3+ mit ihren jeweiligen Subtests als Kovariaten und zur Definition von Gruppen bei der Hypothesentestung eingesetzt. Ebenfalls als Kovariaten wurden Mathematik- und Lesenoten eingesetzt.

Tabelle 55: Messinstrumente der Hauptuntersuchung

Messinstrument	Skalen bzw. Gruppen	Hypothese (Nr.)
Tier-Textaufgaben	Skalen ‚Lösung‘ und ‚Lösungsweg‘	alle
‚Aussagen‘	Skala ‚Situationsmodell‘	alle
‚Bilder‘	Skala ‚Situationsmodell‘	alle
Lesemonitoringtest	Extremgruppen ‚Textmonitortyp‘ und ‚Wortmonitortyp‘	6
Lesemontoringtest und Fragebogen Lesen	Extremgruppen ‚Wortleser‘ und ‚Textleser‘	5, 7.2, 7.3, 10.6,
Fragebogen Textaufgaben[a]	---	----
Mathematiktest ‚Zahlenfokus‘	Extremgruppen ‚Zahlenfokussierer‘ und ‚keine Zahlenfokussierer‘	7.1, 7.2, 7.3, 10.7
Mathematiktest ‚Zahlenfokus‘	Skala Sachrechenkompetenz[b]	-----
Arbeitsgedächtnistest	Skala Arbeitsgedächtnis	10.8 und als Kovariate
Biografischer Fragebogen	Alter[c], Geschlecht[d], Deutsch als Zweitsprache/ Deutsch als Muttersprache	alle

Anmerkung: [a]Der Fragebogen Textaufgaben konnte wegen fehlender Validität nicht genutzt werden. [b]Die Skala Sachrechenkompetenz wurde nur zur Validierung anderer Messinstrumente eingesetzt, nicht zur Hypothesentestung. [c]Das Alter wurde nur zur deskriptiven Beschreibung der Stichprobe herangezogen. [d]Die Variable Geschlecht wurde nur zur Validitätstestung und zur Stichprobenbeschreibung eingesetzt.

9.4 Durchführung der Hauptuntersuchung

Die Datenerhebung für die Haupterhebung fand im Zeitraum von fünf Wochen nach den Sommerferien 2015 an insgesamt 48 Terminen in den 16 Klassen der sieben teilnehmenden Schulen statt. Dieser Zeitraum wurde gewählt, da in den ersten Wochen des vierten Schuljahres i.d.R. der Stoff der dritten Klasse wiederholt wird und noch keine Zahlraumerweiterung bis in den Millionenraum stattfindet. Es sollten somit keine die

Untersuchung beeinflussenden Unterschiede bzgl. der curricularen Vorgaben zwischen den Klassen bestehen.

Da sich diese Aufteilung während der Vorerprobung bewährt hatte, wurden die Daten in jeder der 16 Klassen an drei verschiedenen Tagen erhoben. I.d.R. fanden die Erhebungen nicht an aufeinanderfolgenden Tagen statt. Die Dauer der Sitzungen betrug zweimal 45 Minuten und einmal 90 Minuten, alle Sitzungen fanden innerhalb der ersten vier Unterrichtsstunden entweder vor oder nach der Frühstückspause statt. Insgesamt wurden acht Tests unterschiedlicher Länge durchgeführt und zusätzlich biografische Daten über einen Fragebogen erhoben. Abbildung 43 zeigt die Aufteilung der Messinstrumente auf die jeweiligen Erhebungstage.

Erhebungstag I: Lesekompetenz	Erhebungstag II: Mathematische Kompetenz	Erhebungstag III: Textaufgaben
• ELFE • Lesemonitoringtest • Fragebogen Lesen	• DEMAT 3+: Subtest Arithmetik • Mathematiktest ‚Zahlenfokus' • Fragebogen Textaufgaben	• Textaufgabenheft • Fragebogen biografische Daten • Arbeitsgedächtnis • ELFE 2. Durchgang
45 Minuten	45 Minuten	90 Minuten

Abbildung 43: Übersicht über den Ablauf der Erhebung

Die Datenerhebung wurde von der Verfasserin dieser Arbeit (Versuchsleiterin) durchgeführt. Während der Erhebung war neben der Versuchsleiterin in den meisten Klassen auch die jeweilige Klassenlehrerin anwesend. Im Folgenden wird der Ablauf der Untersuchung dargestellt.

Erhebungstag I: Lesekompetenz. Nach einer kurzen Begrüßung und Vorstellung wurden den Kindern die Ziele der Untersuchung dargelegt und es wurde sie um Ihre Mithilfe gebeten. Die Kinder wurden darüber informiert, dass sie keine Noten bekommen, alle Daten anonymisiert und vertraulich behandelt werden und ihre Lehrerinnen und Lehrer ausschließlich Einblicke in die Ergebnisse der beiden standardisierten Testverfahren erhalten. Zur Erfassung der Lesekompetenz wurde der Leseverständnistest ELFE gemäß des Testmanuals (vgl. Lenhard & Schneider, 2006) durchgeführt. A und B-Formen wurden abwechselnd auf die Kinder verteilt. Nach einer kurzen Pause wurde der Test zum Lesemonitoring und abschließend der Fragebogen Lesen erhoben. Der Lesemonitoringtest lag in zwei Versionen mit identischen, aber in der Reihenfolge getauschten Items vor. Die Probandinnen und Probanden bearbeiteten diesen Test nach einer standardisierten Instruktion selbständig. Die Items des Fragebogens Lesen wurden nach der Besprechung eines Beispiel-Items von der Versuchsleiterin jeweils vorgelesen und von den Schülerinnen und Schülern sukzessive bearbeitet.

Erhebungstag II: Mathematische Kompetenz. Zur Erhebung der arithmetischen Kompetenz wurde der Subtest Arithmetik des DEMAT 3+ entsprechend der Testanleitung durchgeführt (vgl. Roick, Gölitz & Hasselhorn, 2004). Die beiden parallelen Formen wurden abwechselnd auf die Schülerinnen und Schüler verteilt. Im Anschluss wurde der Mathematiktest ‚Zahlenfokus‘ nach einer standardisierten Anleitung von den Schülerinnen und Schülern eigenständig bearbeitet. Abschließend wurde der Fragebogen Textaufgaben eingesetzt. Die Durchführung erfolgte analog zum Fragebogen Lesen.

Erhebungstag III: Textaufgaben. In einem ersten Schritt wurde der Einsatz des Textaufgabenheftes vorbereitet: Um mögliche Unterschiede zwischen den Schülerinnen und Schülern hinsichtlich ihrer Kenntnisse zum Thema ‚Rekorde in der Tierwelt‘ aufzuheben, wurde das Vorwissen zum Thema im Rahmen eines Think-Pair-Share aufgebaut bzw. aktiviert und der benötigte Wortschatz, wie in Kapitel 8.2.1 beschrieben, vorentlastet. Eingebunden wurde dies in die im Kapitel 9.2.1 beschriebene Rahmenhandlung ‚Löwe Leo‘. In einem zweiten Schritt wurden die Textaufgabenhefte bearbeitet. Die vier verschiedenen Hefte wurden randomisiert auf die Schülerinnen und Schüler verteilt, so dass jedes Kind ein Heft mit vier Textaufgaben zu allen vier Tieren erhielt. Jeweils zwei der Aufgaben waren dabei hoch- und zwei niedrigkohärent. Insgesamt 32% der Testhefte enthielten Überschriften zu allen vier Textaufgaben. Nach einer standardisierten Anleitung bearbeiteten die Kinder alle Aufgaben eigenständig und beantworteten anschließend die biografischen Fragen. Für die Bearbeitung des Testhefts standen 40 Minuten zur Verfügung, die lediglich vier Kinder überschritten. Kindern, die bereits frühzeitig fertig wurden, wurde die Möglichkeit gegeben, eine Geschichte zu den Tieren aus den Textaufgaben zu schreiben oder zu malen (siehe Anhang B6). Nach einer zehnminütigen Pause wurde zunächst der Arbeitsgedächtnistest und abschließend der zweite Durchgang des ELFE durchgeführt.

Die Anonymisierung der Daten erfolgte wie in der Vorerprobung durch eine Zahlencodierung, sodass kein Rückschluss auf einzelne Kinder möglich war. Zum Dank für Ihre Teilnahme erhielten alle Kinder am

Ende der gesamten Erhebung Süßigkeiten. Dies war den Kindern vorher nicht bekannt.

10 Ergebnisse der Hauptuntersuchung

Die im vorangegangenen Kapitel beschriebene hypothesentestende Studie hatte das Ziel, sprachliche Zusammenhänge und Einflussfaktoren bei der Konstruktion von Situationsmodellen während des Bearbeitungsprozesses von mathematischen Textaufgaben zu eruieren. Im Folgenden werden die Ergebnisse dieser Studie dargestellt. Das Ergebniskapitel unterteilt sich in drei Unterkapitel: (1) Hypothesen zu schülerseitigen Einflussfaktoren der Lesekompetenz, insbesondere der Inferenzbildung (Kapitel 10.1), (2) Hypothesen zu schülerseitigen Einflussfaktoren metakognitiver Strategien (Kapitel 10.2) und (3) Hypothesen zum textseitigen Einflussfaktor der Textkohärenz (Kapitel 10.3). Diese Reihenfolge wurde gewählt, um zunächst, auch zur Validierung der den weiteren Hypothesen zugrundeliegenden Annahmen, zu klären, ob Inferenzprozesse und metakognitive Strategien tatsächlich einen messbaren Einfluss auf den Aufbau eines Situationsmodells auch beim Lösen mathematischer Textaufgaben haben. Denn bisher wurden diese Prozesse und Einflussfaktoren nur für das Lesen nichtmathematischer Texte nachgewiesen. Die Haupthypothesen dieser Arbeit zum Einfluss der Textkohärenz auf den Aufbau eines Situationsmodells folgen dann im Anschluss.

Alle Hypothesen setzen sich, wie in Kapitel 6 dargestellt, aus jeweils drei Teilen zusammen. Die für jede Hypothese identischen Teilhypothesen ‚Einfluss des Situationsmodells auf den Lösungsweg' und ‚Einfluss des Lösungswegs auf die Lösung' werden aus Gründen der Übersichtlichkeit und Ökonomie an dieser Stelle als Hypothesen A und B nur einmal berechnet. Die Ergebnisse gelten dann für alle folgenden Hypothesen. Im Weiteren wird dann nur noch die jeweils erste Teilhypothese, die Aufschluss über die Bedingungen und Einflussfaktoren der Konstruktion von Situationsmodellen beim Bearbeiten von Textaufgaben gibt, berechnet.

Teilhypothesen zum Zusammenhang Situationsmodell – Lösungsweg – Lösung:

Hypothese A: *Je plausibler und kohärenter das Situationsmodell gebildet wird, desto häufiger ist der Lösungsweg richtig.*

Zur Bearbeitung dieser Hypothese wurde zwischen dem Faktorwert für das Situationsmodell (Bildung des Faktorwerts siehe Kapitel 9.2.1) und der Variable ‚Lösungsweg' eine partielle Korrelation berechnet. Als Kovariaten wurden dabei die Arbeitsgedächtnisleistung, der Subtest Arithmetik des Mathematiktests DEMAT 3+ und die Mathematiknote einbezogen. Die höchst signifikante Korrelation von $r=.42$ ($p<.001$) bedeutet, dass Kinder, die die Fähigkeit besitzen, plausible Situationsmodelle zu konstruieren, tendenziell auch die richtigen Lösungswege bilden. Diese mittlere Korrelation war zu erwarten, da neben dem Situationsmodell weitere Faktoren auf das Erstellen eines Lösungswegs einwirken (vgl. Kapitel 3.1.3). Mit $r^2=0.18$ wurden ca. 18% der Varianz der Variable ‚Lösungsweg' durch die Varianz in der Fähigkeit, ein Situationsmodell zu konstruieren, erklärt. In Anbetracht der Tatsache, dass das Situationsmodell nur mittelbar mit den mathematischen Ergebnissen zu tun hat, da die eigentlichen Prozesse des Mathematisierens erst ‚folgen', ist dieser Wert beachtlich. Ohne das Konstanthalten der arithmetischen Kompetenz, der Mathematiknote und des Arbeitsgedächtnisses ließen sich 32% der Varianz der Variable ‚Lösungsweg' aufklären. Die Differenz von 16% gegenüber dem alleinigen Einfluss des Situationsmodells (18%) zeigt, dass der Einfluss des Aufbaus eines plausiblen Situationsmodells auf den richtigen Lösungsweg leicht höher ist als der Einfluss der mathematischen Kompetenz.

Hypothese B: *Je häufiger der Lösungsweg richtig ist, desto häufiger ist auch die Lösung richtig.*

Die partielle Korrelation zwischen der Anzahl der richtig erstellten Lösungswege und der Anzahl richtig gelöster Aufgaben betrug $r=.94$ ($p<.001$), d.h. die Unterschiede zwischen den Probandinnen und Probanden im Erstellen der richtigen Lösung werden mit $r^2=.88$, also zu 88% durch die Unterschiede im Aufstellen eines richtigen Lösungswegs erklärt. Korreliert man den Faktorwert ‚Situationsmodell' direkt mit der Lösung ohne jegliche Kovariate, zeigt sich ein Wert von $r=.58$ ($p<.001$). Hier sind aber der Lösungsweg und das Arbeitsgedächtnis noch mit enthalten, die ebenfalls auf die Lösung wirken. Hält man die Variablen Lösungsweg und Arbeitsgedächtnis dagegen konstant, um den direkten Einfluss des Situationsmodells auf die Lösung zu berechnen, zeigt sich ein immer noch kleiner, signifikanter Effekt von $r=.12$ ($p<.05$), $r^2=0.01$, d.h. 1,5% der Varianz in der Lösung werden durch die Varianz in der Konstruktion eines Situationsmodells geklärt. Dies zeigte, dass ein plausibles Situationsmodell einen deutlichen Einfluss auf den Lösungsweg hat, aber kaum noch auf die Lösung selbst. Dies ist theoriekonform gemäß der Annahmen zum Modellierungskreislauf (vgl. Kapitel 3.1.3).

Beide Teilhypothesen A und B konnten gestützt werden und sind somit auch für alle weiteren Analysen signifikant. Im Folgenden werden daher nur die jeweils ersten Teilhypothesen aufgeführt.

10.1 Hypothesen zu schülerseitigen Einflussfaktoren der Lesekompetenz

Hypothese 1:   *Kinder mit geringer Lesekompetenz konstruieren beim Bearbeiten mathematischer Textaufgaben ein weniger plausibles und weniger kohärentes Situationsmodell als Kinder mit guter Lesekompetenz.*

Die Lesekompetenz wurde über den Leseverständnistest ELFE erhoben. Die Stichprobe wurde hinsichtlich der Lesekompetenz mit Hilfe des Gesamtwerts des ELFE in drei Gruppen eingeteilt. Die unterste Gruppe bildeten dabei Schülerinnen und Schüler, die einen Prozentrang unter 25 erreichten und die somit durch den ELFE als sehr schwach bis unterdurchschnittlich bezeichnet werden. In der mittleren Gruppe befanden sich Schülerinnen und Schüler zwischen Prozentrang 25 und 75. Diese Kinder bezeichnet der ELFE als normale Leser. Die letzte Gruppe bildeten Kinder, die einen Prozentrang über 75 erreichten und damit laut ELFE überdurchschnittliche bis weit überdurchschnittliche Leser sind. Um Hypothese 1 zu überprüfen, wurde eine zweifaktorielle Kovarianzanalyse (ANCOVA) durchgeführt. Eine Kovarianzanalyse ist ein inferenzstatistisches Verfahren, mit dessen Hilfe mehrere Mittelwertunterschiede auf signifikante Unterschiede hin untersucht werden können und bei der weitere Variablen als sogenannte Kovariaten konstant gehalten werden, d.h. ihr Einfluss wird aus der Analyse der eigentlich interessierenden Unterschiede herausgehalten. In die hier berechnete Analyse ging als erster Faktor die dreifach abgestufte Lesekompetenz ein. Als zweiter Faktor diente die Variable ‚Erstsprache‘. Die abhängige Variable stellte der Faktorwert ‚Situationsmodell‘ dar. Die Variable ‚Arbeitsgedächtnis‘ bildete dabei die Kovariate. Der Haupteffekt des Faktors Lesekompetenz war signifikant ($F(2, 308)=9.00$; $p<.001$). Der Mittelwert des Faktorwerts

‚Situationsmodell' lag für die schwachen Leserinnen und Leser bei $M=-0.20$ ($SD=0.61$), der Mittelwert der normalen Leserinnen und Leser befand sich bei $M=-0.00$ ($SD=0.55$) und der Mittelwert der überdurchschnittlichen Leserinnen und Leser lag bei $M=0.24$ ($SD=0.50$). Paarweise Vergleiche zeigten signifikante Unterschiede zwischen allen Gruppen (Abbildung 44).

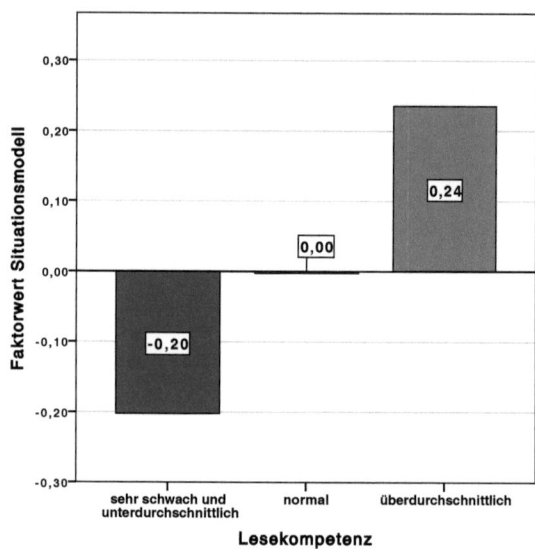

Abbildung 44: Aufbau eines Situationsmodels in Abhängigkeit von der Lesekompetenz

Das bedeutet, dass schwache Leserinnen und Leser signifikant schlechter ein Situationsmodell aufbauten, als normale und gute Leserinnen und Leser. Normale Leserinnen und Leser konstruierten ein Situationsmodell besser als schwache und schlechter als gute Leserinnen und Leser. Dies entspricht der in der Hypothese aufgestellten Behauptung. Die Hypothese konnte somit gestützt werden.

Es zeigte sich, dass schwache Leserinnen und Leser einen unterdurchschnittlichen Wert in der Fähigkeit, ein Situationsmodell aufzubauen ($M_{SM}<0$)[18] aufwiesen. Die Gruppe, die der ELFE als normal bezeichnet, bildete ein Situationsmodell durchschnittlich gut ($M_{SM}=0$), während die

---

18 M_{SM} bedeutet Mittelwert des Faktorwerts Situationsmodell, also Mittelwert der Kompetenz ein Situationsmodell aufzubauen.

überdurchschnittlichen Leserinnen und Leser einen überdurchschnittlichen Wert ($M_{SM}>0$) erreichten (Abbildung 44). Diese Beobachtung ist ein weiterer Hinweis für die Validität der erstellten Aufgaben zur Messung des Situationsmodells.

Auch der Haupteffekt ‚Erstsprache' war signifikant ($F(1, 308)=14.28$; $p<.001$). Schülerinnen und Schüler mit Deutsch als Zweitsprache bildeten schlechter ein Situationsmodell als Schülerinnen und Schüler mit Deutsch als Erstsprache. Entscheidender ist hier aber, dass der Interaktionseffekt Lesekompetenz × Erstsprache nicht signifikant war ($F(2, 308)=1.34$; $p=.26$), d. h. die Tatsache, dass gute Leserinnen und Leser eher ein Situationsmodell aufbauen als schwächere Leserinnen und Leser gilt unabhängig von der Erstsprache für alle Schülerinnen und Schüler. Dieses Ergebnis für die Variable ‚Erstsprache' ergab sich in allen Hypothesen und wird daher nicht erneut aufgeführt: Kinder mit Deutsch als Zweitsprache sind tendenziell schwächer im Aufbau eines Situationsmodells, die Zweitsprache hat aber keinen differenziellen Einfluss auf die jeweiligen zu betrachtenden text- und schülerseitigen Variablen in Bezug auf den Aufbau eins Situationsmodells.

Die folgenden drei Hypothesen differenzieren die Lesekompetenz weiter aus. Sie werden mithilfe der gleichen statistischen Verfahren überprüft und daher zusammen betrachtet.

Hypothese 2:   *Kinder, die lokale und globale Inferenzen weniger gut bilden können, konstruieren beim Bearbeiten mathematischer Textaufgaben ein weniger plausibles und weniger kohärentes Situationsmodell als Kinder, die diese Inferenzen eher herstellen können.*

Hypothese 3:   *Kinder, die lokale Inferenzen weniger gut bilden können, konstruieren beim Bearbeiten mathematischer Textaufgaben ein weniger plausibles und weniger kohärentes Situationsmodell als Kinder, die diese Inferenzen eher herstellen können.*

Hypothese 4:   *Kinder, die globale Inferenzen weniger gut bilden können, konstruieren beim Bearbeiten mathematischer Textaufgaben ein weniger plausibles und weniger kohärentes Situationsmodell als Kinder, die diese Inferenzen eher herstellen können.*

Für die Hypothesen 2 bis 4 wurden mit Hilfe mehrerer Faktorenanalysen (Hauptkomponentenanalysen) entsprechend der Hypothesen drei Faktorwerte ‚Inferenzfähigkeit' auf der Grundlage der normierten und nicht-normierten, detaillierten Auswertungen aus dem ELFE gebildet. Für Hypothese 2 wurden die normierten Werte und die Werte aus der nicht-normierten Detailauswertung jeweils für anaphorische Bezüge und Inferenzbildung zu einem Faktorwert zusammengefasst, für Hypothese 3 ausschließlich die normierten und detaillierten Werte für die anaphorischen Bezüge und für Hypothese 4 jeweils ausschließlich die normierten und detaillierten Werte für die Inferenzbildung. Pro Faktorwert ‚Inferenzfähigkeit' wurden drei Gruppen gebildet: Die unteren 25% der Kinder der vorliegenden Stichprobe wurden zur Gruppe ‚schwach' zusammengefasst, die mittleren 50% der Kinder bildeten die Gruppe mit ‚normaler' Inferenzfähigkeit und die oberen 25% die Gruppe der Kinder mit ‚überdurchschnittlicher' Inferenzfähigkeit.

Um die Hypothesen zu überprüfen wurde für jeden der drei Faktorwerte ‚Inferenzfähigkeit' eine zweifaktorielle Kovarianzanalyse (ANCOVA) durchgeführt. Als erster Faktor ging der dreifach abgestufte Between-Faktor ‚Inferenzfähigkeit' in die Analyse ein. Als zweiter Faktor diente die Variable ‚Erstsprache'. Die Variable ‚Arbeitsgedächtnis' bildete dabei die Kovariate. Tabelle 56 zeigt die Haupteffekte der Analyse.

Tabelle 56: Übersicht über die Haupteffekte und Effektstärken der ANCOVA für die Hypothesen 2 bis 4

Haupteffekte	F	p	Effektstärke part. η^2
Lesekompetenz	9.00	$p<.001$	.055
lokale und globale Inferenzen	16.96	$p<.001$	.099
lokale Inferenzen	14.39	$p<.001$	.085
globale Inferenzen	16.33	$p<.001$	.096

Anmerkung: $df\ 1=2$, $df\ 2=308$

Alle drei durchgeführten Varianzanalysen zeigten das gleiche Bild (Abbildung 45): Kinder, die schwach im Bilden lokaler und globaler bzw. lokaler oder globaler Inferenzen sind, konstruierten schlechter als die beiden anderen Gruppen ein Situationsmodell. Kinder mit normaler Inferenzfähigkeit bildeten jeweils besser ein Situationsmodell als Kinder mit schwacher Inferenzfähigkeit und schlechter als Kinder, die überdurchschnittlich gut Inferenzen ziehen können. Dies entspricht den in den Hypothesen aufgestellten Behauptungen. Alle drei Hypothesen konnten somit gestützt werden.

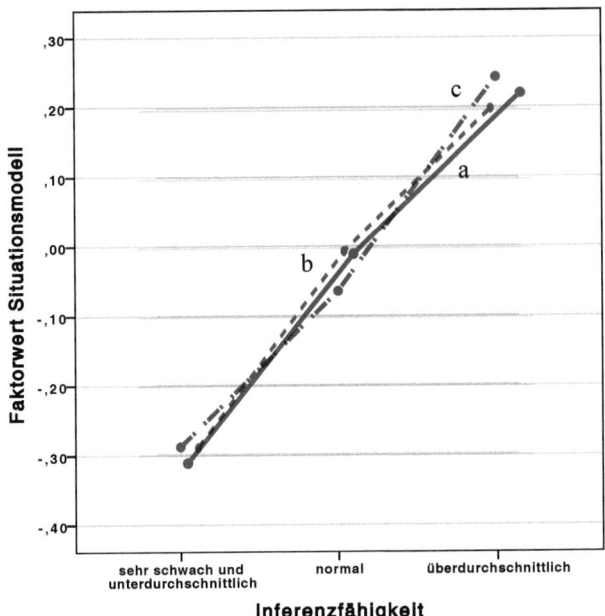

Abbildung 45: Aufbau eines Situationsmodell in Abhängigkeit von der Fähigkeit
(a) lokale/globale, (b) lokale sowie (c) globale Inferenzen zu bilden

Vergleich der Inferenzarten. Tabelle 55 zeigt die Effektstärken der einzelnen Faktoren ‚Inferenzfähigkeit' auf die Konstruktion eines Situationsmodells. Hierbei zeigte sich, dass die Effektstärken bei den Inferenzen deutlich höher waren als beim ELFE-Gesamtwert, d.h. Inferenzen spielen für die Konstruktion eines Situationsmodells auch bei mathematischen Textaufgaben eine entscheidende Rolle, sogar eine stärkere als die allgemeine Lesekompetenz, gemessen über den ELFE-Gesamtwert. Beim ELFE-Gesamtwert werden weitere Faktoren wie Wortdekodieren und Satzverständnis miterfasst. Dies verringert somit offenbar den Gesamteffekt der Lesekompetenz auf das Situationsmodell. Ein leichter Unterschied in den Effektstärken zeigte sich zwischen globaler und lokaler Kohärenzbildung. Das Herstellen globaler Inferenzen hatte einen stärkeren Einfluss auf den Aufbau des Situationsmodells als das Ziehen lokale Inferenzen. Dies wird zusätzlich dadurch deutlich, dass die Effektstärke bei globalen und lokalen Inferenzen gemeinsam nicht substantiell höher ist als bei der alleinigen Betrachtung globaler Inferenzen.

Fazit zu den Hypothesen zur Lesekompetenz. Es zeigte sich, dass die Inferenzfähigkeit einen Einfluss auf die Konstruktion von Situationsmodellen bei der Bearbeitung mathematischer Textaufgaben ausübt. Den stärksten Einfluss hatte dabei die Fähigkeit globale Inferenzen zu bilden. Dieses Ergebnis ist konform mit Erkenntnissen aus der Forschung zum Textverständnis. Der Einfluss der allgemeinen Lesekompetenz, die auch Wort- und Satzverständnis umfasst, war dagegen weniger groß. Dies deutet darauf hin, dass es tatsächlich im Wesentlichen hierarchiehöhere Inferenzprozesse sind, die ursächlich für Unterschiede im Aufbau eines Situationsmodells auch bei mathematischen Textaufgaben sind. Zudem zeigte sich, dass das Arbeitsgedächtnis als Kovariate einen signifikanten Einfluss hatte. Den stärksten Einfluss auf den Aufbau eines Situationsmodells hatte es bei der globalen Inferenzbildung (partielles η^2=.031), d.h. eine geringere Arbeitsgedächtnisleistung macht sich am stärksten dann bemerkbar, wenn globale Inferenzen zu ziehen sind. Auch dies ist hinsichtlich der Erkenntnisse aus der Leseforschung theoriekonform. Eine Analyse des Einflusses der Erstsprache zeigte für diese und alle folgenden Hypothesen, dass Kinder mit Deutsch als Zweitsprache bei der Konstruktion eines Situationsmodells tendenziell schwächer abschnitten. Da der Interaktionseffekt jedoch nie signifikant war, werden beide Gruppen im Folgenden nicht mehr differenziert betrachtet. Denn für beide Gruppen gilt: Wer über eine geringere Lesekompetenz, Inferenzfähigkeit o.ä. verfügt, hat größere Probleme bei der Konstruktion eines plausiblen Situationsmodells als derjenige, der in diesen Variablen gute Werte aufweist, unabhängig von der Erstsprache.

10.2 Hypothesen zu schülerseitigen Einflussfaktoren metakognitiver Strategien

Hypothese 5:   *Kinder, die Wort-für-Wort lesen, deren Leseziel somit auf das Verstehen einzelner Wörter gerichtet ist, konstruieren beim Bearbeiten mathematischer Textaufgaben ein weniger plausibles und weniger kohärentes Situationsmodell als Kinder, deren Leseziel das Verstehen des Textes ist.*

Hier wurde auf die durch den Fragebogen Lesen und den Lesemonitoringtest gebildeten Extremgruppen ‚Wortleser‘ (n=22) und ‚Textleser‘ (n=30) zurückgegriffen (siehe Kapitel 9.2.2). Um die Hypothese zu überprüfen, wurde eine einfaktorielle Kovarianzanalyse (ANCOVA) durchgeführt. Als Faktor ging der zweifach abgestufte Between-Faktor ,Leseziel' in die Analyse ein. Abhängige Variable war der Faktorwert ,Situationsmodell'. Als Kovariaten dienten das Arbeitsgedächtnis und die Kompetenz im Wortlesen (Dekodierfähigkeit). Die Dekodierfähigkeit wurde einbezogen, um eine Gruppe von Leserinnen und Lesern zu bilden, die durchschnittlich gut dekodieren kann. Dies war hier mit einem Mittelwert von $M=-0.16$ der Fall, was gleichbedeutend ist mit einem Prozentrang von 45 im ELFE.

Der Unterschied zwischen den beiden Gruppen ,Wortleser' und ,Textleser' hinsichtlich des Erstellens eines Situationsmodell war höchst signifikant ($F(1, 42)=24.71$; $p<.001$). Der Mittelwert der Faktorwerte ,Situationsmodell' der Gruppe ,Wortleser' war unterdurchschnittlich ($M=-0.22$; $SD=0.52$), der Mittelwert der Gruppe der ,Textleser' war überdurchschnittlich ($M=0.51$; $SD=0.36$) (Abbildung 46).

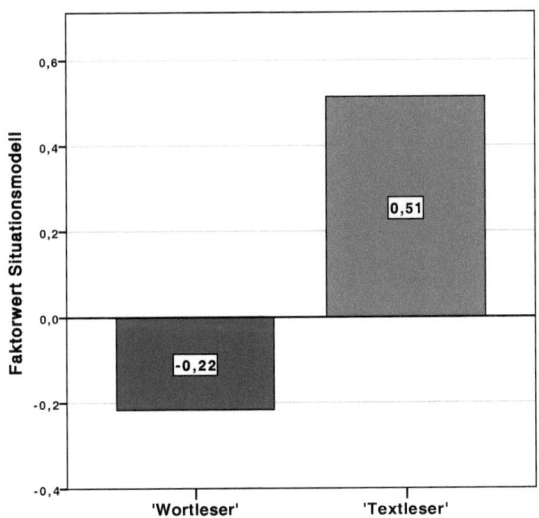

Abbildung 46: Mittelwertunterschiede zwischen ,Wortlesern' und ,Textlesern' hinsichtlich des Aufbaus eines Situationsmodells

Die ,Wortleser' lagen nicht nur unter der Skalenmitte, sie hatten insgesamt auch deutlich geringere Werte in der Kompetenz ein Situationsmodell aufzubauen als die ,Textleser'. Die Hypothese konnte damit gestützt werden.

Hypothese 6:   *Kinder, die ihr Textverstehen nur auf der Wortebene über-*
              wachen, konstruieren beim Bearbeiten mathematischer Text-
              aufgaben ein weniger plausibles und weniger kohärentes
              Situationsmodell als Kinder, die ihren Verstehensprozess auch
              auf der Textebene überwachen.

Um diese Hypothese zu testen, wurden die durch den Lesemonitoringtest ermittelten zwei Extremgruppen ‚Wortmonitortyp‘ (n=39) und ‚Text-
monotortyp‘ (n=90) genutzt (siehe Kapitel 8.2.2). Zur Überprüfung der
Hypothese wurde eine einfaktorielle Kovarianzanalyse (ANCOVA) mit
dem zweifach abgestuften Between-Faktor ‚Lesemonitortyp‘ berechnet.
Als abhängige Variable ging der Faktorwert ‚Situationsmodell‘ in die Analyse ein. Als Kovariate diente das Arbeitsgedächtnis.
    Der Unterschied zwischen den beiden Lesemonitortypen hin-
sichtlich des Erstellens eines Situationsmodell war höchst signifikant
($F(1, 126)=13.22$; $p<.001$). Die Kovariate Arbeitsgedächtnis hatte theoriekonform einen signifikanten Einfluss ($F(1, 126)=4.75$; $p<.05$).

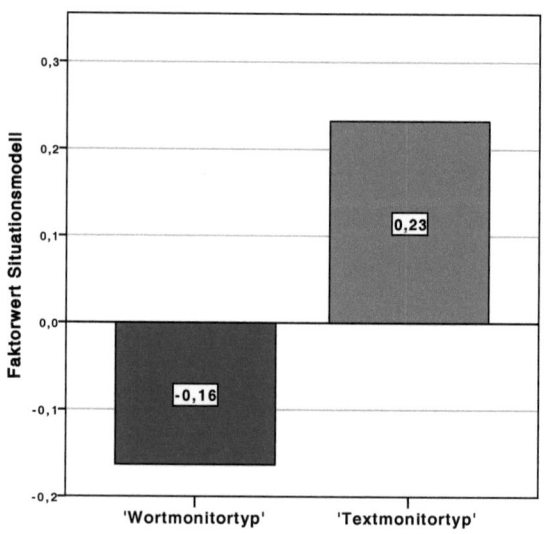

Abbildung 47: Mittelwertunterschiede beim Aufbau eines Situationsmodells in
             Abhängigkeit vom Lesemonitortyp

Der Mittelwert der Faktorwerte für die Konstruktion des Situationsmodells der Gruppe ‚Wortmonitortyp‘ ist unterdurchschnittlich (M=-0.16;

SD=0.62), der Mittelwert der Gruppe ‚Textmonitortyp' ist überdurchschnittlich (*M*=0.23; *SD*=0.55) (Abbildung 47). Die Hypothese konnte damit bestätigt werden.

Hypothese 7a: Kinder, die beim Bearbeiten mathematischer Textaufgaben unter Vernachlässigung des Kontextes die Strategie des Fokussierens auf Zahlen verfolgen, konstruieren dadurch ein weniger plausibles und weniger kohärentes Situationsmodell als Kinder, die andere Strategien verfolgen.

Zur Testung dieser Hypothese wurden die Gruppen, die durch den Mathematiktest ‚Zahlenfokus' gebildet wurden, herangezogen: die Gruppe der ‚Zahlenfokussierer' und die Gruppe der Kinder, die andere Strategien beim Lösen von Textaufgaben verfolgen (siehe Kapitel 9.2.3). Um die Hypothese zu überprüfen, wurde ein t-Test für unabhängige Stichproben durchgeführt mit der unabhängigen Variable ‚Lösungsstrategie' und der abhängigen Variable Faktorwert ‚Situationsmodell'.

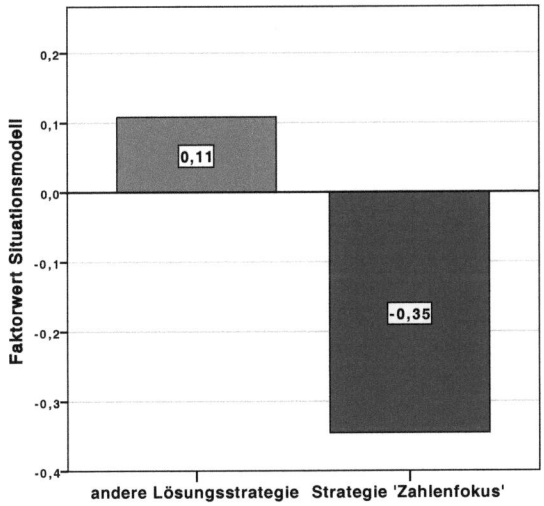

Abbildung 48: Mittelwertunterschiede beim Aufbau eines Situationsmodells in Abhängigkeit von der Lösestrategie

Der Unterschied zwischen der Gruppe der ‚Zahlenfokussierer' und den Kindern, die andere Lösungsstrategien verfolgten, war hinsichtlich des

Erstellens eines Situationsmodells höchst signifikant ($t(236)=3.96$; $p<.001$). Der Mittelwert des Faktorwerts ,Situationsmodell' der Gruppe ,Zahlenfokussierer' war unterdurchschnittlich ($M=-0.35$; $SD=0.77$), der Mittelwert der Gruppe der Kinder, die nicht ausschließlich auf Zahlen fokussieren, war überdurchschnittlich ($M=0.11$; $SD=0.54$) (Abbildung 48).

Hypothese 7b: Kinder, die beim Bearbeiten mathematischer Textaufgaben einen geringen „Standard" für das Verstehen von Textaufgabentexten haben, sind die Kinder, deren Leseziel auch beim Lesen nichtmathematischer Texte eher nicht auf das Herstellen mentaler Kohärenz gerichtet ist.

Zur Prüfung dieser Hypothese wurden zwei Gruppen miteinander verglichen: Kinder, die durch den Mathematiktest ,Zahlenfokus' als ,Zahlenfokussierer' definiert wurden (siehe Kapitel 9.2.3), und Kinder, die durch den Fragebogen ,Lesen' und den Lesemonitoringtest als ,Textleser' definiert wurden. Beide Gruppen wurden mit Hilfe einer Kreuztabelle verglichen, dabei zeigte sich keine Überschneidung zwischen den Gruppen. Kein Kind, das beim Bearbeiten mathematischer Textaufgaben Zahlen fokussierte, war gleichzeitig ein ,Textleser'. Die Hypothese konnte somit gestützt werden, ist jedoch mit Vorbehalt zu betrachten, da die Gruppe der ,Textleser' in dieser Teiluntersuchung mit n=20 sehr klein war.

Hypothese 7c: Kinder, die beim Bearbeiten mathematischer Textaufgaben einen geringen „Standard" für das Verstehen von Textaufgabentexten haben, konstruieren dadurch ein weniger plausibles und weniger kohärentes Situationsmodell als Kinder, deren Leseziel beim Lesen nichtmathematischer Texte eher auf das Herstellen mentaler Kohärenz gerichtet ist.

Hier wurden ebenfalls die Gruppen ,Zahlenfokussierer' und ,Textleser' verglichen. Zur Überprüfung der Hypothese wurde ein t-Test für unabhängige Stichproben mit der unabhängigen Variable ,Verstehensstandard' und der abhängigen Variable Faktorwert ,Situationsmodell' durchgeführt. Der Unterschied zwischen den beiden Gruppen ,Textleser' und ,Zahlenfokussierer' hinsichtlich des Erstellens eines Situationsmodells war höchst signifikant ($t(54)=5.21$; $p<.001$). Der Mittelwert des Faktorwerts ,Situationsmodell' der Gruppe ,Zahlenfokussierer' war unterdurchschnittlich ($M=-0.35$; $SD=0.77$), der Mittelwert der Gruppe der ‚Textleser' überdurchschnittlich (*M*=0.49; *SD*=0.36) (Abbildung 49). Die Varianz war dabei bei der Gruppe der ‚Zahlenfokussierer' deutlich größer, diese Gruppe ist heterogener hinsichtlich des Aufbaus eines Situationsmodells.

Fazit zu den Hypothesen zu metakognitiven Strategien. Es zeigte sich, dass metakognitive Strategien einen Einfluss auf die Konstruktion eines Situationsmodells auch bei mathematischen Textaufgaben haben. So waren Schülerinnen und Schüler, die beim Lesen nichtmathematischer Texte weniger das Verstehen lokaler und globaler Zusammenhänge des Textes als Ziel haben, sondern eher Wort-für-Wort lesen, ebenso wie Kinder, die ihr Textverständnis nur auf der Wortebene überwachen, auch bei Textaufgaben in der Konstruktion von Situationsmodellen schwach.

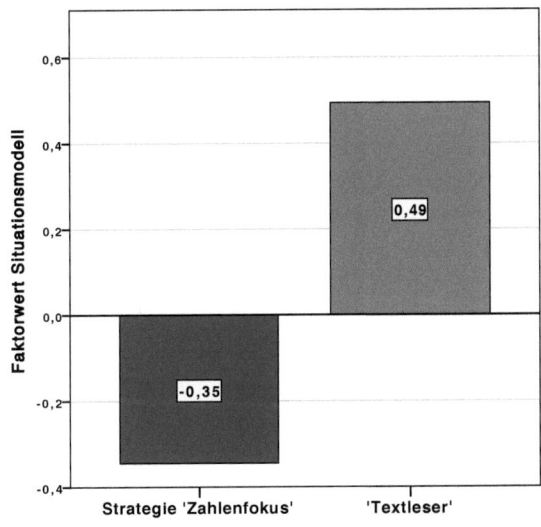

Abbildung 49: Mittelwertunterschiede der Gruppen ‚Zahlenfokussierer' und ‚Textleser' hinsichtlich des Aufbaus eines Situationsmodells

Ähnliches gilt für Kinder, die beim Lösen mathematischer Textaufgaben die Strategie des Fokussierens auf Zahlen anwenden. Angenommen wurde für diese Gruppe, dass beim Lesen von Textaufgaben ein ähnlich gearteter geringer Standard für das Herstellen mentaler Kohärenz vorliegt, wie dies für Verstehensprozesse von schwachen Lesern bei nichtmathematischen Texten bekannt ist. Diese Vermutung konnte gestützt werden.

10.3 Hypothesen zum Einfluss der Textkohärenz

Hypothese 8: *Textaufgaben mit einer höheren Textkohärenz haben einen positiven Einfluss auf die Konstruktion eines Situationsmodells, d.h. bei höherer Textkohärenz des Aufgabentextes wird ein plausibleres und kohärenteres Situationsmodell konstruiert.*

Zunächst wird die Hypothese für alle Tier-Textaufgaben gemeinsam betrachtet, bevor dann alle vier Aufgaben einzeln analysiert werden. In allen weiteren Hypothesen werden die Tier-Textaufgaben dann wieder gemeinsam betrachtet.

Zur Testung der Hypothese wurde in einem ersten Schritt eine Kovarianzanalyse (ANCOVA) durchgeführt. Der Faktor ‚Textkohärenz' lag als Within-Faktor vor, da jedes Kind hoch- und niedrigkohärente Aufgaben bearbeitet hat. Somit stellte dieser Within-Faktor die unabhängige Variable dar. Als abhängige Variable diente der Faktorwert ‚Situationsmodell'. Als Kovariaten wurden ‚Arbeitsgedächtnis', ‚ELFE-Textverständnis (normiert)', ‚ELFE-Textverständnis (nicht normiert, Detailauswertung)' und ‚Lesenote' eingesetzt.

Der Haupteffekt ‚Textkohärenz' war höchst signifikant ($F(1, 310)=24.45$; $p<.001$), d.h. Textaufgaben mit höherer Textkohärenz führten zu einem besseren Aufbau des Situationsmodells (Abbildung 50). Der Mittelwert der Faktorwerte für die niedrigkohärenten Textaufgaben betrug $M_{nk}=-0.11$ ($SD=0.77$), für die hochkohärenten Aufgaben lag der Wert bei $M_{hk}=0.11$ ($SD=0.68$). Die Effektstärke lag bei einem mittleren $d=0.30$. Damit konnte diese Hypothese angenommen werden.

Im Folgenden wird jede Tier-Textaufgabe einzeln betrachtet, d.h. Hypothese 8 zum positiven Einfluss der Textkohärenz wird auch für jede einzelne dieser Aufgaben angenommen. Da bei einzelnen Tier-Textaufgaben jedes Kind nur jeweils eine Version der Aufgabe, aber insgesamt sowohl hoch- als auch niedrigkohärente Aufgaben erhielt, lag die Variable ‚Textkohärenz' als Between-Faktor vor. Daher wurde eine Kovarianzanalyse (ANCOVA) mit diesem Between-Faktor und den Kovariaten ‚Arbeitsgedächtnis', ‚ELFE-Textverständnis (normiert)', ‚ELFE-Textverständnis (nicht normiert)' und ‚Lesenote' durchgeführt. Die abhängige Variable war der Faktorwert ‚Situationsmodell' der jeweiligen Tier-Textaufgabe. Für die Analyse der einzelnen Tier-Textaufgaben mussten auch die Teilhypothesen A und B zum Lösungsweg und zur Lösung gesondert berechnet werden, da sie bisher ausschließlich für den Gesamtwert aller vier Tier-Textaufgaben betrachtet wurden. Teilhypothese A wird ähnlich berechnet wie der erste Teil der Hypothese: Der Between-Faktor ist hier der Lösungsweg, Kovariaten sind das Arbeitsgedächtnis, die Mathematiknote und der Subtest Arithmetik des DEMAT 3+. Der dritte Teil der Hypothese B wurde durch eine partielle Korrelation zwischen Lösungsweg und Lösung unter Ausschluss des Arbeitsgedächtnisses berechnet.

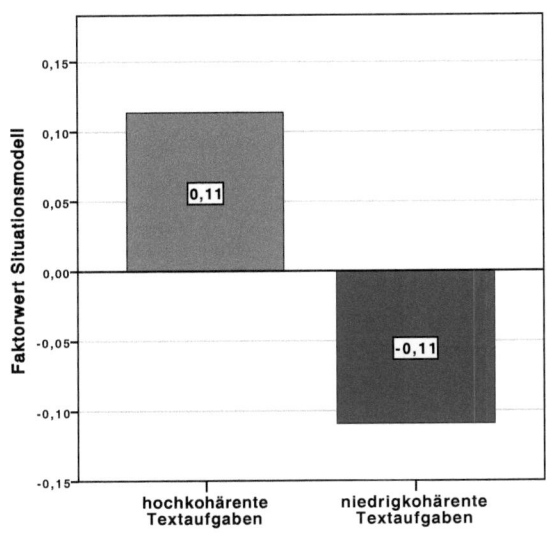

Abbildung 50: Einfluss der Textkohärenz auf den Aufbau eines Situationsmodells

Textaufgabe ‚Schwalbe'. Der Mittelwertunterschied zwischen hoch- und niedrigkohärenter Version war hoch signifikant ($F(1, 307)=7.46$; $p<.01$; $M_{nk}=-0.14$, $SD=1.00$; $M_{hk}=0.16$, $SD=1.00$), d.h. die Textaufgabe ‚Schwalbe' mit höherer Textkohärenz führte zu einem besseren Aufbau des Situationsmodells. Die Effektstärke lag bei $d=0.30$. Der erste Teil der Hypothese konnte somit gestützt werden. Da auch der Effekt Lösungsweg höchst signifikant war ($F(1, 288)=6.06$; $p<.05$), d.h. diejenigen, die ein überdurchschnittliches Situationsmodell ‚Schwalbe' bildeten, gaben im Mittel eher den richtigen Lösungsweg an, konnte der zweite Teil der Hypothese ebenfalls angenommen werden. Der Zusammenhang zwischen dem Erstellen des richtigen Lösungswegs und der richtigen Lösung betrug $r=.78$, $p<.001$. Somit konnte auch die dritte Teilhypothese angenommen werden. Die Hypothese konnte damit als Ganzes bestätigt werden.

Textaufgabe ‚Schildkröte'. Auch bei der Textaufgabe ‚Schildkröte' lag ein signifikanter Effekt der Variable ‚Textkohärenz' vor ($F(1, 309)=3.91$;

$p<.05$, M_{nk}=-0.11, SD=1.05; M_{hk}=0.09, SD=0.98), d.h. die Textaufgabe ,Schildkröte' mit höherer Textkohärenz führte zur Konstruktion eines plausibleren Situationsmodells. Die Effektstärke lag bei d=0.20. Der Einfluss des Situationsmodells auf den Lösungsweg zeigte sich höchst signifikant (F(1, 290)=44.65; $p<.001$), d.h. diejenigen Kinder, die ein überdurchschnittliches Situationsmodell ,Schildkröte' bildeten, gaben im Mittel eher den richtigen Lösungsweg an. Letzterer korrelierte stark mit der Variable Lösung (r=.92, $p<.001$). Alle Teile der Hypothese konnten somit bestätigt werden. Die Hypothese konnte somit als Ganzes gestützt werden.

Textaufgabe ,Koala'. Höhere Textkohärenz führte auch bei der Textaufgabe ,Koala' zu einem plausibleren Aufbau des Situationsmodells (F(1, 308)=6.26; $p<.05$; M_{nk}=-0.12, SD=1.24; M_{hk}=0.15, SD=0.59), was den ersten Teil der Hypothese stützt. Die Effektstärke lag bei d=0.31. Der Einfluss des Situationsmodells auf die Richtigkeit des Lösungswegs war dabei höchst signifikant (F(1, 289)=19.12; $p<.001$), d.h. diejenigen die ein überdurchschnittliches Situationsmodell der Aufgabe ,Koala' bildeten, gaben im Mittel eher den richtigen Lösungsweg an. Dieser korrelierte wiederum sehr hoch mit der richtigen Lösung: r=.86, $p<.001$. Somit konnten auch der zweite und dritte Teil der Hypothese und damit die Hypothese als Ganzes gestützt werden.

Textaufgabe ,Ameisenbär'. Im Unterschied zu den bereits beschriebenen Tier-Textaufgaben war der Einfluss der Textkohärenz bei der Aufgabe ,Ameisenbär' nicht signifikant (F(1, 307)=1.04; p=.31; M_{nk}=-0.05, SD=1.04; M_{hk}=0.06, SD=0.96), d.h., die Änderung der Textkohärenz hatte hier keinen ausreichend großen Einfluss auf die Konstruktion eines Situationsmodells. Deskriptiv gesehen bildeten allerdings in dieser Stichprobe Schülerinnen und Schüler, die die kohärentere Textaufgabe ,Ameisenbär' bearbeitet hatten, ein plausibleres Situationsmodell. Die Effektstärke lag bei d=0.11. Der erste Teil der Hypothese konnte aufgrund der fehlenden Signifikanz jedoch nicht bestätigt werden. Die Zusammenhänge des Situationsmodells mit dem Lösungsweg (F(1, 288)=18.55; $p<.001$) und der Variable Lösungsweg mit der Variable Lösung waren jedoch signifikant und stark (r=.94, $p<.001$). Die Kohärenz hatte bei dieser Aufgabe zwar keinen signifikanten Einfluss auf den Aufbau eines Situationsmodells, unabhängig davon hatte das Situationsmodell aber trotzdem einen wichtigen Einfluss auf den richtigen Lösungsweg. Somit kann der zweite und dritte Teil der Hypothese angenommen werden. Insgesamt kann die Hypothese zum ,Ameisenbär' aber nur in Teilen gestützt werden, die Textkohärenz hat keinen signifikanten Einfluss. Es ist somit entweder nicht gelungen, die Textkohärenz in dieser Aufgabe so zu manipulieren, dass sie einen signifikanten Effekt hat, wahrscheinlicher ist aber, dass das Situationsmodell ‚Ameisenbär' nicht optimal operationalisiert wurde. Ein Grund hierfür ist wahrscheinlich das Fehlen des Bildes, das für die Messung von globalem Verständnis eigentlich zentral ist, aber aufgrund eines Deckeneffekts ausgeschlossen werden musste. Dadurch war der Faktor ‚Situationsmodell' für die Tier-Textaufgabe ‚Ameisenbär' wahrscheinlich nicht ausreichend valide.

Hypothese 9: *Durch den Einsatz einer Überschrift vor einer Textaufgabe wird ein plausibleres und kohärenteres Situationsmodell aufgebaut als bei Textaufgaben ohne Überschrift.*

Inferenzstatistische Analysen zeigten, dass die Überschrift keinen signifikanten Einfluss auf das Bilden eines Situationsmodells hatte. Die Hypothese wurde daher zurückgewiesen. Es machte keinen Unterschied, ob der Tier-Textaufgabe eine Überschrift vorangestellt wurde oder nicht. Dies kann an der Kürze der Texte gelegen haben. Eine weitere Erklärung könnte in der Wortschatz- bzw. Vorwissensaktivierung liegen, denn dadurch aktivierte die Überschrift möglicherweise keine zusätzliche relevante Information. Aufgrund dieses Ergebnisses wurde in dieser Untersuchung in keiner der Hypothesen zwischen Textaufgaben mit oder ohne Überschrift unterschieden.

Der Einfluss der Textkohärenz wird im Folgenden genauer hinsichtlich bestimmter Schülermerkmale betrachtet (Hypothese 10). Untersucht wir dabei der Zusammenhang mit verschiedenen Teilkomponenten der Lesekompetenz (Hypothese 10.1 bis 10.5), mit dem Leseziel (Hypothese 10.6), mit Lösungsstrategien (Hypothese 10.7) und mit dem Arbeitsgedächtnis (Hypothese 10.8).

Hypothese 10: *Die Erhöhung der Textkohärenz in mathematischen Textaufgaben hat auf verschiedene Schülergruppen hinsichtlich der Konstruktion eines plausiblen und kohärenten Situationsmodells unterschiedliche Effekte. Diese Schülergruppen werden im Folgenden näher spezifiziert:*

Hypothese 10.1: *Textaufgaben mit einer höheren Textkohärenz haben auf Kinder mit geringerer Lesekompetenz hinsichtlich der Konstruktion eines plausiblen und kohärenten Situationsmodells einen größeren Effekt als auf Kinder mit höherer Lesekompetenz.*

Die Gruppeneinteilung wurde basierend auf den Ergebnissen des ELFE, wie in Hypothese 1 beschrieben, vorgenommen. Zur Testung der Hypothese wurde eine Kovarianzanalyse (ANCOVA) mit zweifach gestuftem Within-Faktor ‚Textkohärenz‘ und einem dreifach gestuften Between-Faktor ‚Lesekompetenz‘ durchgeführt. Als abhängige Variable wurde der Faktorwert ‚Situationsmodell‘ eingesetzt, Kovariate war die Variable ‚Arbeitsgedächtnis‘. Die Signifikanz der Haupteffekte ‚Lesekompetenz‘ und ‚Textkohärenz‘ wurde bereits gezeigt (Hypothesen 1 und 8). Die für diese Hypothese relevante Interaktion zwischen der Variable ‚Lesekompetenz‘ und der Variable ‚Textkohärenz‘ zeigte sich nicht signifikant ($F(2, 311)=0.61$; $p=.54$), d.h. der Abstand von niedrig- zu hochkohärenten Texten war für jede Lesekompetenzgruppe gleich groß, der Einfluss der Textkohärenz war also für alle Gruppen gleich (Abbildung 51). Die Hypothese konnte somit nicht gestützt werden. Kinder aller Lesekompetenzstufen profitierten von der höheren Textkohärenz.

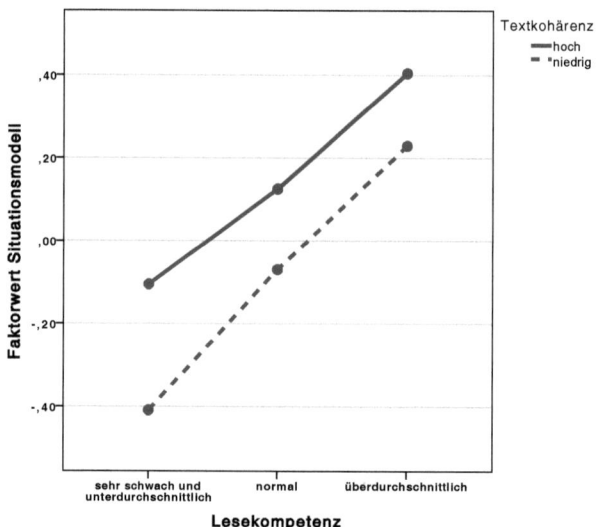

Abbildung 51: Einfluss der Textkohärenz auf den Aufbau eines Situationsmodells in Abhängigkeit von der Lesekompetenz

Da die Einteilung in drei Lesekompetenzgruppen hier nur sehr grob war, wird ähnlich wie bei den Hypothesen zu den schülerseitigen Variablen (Hypothesen 2-4), die Lesekompetenz im Folgenden weiter ausdifferenziert und hinsichtlich der Inferenzfähigkeit betrachtet.

Hypothese 10.2: Textaufgaben mit einer höheren Textkohärenz haben auf Kinder, die lokale und globale Inferenzen weniger gut bilden können, hinsichtlich der Konstruktion eines plausiblen und kohärenten Situationsmodells einen größeren Effekt als auf Kinder, die diese Inferenzen besser herstellen können.

Hypothese 10.3: Textaufgaben mit einer höheren Textkohärenz haben auf Kinder, die lokale Inferenzen weniger gut bilden können, hinsichtlich der Konstruktion eines plausiblen und kohärenten Situationsmodells einen größeren Effekt als auf Kinder, die diese Inferenzen besser herstellen können.

Hypothese 10.4: Textaufgaben mit einer höheren Textkohärenz haben auf Kinder, die globale Inferenzen weniger gut bilden können, hinsichtlich der Konstruktion eines plausiblen und kohärenten Situationsmodells einen größeren Effekt als auf Kinder, die diese Inferenzen besser herstellen können.

Für alle drei Hypothesen wurde das gleiche inferenzstatistische Verfahren angewandt: Zur Testung der Hypothesen 10.2 bis 10.4 wurden Kovarianzanalysen (ANCOVAs) mit zweifach gestuftem Within-Faktor ‚Textkohärenz' und einem dreifach gestuften Between-Faktor ‚Inferenzfähigkeit' entweder für lokale und globale Inferenzen gemeinsam oder für lokale und globale Inferenzen getrennt durchgeführt. Als abhängige Variable lag der Faktorwert ‚Situationsmodell' vor. Als Kovariate wurde die Variable ‚Arbeitsgedächtnis' eingesetzt. Die Gruppeneinteilung wurde auf Basis der differenzierten Auswertung des ELFE, wie für die Hypothesen 2 bis 4 beschrieben, vorgenommen.

Tabelle 57: Übersicht über die Interaktionseffekte zwischen Inferenzfähigkeit und Textkohärenz beim Aufbau eines Situationsmodells

Interaktionsvariable	F	p
Lesekompetenz	0.61	.54
lokale und globale Inferenzen	0.53	.59
lokale Inferenzen	1.12	.33
globale Inferenzen	1.38	.25

Anmerkung: *df 1*=2, *df 2*=311

Die Haupteffekte ‚Inferenzfähigkeit‘ und ‚Textkohärenz‘ wurden für globale und lokale Inferenzprozesse bereits unter Hypothese 2 bis 4 beschrieben. Bezogen auf die hier genannten Hypothesen 10.2 bis 10.4 sind die Interaktionseffekte interessant, d.h. ob die Textkohärenz einen differenziellen Einfluss auf den Aufbau eines Situationsmodells bei Gruppen mit verschiedener Inferenzfähigkeit hat. Tabelle 57 zeigt die nicht signifikanten Ergebnisse. Die Hypothesen konnten somit nicht gestützt werden: Kinder aller Inferenzfähigkeitsgruppen profitierten von der höheren Textkohärenz gleichermaßen.

Die Gruppen unterschieden sich zwar nicht signifikant, deskriptiv-statistisch lässt sich jedoch feststellen, dass die Stärke des Einflusses der Textkohärenz bei Kindern, die überdurchschnittlich gut Inferenzen ziehen können, abnimmt. Den größten, wenn auch nicht signifikanten Effekt, hatte die Erhöhung der Textkohärenz auf Kinder mit der geringsten Fähigkeit, Inferenzen zu ziehen. Relevante Unterschiede zwischen den Inferenztypen ließen sich auch deskriptiv nicht ausmachen.

Die Hypothesen legten nahe, dass die Textkohärenz einen differenziellen Einfluss bezüglich des Inferenzziehens auf die Konstruktion eines Situationsmodells hat. Kinder, die nur geringe Fähigkeiten besitzen, Inferenzen zu ziehen, sollten stärker von einer Steigerung der Textkohärenz profitieren. Die gezeigten, nicht signifikanten Ergebnisse lagen möglicherweise daran, dass sich in der Gruppe der schwachen Leser z.B. auch Kinder befanden, die schwach im Dekodieren von Wörtern sind, sodass eine Erhöhung der Textkohärenz in ihrem Fall wahrscheinlich nur wenig bewirkt. Im Folgenden wird daher die Gruppe der schwachen Leserinnen und Leser noch einmal detaillierter betrachtet.

Hypothese 10.5a: Textaufgaben mit einer höheren Textkohärenz haben auf Kinder, die im Rekodieren und Dekodieren von Wörtern sehr schwach sind, hinsichtlich der Konstruktion eines plausiblen und kohärenten Situationsmodells keinen Effekt. Diese Kinder sollten also bei niedrig- und hochkohärenten Aufgaben gleichermaßen niedrige Werte haben.

Hypothese 10.5b: Die erhöhte Textkohärenz sollte den größten Einfluss auf die Konstruktion eines plausiblen und kohärenten Situationsmodells bei denjenigen Kindern haben, die wenig kompetent im Textverständnis sind, gleichzeitig aber mindestens ausreichende Fähigkeiten im Dekodieren besitzen.

Zur Beantwortung der Hypothesen wurden mehrere Gruppen gebildet. Zum einen wurde die Dekodierfähigkeit erfasst und alle Probandinnen und Probanden in zwei Gruppen unterteilt: Die erste Gruppe umfasste Kinder, die im Subtest ,Wortverständnis' des ELFE einen Prozentrang unter 10 erreichten und damit eine sehr schwache Dekodierfähigkeit aufwiesen (n=42). Die zweite Gruppe umfasste alle übrigen Kinder mit einem Prozentrang über 10. Zum anderen wurden die Ergebnisse des Subtests ,Textverständnis' des ELFE herangezogen und mit Hilfe der Prozentränge aus dem ELFE zur genaueren Differenzierung wiederum mit allen Probandinnen und Probanden fünf Textverständnisgruppen gebildet, jeweils bis Prozentrang 10, 25, 75, 90 und 100. Jedes Kind gehörte somit zwei Gruppen an, einer der beiden Dekodiergruppen und einer der fünf Textverständnisgruppen. Erwartungskonform waren in der Gruppe der schwachen Dekodierer die oberen beiden Textverständnisgruppen (Prozentrang 75 bis 100) nicht vertreten, d.h. es gab keine Kinder mit schlechter Dekodierfähigkeit, die gleichzeitig überdurchschnittliche und weit überdurchschnittliche Kompetenzen im Textverständnis hatten.

Zur Überprüfung der Hypothesen 10.5a und 10.5b wurde eine gemeinsame Kovarianzanalyse (ANCOVA) mit zweifach gestuftem Within-Faktor Textkohärenz, einem zweifach gestuften Between-Faktor ,Dekodieren' und einem nach Prozentrang fünffach gestuften Between-Faktor ,Textverständnis' durchgeführt. Die abhängige Variable bildete erneut der Faktorwert ,Situationsmodell'. Als Kovariate wurde die Variable ,Arbeitsgedächtnis' eingesetzt. Der für die Hypothese 10.5a interessierende Interaktionseffekt zwischen der Variable ,Dekodierfähigkeit' und der Variable ,Textkohärenz' ist signifikant ($F(1, 304)=4.39$; $p<.05$), d.h. dass der Abstand der Werte von niedrig- und hochkohärenten Aufgaben für die beiden Dekodiergruppen unterschiedlich groß war. Der Einfluss der Textkohärenz war bei den besseren Dekodierern vergleichsweise groß, bei den sehr schwachen Dekodierern zeigte die erhöhte Textkohärenz keinen Effekt (Abbildung 52). Hypothese 10.5a konnte damit gestützt werden.

Zur Prüfung der zweiten Hypothese 10.5b wurde in einem weiteren Schritt betrachtet, ob sich der Einfluss der Textkohärenz auf den Aufbau eines Situationsmodells bei Kindern mit sehr schlechter Dekodierfähigkeit und Kindern mit besserer Dekodierfähigkeit in Abhängigkeit von ihrer jeweiligen Textverständniskompetenz anders verhält. Diese Zweifachinteraktion ließ sich mit der bisher beschriebenen Varianzanalyse nicht berechnen, weil in der Gruppe der sehr schwachen Dekodierer, wie bereits angemerkt, die beiden oberen Textverständniskategorien nicht besetzt waren. Daher wurde für jede der beiden Dekodiergruppen eine getrennte Varianzanalyse mit dem Within-Faktor ‚Textkohärenz‘ und dem mehrfach gestuften Faktor ‚Textverständnis‘ (dreifach gestuft bei den sehr schwachen Dekodierern, fünfach gestuft bei den besseren Dekodierern) berechnet.

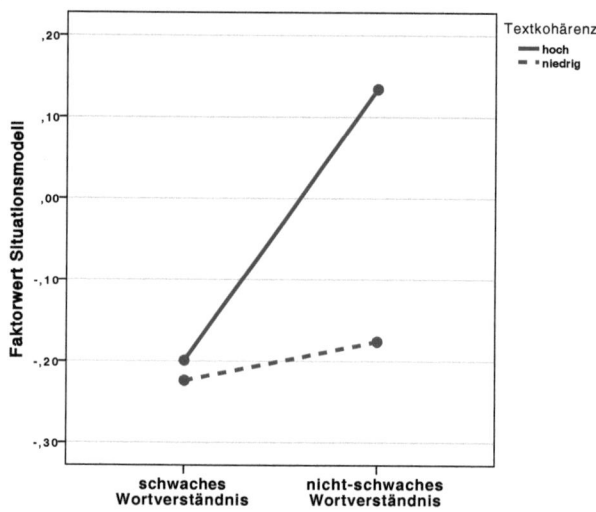

Abbildung 52: Einfluss der Textkohärenz auf den Aufbau des Situationsmodells in Abhängigkeit von der Dekodierfähigkeit

Analysen für Kinder mit sehr schwacher Dekodierfähigkeit. Zunächst wurde die Varianzanalyse für Kinder mit sehr schwacher Dekodierfähigkeit durchgeführt. Hier war der Haupteffekt ‚Textkohärenz‘, wie bereits gezeigt, nicht signifikant ($F(1, 38)=0.01$; $p=.91$), d.h. es gab keinen Einfluss der Textkohärenz auf den Aufbau des Situationsmodells bei dieser Gruppe. Dies könnte zwar auch an der geringen Anzahl der Probanden liegen, die Effektstärke war jedoch mit einem partiellen $\eta^2<.001$ äußerst gering. Damit ist es äußerst unwahrscheinlich, dass sich dieses Ergebnis bei einer größeren Stichprobe ändert. Der Haupteffekt der Variable ‚Textverständnis‘ stellte sich innerhalb der Gruppe der schwachen Dekodierer ebenfalls als nicht signifikant ($F(2, 38)=0.61$, $p=.55$) heraus, d.h. innerhalb dieser Gruppe spielte die Kompetenz im Textverständnis für den Aufbau eines Situationsmodells keine Rolle. Interessanter als die Haupteffekte ist die Interaktion zwischen

Textkohärenz und Textverständnis innerhalb der schwachen Dekodiergruppe, die mit $F(2, 38)=1.34$ und $p=.28$ ebenfalls nicht signifikant war. Dies lag möglicherweise an der geringen Anzahl an Probandinnen und Probanden in den drei Untergruppen der schwachen Dekodierer mit n=8 (sehr schwaches Textverständnis), n=18 (unterdurchschnittliches Textverständnis) und n=16 (normales Textverständnis). Für diese Stichprobe zeigte sich jedoch eine geringe, aber sichtbare Effektstärke mit partiellem $\eta^2=.07$, d.h. in dieser Stichprobe hatte die Textkohärenz auf die drei verschiedenen Textverständnisgruppen innerhalb der schwachen Dekodierer einen unterschiedlichen Einfluss. Dieser Einfluss wird mit Hilfe von Abbildung 53 näher betrachtet.

Für diese Stichprobe zeigte sich, dass bei sehr schwachen Dekodierern mit gleichzeitig sehr geringer Kompetenz im Textverständnis, eine hohe Textkohärenz einen negativen Einfluss auf die Konstruktion eines Situationsmodells hatte. Dies könnte an der Textlänge liegen, die bei hochkohärenten Texten etwas höher war als bei niedrigkohärenten, und somit sehr schwache Wortdekodierer möglicherweise überforderte. Bei Kindern mit unterdurchschnittlicher und normaler Kompetenz im Textverständnis innerhalb dieser Gruppe der schwachen Wortdekodierer, war dieser Effekt umgekehrt, hier hatte die Textkohärenz einen positiven Einfluss. Es lässt sich daher vermuten, dass hier graduell eine Wirkung der Textkohärenzsteigerung einsetzte. Die Grafik zeigt, dass die Mittelwerte der Faktorwerte des Situationsmodells der schwachen Dekodierer mit normaler Textverständniskompetenz, die hochkohärente Textaufgaben bearbeiteten, fast bei 0 lagen. Dies ist auf der Skala der Faktorwerte für das Situationsmodell der Mittelwert. Gleichzeitig war diese Gruppe bei niedrigkohärenten Textaufgaben ebenso schwach beim Aufbau eines Situationsmodells wie die Kinder, die sowohl im Dekodieren als auch im Textverständnis sehr schwach waren. Dies bedeutet, dass niedrigkohärente Texte für diese erstgenannte Gruppe kontraproduktiv waren. Insgesamt ließ sich zeigen, dass alle schwachen Wortdekodierer unter dem Mittelwert der Faktorwerte des Situationsmodells lagen, d.h. sie konstruierten weit unterdurchschnittlich plausible Situationsmodelle.

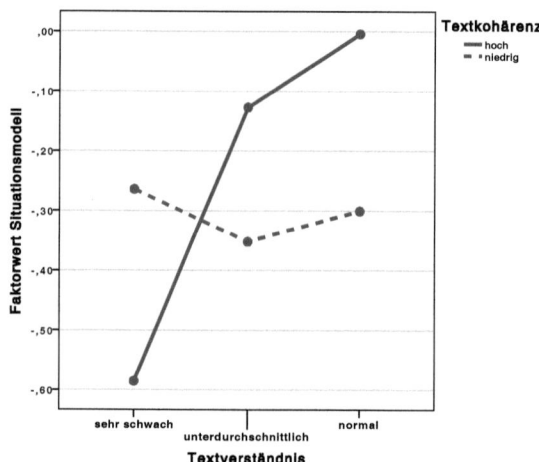

Abbildung 53: Unterschiede der Textverständnisgruppen innerhalb der sehr schlechten Dekodierer hinsichtlich des Aufbaus eines Situationsmodells in Abhängigkeit von der Textkohärenz

Analysen für Kinder mit besserer Dekodierfähigkeit. Für die besseren Dekodierer, d.h. für alle Kinder, die im Subtest Wortverständnis des ELFE über Prozentrang 10 lagen, war der Haupteffekt ‚Textkohärenz' signifikant ($F(1, 265)=22.52$; $p<.001$), d.h. in dieser Gruppe gab es einen Einfluss der Textkohärenz auf den Aufbau eines Situationsmodells. Auch der Haupteffekt ‚Textverständnis' zeigte sich signifikant ($F(4, 265)=7.83$, $p<.001$), d.h. innerhalb der Gruppe der besseren Dekodierer spielte es für den Aufbau des Situationsmodells zusätzlich eine Rolle, wie gut ein Kind Texte lesen kann. Je besser Texte verstanden werden, desto besser wird – hier zunächst unabhängig von der Unterscheidung in niedrig- und hochkohärente Aufgaben – ein Situationsmodell aufgebaut. Die Interaktion zwischen Textkohärenz und Textverständniskompetenz innerhalb der Gruppe der besseren Dekodierer war nicht signifikant ($F(4, 265)=0.84$; $p=.50$). Betrachtet man aber Abbildung 54, sieht man für diese Stichprobe, dass der Einfluss der Textkohärenz auf den Aufbau des Situationsmodells mit steigender Textverständniskompetenz sinkt. Deshalb wurden die Unterschiede für jede einzelne der fünf Textverständnisgruppen genauer analysiert. Der größte und auch signifikante Unterschied zeigte sich bei den schwächsten Schülerinnen und Schülern ($p<0.5$, partielles $\eta^2=.366$), der geringste Abstand zeigte sich bei Kindern mit dem besten Textverständnis. Bei letzteren war der Einfluss nicht signifikant, d.h. hier haben

Unterschiede in der Textkohärenz nur einen geringen Einfluss auf das Bilden des Situationsmodells (p=.20, partielles η^2=.033).

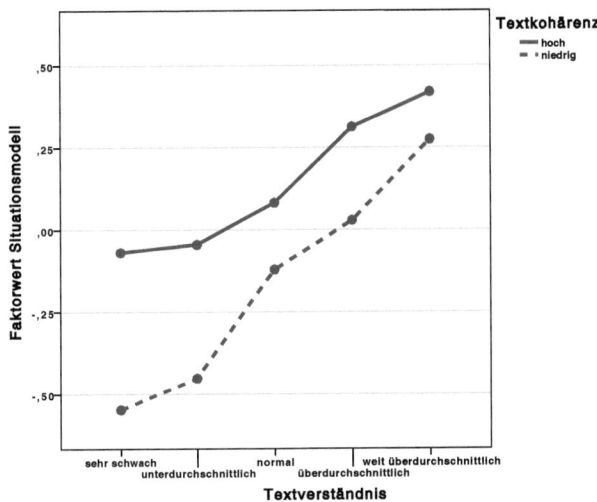

Abbildung 54: Unterschiede zwischen den Textverständnisgruppen innerhalb der Gruppe der besseren Dekodierer hinsichtlich des Aufbaus eines Situationsmodells in Abhängigkeit von der Textkohärenz

Abbildung 55 zeigt die Effektstärken für alle fünf Textverständnisgruppen. Bei Kindern mit sehr schwachem Textverständnis, die gleichzeitig bessere Dekodierer sind, war der Effekt der Textkohärenz bei weitem am stärksten: 36.6% der Varianz des Situationsmodells ließen sich auf die Unterschiede in der Textkohärenz der Tier-Textaufgaben zurückführen. Bei Kindern mit unterdurchschnittlichem, normalem und überdurchschnittlichem Textverständnis war der Effekt ungefähr gleich groß, die Varianzaufklärung lag zwischen 8.6% und 14.3%. Bei weit überdurchschnittlichem Textverständnis ließen sich nur noch 3.3% der Varianz aufklären. Bei sehr schwachem Textverständnis wurde somit zehnmal soviel Varianz durch die Textkohärenz erklärt wie bei den weit überdurchschnittlichen Textlesern. Diese Effektstärken sprechen dafür, dass auch der zweite Teil der Hypothese (10.5b) gestützt werden kann.

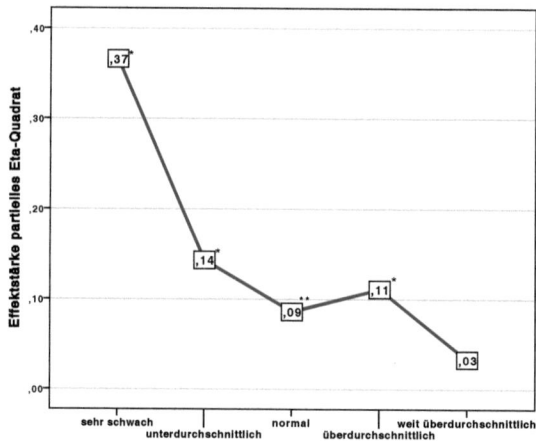

Anmerkung: Signifikanzniveaus *p<.05, **p<.01, ***p<.001

Abbildung 55: Effektstärken der Unterschiede hinsichtlich der Textkohärenz für die einzelnen Textverständnisgruppen innerhalb der Gruppe der besseren Dekodierer

Hypothese 10.6: *Kinder, die Wort-für-Wort lesen und dabei eine durchschnittliche Dekodierfähigkeit haben, profitieren von Textaufgaben mit einer höheren Textkohärenz hinsichtlich der Konstruktion eines plausiblen und kohärenten Situationsmodells.*

Zur Testung der Hypothese wurde die durch den Lesefragebogen und den Lesemonitoringtest ermittelte Gruppe ‚Wortleser‘, d.h. die Gruppe der Kinder, die tendenziell Wort-für-Wort lesen, herangezogen (siehe Kapitel 9.2.2) (n=19). Um die Hypothese zu überprüfen, wurde eine einfaktorielle Kovarianzanalyse (ANCOVA) mit dem zweifach abgestuften Within-Faktor Textkohärenz durchgeführt. Als abhängige Variable fungierte der Faktorwert ‚Situationsmodell‘. In die Analyse gingen die Kovariaten Arbeitsgedächtnis und Dekodierfähigkeit, letztere erhoben über den Subtest Wortverständnis des ELFE, ein. Die Dekodierfähigkeit wurde deshalb statistisch kontrolliert, um ihren Einfluss aus der Analyse herauszuhalten. Der Mittelwert, bei dem die Gruppe konstant gehalten wurde, lag bei $M=-0.71$, das entspricht einem Prozentrang von 25 im ELFE.

Der Einfluss der Textkohärenz auf den Aufbau des Situationsmodells war bei Wort-für-Wort-Lesern signifikant ($F(1, 16)=5.34$; $p<.05$). Der Mittelwert des Faktorwerts ‚Situationsmodell‘ bei niedrigkohärenten

Textaufgaben war unterdurchschnittlich ($M=-0.45$; $SD=0.75$), während der Mittelwert bei hochkohärenten Aufgaben überdurchschnittlich war ($M=0.08$; $SD=0.55$) (Abbildung 56).

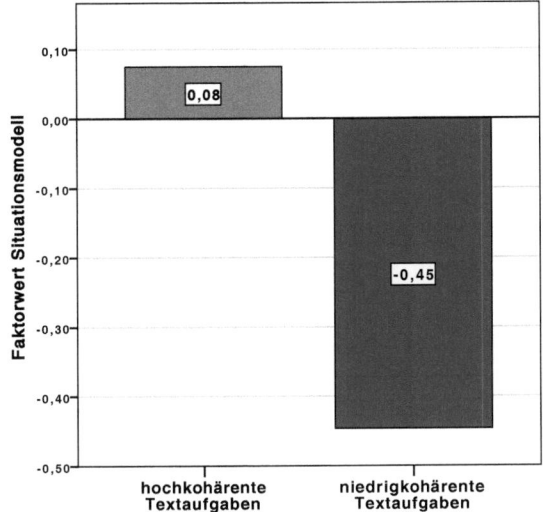

Abbildung 56: Einfluss der Textkohärenz auf den Aufbau eines Situationsmodells bei Kindern, die Wort-für-Wort lesen

Das bedeutet, dass Wort-für-Wort-Leser von kohärenteren Texten profitieren und dadurch ein Situationsmodell aufbauen können. Ihre Kompetenz, ein Situationsmodell aufzubauen, liegt aber nur knapp über dem Mittelwert. Das unterscheidet sie von Kindern mit schwacher Dekodierfähigkeit (siehe Hypothese 8.6), denn diese bauen deutlich seltener ein plausibles Situationsmodell auf. Die Hypothese, dass Wort-für-Wort-Leser von einer Erhöhung der Textkohärenz profitieren, konnte somit gestützt werden.

Hypothese 10.7: Kinder, die beim Bearbeiten mathematischer Textaufgaben unter Vernachlässigung des Kontextes die Strategie des Fokussierens auf Zahlen verfolgen, profitieren hinsichtlich der Konstruktion eines plausiblen und kohärenten Situationsmodells eher nicht von Textaufgaben mit einer höheren Textkohärenz.

Zur Testung der Hypothese wurde eine Gruppe ‚Zahlenfokussierer' auf Basis des Mathematiktests ‚Zahlenfokus' gebildet (siehe Kapitel 9.2.3). Um die Hypothese zu überprüfen, wurde ein t-Test für abhängige Stichproben durchgeführt. Unabhängige Variable war dabei die Textkohärenz, die abhängige Variable der Faktorwert ‚Situationsmodell'.

Der Einfluss der Textkohärenz auf den Aufbau des Situationsmodells war bei der Gruppe der Zahlenfokussierer erwartungsgemäß nicht signifikant ($t(27)=1.33$; $p=.19$). Der Mittelwert des Faktorwerts für die Konstruktion des Situationsmodells lag bei niedrigkohärenten Aufgaben bei $M=-0.45$ ($SD=0.88$), der Mittelwert bei hochkohärenten Aufgaben bei $M=-0.24$ ($SD=0.87$). In beiden Fällen handelte es sich um einen unterdurchschnittlichen, im Falle der niedrigkohärenten Aufgaben um einen stark unterdurchschnittlichen Wert. Der Unterschied zwischen beiden Aufgabenversionen war erwartungsgemäß klein ($d=0.24$). ‚Zahlenfokussierer' konstruierten somit weder mit niedrig- noch mit hochkohärenten Textaufgaben ein plausibles Situationsmodell. Die Hypothese konnte damit gestützt werden.

Da sich die Gruppe der ‚Zahlenfokussierer' aus drei Untergruppen zusammensetzte, die sich darin unterschieden, wie durchgängig diese Strategie angewandt wurde, d.h. bei wie vielen Aufgaben auf Zahlen fokussiert wurde, wird diese Gruppe im Folgenden genauer betrachtet. Hierzu wurde eine zweifaktorielle Varianzanalyse (ANOVA) durchgeführt. Als erster Faktor ging der zweifach abgestufte Within-Faktor ‚Textkohärenz' in die Analyse ein. Als Between-Faktor diente die dreifach abgestufte Variable ‚Zahlenfokus'. Als abhängige Variable fungierte der Faktorwert ‚Situationsmodell'.

Der Haupteffekt ‚Häufigkeit des Zahlenfokussierens' war vermutlich aufgrund der sehr geringen Gruppengrößen nicht signifikant ($F(2, 5)=0.18$; $p=.84$), d.h. unabhängig von der Textkohärenz unterschieden sich die drei Untergruppen hinsichtlich des Aufbaus eines Situationsmodells nicht. Die Interaktion zwischen Textkohärenz und den drei Untergruppen war ebenfalls nicht signifikant ($F(2, 25)=2.58$; $p=.10$). Deskriptiv zeigte sich aber, dass die erste und zweite Gruppe (also diejenigen Kinder, die lediglich in einer oder zwei Aufgaben Zahlen fokussierten) in dieser Stichprobe von den kohärenteren Aufgaben profitierten, auch wenn die hochkohärenten Aufgaben bei diesen beiden Gruppen noch nicht zu einem Aufbau eines Situationsmodells im überdurchschnittlichen Bereich führten. Diese Gruppen erreichten aber so immerhin ungefähr durchschnittliche Werte. Die dritte Gruppe, also die Kinder, die im entsprechenden Test bei allen drei Aufgaben die Strategie des Fokussierens auf Zahlen einsetzten, profitierten im Gegensatz dazu gar nicht von hochkohärenten Aufgaben. Bei den niedrigkohärenten Textaufgaben schnitten alle drei Gruppen sehr schlecht ab.

Die Ursache für diese Ergebnisse lag womöglich darin, dass die erste und zweite Gruppe das Zahlenfokussieren nicht als durchgängige Strategie einsetzen, sondern diese Strategie nur in bestimmten Situationen anwenden, möglicherweise z.B. bei einem subjektiv als schwierig empfundenen Aufgabentext, sodass kohärentere Aufgaben dem eventuell entgegenwirken konnten.

Um genauere Einblicke in Einflussfaktoren für die Strategie des Fokussierens auf Zahlen zu erhalten, wurde die Gruppe der ‚Zahlenfokussierer' hinsichtlich des Einflusses der Inferenzfähigkeit, der arithmetischen Kompetenz und des Arbeitsgedächtnisses mit der Gruppe der Kinder verglichen, die andere Strategien anwenden. Um alle Variablen gleichzeitig zu betrachten und miteinander zu vergleichen, wurde eine binärlogistische Regression durchgeführt mit der abhängigen Variable ‚Lösungsstrategie' und den Prädiktoren ‚Inferenzfähigkeit' (lokale und globale), ‚arithmetische Kompetenz' und ‚Arbeitsgedächtnis'. Es zeigte sich, dass alle Prädiktoren signifikant mit der Lösungsstrategie zusammenhängen (Gesamtmodell $p<.001$). Den größten Einfluss zeigte dabei die Inferenzfähigkeit (Tabelle 58).

Tabelle 58: Prädiktoren der Lösungsstrategie

Prädiktor	*B*	*Wald*
Inferenzfähigkeit	-.81**	9.13
Arithmetische Kompetenz	-.60*	6.18
Arbeitsgedächtnis	.64**	7.21

Anmerkung: Signifikanzniveaus *$p<.05$, **$p<.01$, ***$p<.001$

Hypothese 10.8:   *Textaufgaben mit einer höheren Textkohärenz haben auf Kinder, die über eine unterdurchschnittliche Arbeitsgedächtnisleistung verfügen, hinsichtlich des Aufbaus eines plausiblen und kohärenten Situationsmodells einen größeren Effekt als auf Kinder, die über eine überdurchschnittliche Arbeitsgedächtnisleistung verfügen.*

Um diese Hypothese zu überprüfen, wurde eine zweifaktorielle Kovarianzanalyse (ANCOVA) durchgeführt. Als erster Faktor ging der zweifach abgestufte Within-Faktor ‚Textkohärenz' in die Analyse ein. Als Between-Faktor diente der zweifach abgestufte Faktor ‚Arbeitsgedächtnis', der zuvor mit Hilfe des Mediansplits in zwei Hälften aufgeteilt wurde. Als abhängige Variable diente der Faktorwert ‚Situationsmodell'.

Der Haupteffekt des Faktors ‚Textkohärenz' war über beide Arbeitsgedächtnisgruppen hinweg signifikant ($F(1, 319)=23.41$; $p<.001$). Auch der Haupteffekt ‚Arbeitsgedächtnis' war signifikant ($F(1, 319)=17.77$; $p<.001$), d.h. unabhängig von der Textkohärenz unterschieden sich die beiden Arbeitsgedächtnisgruppen hinsichtlich des Aufbaus eines Situationsmodells. Kinder mit unterdurchschnittlicher Arbeitsgedächtnisleistung bildeten auch ein unterdurchschnittliches Situationsmodell, Kinder mit überdurchschnittlicher Arbeitsgedächtnisleistung bildeten überdurchschnittlich gut Situationsmodelle. Die Interaktion zwischen Textkohärenz und Arbeitsgedächtnisgruppen war signifikant ($F(1, 319)=4.63$; $p<.05$), was Abbildung 57 deutlich zeigt.

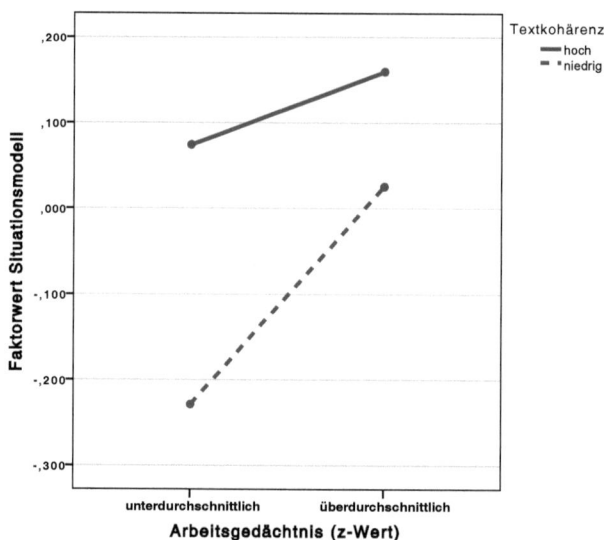

Abbildung 57: Unterschiede der Arbeitsgedächtnisgruppen hinsichtlich des Aufbaus des Situationsmodells in Abhängigkeit von der Textkohärenz

Post hoc-Tests zeigten, dass die signifikante Interaktion dadurch zustande kam, dass der Unterschied zwischen niedriger und hoher Kohärenz bei der Gruppe mit niedriger Arbeitsgedächtnisleistung signifikant und vergleichsweise groß war ($p<.001$; partielles $\eta^2=.122$). Der Unterschied bei der Gruppe mit gutem Arbeitsgedächtnis dagegen war nicht signifikant und vergleichsweise gering ($p=.052$; partielles $\eta^2=.026$). Die Hypothese konnte somit bestätigt werden, da Kinder mit einer guten Arbeitsgedächtnisleistung weniger von höherer Textkohärenz profitieren, als Kinder mit unterdurchschnittlicher Arbeitsgedächtnisleistung. Letztere liegen dabei aber insgesamt auf einem niedrigeren Niveau als Kinder mit guter Arbeitsgedächtnisleistung.

Fazit zu den Hypothesen zur Textkohärenz. Es zeigte sich, dass eine erhöhte Textkohärenz nahezu durchgängig einen positiven Einfluss auf den Aufbau eines Situationsmodells und auf das Lösen einer Textaufgabe hat. Auch unter Einbezug differenzierter schülerseitiger Merkmale konnte dies bestätigt werden. Lediglich sehr schwache Wortleser (‚Dekodierer') und Kinder die ausschließlich die Strategie des Zahlenfokussierens anwenden, profitierten nicht. Die Stärke des Einflusses der Textkohärenz ist gleichwohl auch abhängig von schülerseitigen Variablen, wie dem Arbeitsgedächtnis, metakognitiven Strategien oder der Inferenzfähigkeit. Bezogen auf die Lesekompetenz hat die Textkohärenz den stärksten Einfluss auf die Gruppe der Lernerinnen und Lerner, die ein mindestens ausreichendes Wortverständnis aufweisen, aber schwach im Textverständnis sind. Durchgängig zeigte sich, dass Kinder, die in den hier untersuchten schülerseitigen Faktoren schwächere Werte aufweisen, durch eine erhöhte Textkohärenz so profitieren können, dass sie beim Aufbau eines Situationsmodells das mittlere Niveau von guten Schülerinnen und Schülern bei weniger kohärenten Aufgaben erreichen.

11 Diskussion und Ausblick

Gegenstand dieser Arbeit sind sprachliche Prozesse und Einflussfaktoren beim Lösen mathematischer Textaufgaben. Ziel war es, zur Aufklärung der Frage beizutragen, *welche sprachlichen Prozesse und Faktoren ursächlich für Schwierigkeiten beim Lösen mathematischer Textaufgaben sind.* Zu diesem Zweck wurden lerner-, insbesondere aber auch textseitige Faktoren in den Blick genommen. Im Verlauf der Arbeit wurde dieses Anliegen basierend auf theoretischen Überlegungen und zwei eigenen Vorstudien präzisiert hinsichtlich der Frage nach dem Einfluss sprachlicher Prozesse auf die Konstruktion eines Situationsmodells beim Bearbeiten mathematischer Textaufgaben. Aufgrund der theoretischen Befunde und Überlegungen ließ sich vermuten, dass die für das Verstehen nichtmathematischer Texte angenommenen leser- und textseitigen Einflussfaktoren ebenso bei der Konstruktion eines Situationsmodells beim Lösen mathematischer Textaufgaben wirken. Prozesse, die beim Textverstehen für Schwierigkeiten sorgen, sollten dies auch beim Verstehen mathematischer Textaufgaben tun. In der vorliegenden Arbeit wurde somit eine erweiterte Perspektive eingenommen: Nicht mehr das Betrachten isolierter Merkmale der Wort- und Satzebene stand im Vordergrund, sondern das Textverstehen. Textverstehen meint hier das Herstellen einer mentalen Repräsentation auf der Grundlage eines im Text angelegten Kohärenzpfads. Textverstehen wurde somit konzipiert als ein Wechselspiel von leser- und textseitigen Faktoren. Dazu diente neben Kintschs (1988, 1998) grundlegendem ‚Construction-Integration'-Modell Oakhill und Garnhams (1988) Ansatz, der interindividuelle Unterschiede beim Textverstehen durch hierarchiehohe Prozesse der Inferenzbildung und des Monitorings erklärt, ebenso zur Erklärung der Befunde wie textlinguistische Theorien zur (Text-)Kohärenz. Vor diesem theoretischen Hintergrund ergaben sich vier Fragestellungen:

- Wird die Konstruktion eines plausiblen kohärenten Situationsmodells beim Lösen mathematischer Textaufgaben durch individuelle Merkmale der Lesekompetenz, insbesondere der Inferenzfähigkeit beeinflusst?
- Beeinflussen metakognitive Lesestrategien auch beim Bearbeiten von Textaufgaben die Konstruktion eines Situationsmodells?
- Kann die Konstruktion eines Situationsmodells durch eine Erhöhung der Textkohärenz in den Aufgabentexten beeinflusst werden?
- Wenn dies zutreffen sollte, haben diese Faktoren somit auch Einfluss auf den Lösungsweg und die Lösung?

Diese Fragen wurden im Rahmen einer experimentellen Studie bearbeitet. Zentral für die vorliegende Studie war die Erhebung des Situationsmodells als zwischengeschalteter Wert vor der Lösung. Das Situationsmodell wird vielfach nicht oder nicht valide modelliert. Leiss, Schukajlow, Blum, Messner & Pekrun (2010) z.B. messen einen Situationsmodell-Wert über die Einschätzung bzw. ein Rating von Aufgaben. Das Situationsmodell entsteht jedoch im Kopf des Lesers und muss m.E. deshalb auch ‚dort' gemessen und forschungsmethodisch mit der textuellen Ebene verbunden werden. Eine Einschätzung von Aufgaben reicht dabei nicht aus, um dem Situationsmodell und seinem Einfluss auf Lösungsprozesse auf die Spur zu kommen. Andere Studien ermitteln den Aufbau eines adäquaten Situationsmodells über die (richtige) Lösung. Bei richtig gelöster Aufgabe setzt man hier ein plausibel gebildetes Situationsmodell bereits voraus und kann somit diese Hypothese nicht prüfen. Zudem bleibt es bei dieser Art der Messung im Falle einer falschen Lösung unklar, ob trotzdem ein Situationsmodell aufgebaut wurde. Denn, so zeigt es der Modellierungskreislauf, es liegen noch einige Schritte jenseits des Situationsmodells, die ebenfalls ursächlich für Fehler im Lösungsprozess sein können. Das Situationsmodell wurde daher in dieser Untersuchung getrennt gemessen über die Fähigkeit, Bilder, die das globale Thema der Aufgabe wiedergeben, sowie lokale bzw. globale Aussagen zum Aufgabentext als richtig einzuschätzen. Dies ist deshalb möglich, weil auch das Verstehen von Bildern das Herstellen mentaler Kohärenz in Form eines mentalen Modells erfordert (vgl. Schnotz & Dutke, 2004). Die Auswahl des richtigen Bildes kann daher gelingen, weil es möglich ist, ein zum mentalen Modell der Textaufgabe kongruentes mentales Modell des Bildes zu erstellen. Beide Subtests ‚Bilder‘ und ‚Aussagen‘ ergaben einen gemeinsamen Faktorwert ‚Situationsmodell‘, in den globale Aussagen und Bilder in doppelter Gewichtung einflossen, da nur das richtige Beurteilen globaler Zusammenhänge die Erstellung eines kohärenten Situationsmodells voraussetzt. Das Einschätzen von Aussagen, die eine direkte Informationsentnahme oder das Herstellen lokaler Bezüge erfordern, gelingt dagegen i.d.R. bereits durch die Erstellung einer propositionalen Textbasis.

Im Folgenden werden die Ergebnisse der Hauptstudie zusammenfassend diskutiert. Dabei wird der Einfachheit halber auf die ersten drei Fragestellungen eingegangen. Da gezeigt werden konnte, dass das in dieser Arbeit modellierte Situationsmodell immer den Lösungsweg und die Lösung beeinflusst, wird somit bei allen im Folgenden diskutierten Ergebnissen immer mitgedacht, dass ein positiver Einfluss auf das Situationsmodell mit einer höheren Lösungshäufigkeit einhergeht und umgekehrt.

11.1 Einfluss der Lese- und Inferenzfähigkeit auf die Konstruktion eines Situationsmodells einer Textaufgabe

Bearbeitungsprozesse mathematischer Textaufgaben werden in der Mathematikdidaktik als Modellierungsprozess verstanden (vgl. Blum & Leiss,

2005), an dessen Beginn die Konstruktion eines Situationsmodells steht. Inwiefern auf diesen Konstruktionsprozess dieselben leserseitigen Faktoren wirken wie beim Lesen und Verstehen nichtmathematischer Texte, ist dabei nicht im Detail geklärt. Daher wurde in der Hauptstudie zunächst untersucht, ob die Lesekompetenz und insbesondere hierarchiehohe Fähigkeiten der Inferenzbildung auch einen Einfluss auf das Verstehen und Lösen mathematischer Textaufgaben als einer didaktischen Textsorte mit ganz eigenen Regeln (siehe Kapitel 2) ausüben.

Es konnte gezeigt werden, dass auch bei der Konstruktion von Situationsmodellen während der Bearbeitung mathematischer Textaufgaben die Lesekompetenz und hier vor allem die Fähigkeit Bezüge herzustellen und Inferenzen zu ziehen eine wichtige Rolle spielt. Den stärksten Einfluss hatte dabei die Fähigkeit, globale Inferenzen zu bilden. Dies stimmt mit den theoretischen Überlegungen Kintschs (1998) und den empirischen Befunden von Oakhill und Kollegen zum Verständnis nichtmathematischer Texte überein. Offensichtlich spielt auch bei solch kurzen Texten wie den Textaufgaben globale Kohärenzbildung eine entscheidende Rolle. Der Einfluss der allgemeinen Lesekompetenz, die auch das Wort- und Satzverständnis umfasst, war dagegen weniger groß. Dies deutet darauf hin, dass es tatsächlich im Wesentlichen hierarchiehöhere Inferenzprozesse sind, die ursächlich für interindividuelle Unterschiede im Aufbau eines Situationsmodells auch bei mathematischen Textaufgaben sind. Verstehensprozesse auf Wort- und Satzebene scheinen demnach keine entscheidende Rolle zu spielen. Dies bedeutet nicht, dass keine lexikalisch und syntaktisch bedingten Hürden für bestimmte Schülerinnen und Schüler bestehen, sie scheinen aber keinen übermäßig großen Gesamteinfluss auszuüben angesichts der deutlich größeren Bedeutung, die Probleme beim Ziehen von Inferenzen für das Textverständnis haben (vgl. Oakhill & Cain, 2012).

Insgesamt kann die erste Fragestellung dahingehend beantwortet werden, dass die Konstruktion des Situationsmodells auch beim Lösen von Textaufgaben durch die Fähigkeit, Inferenzen, insbesondere globale Inferenzen herzustellen beeinflusst wird und somit auch die Lösungshäufigkeit von diesen Fähigkeiten abhängt.

Ebenfalls betrachtet wurden leseprozessbezogene metakognitive Strategien von Schülerinnen und Schülern beim Bearbeiten von Textaufgaben. Die Ergebnisse lassen vermuten, dass sich auch hier die Prozesse beim Bearbeiten der Aufgaben nicht von den Prozessen beim Lesen nichtmathematischer Texte unterscheiden. So zeigte sich, dass Kinder, die einen geringen Standard für den Aufbau mentaler Kohärenz beim Lesen nichtmathematischer Texte haben (vgl. Cain, 1999; Oakhill & Cain, 2007, Oakhill, Cain & Elbro, 2015; Oakhill & Garnham, 1988; Schnotz, 1994), ebenso wie Kinder, die solch einen geringen Standard für das Verstehen mathematischer Textaufgaben aufwiesen ('Zahlenfokussierer'), deutlich schwächer im Aufbau eines Situationsmodells sind als Kinder, die effektivere Strategien nutzen. Gleiches gilt für Kinder, die ihren eigenen Leseprozess nicht auf textueller Ebene überwachen. Im Hinblick auf die zweite Fragestellung lässt sich also konstatieren, dass metakognitive Lesestrategien den Aufbau des Situationsmodells auch bei Textaufgaben beeinflussen. Ein geringer Standard für das Bilden einer mentalen Kohärenzstruktur lässt sich also auch beim Bearbeiten von Textaufgaben beobachten. Für Kinder mit einem solchen geringen Standard ist das Fokussieren auf Zahlen offenbar ein gangbarer, wenn auch nicht zielführender Weg, eine Textaufgabe überhaupt zu bearbeiten.

Da alle Hypothesen, die aus der Forschung zum Verstehen von Texten abgeleitet wurden, auch bei der Bearbeitung von Textaufgaben zutrafen, lässt sich ein erstes Fazit ziehen: Mathematische Textaufgaben sind nicht nur im linguistischen Sinne Texte, sondern sie werden von Lernerinnen und Lernern auch so verarbeitet. Dazu gehört im besten Fall der Aufbau eines Situationsmodells während des Bearbeitens einer Textaufgabe, dazu gehört aber auch das Anwenden nicht adäquater Bearbeitungsstrategien, wie das Fokussieren auf Zahlen als einer Möglichkeit mit dem Text umzugehen. Dies bedeutet, dass hierarchiehöhere Lesefähigkeiten über den Aufbau des Situationsmodells das Lösen der Aufgaben deutlich beeinflussen.

11.2 Didaktische Implikationen aus den Erkenntnissen zu leserseitigen Einflussfaktoren

Aus den bisherigen Ergebnissen ergibt sich als Konsequenz, dass Leseförderung auch im Mathematikunterricht eine Rolle spielen muss, da grundlegende Verstehensprozesse beim Lesen nichtmathematischer Texte und beim Lesen von Textaufgaben ebenso wie die damit verbundenen Schwierigkeiten vergleichbar sind. Der Deutschunterricht kann dies nur begrenzt leisten, da die Textsorte Textaufgabe eine fachliche Textsorte mit eigenen Charakteristika ist. Um den spezifischen Anforderungen mathematischer Textaufgaben gerecht zu werden, sprechen Leiss, Schukajlow, Blum,

Messner und Pekrun (2010) von einer mathematischen Lesekompetenz und fordern entsprechend deren Förderung explizit im Mathematikunterricht. Die Ergebnisse dieser Arbeit legen nahe, dass solch eine Leseförderung auch im Mathematikunterricht vor allem bei hierarchiehohen Prozessen der Inferenzbildung ansetzen muss. So reicht es beispielsweise nicht aus, Schlüsselwörter in Textaufgaben unterstreichen zu lassen, wenn die Bezüge im Text gar nicht hergestellt werden können. Diese Ergebnisse zeigen aber auch, dass Lesekompetenz vielschichtiger ist, als sie häufig wahrgenommen wird und daher eine prozessorientierte Diagnostik benötigt.

In dieser Arbeit wurde außerdem dargelegt, welche zentrale Rolle das Vorwissen für das Herstellen von Inferenzen und damit für das Verstehen von Texten spielt. In der experimentellen Studie wurde der Effekt des Vorwissens nicht untersucht, sondern kontrolliert, indem Wortschatz und Vorwissen voraktiviert wurden, um so Verständnishürden durch fehlendes Welt- und Wortschatzwissen zu begegnen. Dies war deshalb möglich, weil alle Aufgaben in einen gemeinsamen Kontext ‚Rekorde in der Tierwelt' eingebettet waren. Auch wenn an dieser Stelle keine Aussage hinsichtlich der Wirkungsweise einer Wortschatz- und Vorwissensaktivierung gemacht werden kann, liegt es nahe, das Verstehen von Textaufgaben durch die Einbettung der Aufgaben in einen größeren thematischen Kontext zu erleichtern. Wortschatzaufbau und Vorwissensaktivierung als wichtige methodische Voraussetzungen, um das Verstehen von Aufgabentexten sicherzustellen, machen nur dann Sinn, wenn Textaufgaben nicht isoliert verwendet, sondern in den Kontext eines Sachthemas eingebunden werden.

11.3 Einfluss der Textkohärenz auf den Aufbau eines Situationsmodells einer Textaufgabe

Die Ergebnisse zu leserseitigen Einflussfaktoren auch bei mathematischen Textaufgaben deuten darauf hin, dass Inferenzprozesse und eng damit verbunden diese Prozesse steuernde metakognitive Strategien einen relevanten Einfluss auf den Aufbau eines Situationsmodells ausüben. Da das Situationsmodell, wie gezeigt werden konnte, einen deutlichen Anteil am Lösungsweg (siehe Hypothese A) und darüber vermittelt auf die Lösung (Hypothese B) einnimmt und somit eine entscheidende Rolle für das Lösen spielt, machte es Sinn, für vertiefende Betrachtungen schwierigkeitsgenerierender Merkmale in Textaufgaben die Textkohärenz genauer in den Blick zu nehmen. Auch wenn Textkohärenz die mentale Kohärenzbildung niemals garantieren kann, ist sie doch unabdingbar zur Unterstützung und Steuerung des Aufbaus eines Situationsmodells. An dieser Stelle sei auf Graesser, McNamara & Louwerse (2003) verwiesen, die noch einmal die Relevanz der Textkohärenz für mentale Kohärenzprozesse betonen: „Processing coherence relations is a cornerstone of comprehension. Coherence breaks down when there are gaps in the text and the reader has trouble handling them" (S. 82). Daher wurde in dieser Arbeit angenommen, dass eine Erhöhung der Textkohärenz den Aufbau eines Situationsmodells unterstützen kann in der Art, dass weniger Inferenzen gezogen werden müssen und Relationen deutlicher angezeigt werden. Die Unterspezifikation im Text wird durch deutlich markierte Zusammenhänge gemindert. Experimentell wurde dies durch eine umfassende Erhöhung der Textkohärenz in vier mathematischen Textaufgaben umgesetzt.

Die vorliegende Studie konnte zeigen, dass eine Erhöhung der Textkohärenz im Mittel für alle Kinder unabhängig von leserseitigen Faktoren wie der allgemeinen Lesekompetenz, der Inferenzfähigkeit oder der Erstsprache einen positiven Effekt auf den Aufbau eines Situationsmodells und damit auf die Lösung hatte. Die Effektstärken der Manipulation der Textkohärenz lagen außer bei der Aufgabe ‚Ameisenbär' etwa im mittleren Bereich. Die beiden Aufgaben Koala und Schwalbe zeigten dabei die höchsten Werte. Höhere Werte wurden auch nicht erwartet, da mentale Kohärenz letztlich vom Leser hergestellt werden muss und die im materialen Text angelegte Spur ihn dabei immer nur leiten und entlasten kann (vgl. Bachmann, 2002; Becker-Mrotzek, Grabowski, Jost, Knopp & Linnemann, 2014). Ob dies tatsächlich gelingt, hängt von weiteren leserseitigen Faktoren ab (vgl. Kintsch, 1998).

An allen Aufgaben wurden zahlreiche Veränderungen hinsichtlich der Textkohärenz vorgenommen. Insgesamt war die Untersuchung nicht darauf angelegt, Effekte einzelner kohärenzstiftender Mittel zu betrachten. Es lässt sich somit keine Aussage treffen, welche der Manipulationen am stärksten wirkt. Die Tatsache, dass die Manipulationen an den Aufgaben im Wesentlichen funktioniert haben, spricht dafür, dass eine generelle Erhöhung orientiert an den Informationslücken im Text ohne Fokus auf Einzelphänomene effektiv ist. Ob dies wirklich effektiver ist als die Manipulation einzelner Kohäsionsmittel, müssten weitere vergleichende Untersuchungen zeigen.

Dass von einer Erhöhung der Textkohärenz Kinder aller Lesekompetenzstufen in gleichem Maße profitieren, wurde so nicht erwartet. Denn Studien anhand narrativer oder expositorischer Texte deuteten darauf hin, dass der Effekt einer höheren Textkohärenz für gute Leserinnen und Leser geringer ist. In manchen Studien wird sogar für gute Leserinnen und Leser mit viel Vorwissen ein ‚reverse cohesion'-Effekt berichtet, der damit erklärt wird, dass ein zu kohärenter Text die Notwendigkeit des Anwendens eigenen Wissens verringert und somit ein eher oberflächliches Verstehen zur Folge hat (vgl. McNamara, E. Kintsch, Songer & W. Kintsch, 1996). Dass sich dieser Effekt hier nicht einstellt, liegt möglicherweise daran, dass Textaufgaben mehr noch als andere Genres einen hohen Grad an Textkohärenz benötigen, um Beziehungen zwischen mathematischen Sachverhalten explizit darzustellen. Dies muss nicht immer durch Kohäsionsmittel im eigentlichen Sinne erfolgen. So konnte Gürsoy (2015) für Testaufgaben der Klasse 10 zeigen, dass diese eine höhere Dichte an Präpositionen aufweisen als vergleichbare Aufgaben für das Fach Deutsch. Auch wenn Präpositionen klassischerweise nicht zu den Kohäsionsmitteln gehören, zeigen sie in Mathematikaufgaben häufig explizit mathematische Relationen an. Gürsoy (2015) plädiert daher in Bezug auf mathematische Textaufgaben für eine Erweiterung der Definition von Kohäsionsmitteln und betrachtet Präpositionen als mathematisches Kohäsionsmittel. Das Herstellen von Bezügen zwischen mathematischen Sachverhalten ist für das Lösen der Aufgaben unabdingbar. In einer Erzählung fällt es dagegen möglicherweise weniger ins Gewicht, wenn manche Bezüge nicht hergestellt werden. Dies bleibt aber eine offene Frage und müsste in weiteren Untersuchungen betrachtet werden.

Da in dieser Untersuchung im Mittel alle Kinder von der Erhöhung der Textkohärenz profitierten, lässt sich eine Erhöhung der Textkohärenz somit zumindest auf den ersten Blick nicht dazu einsetzen, schwächere Schülerinnen und Schüler so zu unterstützen, dass sie den Unterschied zu besseren Leserinnen und Lesern ausgleichen. Sie holen den Abstand zu besseren Leserinnen und Lesern, bezogen auf den Aufbau des Situationsmodells, nicht auf. Dies geschieht allerdings, wenn durchschnittliche und gute Schülerinnen und Schüler Aufgaben mit niedriger Textkohärenz bearbeiten, während schwache Leserinnen und Leser Aufgaben mit hoher Textkohärenz erhalten: Über alle Hypothesen hinweg zeigte sich in dieser Studie, dass schwache Leserinnen und Leser in diesem Fall in etwa das Niveau eines durchschnittlichen Lesers bei der Konstruktion eines Situationsmodells erreichen (siehe Abbildungen zur Hypothese 10). Diese Erkenntnis ist insofern interessant, als dass eine Erhöhung der Textkohärenz möglicherweise als ein zeitlich begrenztes sprachliches ‚Scaffolding' (vgl. Gibbons, 2002; 2009) in einem sprachsensiblen Mathematikunterricht fungieren könnte. Inwiefern dies effektiv und praktikabel ist, müssen weitere Studien zeigen.

Auch wenn sich herausgestellt hat, dass die Steigerung der Textkohärenz für alle Schülerinnen und Schüler im Mittel positiv wirkt, lohnt sich doch ein genaueres Hinsehen. Betrachtet werden an dieser Stelle Schülerinnen und Schüler, die (1) schwach dekodieren, (2) über ausreichende Fähigkeiten im Dekodieren verfügen, aber große Schwächen im Verstehen von Texten aufweisen, (3) Wörter fokussieren, statt den Text in den Blick zu nehmen, (4) Zahlen fokussieren, (5) ein schwaches Arbeitsgedächtnis haben oder (6) Deutsch als Zweitsprache-Lernerinnen bzw. -Lerner sind. Allen gemein ist, dass sie beim Lösen von vor allem niedrigkohärenten Aufgaben schwach abschneiden, die Gründe hierfür sind allerdings vielfältig.

(1) Kinder, die sehr schwach im Wortdekodieren waren, konnten nicht von einer Erhöhung der Textkohärenz profitieren. Sie bildeten bei beiden Aufgabenvarianten ein weit unterdurchschnittliches Situationsmodell und lösten Aufgaben dementsprechend schlecht. Dies hängt möglicherweise auch damit zusammen, dass hochkohärentere Texte i.d.R. etwas länger sind als niedrigkohärente und sich die Probleme der betreffenden Kinder daher alleine durch die reine Anzahl der zu dekodierenden Wörter verstärken. (2) Ein erfreuliches Ergebnis ist, dass Kinder, deren Dekodierfähigkeit im mindestens ausreichenden Bereich lag, die aber dennoch große Schwierigkeiten mit dem Textverstehen haben, am meisten von einer Steigerung der Textkohärenz profitierten. Dies sind genau die Schülerinnen und Schüler, die große Schwierigkeiten dabei haben, lokale und globale Bezüge herzustellen. Hier zeigt sich, dass eine höhere Textkohärenz, wie theoretisch angenommen, als Hilfsmittel im Sinne eines expliziten Kohärenzpfads wirkt (vgl. Becker-Mrotzek, Grabowski, Jost, Knopp & Linnemann, 2014; Kintsch, 1998) und in diesem Fall dazu führt, dass Aufgaben besser gelöst werden.

Die vorliegende Studie zeigte auch einen Einfluss der Textkohärenz auf das Erstellen eines Situationsmodells bei Schülerinnen und Schülern, die einen geringeren ‚standard for coherence' haben (vgl. Schnotz, 1994; Oakhill & Cain, 2007): (3) Schülerinnen und Schüler, die ihren Leseprozess eher auf der Wort- als auf der Textebene überwachen oder die Wort-für-Wort lesen, profitieren durch eine erhöhte Textkohärenz und lösten Aufgaben entsprechend besser. Dies ist konform mit Theorien zum (nichtmathematischen) Textverständnis, denn diese Schülerinnen und Schüler wissen oft nicht, wann sie Inferenzen ziehen müssen (vgl. Cain, Oakhill, Barnes & Bryant, 2001; Oakhill, 1996; Oakhill, Cain & Elbro, 2015). Eine Steigerung der Textkohärenz zeigt deutlicher an, an welchen Stellen im Text Bezüge herzustellen sind. Dabei unterscheiden sich Wort-für-Wort-Leser von schwachen Wortdekodierern, denen eine Erhöhung der Textkohärenz nicht hilft. Wort-für-Wort-Leser können offenbar prinzipiell Inferenzen ziehen, benötigen dafür jedoch klarere Markierungen im Text. Auch wenn die Gruppe der Wort-für-Wort-Leser von einer erhöhten Textkohärenz profitiert, erreichen sie aber dennoch keine überdurchschnittlichen Werte bei der Konstruktion eines Situationsmodells. Eine Erhöhung der Textkohärenz alleine, das zeigt dieses Beispiel, löst nicht alle Probleme. Das Erkennen von Bezügen und Nutzen von Weltwissen an den verstehensrelevanten Stellen muss zusätzlich im (Mathematik-)Unterricht aktiv thematisiert werden.

Eine zweite Gruppe profitierte erwartungsgemäß nicht von einer erhöhten Textkohärenz: (4) Schülerinnen und Schüler, die bei Textaufgabenbearbeitungen eher eine Strategie des Fokussierens auf Zahlen anwenden (vgl. Hegarty, Mayer & Monk, 1995; Verschaffel, Greer & de Corte, 2000), hatten sowohl bei hoch- als auch bei niedrigkohärenten Aufgaben gleichsam schwache Werte hinsichtlich des Aufbaus eines Situationsmodells. ‚Zahlenfokussierer‘ umgehen den Aufbau eines Situationsmodells, indem sie das Verstehen des Aufgabentextes selbst nicht im Blick haben. Eye-tracking-Studien konnten zeigen, dass ‚Zahlenfokussierer‘ selbst dann weiterhin auf Zahlen und vermeintliche Schlüsselwörter wie ‚mehr‘, ‚weniger‘ oder ‚zusammen‘ schauen, wenn sie nicht zu einer Lösung kommen. Sie fixieren erneut dieselben Zahlen und Wörter und lesen nicht den Text als Ganzes (vgl. Hegarty, Mayer & Monk, 1995). Vermutlich würden sie deshalb, anders als beispielsweise Wort-für-Wort-Leser, die sich mit dem Text ‚beschäftigen‘, gar keine Unterschiede zwischen hoch- und niedrigkohärenten Texten wahrnehmen. Hinsichtlich der Frage nach den Ursachen für das Anwenden einer solchen Strategie lieferte diese Studie ein aufschlussreiches Ergebnis: Der stärkste Prädiktor für diese Strategie war noch vor der arithmetischen Kompetenz und der Arbeitsgedächtnisleistung die Inferenzfähigkeit. Dies zeigt zumindest einen Zusammenhang zwischen Inferenzfähigkeit und der Strategie des Fokussierens auf Zahlen: Möglicherweise wenden Lernerinnen und Lerner solch eine Strategie somit auch deshalb an, weil sie Bezüge im Text nicht oder kaum herstellen können und somit eine geringe Lesekompetenz haben. Solch ein kausaler Zusammenhang müsste in einer experimentellen Studie überprüft werden.

Auch in dieser Untersuchung zeigte sich, dass (5) Kinder mit Deutsch als Zweitsprache hinsichtlich der Konstruktion eines Situationsmodells durchgängig schlechter abschneiden als Kinder mit Deutsch als Erstsprache. Wichtig insbesondere im Hinblick auf didaktische Konsequenzen ist jedoch, dass die Interaktionseffekte durchweg nicht signifikant waren.

Das deutet darauf hin, dass bei Zweitsprachlernenden und Muttersprachlern die gleichen Prozesse eine Rolle spielen: Wer z.B. Probleme beim Bilden von Inferenzen hat, hat folglich Schwierigkeiten bei der Konstruktion eines Situationsmodells, unabhängig von der Erstsprache. Dies soll nicht bedeuten, dass Zweitsprachlernende je nach Erwerbsstand in der Zweitsprache nicht auch Probleme aufgrund von syntaktischen Strukturen oder fehlender Wortschatzkenntnis haben. Die Schwierigkeiten mit Inferenzen scheinen aber auch hier die Hauptursachen dafür zu sein, dass diese Schülerinnen und Schüler schlechter ein Situationsmodell aufbauen und somit Textaufgaben schlechter lösen.

(6) Schülerinnen und Schüler mit geringerer Arbeitsgedächtnisleistung bauen schlechter ein Situationsmodell auf als solche mit guten Werten. Das Arbeitsgedächtnis wurde in der vorliegenden Studie zumeist als Kovariate mitbetrachtet, da Inferenzbildungsprozesse immer auch mit dem Arbeitsgedächtnis zu tun haben (vgl. Daneman & Carpenter, 1980; Oakhill & Cain, 2012; Oakhill, Yuill & Parkin, 1988). Den stärksten Einfluss hatte es dabei auch bei Textaufgaben auf den Aufbau eines Situationsmodells bei globaler Inferenzbildung, d.h. eine geringere Arbeitsgedächtnisleistung macht sich am stärksten dann bemerkbar, wenn globale Inferenzen zu ziehen sind, da der kognitive Aufwand, globale Inferenzen in das entstehende Situationsmodell zu integrieren, größer ist. In dieser Untersuchung zeigte sich, dass das Arbeitsgedächtnis bei hochkohärenten Texten offenbar entlastet wird, d.h. für diejenigen Kinder mit schwacher Arbeitsgedächtnisleistung bringt ein hochkohärenter Text, bei dem z.B. Informationen näher zusammen stehen oder Relationen expliziter gemacht werden, Vorteile.

Die hier diskutierten Ergebnisse hinsichtlich des Einflusses der Textkohärenz auf den Aufbau eines Situationsmodells beim Bearbeiten mathematischer Textaufgaben zeigen deutlich die starke Wechselwirkung zwischen dem Text auf dem Papier und dem Text im Kopf (vgl. Nussbaumer, 1991).

Fazit: Das Situationsmodell, und damit die Lösungswahrscheinlichkeit bei mathematischen Textaufgaben, lässt sich über den Text auf dem Papier beeinflussen – und dies nicht nur über die mathematischen Inhalte, sondern durch explizite und implizite sprachliche Mittel der Kohärenzherstellung. Dabei scheint der schwierigkeitsgenerierende Faktor der gesamte niedrigkohärente Text zu sein; es ist weniger der einzelne Faktor auf der Textoberfläche als vielmehr der Text als Ganzes.

11.4 Didaktische Implikationen aus den Ergebnissen zur Textkohärenz

Für die Entwicklung mathematischer Tests bedeuten diese Ergebnisse, dass mangelnde Textkohärenz die Validität eines Tests einschränken kann. Da jedoch eine geringe Textkohärenz auf alle Schülerinnen und Schüler gleichartig wirkt, ist die Gefahr eines unfairen Tests nicht sehr groß.

Für die Aufgabenentwicklung in der Grundschule bedeuten die Erkenntnisse dieser Untersuchung, den Kohärenzpfad im Text adressatengerecht anzulegen, sodass die intendierte Bedeutung von den Lernerinnen und Lernern erschlossen werden kann. Dies beinhaltet, nicht nur mathematische Aspekte bei der Aufgabenerstellung zu berücksichtigen, sondern ebenso Entwicklungsaspekte und schwierigkeitsgenerierende Faktoren hinsichtlich hierarchiehöherer Verstehensprozesse und der daran beteiligten kognitiven Komponenten einzubeziehen. Komplexe Strukturen müssen dabei nicht unbedingt schwer sein. Studien konnten beispielsweise zeigen, dass der Einsatz von satzverbindenden Konnektoren das Textverständnis bei Grundschülern deutlich erhöht (vgl. Becker & Musan, 2014). Ebenfalls ist die Textlänge, anders als in Literatur und Praxis häufig angenommen, kein schwierigkeitsgenerierender Faktor per se. Wenn Textteile lokal und global kohärent verbunden sind und so den Aufbau einer kohärenten mentalen Repräsentation erleichtern, spielt die Länge des Textes eine untergeordnete Rolle, das zeigt diese Studie ebenso wie andere, die sich mit der Manipulation von Textkohärenz beschäftigen (vgl. McNamara & Kintsch, 1996; McNamara, Ozuru & Floyd 2011; Schmitz, 2016). In der vorliegenden Studie erwiesen sich die längeren, kohärenteren Texte ausschließlich für Schülerinnen und Schüler mit sehr geringen Dekodierfähigkeiten als eher ungünstig. Alle Schülerinnen und Schüler, die von der erhöhten Textkohärenz profitierten, taten dies trotz erhöhter Textlänge.

In dieser Arbeit wurde dargelegt (siehe Kapitel 4.3), dass das Herstellen verstehensrelevanter Inferenzen während des Leseprozesses für viele Lernerinnen und Lerner auch deshalb problematisch ist, weil sie zum einen nicht wissen, wann sie solche Inferenzen bilden sollen und zum anderen relevantes Vorwissen nicht abrufen können (vgl. Oakhill, 1996; Oakhill, Cain & Elbro, 2015). Dies scheint sich auch für mathematische Textaufgaben durch die Ergebnisse dieser Arbeit zu bestätigen, denn deutlichere Hinweise im Text führten zu einem besseren Herstellen von Bezügen. Prototypisch zeigt sich dies an der Gruppe der Wort-für-Wort-Leser, die offenbar prinzipiell Inferenzen ziehen können, dies aber tendenziell während des Leseprozesses nicht machen; andernfalls würden sie nicht von einer erhöhten Textkohärenz profitieren. Für den Umgang mit Textaufgaben im Unterricht lässt dies vermuten, dass eine Erhöhung der Textkohärenz womöglich als ein zeitlich begrenztes sprachliches ‚Scaffolding‘ (vgl. Gibbons, 2002; 2009) effektiv sein könnte. Eine klarere Markierung der Bezüge im Text verbunden mit der Aktivierung von Vorwissen hilft womöglich den in dieser Untersuchung beschriebenen Gruppen von Lernerinnen und Lernern, auch beim Lesen von Textaufgaben relevante Inferenzen herzustellen. Damit ist nicht gemeint, Aufgaben zu präsentieren, die keine eigenen Schlüsse mehr zulassen. Dem Ansatz des Scaffolding gemäß sollten hier keine möglichst hoch kohärenten Aufgaben eingesetzt werden, sondern solche mit einem Kohärenzgrad in der Zone der nächsten Entwicklung für die jeweilige Lernerin bzw. den jeweiligen Lerner. Weitere Forschungen müssten zeigen, inwiefern dies unterstützend wirken kann.

11.5 Grenzen der Arbeit und Ausblick

Die in der experimentellen Studie gemessenen signifikanten Effekte für die leserseitigen und die textseitigen Faktoren lagen alle in etwa auf mittlerem Niveau. Dies ist beachtlich, besonders, wenn man bedenkt, dass in einer solchen Arbeit der Quantität und Qualität des eingesetzten Materials und der Durchführungsbedingungen enge Grenzen gesteckt sind:

(1) Einige der genutzten Tests wurden selbst erstellt und konnten nach einer ersten Erprobung nicht weiter evaluiert werden. Statistische Kennwerte zeigten, dass diese Tests für die geplante Studie ausreichend reliabel und valide waren. Trotzdem lagen einige der Reliabilitätswerte eher im mittleren Bereich. Dies führte dazu, dass eigentlich hohe Effekte möglicherweise nicht voll erkannt wurden. Hinzu kam, dass wenige Tests aufgrund zu geringer Kennwerte gar nicht oder nur eingeschränkt verwendet werden konnten. Sie konnten somit ihr inhaltliches Potential nicht voll entfalten.

(2) Die Durchführung der Untersuchung fand in Schulklassen statt. Es wurde keine ‚passende‘ Stichprobe vorausgewählt und unter Laborbedingungen getestet. Die Varianz der Schülerinnen und Schüler war somit vergleichsweise groß. Es gab also hinsichtlich z.B. der Lesekompetenz große Abweichungen nach oben und unten. Auch dies kann die Effekte verringern, ist aber andererseits aus didaktischer Perspektive auch die Stärke dieser Untersuchung. Denn die hier gemessenen positiven Effekte wurden

in ‚normalen' heterogenen Schulklassen gemessen, sodass die Ergebnisse auf den Schulalltag übertragbar sein sollten. Die Studie ist somit ökologisch valide.

(3) Ein mit (2) verwandtes Problem ist, dass die Durchführungsbedingungen in den Klassen bei einer Gruppentestung nicht immer optimal sind. Dies verringert ebenfalls die beobachteten Effekte, zeigt aber auch, dass die gemessenen Effekte im normalen Schulalltag zu erreichen sind.

Inhaltliche Grenzen dieser Arbeit ergeben sich zum einen insofern, als dass die Möglichkeit zum Transfer von der hier betrachteten vergleichsweise einfachen Arithmetik auf andere komplexere Bereiche unklar bleibt. Zum anderen besteht die Gefahr, durch eine Erhöhung der Textkohärenz und die damit verbundene Auflösung bestimmter sprachlicher Inferenzen, gewollte mathematische Inferenzen zu löschen. Hieran schließt sich das Desiderat an, welcher Grad an Textkohärenz für mathematische Textaufgaben noch angemessen ist, d.h. bis wann Textaufgaben bei erhöhter Textkohärenz ihre mathematisch-epistemische Funktion noch erfüllen. Ein Abbau von sprachlichen Lernhürden darf nicht zur Reduktion und Vereinfachung von fachlichen Inhalten führen. Eine weitere Grenze dieser Arbeit liegt darin, dass hier keine Lernprozesse von Schülerinnen und Schülern betrachtet wurden. Die Textaufgaben in dieser Arbeit waren Experimentalaufgaben, die in erster Linie dem Zweck dienten, den Einfluss der Textkohärenz auf den Aufbau eines Situationsmodells und damit auf das Lösen zu messen. Die Ergebnisse geben daher noch keinen direkten Hinweis für ihre didaktische Umsetzung. Weitere Forschungen müssten zeigen, wie man mit den Erkenntnissen dieser Arbeit auch vor dem gerade genannten Problem einer möglichen Reduzierung der epistemischen Funktion umgeht. Sollten Textaufgaben ‚überkohärent' gestaltet und damit vereinfacht werden, um mathematische Schülerleistungen zu fördern, oder sollten nicht stattdessen die Erkenntnisse dieser Arbeit vielmehr als Anregung verstanden werden, über eine Förderung von hierarchiehöheren Prozessen der Inferenzbildung auch im Mathematikunterricht nachzudenken, um so Schülerinnen und Schüler darin zu befähigen, auch mathematikbezogene Inferenzprozesse zu vollziehen?

Diese Arbeit begann mit der Feststellung, dass das Sachrechnen zu den schwierigsten Bereichen des Mathematikunterrichts gehört. Ihr Ziel war es, vor diesem Hintergrund einen Beitrag zu leisten zur Frage nach schwierigkeitsgenerierenden *sprachlichen* Merkmalen und Prozessen beim Lösen von Textaufgaben. Mit der vorliegenden Studie liegt nun eine erweiterte Perspektive auf diese sprachlichen Prozesse, Kompetenzen und Eigenschaften vor, die als Ausgangspunkt dienen kann für weitere Forschungen.

12 Zusammenfassung der Arbeit

Diese Arbeit untersucht den Einfluss sprachlicher Prozesse auf die Konstruktion eines Situationsmodells beim Bearbeiten mathematischer Textaufgaben. Dabei sind Textaufgaben in dieser Arbeit als Texte im linguistischen Sinne definiert, die eine konkrete Problemsituation beschreiben, die mit mathematischen Mitteln zu beantworten ist. Das Lösen von Textaufgaben wird aus mathematikdidaktischer Sicht als Modellieren bezeichnet. Dieser Modellierungsprozess wird als Kreislauf mit mehreren Phasen aufgefasst, an dessen Beginn die Konstruktion einer mentalen Repräsentation der Ausgangsituation in Form eines Situationsmodells steht (vgl. Hegarty, Mayer & Monk, 1995; Kintsch, 1998; Reusser, 1989; Thevenot, 2010; Thevenot, Devidal, Barrouillet & Fayol, 2007). Prinzipiell können in allen Phasen dieses Bearbeitungsprozesses Schwierigkeiten auftreten, insbesondere die Konstruktion eines Situationsmodells stellt jedoch eine häufig auftretende Hürde dar (Hegarty, Mayer & Monk, 1995; Verschaffel, Greer & de Corte, 2000). In dieser Arbeit wird der Fokus auf den Einfluss sprachlicher Prozesse auf den Aufbau eines Situationsmodells gerichtet. Angenommen wird, dass sprachliche Faktoren zumindest in Teilen die Schwierigkeiten beim Aufbau einer mentalen Repräsentation der Aufgabe erklären können. Es wird dargestellt, dass sich die Forschung zu ebendiesen sprachlichen Faktoren bisher im Schwerpunkt auf sprachlich basierte Hürden für Zweitsprachlernende konzentriert. Dabei werden studienübergreifend als bildungssprachlich definierte lexikalische und syntaktische Merkmale der Textoberfläche als schwierigkeitsgenerierend angenommen. Weder korrelative Untersuchungen noch Studien, die den Effekt von lexikalischen und syntaktischen Vereinfachungen auf das Lösen von Textaufgaben experimentell untersuchten, konnten jedoch überzeugende Hinweise für die Richtigkeit dieser Annahme liefern. Lediglich in qualitativen Studien wurden Hinweise auf lexikalisch und syntaktisch basierte Schwierigkeiten gefunden.

In dieser Arbeit wird angenommen, dass sich diese Ergebnisse auch durch die diesen Studien häufig zugrundeliegende enge Perspektive auf sprachliche Verstehensprozesse im Sinne einer Reduktion auf das

Verstehen isolierter lexikalischer und syntaktischer Merkmale der Textoberfläche erklären lassen. In einer qualitativen Vorstudie wird diese Perspektive dahingehend ausgeweitet, dass Bearbeitungsprozesse von Schülerinnen und Schülern beim Lösen von Textaufgaben vor dem Hintergrund von Prozessen des Textverstehens analysiert werden. Diese Untersuchung liefert erste Hinweise, dass Probleme bei der Konstruktion eines plausiblen Situationsmodells auch bei Textaufgaben im Wesentlichen mit hierarchiehöheren Prozessen des Textverständnisses zusammenhängen. Vor allem das fehlende Herstellen von Bezügen scheint dabei ursächlich zu sein. Daher wird aus textlinguistischer und kognitionspsychologischer Perspektive die Etablierung von Kohärenz als textuelles und mentales Herstellen von Bezügen vor dem Hintergrund des Textverständnisses betrachtet. Kohärenz wird für diese Arbeit im Sinne von Schwarz-Friesel (2006) als semantisch-konzeptuelle Kontinuität definiert, die sich durch explizite und implizite Relationen konstituiert. Unterschieden wird dabei zwischen Textkohärenz und mentaler Kohärenzbildung (vgl. Becker-Mrotzek, Grabowski, Jost, Knopp & Linnemann, 2014). Zur Erklärung der kognitiven Prozesse der Kohärenzetablierung als Prozess des Textverstehens wird das ‚Construction-Integration-Model' von Kintsch (1988, 1998) herangezogen. So kann gezeigt werden, dass das Textverständnis als Konstruktion einer kohärenten mentalen Repräsentation in Form eines Situationsmodells entscheidend von Inferenzprozessen des Lesers abhängt. Um interindividuelle Unterschiede und Schwierigkeiten bei der Konstruktion von Situationsmodellen zu erklären, wird auf den Ansatz von Oakhill & Garnham (1988) zurückgegriffen, in der das ungenügende Bilden von Inferenzen durch fehlendes oder nicht abgerufenes Vorwissen, eine geringe Arbeitsgedächtnisleistung und fehlende oder ungünstige metakognitive Strategien als ursächlich für geringes Textverstehen angenommen werden.

Vor dem Hintergrund der dargelegten Theorie liegt es nahe, das Verstehen von Textaufgaben als das Verstehen von Texten zu betrachten (vgl. dazu auch Kintsch, 1998; Reusser, 1989). Dann lässt sich annehmen, dass die hier für das Verstehen nichtmathematischer Texte geschilderten leser- und textseitigen Einflussfaktoren ebenso bei der Konstruktion eines Situationsmodells beim Lösen mathematischer Textaufgaben wirken.

Empirische Studien, die explizit den Zusammenhang zwischen Lesekompetenz und dem Aufbau eines Situationsmodells beim Lösen mathematischer Textaufgaben untersuchen, sind rar (vgl. Leiss, Schukajlow, Blum, Messner & Pekrun, 2010; Reusser, 1989; Schukajlow, 2013). Insofern bleibt bislang weitgehend unklar, wie mögliche leser- und textseitige

Einflussfaktoren beim Lösen mathematischer Textaufgaben als einer didaktischen Textsorte mit eigenen Regeln und sprachlichen Normen wirken und inwiefern sie ursächlich für Schwierigkeiten im Lösungsprozess sind. Die zentralen Fragestellungen dieser Arbeit lauten daher: (1) Wird die Konstruktion eines plausiblen, kohärenten Situationsmodells beim Lösen mathematischer Textaufgaben durch individuelle Merkmale der Lesekompetenz, insbesondere der Inferenzfähigkeit beeinflusst? (2) Beeinflussen metakognitive Lesestrategien auch beim Bearbeiten von Textaufgaben die Konstruktion eines Situationsmodells? (3) Kann die Konstruktion eines Situationsmodells durch eine Erhöhung der Textkohärenz in den Aufgabentexten beeinflusst werden? (4) Wenn dies zutreffen sollte, haben diese Faktoren somit auch Einfluss auf den Lösungsweg und die Lösung?

In einer experimentelle Studie mit ca. 350 Schülerinnen und Schülern der 4. Klasse wurden zum einen Textaufgaben in zwei Versionen (niedrigkohärent/hochkohärent) bearbeitet und zum anderen verschiedene leserseitige Variablen erhoben. Es zeigte sich ein Zusammenhang zwischen der Fähigkeit, Inferenzen zu ziehen und der Fähigkeit, ein Situationsmodell, erhoben mithilfe von Bildern und Aussagen zum Aufgabentext, zu konstruieren. Die Fähigkeit, globale Inferenzen zu ziehen, erwies sich dabei als größerer Einflussfaktor als das Ziehen lokaler Inferenzen. Auch die zweite Fragestellung konnte positiv beantwortet werden: Schülerinnen und Schüler, die beim Lesen z.B. Wörter fokussieren und weniger den Text als Ganzes im Blick hatten oder ihr Verständnis weniger überwachten, bauten schlechter ein Situationsmodell auf als andere. Diese Ergebnisse ließen die Vermutung zu, dass die Prozesse, die beim Aufbau eines Situationsmodells beim Lesen von nichtmathematischen Texten eine Rolle spielen, auch bei der Bearbeitung von Textaufgaben auftreten. Dieser Befund und die Tatsache, dass das Situationsmodell, wie gezeigt werden konnte, einen deutlichen Anteil am Lösungsweg einnimmt, machten es sinnvoll, für vertiefende Betrachtungen schwierigkeitsgenerierender Merkmale in Textaufgaben die Textkohärenz genauer in den Blick zu nehmen. Es zeigte sich, dass eine Erhöhung der Textkohärenz in mathematischen Textaufgaben im Mittel für alle Schülerinnen und Schüler positive Effekte auf den Aufbau des Situationsmodells hatte. Lediglich Lernende, die Wörter kaum dekodieren können oder beim Lösen von Textaufgaben ausschließlich Zahlen fokussieren, hatten keinen Vorteil durch eine erhöhte Textkohärenz beim Bearbeiten der Textaufgaben. Der größte Effekt zeigte sich für Kinder, die über ein mindestens ausreichendes Wortverständnis verfügen, gleichzeitig aber schwach sind im Textverständnis.

Diese Arbeit zeigt, dass eine Analyse schwierigkeitsgenerierender sprachlicher Merkmale in mathematischen Textaufgaben über eine isolierte Analyse bildungssprachlicher Oberflächenstrukturen hinaus die Betrachtung der Aufgaben als Text mit ihren jeweiligen Kohärenzstrukturen in Abhängigkeit von leserseitigen Merkmalen erfordert.

13 Literatur

Abedi, J. & Lord, C. (2001). The language factor in mathematics tests. *Applied Measurement in Education, 14* (3), 219–234.

Adams, B. C., Bell, L. C. & Perfetti, C. A. (1995). A trading relationship between reading skill and domain knowledge in children's text comprehension. *Discourse Processes, 20* (3), 307–323.

Adamzik, K. (2004). *Textlinguistik. Eine einführende Darstellung.* Tübingen: Niemeyer.

Aitchison, J. (2012). *Words in the mind. An introduction to the mental lexicon* (4. Aufl.). Chichester: Wiley-Blackwell.

Anderson, G. & Beal, C. R. (1995). Children's recognition of inconsistencies in science texts: multiple measures of comprehension monitoring. *Applied Cognitive Psychology, 9*, 261–272.

Anderson, J. R. (2001). *Kognitive Psychologie* (3. Aufl.). Heidelberg: Spektrum Akademischer Verlag.

Artelt, C., Schiefele, U. & Schneider, W. (2001). Predictors of Reading Literacy. *European Journal of Psychology of Education, 16* (3), 363–383.

Averintseva-Klisch, M. (2013). *Textkohärenz.* Heidelberg: Universitätsverlag Winter.

Bachmann, T. (2002). *Kohäsion und Kohärenz: Indikatoren für Schreibentwicklung.* Innsbruck: Studienverlag.

Baddeley, A. (1986). *Working memory.* Oxford: Clarendon Press.

Baddeley, A. (1997). *Human memory. Theory and practice.* Hove: Psychology Press.

Baddeley, A. & Hitch, G. J. (1974). Working memory. In G. H. Bower (Hrsg.), *The psychology of learning and motivation* (Bd. 8, S. 47–89). London: Academic Press.

Baker, L. (1984). Spontaneous versus instructed use of multiple standards for evaluating comprehension. Effects of age, reading proficiency and type of standard. *Journal of Experimental Child Psychology, 38*, 289–311.

Barnes, M. A., Dennis, M. & Haefele-Kalvaitis, J. (1996). The effects of knowledge availability and knowledge accessibility on coherence and elaborative inferencing in children from six to fifteen years of age. *Journal of Experimental Child Psychology, 61*, 216–241.

Beaugrande, R.-A. de & Dressler, W. U. (1981). *Einführung in die Textlinguistik.* Tübingen: Niemeyer.

Becker, A. & Musan, R. (2014). Leseverstehen von Sachtexten: Wie Schüler Kohärenzrelationen erkennen. In M. Averintseva-Klisch & C. Peschel (Hrsg.), *Aspekte der Informationsstruktur für die Schule* (S. 129–154). Baltmannsweiler: Schneider Verlag Hohengehren.

Becker-Mrotzek, M. (2014). Gute Schreibaufgaben für alle Schülerinnen und Schüler. In I. Dirim, Krumm, H.-J., Portmann-Tselikas, P. R. & Schmölzer-Eibinger, S. (Hrsg.), *Theorie und Praxis. Jahrbuch für Deutsch als Fremd- und Zweitsprache* (67–84). Wien: Praesens.

Becker-Mrotzek, M. & Drommler, R. (2006). Texte lesen. In M. Becker-Mrotzek, E. Kusch & B. Wehnert (Hrsg.), *Leseförderung in der Berufsbildung* (S. 17–38). Duisburg: Gilles & Francke.

Becker-Mrotzek, M., Grabowski, J., Jost, J., Knopp, M. & Linnemann, M. (2014). Adressatenorientierung und Kohärenzherstellung im Text. Zum Zusammenhang kognitiver und schriftlich realisierter Teilkomponenten von Schreibkompetenz. *Didaktik Deutsch, 37*, 21–43.

Best, R., Ozuru, Y., Floyd, R., & McNamara, D. S. (2006). Children's text comprehension. Effects of genre, knowledge, and text cohesion. In S. A. Barab, K. E. Hay, D. T. Hickey (Hrsg.), *Proceedings of the Seventh International Conference of the Learning Sciences* (S. 37–42). Mahwah, NJ: Erlbaum

Bloom, L., Lahey, M., Hood, L., Lifter, K. & Fiess, K. (1980). Complex sentences: Acquisition of syntactic connectives and the semantic relations they encode. *Journal of Child Language, 7*, 235–261.

Blum, W. (1985). Anwendungsorientierter Mathematikunterricht in der didaktischen Diskussion. *Mathematische Semesterberichte, 2*, 195–232.

Blum, W. & Leiss, D. (2005). Modellieren im Unterricht mit der Tanken-Aufgabe. *Mathematik lehren, 128*, 18–21.

Borromeo Ferri, R., Leiss, D. & Blum, W. (2006). *Der Modellierungskreislauf unter kognitionspsychologischer Perspektive.* Zugriff am 14.05.2018. Verfügbar unter https://eldorado.tu-dortmund.de/bitstream/2003/30794/1/014.pdf.

Bos, W., Wendt, H., Köller, O. & Selter, C. (2011). *TIMSS 2011. Mathematische und naturwissenschaftliche Kompetenzen von Grundschulkindern in Deutschland im internationalen Vergleich.* Münster: Waxmann.

Bransford, J. D., Barclay, J. R. & Franks, J. J. (1972). Sentence memory: A constructive versus interpretive approach. *Cognitive Psychology, 3*, 193–209.

Bransford, J. D. & Franks, J. J. (1971). The abstraction of linguistic ideas. *Cognitive Psychology, 2*, 331–350.

Brinker, K. (2010). *Linguistische Textanalyse. Eine Einführung in Grundbegriffe und Methoden* (7. Aufl.). Berlin: Erich Schmidt.

Britton, B. K. & Gulgoz, S. (1991). Using Kintsch's computational model to improve instructional text: Effects of repairing inference calls on recall and cognitive structures. *Journal of Educational Psychology, 83*, 329–345.

Bühner, M. (2011). *Einführung in die Test- und Fragebogenkonstruktion* (3. Aufl.). München: Pearson.

Bühner, M. & Ziegler, M. (2009). *Statistik für Psychologen und Sozialwissenschaftler.* München: Pearson.

Cain, K. (1999). Ways of reading: How knowledge and use of strategies are related to reading comprehension. *British Journal of Developmental Psychology, 17*, 295–312.

Cain, K. & Nash, H. M. (2011). The influence of connectives on young readers' processing and comprehension of text. *Journal of Educational Psychology, 103* (2), 429–441.

Cain, K. & Oakhill, J. (1999). Inference making ability and its relation to comprehension failure in young children. *Reading and Writing: An Interdiciplinary Journal, 11*, 489–503.

Cain, K., Oakhill, J., Barnes, M. A. & Bryant, P. E. (2001). Comprehension skill, inference-making ability, and their relation to knowledge. *Memory & Cognition, 29* (6), 850–859.

Cain, K., Oakhill, J. & Bryant, P. (2004). Children's reading comprehension ability: Concurrent prediction by working memory, verbal ability, and component skills. *Journal of Educational Psychology, 96* (1), 31–42.

Cain, K., Patson, N., & Andrews, L. (2005). Age- and ability-related differences in young readers' use of conjunctions. *Journal of Child Language, 32*, 877–89.

Carpenter, P. A. & Just, M. A. (1977). Reading comprehension as eyes see it. In M. A. Just & P. A. Carpenter (Hrsg.), *Cognitive processes in comprehension* (S. 109–139). Hillsdale, N.J.: Erlbaum.

Christmann, U. (2000). Aspekte der Textverarbeitungsforschung. In G. Antos, K. Brinker, W. Heinemann & S. F. Sager (Hrsg.), *Text- und Gesprächslinguistik. Ein internationales Handbuch zeitgenössischer Forschung* (S. 113–122). Berlin: de Gruyter.

Christmann, U. (2006). Textverstehen. In J. Funke & P. A. Frensch (Hrsg.), *Handbuch der Allgemeinen Psychologie – Kognition* (S. 612–620). Göttingen: Hogrefe.

Christmann, U. & Groeben, N. (1999). Psychologie des Lesens. In B. Franzmann, K. Hasemann, D. Löffler & E. Schön (Hrsg.), *Handbuch Lesen* (S. 145–223). München: Saur.

Collins, A. M. & Loftus, E. F. (1975). A spreading-activation theory of semantic processing. *Psychological Review, 82*, 407–428.

Coltheart, M., Rastle, K., Perry, C., Langdon, R. & Ziegler, J. (2001). DRC: A dual route cascaded model of visual word recognition and reading aloud. *Psychological Review, 108*, 204–256.

Cummins, D. D. (1991). Children's interpretations of arithmetic word problems. *Cognition and Instruction, 8*, (3), 261–289.

Cummins, D. D., Kintsch, W., Reusser, K. & Weimer, R. (1988). The role of understanding in solving word problems. *Cognitive Psychology, 20*, 405–438.

Daneman, M. & Carpenter, P. A. (1980). Individual differences in working memory and reading. *Journal of Verbal Learning and Verbal Behaviour, 19*, 450–466.

Daneš, F. (1970). Zur linguistischen Analyse der Textstruktur. *Folia Linguistica, 4*, 72–78.

Daroczy, G., Wolska, M., Meurers, W. D. & Nuerk, H.-C. (2015). Word problems: A review of linguistic and numerical factors contributing to their difficulty. *Frontiers in Psychology, 6*, 348.

Diehl, J. M. & Arbinger, R. (1992). *Einführung in die Inferenzstatistik* (2. Aufl.). Eschborn: Klotz.

Diehl, J. M. & Kohr, H. U. (1994). *Deskriptive Statistik* (11. Aufl.). Eschborn: Klotz.

Dijk, T. A. van (1972). *Some aspects of text grammars: A study in theoretical linguistics and poetics.* Den Haag: Mouton.

Dijk, T. A. van (1980). *Textwissenschaft. Eine interdisziplinäre Einführung*. Tübingen: Niemeyer.

Dijk, T. A. van & Kintsch, W. (1983). *Strategies of discourse comprehension*. New York: Academic Press.

Dragon, N., Berendes, K., Weinert, S., Heppt, B. & Stanat, P. (2015). Ignorieren Grundschulkinder Konnektoren? – Untersuchung einer bildungssprachlichen Komponente. *Zeitschrift für Erziehungswissenschaft, 18,* 803–825.

Duarte, J., Gogolin, I. & Kaiser, G. (2011). Sprachlich bedingte Schwierigkeiten von mehrsprachigen Schülerinnen und Schülern bei Textaufgaben. In S. Prediger & E. Özdil (Hrsg.), *Mathematiklernen unter Bedingungen der Mehrsprachigkeit* (S. 35–53). Münster: Waxmann.

Dutke, S. (1993). Mentale Modelle beim Erinnern sprachlich beschriebener räumlicher Anordnungen. Zur Interaktion von Gedächtnisschemata und Textrepräsentation. *Zeitschrift für experimentelle und angewandte Psychologie, 40,* 44–71.

Dutke, S. (1998). Zur Konstruktion von Sachverhaltsrepräsentationen beim Verstehen von Texten. Fünfzehn Jahre nach Johnson-Lairds Mental Models. *Zeitschrift für Experimentelle Psychologie, 45,* 42–59.

Ehlich, K. (1984). Zum Textbegriff. In A. Rothkegel & B. Sandig (Hrsg.), *Text – Textsorten – Semantik* (S. 9–25). Hamburg: Buske.

Ericsson, K. A. & Kintsch, W. (1995). Long-term working memory. *Psychological Review, 102,* 211–245.

Eysenck, M. W. & Keane, M. T. (2010). *Cognitive Psychology. A student's handbook*. Hove: Psychology Press.

Feilke, H. (2012). Bildungssprachliche Kompetenzen – fördern und entwickeln. *Praxis Deutsch, 233,* 4–13.

Feilke, H. (2015). Transitorische Normen – Argumente zu einem didaktischen Normbegriff. *Didaktik Deutsch, 20* (38), 115–135.

Fincher-Kiefer, R., Post, T. A., Greene, T. R. & Voss, J. F. (1988). On the role of prior knowledge and task demands in the processing of text. *Journal of Memory and Language, 27,* 416–428.

Franke, M. (2003). *Didaktik des Sachrechnens in der Grundschule*. Heidelberg: Spektrum Akademischer Verlag.

Franke, M. & Ruwisch, S. (2010). *Didaktik des Sachrechnens in der Grundschule* (2. Aufl.). Heidelberg: Spektrum Akademischer Verlag.

Frazier, L. & Rayner, K. (1982). Making and correcting errors in the analysis of structurally ambiguous sentences. In *Cognitive Psychology, 14,* 178–210.

Fuchs, L. S., Fuchs, D., Compton, D. L., Hamlett, C. L. & Wang, A. Y. (2015). Is word-problem solving a form of text comprehension? *Scientific Study of Reading, 19* (3), 204–223.

Garner, R. (1980). Monitoring of understanding: An investigation of good and poor readers' awareness of induced miscomprehension of text. *Journal of Reading Behaviour, 1,* 55–63.

Garner, R. (1981). Monitoring of passage inconsistency among poor comprehenders: A preliminary test of the "piecemeal processing" explanation. *The Journal of Educational Research, 74,* 159–162.

Garner, R. (1987). *Metacognition and reading comprehension*. Norwood: Ablex.

Garner, R. & Kraus, C. (1981/82). Good and poor comprehender differences in knowing and regulating reading behaviors. *Educational Research Quarterly*, 6, 5–12.

Garnham, A. (1996). The other side of mental models: Theories of language comprehension. In J. Oakhill & A. Garnham (Hrsg.), *Mental models in cognitive science. Essays in honour of Phil Johnson-Laird* (S. 35–52). Hove: Psychology Press.

Garnham, A. & Oakhill, J. (1996). The mental models theory of language comprehension. In B. K. Britton & A. C. Graesser (Hrsg.), *Models of understanding text* (S. 313–339). Mahwah, N. J.: Erlbaum.

Gibbons, P. (2002). *Scaffolding Language, Scaffolding Learning*. Portsmouth, NH, Heinemann.

Gibbons, P. (2009). *English Learners, Academic Literacy and Thinking*. Portsmouth, NH, Heinemann.

Gogolin, I. & Lange, I. (2011). Bildungssprache und Durchgängige Sprachbildung. In S. Fürstenau & M. Gomolla (Hrsg.), *Migration und schulischer Wandel: Mehrsprachigkeit* (S. 107–128). Wiesbaden: VS.

Golke, S., Matthäi, J. & Artelt, C. (2013). Sachtexte lesen und verstehen. Textverstehen aus psychologischer Perspektive. *Der Deutschunterricht*, 6, 19–29.

Graesser, A. C., Louwerse, M. M., McNamara, D. S., Olney, A., Cai, Z. & Mitchell, H. H. (2007). Inference generation and cohesion in the construction of situation models: Some connections with computational linguisitics. In F. Schmalhofer & C. Perfetti (Hrsg.), *Higher level processes in the brain: Inference and comprehension processes* (S. 289–310). Mahwah, NJ: Erlbaum.

Graesser, A. C., McNamara, D. S. & Louwerse, M. M. (2003). What do readers need to learn in order to process coherence relations in narrative and expository text? In A. Sweet & C. E. Snow (Hrsg.), *Rethinking reading comprehension* (S. 82–98). New York, NY: Guilford Press.

Graesser, A. C., Millis, K. K. & Zwaan, R. A. (1997). Discourse Comprehension. *Annual Review of Psychology*, 48, 163–189.

Graesser, A. C., Singer, M. & Trabasso, T. (1994). Constructing inferences during narrative text comprehension. *Psychological Review*, 101 (3), 371–395.

Greefrath, G., Kaiser, G., Blum, W. & Borromeo Ferri, R. (2013). Mathematisches Modellieren – Eine Einführung in theoretische und didaktische Hintergründe. In R. Borromeo Ferri, G. Greefrath & G. Kaiser (Hrsg.), *Mathematisches Modellieren für Schule und Hochschule. Theoretische und didaktische Hintergründe* (S. 11–37). Wiesbaden: Springer Spektrum.

Grice, H. P. (1975/1996). Logik und Konversation. In L. Hoffmann (Hrsg.), *Sprachwissenschaft. Ein Reader* (S. 163–182). Berlin: de Gruyter.

Grotjahn, R. (1992). Der C-Test. Einleitende Bemerkungen. In R. Grotjahn (Hrsg.), *Der C-Test. Theoretische Grundlagen und praktische Anwendungen* (Bd. 1, S. 1–18). Bochum: Brockmeyer.

Grotjahn, R. (2002). Konstruktion und Einsatz von C-Tests: Ein Leitfaden für die Praxis. In R. Grotjahn (Hrsg.), *Der C-Test. Theoretische Grundlagen und praktische Anwendungen* (Bd. 4, S. 211–225). Bochum: AKS-Verlag.

Gürsoy, E. (2015). *Kohäsion und Kohärenz in mathematischen Prüfungstexten türkisch-deutschsprachiger Schülerinnen und Schüler. Eine multiperspektivische Untersuchung.* Münster: Waxmann.

Haag, N., Heppt, B., Roppelt, A. & Stanat, P. (2015). Linguistic simplification of mathematics items: effects für language minority students in Germany. *European Journal of Psychology of Education, 30* (2), 145–167.

Haag, N., Heppt, B., Stanat, P., Kuhl, P. & Pant, H. A. (2013). Second language learners' performance in mathematics: Disentangeling the effects of academic language features. *Learning and Instruction, 28,* 24–34.

Halliday, M. A. K. (1970). Language structure and language function. In J. Lyons (Hrsg.), *New horizons in linguistics* (S. 140–165). Baltimore: Penguin.

Hasselhorn, M. (1992). Metakognition und Lernen. In G. Nold (Hrsg.), *Lernbedingungen und Lernstrategien: Welche Rolle spielen kognitive Verstehensstrukturen?* (S. 35–63). Tübingen: Narr.

Haviland, S. E. & Clark, H. H. (1974). What's new? Acquiring new information as a process in comprehension. *Journal of Verbal Learning and Verbal Behaviour, 13,* 512–521.

Hegarty, M., Mayer, R. E. & Monk, C. A. (1995). Comprehension of arithmetic word problems: A comparison of successful and unsuccessful problem solvers. *Journal of Educational Psychology, 87* (1), 18–32.

Heinze, A., Herwartz-Emden, L., Braun, C. & Reiss, K. (2011). Die Rolle von Kenntnissen der Unterrichtssprache beim Mathematiklernen. In S. Prediger & E. Özdil (Hrsg.), *Mathematiklernen unter Bedingungen der Mehrsprachigkeit* (S. 11–33). Münster: Waxmann.

Huber, O. (2005). *Das psychologische Experiment: Eine Einführung* (4. Aufl.). Bern: Huber.

Hudson, T. (1983). Correspondences and numerical differences between disjoint sets. *Child Development, 54* (1), 84–90.

Hussy, W., Schreier, M. & Echterhoff, G. (2013). *Forschungsmethoden in Psychologie und Sozialwissenschaften* (2. Aufl.). Berlin: Springer.

Institut für Qualitätsentwicklung im Bildungswesen (2010). *Beispielaufgaben Mathematik Primarstufe.* Zugriff am 25.03.2018. Verfügbar unter https://www.iqb.hu-berlin.de/vera/aufgaben/map.

Irwin, J. W. & Pulver, C. J. (1984). Effects of explicitness, clause order, and reversibility on children's comprehension of causal relationships. *Journal of Educational Psychology, 76,* 399–407.

Johnson-Laird, P. N. (1983). *Mental Models. Towards a cognitive science of language, inference, and consciousness.* Cambridge: Cambridge University Press.

Jonge, P. de, & Jong, P. F. de (1996). Working memory, intelligence and reading ability in children. *Personality and Individual Differences, 21* (6), 1007–1020.

Just, M. & Carpenter, P. A. (1992). Capacity theory of comprehension: Individual differences in working memory. *Psychological Review, 99*, 122–149.

Kelter, S. (2003). Mentale Modelle. In G. Rickheit, T. Hermann & W. Deutsch (Hrsg.), *Psycholinguistik. Ein internationales Handbuch* (S. 505–517). Berlin: de Gruyter.

Kieffer M. J., Rivera, M. & Francis, D. J. (2012). *Practical guidelines for the education of English language learners: research-based recommendations for the use of accomodations in large-scale assessments. 2012 update.* Portsmouth, NH: RMC Research Corporation, Center on Instruction.

Kintsch, W. (1974). *The representation of meaning in memory.* Hillsdale, NJ: Erlbaum.

Kintsch, W. (1988). The role of knowledge in discourse comprehension: A construction-integration model. *Psychological Review, 95* (2), 163–182.

Kintsch, W. (1998). *Comprehension. A paradigm for cognition.* Cambridge: Cambridge University Press.

Kintsch, W. & Dijk, T. A. van (1978). Towards a model of text comprehension and production. *Psychological Review, 85*, 363–394.

Kintsch, W. & Keenan, J. M. (1973). Reading rate and retention as a function of the number of propositions in the base structure of sentences. *Cognitive Psychology, 5*, 257–274.

Klein-Braley, C. (1997). C-tests in the context of reduced redundancy testing: An appraisal. *Language Testing, 14* (1), 47–84.

Klicpera, C. & Gasteiger-Klicpera, B. (1993). *Lesen und Schreiben – Entwicklung und Schwierigkeiten. Die Wiener Längsschnittuntersuchungen über die Entwicklung, den Verlauf und die Ursachen von Lese- und Schreibschwierigkeiten in der Pflichtschulzeit.* Bern: Huber.

Kniffka, G., Linnemann, M. & Thesen, S. (2007). *C-Test für den Förderunterricht. Unveröffentlichtes Handbuch.* Universität zu Köln.

Kniffka, G. & Roelcke, T. (2016). *Fachsprachenvermittlung im Unterricht.* Paderborn: Schöningh.

Kniffka, G. & Siebert-Ott, G. (2012). *Deutsch als Zweitsprache – lehren und lernen* (3. Aufl.). Paderborn: Schöningh.

Knoepke, J. & Richter, T. (im Druck). Reading comprehension: Individual differences, disorders, and underlying cognitive processes. In A. Bar On & D. Ravid (Hrsg.), *Handbook of communication disorders: Theoretical, empirical, and applied linguistic perspectives.* Berlin: De Gruyter Mouton. Zugriff am 25.03.2018. Verfügbar unter https://www.uni-kassel.de/fb01/fileadmin/groups/Institut_für_Psychologie/Knoepke_Richter_reading_comprehension_difficulties.pdf

Koch, P. & Oesterreicher, W. (1985). Sprache der Nähe – Sprache der Distanz. Mündlichkeit und Schriftlichkeit im Spannungsfeld von Sprachtheorie und Sprachgeschichte. In O. Deutschmann, H. Flasche, B. König, M. Kruse, W. Pabst & W.-D. Stempel (Hrsg.), *Romanistisches Jahrbuch* (S. 15–43). Berlin: de Gruyter.

Koch, P. & Oesterreicher, W. (1994). Schriftlichkeit und Sprache. In H. Günther & O. Ludwig (Hrsg.), *Schrift und Schriftlichkeit. Writing and*

Its Use. Ein interdisziplinäres Handbuch internationaler Forschung (1. Halbbd., S. 587–604). Berlin: Walter de Gruyter.

Kuhl, P., Harych, P. & Vogt, A. (o.J.). VERA 3: *Vergleichsarbeiten in der Jahrgangstufe 3 im Schuljahr 2009/2010. Länderbericht Berlin.* Institut für Schulqualität der Länder Berlin und Brandenburg e.v., Berlin (Hrsg.). Zugriff am 25.03.2018. Verfügbar unter https://www.isq-bb.de/wordpress/wp-content/uploads/2016/06/VERA_3_2010__Berlin.pdf

Leiss, D., Schukajlow, S., Blum, W., Messner, R. & Pekrun, R. (2010). The role of the situation model in mathematical modelling: Task analyses, student competencies, and teacher interventions. *Journal für Mathematik-Didaktik, 31* (1), 119–141.

Lenhard, W. & Artelt, C. (2009). Komponenten des Leseverständnisses. In W. Lenhard & W. Schneider (Hrsg.), *Diagnostik und Förderung des Leseverständnisses* (S. 1–17). Göttingen: Hogrefe.

Lenhard, W. & Schneider, W. (2006). *ELFE 1-6. Ein Leseverständnistest für Erst- bis Sechstklässler. Manual.* Göttingen: Hogrefe.

Levinson, S. C. (1995). Three levels of meaning. In F. R. Palmer (Hrsg.), *Grammar and meaning. Essays in honour of Sir John Lyons* (S. 90–115). Cambridge: University Press.

Levinson, S. C. (2000a). *Presumptive meanings. The theory of generalized conversational implicature.* Cambridge: MIT Press.

Levinson, S. C. (2000b). *Pragmatik.* Tübingen: Niemeyer.

Li, H. & Suen, H. K. (2012). The effects of test accommodations for English language learners: A meta-analysis. *Applied Measurement in Education, 25,* 327–346.

Lienert, G. (1989). *Testaufbau und Testanalyse* (4. Aufl.). München: Psychologie Verlags Union.

Linke, A. & Nussbaumer, M. (2000). Konzepte des Impliziten: Präsuppositionen und Implikaturen. In K. Brinker (Hrsg.), *Text- und Gesprächslinguistik* (1. Halbbd., S. 435–448). Berlin: de Gruyter.

Linke, A. Nussbaumer, M. & Portmann, P. R. (2004). *Studienbuch Linguistik* (5. Aufl.). Tübingen: Max Niemeyer.

Linnemann, M. (2010). C-Tests in der Ferienschule: Entwicklung, Einsatz, Nutzen und Grenzen. In Stiftung Mercator (Hrsg.), *Der Mercator-Förderunterricht. Sprachförderung für Schüler mit Migrationshintergrund durch Studierende* (S. 195–214). Münster: Waxmann.

Linnemann, M., Stephany, S. Kniffka, G. (2017). Funktionale Sprachvermittlung im Mathematikunterricht. In B. Ahrenholz, B. Hövelbrinks & C. Schmelletin (Hrsg), *Fachunterricht und Sprache in schulischen Lehr-/Lernprozessen* (S. 265–284). Tübingen: Narr.

Markman, E. M. (1979). Realizing that you don't understand: Elementary school children's awareness of inconsistencies. *Child Development, 50,* 643–655.

Martiniello, M. (2008). Language and the performance of English-language learners in math word problems. *Harvard Educational Review, 78* (2), 333–368.

McKoon, G. & Ratcliff, R. (1992). Inference during reading. *Psychological Review, 99* (3), 440–466.

McNamara, D. S. & Kintsch, W. (1996). Learning from texts: Effects of prior knowledge and text coherence. *Discourse Processes, 22* (3), 247–288.

McNamara, D. S., Kintsch, E., Songer, N. & Kintsch, W. (1996). Are good texts always better? Interactions of text coherence, background knowledge, and levels of understanding in learning from text. *Cognition and Instruction, 1*, 1–43.

McNamara, D., Ozuru, Y. & Floyd, R. G. (2011). Comprehension challenges in the fourth grade: The roles of text cohesion, text genre, and readers' prior knowledge. *International Electronic Journal of Elementary Education, 4* (1), 229–257.

Megherbi, H. & Ehrlich, M.-F. (2005). Language impairment in less skilled comprehenders: The online processing of anaphoric pronouns in a listening situation. *Reading and Writing, 18*, 715–753.

Minsky, M. (1975). A Framework for Representing Knowledge. In P. H. Winston (Hrsg.). *The Psychology of Computer Vision* (S. 211–277). New York: McGraw-Hill.

Moosbrugger, H. & Kelava, A. (2008). *Testtheorie und Fragebogenkonstruktion.* Berlin: Springer.

Morek, M. & Heller, V. (2012). Bildungssprache – Kommunikative, epistemische, soziale und interaktive Aspekte ihres Gebrauchs. *Zeitschrift für Angewandte Linguistik, 57*, 67–101.

Myers, M. & Paris, S. G. (1978). Children's metacognitive knowledge about reading. *Journal of Educational Psychology, 70* (5), 680–690.

Neugebauer, U. & Linnemann, M. (2013). *C-Tests in der Primarstufe. Eine Pilotstudie.* Unveröffentlichtes Manuskript.

Nussbaumer, M. (1991). *Was Texte sind und wie sie sein sollen: Ansätze zu einer sprachwissenschaftlichen Begründung eines Kriterienrasters zur Beurteilung von schriftlichen Schülertexten.* Tübingen: Max Niemeyer.

Oakhill, J. (1996). Mental models in children's text comprehension. In J. Oakhill & A. Garnham (Hrsg.), *Mental models in cognitive science. Essays in honour of Phil Johnson-Laird* (S. 77–94). Hove: Psychology Press.

Oakhill, J. & Cain, K. (2007). Issues of causality in children's reading comprehension. In D. S. McNamara (Hrsg.), *Reading Comprehension Strategies: Theories, interventions, and technologies* (S. 47–72). Mahwah, NJ: Erlbaum.

Oakhill, J. & Cain, K. (2012). The precursors of reading ability in young readers: Evidence from a four-year longitudinal study. *Scientific Studies of Reading, 16* (2), 91–121.

Oakhill, J., Cain, K. & Elbro, C. (2015). *Understanding and teaching reading comprehension. A handbook.* London: Routledge.

Oakhill, J. & Garnham, A. (1988). *Becoming a skilled reader.* Oxford: Blackwell.

Oakhill, J., Hartt, J. & Samols, D. (2005). Levels of comprehension monitoring and working memory in good and poor comprehenders. *Reading and Writing, 18*, 657–686.

Oakhill, J., Yuill, N. M. & Parkin, A. J. (1988). Memory and inference in skilled and less-skilled comprehenders. In M. M. Gruneberg, P. E. Morris

& R. N. Sykes (Hrsg.), *Practical Aspects of Memory* (Bd. 2, S. 315–320). Chichester: Wiley.

O'Reilly, T. & McNamara, D. S. (2007). Reversing the reverse cohesion effect: Good texts can be better for strategic, high-knowledge readers. *Discourse Processes, 43* (2), 121–152.

Ouellette, G. P. (2006). What's meaning got to do with it: The role of vocabulary in word reading and reading comprehension. *Journal of Educational Psychology, 98* (3), 554–566.

Perfetti, C. A. (1985). *Reading ability*. New York: Oxford University Press.

Philipp, M. (2012). Wie können Lehrkräfte flüssiges und strategisches Lesen ermitteln? In M. Philipp & A. Schilcher (Hrsg.), *Selbstreguliertes Lesen. Ein Überblick über wirksame Leseförderansätze* (S. 214–225). Seelze: Friedrich.

Prediger, S., Wilhelm, N., Büchter, A., Gürsoy, E & Benholz, C. (2015). Sprachkompetenz und Mathematikleistung – Empirische Untersuchung sprachlich bedingter Hürden in den Zentralen Prüfungen 10. *Journal für Mathematik-Didaktik, 36* (1), 77–104.

Radatz, H. (1983). Untersuchungen zum Lösen eingekleideter Aufgaben. *Journal für Mathematikdidaktik, 3*, 205–217.

Ratcliff, R. & McKoon, G. (1978). Priming in item recognition: Evidence for the propositional structure of sentences. *Journal of Verbal Learning and Verbal Behaviour, 20*, 204–215.

Recht, D. R. & Leslie, L. (1988). Effect of prior knowledge on good and poor readers. *Journal of Educational Psychology, 80*, 16–20.

Reusser, K. (1989). *Vom Text zur Situation zur Gleichung. Kognitive Simulation von Sprachverständnis und Mathematisierung beim Lösen von Textaufgaben*. Zürich: Universität Zürich.

Richter, T. & Christmann, U. (2009). Lesekompetenz: Prozessebenen und interindividuelle Unterschiede. In N. Groeben und B. Hurrelmann (Hrsg.), *Lesekompetenz. Bedingungen, Dimensionen, Funktionen* (3. Aufl.) (S. 25–58). Weinheim: Juventa.

Rickheit, G. & Schade, U. (2000). Kohärenz und Kohäsion. In K. Brinker, G. Antos, W. Heinemann & S.F. Sager (Hrsg.), *Text- und Gesprächslinguistik. Ein internationales Handbuch zeitgenössischer Forschung* (Bd. 1, S. 275–283). Berlin: de Gruyter.

Rickheit, G. & Strohner, H. (1999). Textverarbeitung: von der Proposition zur Situation. In A. D. Friederici (Hrsg.), *Sprachrezeption* (S. 271–306). Göttingen: Hogrefe.

Rickheit, G. & Strohner, H. (2003). Inferenzen. In G. Rickheit, T. Hermann & W. Deutsch (Hrsg.), *Psycholinguistik. Ein internationales Handbuch* (S. 566–577). Berlin: de Gruyter.

Riley, M. S. & Greeno, J. G. (1988). Developmental analysis of understanding language about quantities and of solving problems. *Cognition and Instruction, 5*, 49–101.

Roick, T., Gölitz, D. & Hasselhorn, M. (2004). *DEMAT 3+. Deutscher Mathematiktest für dritte Klassen*. Göttingen: Beltz.

Rost, J. (2004). *Lehrbuch Testtheorie - Testkonstruktion* (2. Aufl.). Bern: Hans Huber.

Rothstein, B., Kröger-Bidlo, H., Schmitz, A., Gräsel, C. & Rupp, G. (2014). Desiderata zur Erforschung des Einflusses von Kohäsion auf das Leseverständnis. In M. Averintseva-Klisch & C. Peschel (Hrsg.), *Aspekte der Informationsstruktur für die Schule* (S. 75–86). Baltmannsweiler: Schneider Verlag Hohengehren.

Sachs, J. S. (1967). Recognition memory for syntactic and semantic aspects of connected discourse. *Perception and Psychophysics, 2* (9), 437–442.

Sanders, T., Land, J. & Mulder, G. (2007). Linguistic markers of coherence improve text comprehension in functional contexts. *Information Design Journal, 15* (3), 219–235.

Schank, R. & Abelson, R. (1977). *Scripts, Plans, Goals and Understanding.* Hillsdale, NJ: Erlbaum.

Schipper, W. (2009). *Handbuch für den Mathematikunterricht an Grundschulen.* Braunschweig: Schroedel.

Schmitz, A. (2016). *Verständlichkeit von Sachtexten. Wirkung der globalen Textkohäsion auf das Textverständnis von Schülern.* Wiesbaden: Springer.

Schneeberger, M. (2009). *Verstehen und Lösen von mathematischen Textaufgaben im Dialog. Der Erwerb von Mathematisierkompetenz als Initiation in eine spezielle Diskurspraxis.* Münster: Waxmann.

Schneider, W. & Körkel, J. (1989). The knowledge base and text recall: Evidence from a short-term longitudinal study. *Contemporary Educational Psychology, 14,* 382–393.

Schneider, W., Körkel, J. & Weinert, F. E. (1989). Domain-specific knowledge and memory performance: A comparison of high- and low-aptitude children. *Journal of Educational Psychology, 81,* 306–312.

Schnotz, W. (1994). *Aufbau von Wissensstrukturen: Untersuchungen zur Kohärenzbildung beim Wissenserwerb mit Texten.* Weinheim: Beltz.

Schnotz, W. (2000). Das Verstehen schriftlicher Texte als Prozeß. In K. Brinker, G. Antos, W. Heinemann & S. F. Sager (Hrsg.), *Text- und Gesprächslinguistik. Ein internationales Handbuch zeitgenössischer Forschung* (1. Halbbd., S. 497–506). Berlin: de Gruyter.

Schnotz, W. (2006). Was geschieht im Kopf des Lesers? Mentale Konstruktionsprozesse beim Textverstehen aus der Sicht der Psychologie und der kognitiven Linguistik. In H. Blühdorn, E. Breindl & U. H. Waßner (Hrsg.), *Text – Verstehen. Grammatik und darüber hinaus* (S. 222–238). Berlin: de Gruyter.

Schnotz, W. & Dutke, S. (2004). Kognitionspsychologische Grundlagen der Lesekompetenz. Mehrebenenverarbeitung anhand multipler Informations-quellen. In U. Schiefele, C. Artelt, W. Schneider & P. Stanat (Hrsg.), *Struktur, Entwicklung und Förderung von Lesekompetenz. Vertiefende Analysen im Rahmen von PISA 2000* (S. 61–100). Wiesbaden: VS Verlag für Sozialwissenschaften.

Schukajlow, S. (2013). Lesekompetenz und mathematisches Modellieren. In R. Borromeo Ferri, G. Greefrath & G. Kaiser (Hrsg.), *Mathematisches*

Modellieren für Schule und Hochschule. Theoretische und didaktische Hintergründe (S. 125–143). Wiesbaden: Springer Spektrum.

Schukajlow-Wasjutinski, S. (2010). Schüler-Schwierigkeiten und Schüler-Strategien beim Bearbeiten von Modellierungsaufgaben als Bausteine einer lernprozessorientierten Didaktik. Zugriff am 25.03.2018. Verfügbar unter https://kobra.bibliothek.uni-kassel.de/bitstream/urn:nbn:de:hebis: 34-2010081133992/7/DissertationSchukajlowWasjutinski.pdf

Schwarz, M. (2001). Kohärenz: Materielle Spuren eines mentalen Phänomens. In M. Bräunlich, B. Neuber & B. Rues (Hrsg.), *Gesprochene Sprache – transdisziplinär. Festschrift zum 65. Geburtstag von Gottfried Meinhold* (S. 151–159). Frankfurt: Peter Lang.

Schwarz-Friesel, M. (2006). Kohärenz versus Textsinn: Didaktische Facetten einer linguistischen Theorie der textuellen Kontinuität. In M. Scherner & A. Ziegler (Hrsg.), *Angewandte Textlinguistik. Perspektiven für den Deutsch- und Fremdsprachenunterricht* (S. 63–75). Tübingen: Narr.

Seitz-Stein, K., Schumann-Hengsteler, R., Zoelch, C., Grube, D., Mähler, C. & Hasselhorn, M. (2012). Diagnostik der Funktionstüchtigkeit des Arbeitsgedächtnisses bei Kindern zwischen 5 und 12 Jahren: Die Arbeitsgedächtnistestbatterie AGTB 5-12. In M. Hasselhorn & C. Zoelch (Hrsg.), *Funktionsdiagnostik des Arbeitsgedächtnisses* (S. 1–22). Göttingen: Hogrefe.

Sekretariat der ständigen Konferenz der Kultusminister der Länder in der Bundesrepublik Deutschland (Hrsg.) (2004). *Bildungsstandards im Fach Mathematik für den Primarbereich.* Neuwied: Luchterhand.

Stanat, P. & Schneider, W. (2004). Schwache Leser unter 15-jährigen Schülerinnen und Schülern in Deutschland: Beschreibung einer Risikogruppe. In U. Schiefele, C. Artelt, W. Schneider & P. Stanat (Hrsg.), *Struktur, Entwicklung und Förderung von Lesekompetenz. Vertiefende Analysen im Rahmen von PISA 2000* (S. 243–273). Wiesbaden: VS Verlag für Sozialwissenschaften.

Stern, E. (1992). Warum werden Kapitänsaufgaben „gelöst"? Das Verstehen von Textaufgaben aus psychologischer Sicht. *Der Mathematikunterricht, 38* (5), 7–29.

Stern, E. (1998). *Die Entwicklung des mathematischen Verständnisses im Kindesalter.* Lengerich: Pabst.

Strohner, H. (2006). Textverstehen aus psycholinguistischer Sicht. In H. Blühdorn, E. Breindl & U. H. Waßner (Hrsg.), *Text – Verstehen. Grammatik und darüber hinaus* (S. 187–204). Berlin: de Gruyter.

Tannenbaum, K. R., Torgesen, J. K. & Wagner, R. K. (2006). Relationships between word knowledge and reading comprehension in third-grade children. *Scientific Study of Reading, 10* (4), 381–398.

Tanskanen, S.-K. (2006). *Collaborating towards coherence.* Amsterdam: John Benjamins.

Tardieu, H., Ehrlich, M. F. & Gyselinck, V. (1992). Levels of representation and domain-specific knowledge in comprehension of scientific texts. *Language and Cognitive Processs, 7,* 335–351.

Thevenot, C. (2010). Arithmetic word problem solving: Evidence for the construction of a mental model. *Acta Psychologica, 133* (1), 90–95.

Thevenot, C., Devidal, M. Barrouillet, P. & Fayol, M. (2007). Why does placing the question before an arithmetic word problem improve performance? A situation model account. *The Quarterly Journal of Experimental Psychology, 60* (1), 43–56.

Uesseler, S., Runge, A. & Redder, A. (2013). „Bildungssprache" diagnostizieren. Entwicklung eines Instruments zur Erfassung von bildungssprachlichen Fähigkeiten bei Viert- und Fünftklässlern. In A. Redder & S. Weinert (Hrsg.), *Sprachförderung und Sprachdiagnostik* (S. 42–67). Münster: Waxmann.

Verschaffel, L., Greer, B. & de Corte, E. (2000). *Making sense of word problems.* Lisse: Swets & Zeitlinger.

Vollmer, H. J. & Thürmann, E. (2013). Sprachbildung und Bildungssprache als Aufgabe aller Fächer der Regelschule. In M. Becker-Mrotzek, Schramm, K., Thürmann, E. & H. J. Vollmer (Hrsg.), *Sprache im Fach. Sprachlichkeit und fachliches Lernen* (S. 41–57). Münster: Waxmann.

Wolf, M. K. & Leon, S. (2009). An investigation of the language demands in content assessments for English language learners. *Educational Assessment, 14*, 139–159.

Yekovich, F. R., Walker, C. H., Ogle, L. T. & Thompson, M. A. (1990). The influence of domain knowledge on inferencing in low-aptitude individuals. In A. C. Graesser & G. H. Bower (Hrsg.), *The psychology of learning and motivation* (S. 175–196). New York: Academic Press.

Yuill, N., Oakhill, J. & Parkin, A. (1989). Working memory, comprehension ability and the resolution of text anomaly. *British Journal of Psychology, 80*, 351–361.

Zwaan, R. A. & Radvansky, G. A. (1998). Situation models in language comprehension and memory. *Psychological Bulletin, 123* (2), 162–185.

14 Anhang

14.1 Anhang A: Vorerprobung

Tier-Textaufgabe ‚Gepard' (Vorerprobung) mit Auswahlbildern und Aussagen

Der Gepard ist auf kurzen Strecken das schnellste Landtier der Welt
und viel schneller als der Mensch. Er läuft dreimal so schnell wie du. Ein
neunjähriges Kind schafft eine 50-m-Strecke in ungefähr 12 Sekunden.
Wie viele Sekunden braucht der Gepard für die gleiche Strecke?

Der Gepard ist auf kurzen Strecken das schnellste Landtier der Welt.
Er läuft viel schneller als der Mensch, also auch schneller als du. Du
läufst mit neun Jahren eine 50-m-Strecke in ungefähr 12 Sekunden. Der
Gepard braucht weniger Zeit für diese Strecke, denn er läuft dreimal so
schnell wie du.
Wie viele Sekunden braucht der Gepard für die 50-m-Strecke?

hochkohärente Aufgabe

1

2

Entscheide, ob der Satz stimmt oder nicht. Kreuze an.

		stimmt	stimmt nicht
1	Der Gepard ist auf kurzen Strecken das schnellste Landtier.		
2	Der Gepard läuft dreimal so schnell wie ein neunjähriges Kind.		
3	Der Gepard ist schneller als du, er braucht daher weniger Zeit für eine 50-m-Strecke.		
4	Der Gepard läuft genauso schnell wie der Mensch.		

3

Tier-Textaufgabe ‚Ameisenbär' (Vorerprobung) mit Auswahlbildern und Aussagen

Der Ameisenbär lebt in Südamerika und ernährt sich von Ameisen.
Er hat die längste Zunge von allen Landtieren. Seine Schnauze und
seine Zunge sind zusammen so lang, dass er leicht an seine Beute
herankommt. Die Ameisen sitzen nämlich in ihren Höhlen, zu denen
lange Gänge führen. So ein Gang ist 105 cm lang. Mit seiner Schnauze
kommt der Ameisenbär nur 45cm weit.
Wie lang ist seine Zunge?

Der Ameisenbär lebt in Südamerika und ernährt sich von Ameisen.
Von allen Landtieren hat er die längste Zunge. Seine Zunge und seine
Schnauze sind zusammen so lang, dass der Ameisenbär leicht an die
Ameisen herankommt. Die Ameisen sitzen nämlich im Ameisenbau in
ihren Höhlen, zu denen lange Gänge führen. So ein Gang ist 105cm lang.
Mit seiner Schnauze kommt der Ameisenbär nur 45cm weit in den Gang
hinein. Damit er die Ameisen fressen kann, muss er aber auch seine
Zunge ganz herausstrecken.
Wie lang ist seine Zunge?

hochkohärente Aufgabe

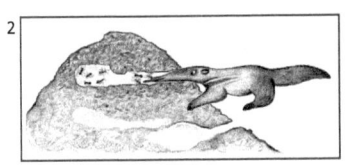

	stimmt	stimmt nicht
1 Die Ameisen sitzen in ihren Höhlen.		
2 Die ausgestreckte Zunge und die Schnauze des Ameisenbären sind zusammen so lang wie ein Gang im Ameisenbau.		
3 Der Ameisenbär muss seine Zunge ganz herausstrecken, damit er die Ameisen fressen kann.		
4 Die Zunge des Ameisenbären ist so lang wie ein Gang im Ameisenbau.		

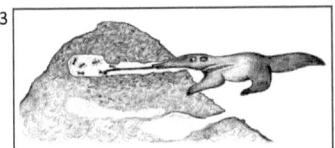

Tier-Textaufgabe ‚Eisbär' (Vorerprobung) mit Auswahlbildern und Aussagen

Der Eisbär ist nicht nur das größte Landraubtier der Welt, sondern auch das schwerste. Will man wissen, wie schwer der Eisbär genau ist, muss man ihn auf eine Waage stellen. Die Waage ist im Gleichgewicht, wenn auf der einen Seite der Eisbär und auf der anderen Seite eine ganze Schulklasse steht. In der Schulklasse wiegen sechs Kinder 30kg, zehn Kinder 25kg und zehn Kinder 35kg.
Wie schwer ist der Eisbär?

Der Eisbär ist nicht nur das größte Landraubtier der Welt, er ist auch das schwerste. Will man wissen, wie schwer der Eisbär genau ist, muss man ihn auf eine Waage stellen. Auf beiden Seiten der Waage ist das Gewicht gleich, wenn auf der einen Seite der Eisbär und auf der anderen Seite eine ganze Schulklasse steht. In der Schulklasse wiegen sechs Kinder je 30kg, zehn Kinder je 25kg und zehn Kinder je 35kg.
Wie schwer ist der Eisbär?

hochkohärente Aufgabe

1

Entscheide, ob der Satz stimmt oder nicht. Kreuze an.

2

	stimmt	stimmt nicht
1 Der Eisbär ist das schwerste Landraubtier der Welt.		
2 Der Eisbär ist so schwer wie eine ganze Schulklasse.		
3 Alle Kinder der Schulklasse wiegen gleich viel.		
4 Der Eisbär ist das größte Landraubtier der Welt.		

3

Tier-Textaufgabe ‚Schwalbe' (Vorerprobung) mit Auswahlbildern und Aussagen

Schwalben halten den Rekord im Langstreckenflug. Fast 20000 km fliegen sie auf ihrem Weg vom Nordpol in den wärmeren Süden. Damit sie die weite Strecke rechtzeitig bevor der Winter beginnt schaffen, müssen sie jede Woche sehr viele Kilometer fliegen. In der ersten Woche ihrer Reise fliegt eine Schwalbe 1000 km. Nach drei Tagen hat sie 580 km geschafft. Am vierten Tag ist sie 112 km geflogen. Wie viele km muss die Schwalbe in den restlichen Tagen der Woche insgesamt fliegen?

Schwalben halten den Rekord im Langstreckenflug. Fast 20000 km fliegen sie auf ihrem Weg vom Nordpol in den wärmeren Süden. Damit sie diese weite Strecke rechtzeitig bevor der Winter beginnt schaffen, müssen sie jede Woche sehr viele Kilometer fliegen. In der ersten Woche ihrer Reise fliegt eine Schwalbe insgesamt 1000 km. Davon schafft sie 580 km in den ersten drei Tagen. Am vierten Tag fliegt sie nur 112 km. Wie viele km fliegt die Schwalbe in den restlichen Tagen der Woche, bis die 1000 km geschafft sind?

hochkohärente Aufgabe

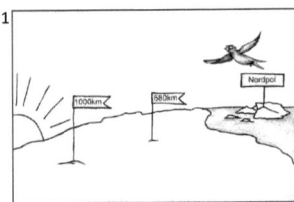

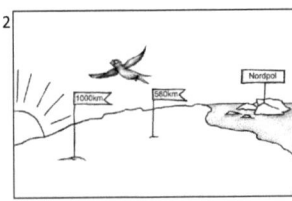

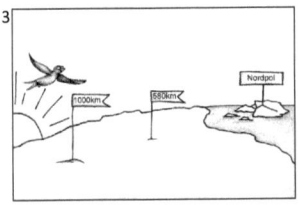

	stimmt	stimmt nicht
1 Schwalben fliegen vom Nordpol in den warmen Süden.		
2 Die Schwalben fliegen eine Woche und drei Tage bis in den Süden.		
3 Die Schwalbe ist in der ersten Woche schon mehrere Tage geflogen.		
4 Die Schwalbe hat von 1000 km schon mehr als die Hälfte geschafft.		

Tier-Textaufgabe ‚Schildkröte' (Vorerprobung) mit Auswahlbildern und Aussagen

Riesenschildkröten sind die ältesten Tiere der Welt. Sie werden häufig
über 200 Jahre alt. Die älteste bekannte Riesenschildkröte Adwaita lebte
140 Jahre lang in einem indischen Zoo. Sie wurde aber erst im Alter von
116 Jahren gefangen.
Wie alt wurde sie?

Riesenschildkröten sind die ältesten Tiere der Welt. Sie werden häufig
über 200 Jahre alt. Die älteste bekannte Riesenschildkröte Adwaita
wurde erst im Alter von 116 Jahren gefangen und in einen indischen Zoo
gebracht. Dort lebte sie noch 140 Jahre lang.
Wie alt wurde die älteste Riesenschildkröte?

hochkohärente Aufgabe

1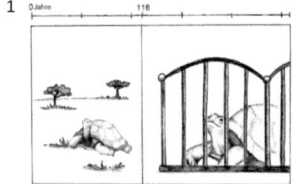

2

3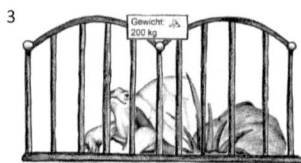

		stimmt	stimmt nicht
1	Die älteste Riesenschildkröte war 116 Jahre alt, als sie gefangen wurde.		
2	Riesenschildkröten werden meistens 140 Jahre alt.		
3	Die Riesenschildkröte Adwaita war das älteste Tier der Welt.		
4	Die Zeit in der Freiheit und die Zeit im Zoo ergibt zusammen das Alter der Schildkröte Adwaita.		

Tier-Textaufgabe ‚Koala' (Vorerprobung) mit Auswahlbildern und Aussagen

Koalas sind die Weltmeister im Schlafen. Sie schlafen 140 Stunden in einer Woche. Das ist so viel wie fünf Tage und 20 Stunden Dauerschlaf. Wie viele Stunden schläft ein Koala am Tag?

Koalas sind die Weltmeister im Schlafen. Sie schlafen 140 Stunden in den sieben Tagen einer Woche. Das ist so viel wie fünf Tage und 20 Stunden Dauerschlaf. Natürlich schläft der Koala aber nicht fünf Tage am Stück. Er ist auch jeden Tag ein paar Stunden wach. Wie viele Stunden schläft ein Koala am Tag?

hochkohärente Aufgabe

1 eine Woche

		stimmt	stimmt nicht
1	Koalas sind Weltmeister im Schlafen.		
2	Koalas schlafen 140 Stunden in sieben Tagen.		
3	Koalas schlafen fünf Tage und 20 Stunden am Stück.		
4	Die Weltmeister im Schlafen schlafen 140 Stunden in einer Woche.		

2 eine Woche

3 eine Woche

14.2 Anhang B1: Bilder und Aussagen Hauptuntersuchung

,Koala'

		stimmt	stimmt nicht
1	Koalas sind Weltmeister im Schlafen.		
2	Koalas schlafen 140 Stunden in sieben Tagen.		
3	Koalas schlafen weniger als andere Tiere.		
4	Die Weltmeister im Schlafen schlafen 140 Stunden in einer Woche.		

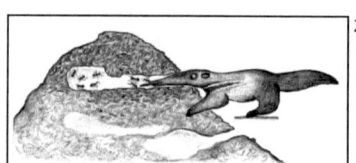

,Ameisenbär'

		stimmt	stimmt nicht
1	Zu den Höhlen mit den Ameisen führen Gänge.		
2	Die ausgestreckte Zunge und die Schnauze des Ameisenbären sind zusammen so lang wie ein 105 cm langer Gang im Ameisenbau.		
3	Der Ameisenbär holt mit seiner klebrigen Zunge die Ameisen aus ihren Höhlen.		
4	Der Ameisenbär kommt mit seiner langen Zunge immer an die Ameisen heran.		

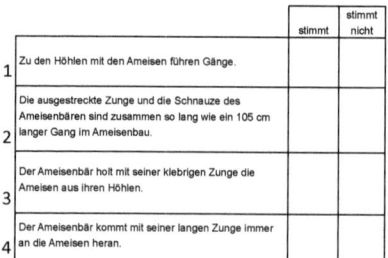

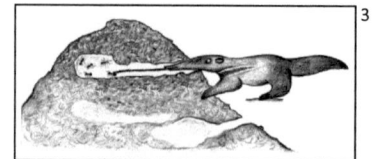

‚Schildkröte'

		stimmt	stimmt nicht
1	Die älteste Riesenschildkröte war 116 Jahre alt, als sie gefangen wurde.		
2	Riesenschildkröten werden meistens 140 Jahre alt.		
3	Die Riesenschildkröte Adwaita war das älteste Tier der Welt.		
4	Die Zeit in der Freiheit und die Zeit im Zoo ergibt zusammen das Alter der Schildkröte Adwaita.		

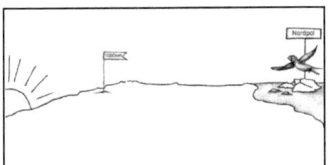

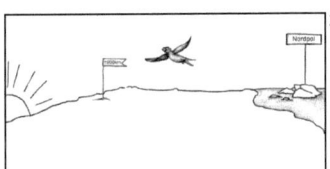

‚Schwalbe'

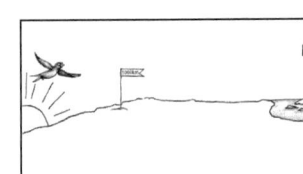

		stimmt	stimmt nicht
1	Die Schwalbe ist in der ersten Woche ihrer Reise schon mehrere Tage geflogen.		
2	Die Schwalben fliegen insgesamt 1000 km bis zu ihrem Ziel im warmen Süden.		
3	Schwalben fliegen vom Nordpol in den wärmeren Süden.		
4	Die Schwalbe hat nach vier Tagen schon einen Teil der ersten 1000 km ihrer Reise geschafft.		

14.3 Anhang B2: Fragebogen Lesen

Die Kinder der Klasse 4 haben im Unterricht überlegt, wann man ein guter Leser ist. Sie haben überlegt, was dafür wichtig ist.
In den Sprechblasen siehst du, was die Kinder gesagt haben.

Jetzt sollst du entscheiden, was du **wichtiger** findest. Kreuze an.

Man ist ein guter Leser, ...

1. ...wenn man alles richtig liest. ☐ ☐ ...wenn man ganz schnell lesen kann.

2. ...wenn man alle Wörter im Text kennt. ☐ ☐ ...wenn man das Wichtigste aus dem Text mit eigenen Worten sagen kann.

3. ...wenn man sich vorstellen kann, was im Text passiert. ☐ ☐ ...wenn man jedes einzelne Wort ganz genau liest.

4. ...wenn man herausfinden kann, worum es im Text geht. ☐ ☐ ...wenn man alle Wörter richtig aussprechen kann.

5. ...wenn man jedes einzelne Wort ganz genau liest. ☐ ☐ ...wenn einem das, was man weiß, hilft, den Text zu lesen.

Die Kinder haben auch überlegt, wann ein Text für sie schwer zu lesen ist.
In den Sprechblasen siehst du, was die Kinder gesagt haben.

Wann ist ein Text **für dich** schwerer zu lesen? Entscheide und kreuze an.

Ein Text ist für mich schwer zu lesen, ...

1.

...wenn lange Wörter im Text sind.

...wenn ich nicht gut herausfinden kann, worum es im Text geht.

☐ ☐

2.

...wenn ich nicht viel über das Thema des Textes weiß.

...wenn ein Wort, das ich nicht kenne, im Text ist.

☐ ☐

Die Kinder haben auch die Frage beantwortet: Wann bist du beim Lesen mit dir zufrieden?
In den Sprechblasen siehst du, was die Kinder gesagt haben.

Wie antwortest du? Entscheide und kreuze an.

Ich bin zufrieden, ...

1.

...wenn ich mir vorstellen kann, was im Text passiert.

...wenn ich jedes einzelne Wort verstanden habe.

☐ ☐

2.

...wenn ich schwere Wörter richtig gelesen habe.

...wenn ich weiß, worum es im Text geht.

☐ ☐

Name: _____

Findest du im Text etwas, das keinen Sinn macht? Wenn ja, unterstreiche es.

Kamele sind besondere Tiere. Sie können nämlich einen Monat lang ohne etwas zu trinken auskommen. Das ist sehr wichtig, denn sie leben in Wüstengebieten. Dort ist es am Rog immer sehr heiß und es gibt nur wenig Wasser. Kamele können auch ihre Körpertemperatur anpassen, dadurch schwitzen sie in der Rehle nicht so viel. Weil es in der Wüste so heiß ist, müssen Kamele jeden Tag etwas trinken.

Was meinst du? Entscheide und kreuze an.

😊	😐	😖
In diesem Text macht **alles** Sinn.	In diesem Text macht **nicht alles** Sinn.	Dieser Text macht **gar keinen** Sinn.
☐	☐	☐

Findest du im Text etwas, das keinen Sinn macht? Wenn ja, unterstreiche es.

Löwen leben in großen Familien, die man Rudel nennt. In einem Rudel hat jeder Löwe eine Aufgabe. Die Männchen verteidigen und pampuren das Rudel. Die Löwinnen gehen gemeinsam auf die Jagd. Wenn es dunkel wird, schleichen sie sich nüre an eine Herde von Tieren heran und umkreisen sie. So können auch schnelle Tiere nicht fliehen. Wenn die Löwenmännchen erfolgreich gejagt haben, gibt es für das ganze Rudel etwas zu fressen.

Was meinst du? Entscheide und kreuze an.

😊	😐	😖
In diesem Text macht **alles** Sinn.	In diesem Text macht **nicht alles** Sinn.	Dieser Text macht **gar keinen** Sinn.
☐	☐	☐

Stopp! Hier sind die Aufgaben zu Ende!

14.5 Anhang B4: Mathematiktest ‚Zahlenfokus‘

Kreise die Zahlen ein, die du zum Rechnen brauchst.

Rechne die Aufgaben.

1.) Das rote Riesenkänguru wird fast 2 m groß. Es kann viel weiter springen als ein Mensch. Du springst mit Anlauf ungefähr 2 m weit. Das Riesenkänguru kann mit einem Sprung 13 m weit und bis zu 3 m hoch springen. Wie weit kommt es mit 4 Sprüngen?

2.) Die Klasse 4a macht einen Ausflug in den Zoo. Die Lehrerin Frau Müller möchte für die Kinder 12 Packungen Tierfutter kaufen. Eine Packung kostet 2 Euro. In der Klassenkasse sind noch 30 Euro. Damit möchte Frau Müller das Tierfutter bezahlen. Wie viel kostet das Tierfutter insgesamt?

3.) Anna hat in den Ferien schon ein Buch mit 130 Seiten gelesen. Jetzt liest sie ein Buch mit 115 Seiten. 80 Seiten hat Anna bereits geschafft. Wie viele Seiten muss Anna noch lesen, bis sie das Buch ausgelesen hat?

14.6 Anhang B5: Fragebogen Textaufgaben

Name:_____

Die Kinder der Klasse 4 haben im Mathematikunterricht überlegt, was sie beim Lösen von Textaufgaben machen.
In den Sprechblasen siehst du, was die Kinder gesagt haben.

Was machst **du** beim Lösen von Textaufgaben? Entscheide und kreuze an.

Beim Lösen von Textaufgaben ...

1. ...suche ich zuerst die Wörter, die sagen, was ich rechnen muss. ☐ ☐ ...lese ich den ganzen Text.

2. ...stelle ich mir vor, worum es im Text geht. ☐ ☐ ...suche ich zuerst die Zahlen, mit denen ich rechnen muss.

3. ...lese ich den ganzen Text. ☐ ☐ ...rechne ich los, ohne den Text ganz zu lesen.

4. ...suche ich zuerst die Zahlen, mit denen ich rechnen muss. ☐ ☐ ...versuche ich herauszufinden, worum es im Text geht.

5. ...rechne ich los, ohne den Text ganz zu lesen. ☐ ☐ ...stelle ich mir vor, worum es im Text geht.

14.7 Anhang B6: Vorlage Geschichte schreiben/Malen

14.8 Anhang C: VERA-3-Aufgaben

Im Folgenden sind sieben der für die Vorstudie eingesetzten VERA-3-Aufgaben (Institut für Qualitätsentwicklung im Bildungswesen, 2010) abgebildet. Zwei weitere eingesetzte Aufgaben konnten aus rechtlichen Gründen hier nicht abgedruckt werden.

,Gummibärchentüte'

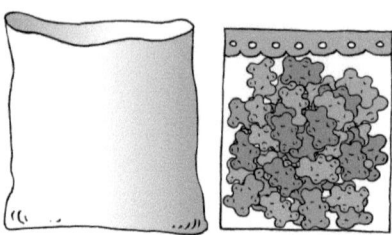

Du füllst 10 Gummibärchen in einen Beutel. Sie können rot oder gelb sein. Dein Partner darf mit verbundenen Augen zwei Gummibärchen herausnehmen.

Wie musst du den Beutel füllen, damit dein Partner die besten Chancen hat, ein gelbes und ein rotes Gummibärchen zu ziehen?

Ich fülle den Beutel mit _____ roten und _____ gelben Gummibärchen.

,Zoo'

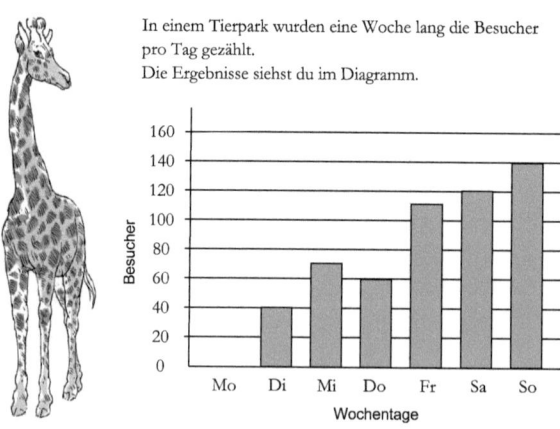

In einem Tierpark wurden eine Woche lang die Besucher pro Tag gezählt.
Die Ergebnisse siehst du im Diagramm.

Am Montag waren es halb so viele Besucher wie am Samstag.

Zeichne die Besucherzahlen für Montag in das Diagramm ein.

‚Zahlenkarte'

| 2 | 3 | 4 | 5 | 6 | 7 | 8 | 9 |

Lisa nimmt mit verbundenen Augen **eine** Zahlenkarte.

Kreuze die richtige Aussage an.

☐ Es ist **sicher**, dass Lisa die Zahl 3 genommen hat.

☐ Es ist **unmöglich**, dass Lisas Zahl kleiner als 4 ist.

☐ Es ist **möglich, aber nicht sicher**, dass Lisas Zahl größer als 5 ist.

☐ Es ist **sicher**, dass Lisas Zahl zwischen 2 und 7 liegt.

‚Radtour'

Marie plant mit ihren Eltern eine Fahrradtour an der Donau für 4 Tage. Sie wollen in Neu-Ulm starten und bis Neuburg fahren. Auf einer Karte kennzeichnet Marie mit Stecknadeln die Orte, an denen sie auf dem Weg übernachten werden.

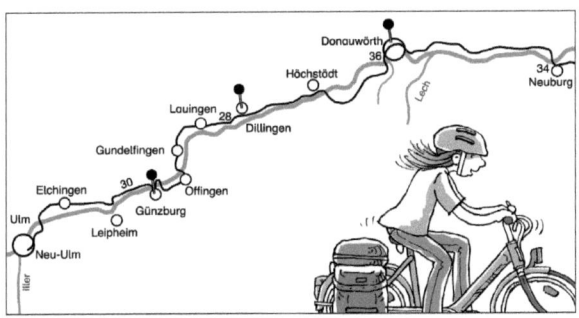

Marie beginnt eine Übersicht zu den einzelnen Tagen zu erstellen.

Vervollständige ihre Tabelle.

	von	nach	Kilometer
1. Tag	Neu-Ulm	Günzburg	30 km
2. Tag			
3. Tag			
4. Tag			

‚Auswechselspieler‘[19]

Die Sportlehrerin Frau Hoffmann unterrichtet eine Klasse mit 34 Schülern. Sie bildet so viele Mannschaften mit 8 Schülern wie möglich. Die restlichen Schüler sind Auswechselspieler. Wie viele Auswechselspieler gibt es?

Antwort: _____ Auswechselspieler

‚Geburtstage‘

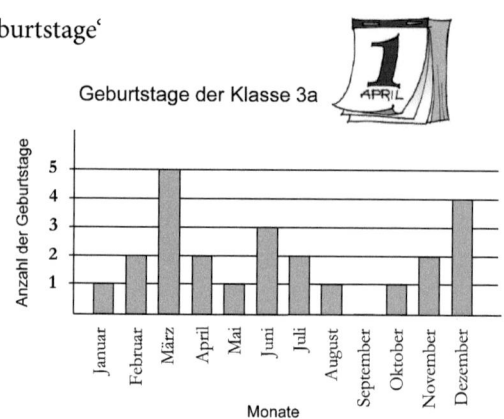

Teilaufgabe 3:

Im selben Monat wie Susi haben drei weitere Kinder Geburtstag.

Susi hat im _____ Geburtstag.

‚Bankproblem‘

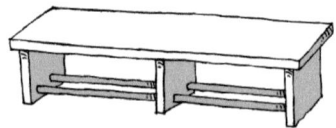

Anna, Bert und Carla sitzen auf einer Bank.

Welche der folgenden Aussagen stimmt? Kreuze an.

☐ Es ist **sicher**, dass Anna und Bert nebeneinander sitzen.

☐ Es ist **möglich, aber nicht sicher**, dass Carla und Bert nebeneinander sitzen.

☐ Es ist **unmöglich**, dass Anna und Carla nebeneinander sitzen.

☐ Es ist **sicher**, dass Bert und Carla nicht nebeneinander sitzen.

---

19 entnommen aus Kuhl, Harych & Vogt, o.J.

15 Tabellenverzeichnis

16 Abbildungsverzeichnis